AHLEI
AMERICAN HOTEL & LODGING
EDUCATIONAL INSTITUTE

美国饭店业协会教育学院系列教材

国际饭店
——发展与管理

*

International Hotels: Development and Management, Second Edition

Chuck Y. Gee, A. J. Singh 著　王俞　谷慧敏　译

中国旅游出版社

关于作者

朱卓仁 (Chuck Y. Gee)，自 1976 年起朱卓仁便担任夏威夷大学旅游学院院长，直至 2000 年退休；后来担任夏威夷大学商学院临时院长。在他的领导下，夏威夷大学旅游学院成为旅游业管理学科总体框架下旅游、饭店和交通方面教育的杰出先行者。他也曾任丹佛大学、俄勒冈州立大学、前科技与发展学院东西方研究中心主任。1978 年，他已成为中国四个省份的旅游顾问，任南开大学客座教授及北京第二外国语学院和上海旅游专科学校的专家顾问。在漫长的职业生涯中，他承接了很多非亚太地区国家的旅游项目，包括加拿大、拉美、南美以及欧洲和非洲部分地区。他在全球饭店业的从业经历包括在香港丽晶国际饭店集团创始期间任董事会成员。丽晶国际饭店集团在 20 世纪 90 年代被出售之前已经在四大洲经营了 18 家奢华酒店。

除《国际饭店——发展与管理》外，朱卓仁院长独立及合作出版的或编辑著作还包括《度假地开发与管理》（美国旅馆与汽车旅馆协会，1981，1988）、《旅游业》（*Van Nostrand Reinhol*,1984,1988）、《专业旅行社管理》（*Prentice Hall*,1990）、《国际旅游业：全球视野》以及《亚太旅游协会的故事》。

现在他仍然担任众多机构、小型企业、国际饭店和旅游组织的顾问与咨询师。他依然活跃在亚太旅游协会（享受终身会员身份）、志愿旅游学术咨询委员会和一些非旅游协会——包括注册旅行社协会、环太平洋地区基金委、Kuakini 卫生系统董事会、Kuakini 医疗中心董事会以及中国夏威夷商会（他是创始董事之一）。

他在夏威夷州三个州的服务包括全州旅游政策委员会（商务，经济发展与旅游部门）主席、旅游教育培训委员会（劳工关系部门）主席，以及夏威夷访客与会议旅游局董事会成员。

朱卓仁先生三次入选为美国商务部旅游顾问委员会 15 名成员之一。作为世界旅游组织的美国代表，他因参与起草世界著名的 1980 年马尼拉国际宣言（有关旅行和旅游的普世人权）、1997 年关于可持续旅游与亚太部长会议环境的马累宣言以及 1999 年中国澳门关于旅游业人力资源开发的决议而盛名于世。他还代表第一届布什政府和美国国际开发署承担为厄瓜多尔制定国家旅游规划。1995 年，他被任命为夏威夷代表参加首届关于旅行与旅游业的白宫会议并制定国家旅行与旅游政策的提案。

作为活跃在众多旅游服务相关组织董事会的成员，朱卓仁先生获得 1992 年中国国家旅游局授予的旅游教育杰出奖、1991 年亚太旅游理事会个人教育成就奖、1990 年亚太旅游理事会个人终生成就奖（该理事会最高奖项）、1986 年亚太旅游理事会理事长奖、1987 年旅游组织学会的 NOAH 奖，1988 年入选美国旅游业协会旅游名人堂；他也是国际旅游业研究学院荣誉院士。为表彰他对世界旅行与旅游业的重要贡献，丹佛大学 1991 年授予他公共服务荣誉博士称号。夏威夷州 1995 年给予他"夏威夷州年度经理"。《火奴鲁鲁明星公报》将名誉院长朱卓仁先生评为 20 世纪影响夏威夷州的 100 位杰出个人之一。

特约作者

A. J. Singh，辛格　辛格教授是密歇根州立大学酒店管理商学院国际住宿、金融和房地产金融专业的教授。1998 年，在与住宿、房地产和金融服务产业非常具有代表性的 38 位行业领袖进行了密切深入的合作之后，辛格教授完成了一项长达两年的研究项目，预测了美国住宿业的结构和将来的资金来源，从而为这一领域的文献资料做出重大的贡献。通过与业界伙伴及学院其他老师的合作，辛格教授想要实现一个目标，即将酒店管理商学院建成为国际住宿和酒店房地产的相关事宜与问题提供解决方案的一流机构。辛格博士也参与了密歇根州立大学酒店商业房地产与专业化发展的筹建工作。目前，他在酒店管理商学院教授酒店商业房地产、国际住宿业发展与管理以及财务管理课程。

辛格博士本科毕业于印度德里大学，系普渡大学酒店餐饮与机构管理硕士，密歇根州立大学公园，娱乐与旅游方向博士。他也积极活跃于酒店资产管理人协会（HAMA），酒店、餐厅及机构教育委员会（CHRIE），酒店财务管理教育家协会（AHFME），国际酒店顾问协会（ISHC）和美国城市土地学会（ULI）。不久前他已受邀加入国际酒店顾问协会，这是一个由酒店投资与运营顾问组成的行业咨询团队。作为商学院出国留学主任，辛格博士与国际商业教育与研究中心密切合作。他也是全球酒店业者俱乐部的会员，这个俱乐部实际上是一个国际酒店总经理协会。

辛格博士拥有超过 15 年在美国和印度不同管理岗位上的酒店从业经验，他工作过的酒店有欧贝罗伊酒店、斯托夫酒店和凯悦酒店。1999 年，他在颇负盛名的瑞士酒店管理学院格里昂国际中心讲授财务管理课程。在担任拉文索尔和诺华的顾问期间，他还开展了多项房地产市场可行性分析。他的其他成就还包括与美国酒店及住宿教育机构合作为其教材和认证项目制定培训材料和案例研究。1999 年，他与密歇根大学管理教育部门合作帮助通用汽车公司运用酒店管理的概念推行另外一种办公安排。国家标准与技术研究所任命他为 2006 年度马尔科姆鲍德里奇国家质量奖评审委员会成员，他也于 2006 年获得理查德刘易斯质量与创新奖。目前，他正在进行两项面向印度、迪拜、泰国和中国南方部分城市的出国留学计划。

译者介绍

王俞 北京第二外国语学院酒店管理学院副院长，研究生导师、中国医疗保健国际交流促进会国际医疗旅游分会（第一届）常务委员、北京酒店星级评定员、英国萨里大学旅游管理杰出硕士、英国 Leeds Met. 大学酒店管理专业博士、美国饭店协会教育学院（AHLEI）注册酒店业教育导师（CHE）、瑞士洛桑酒店管理学院（EHL）认证导师（QLF），研究领域主要包括酒店管理及跨文化管理。

谷慧敏，博士，教授，硕士生导师；毕业于杭州大学经济系，在中国人民大学获硕士和博士学位；美国休斯敦大学希尔顿饭店管理学院高级访问学者。北京市创新团队学术带头人，北京市优秀中青年骨干教师，旅游管理学科学术带头人。现任北京第二外国语学院发展咨询委员会委员，旅游管理学院副院长；兼任中国饭店产业研究中心主任，国内外学术刊物 Tourism Management, Journal of Travel Research, 《中国旅游饭店》《现代饭店》编委，亚太旅游协会（APTA）中国区代表。主要著作有《饭店管理理论与应用研究》《国外著名饭店集团管理精要》《旅游市场营销》等。在《旅游学刊》等国内外杂志发表 50 多篇学术论文。

再版前言

　　由美国饭店业协会教育学院编写的酒店从业人员职业教育培训系列丛书于 2001 年第一次被引进中国，距今已经过去 13 年之久。回首这套丛书初次被引进中国的时节，正是中国酒店业走向一个新阶段的起点。彼时，国际竞争国内化、国内竞争国际化是国内酒店业对行业发展趋势的共识，而面对这种趋势的国内酒店管理教育在培养职业人才的系统性方面仍然存在着明显的短板，其中教材方面的缺失尤其严重。鉴于此，中国旅游出版社在考虑中国酒店业的现实情况，经过细致的比较之后，认可了美国饭店业协会教育学院的职业教育教材体系和职业培训体系，引进了这套在国际上颇有影响力的酒店管理教材。可以说，这套教材的引进，相当及时地补充了国内酒店管理教育在国际化经营方面的不足。

　　今天，中国酒店业的经营环境及运营管理等已然发生了巨大的变化，曾经认为的趋势已成为现实，但是又出现了一些无法预想的变化。在 21 世纪之初，酒店行业已经预见到了国内国外酒店企业集团的同场竞技，如今则早已习惯了共同存在和竞争。曾经，中国酒店行业看到了自身未来的繁荣，而如今，中国酒店业经过十几个春秋的洗礼，已经形成了国内市场、国际市场和出境市场三分天下的格局，业态进一步细分完善。与此同时，酒店企业经营的科学性和创新性不断提升，在吸收国际酒店管理经验的基础上，进一步开展本土化创新实践，本土集团成长非常迅速，其中许多已经进入世界酒店集团 10 强。中国本土酒店集团的发展将改变世界酒店企业的格局，同时将带来国际酒店企业运营与管理的话语基础。

任何对未来的预测都不会是全面的。在 21 世纪之初，中国酒店业已经看到了很多，但是没有看到和无法看到的更多。在十几年中，大众旅游蓬勃发展，经济型连锁酒店趁势而起，把控了大众市场的半壁江山，中端酒店蓄力而发，在中产阶级成长的东风下开始风生水起，而高端酒店却遭遇了意外的困境。中国酒店行业一直梦想着走向世界，而如今我们看到了一个接一个的海外并购，其势不敢称大，但是根苗已生，令人产生星星之火可以燎原的期待。在酒店业之外，先是互联网技术运用的风靡，其后又是移动互联网的夺人眼球，这些技术风潮席卷各行各业，而作为和流行"亲密接触"的酒店业自然不可能置身于外，于是，互联网思维和智慧酒店大行其道，这是酒店业对技术风潮的回应。

比起 13 年前，现今的中国酒店业可以说是令人眼花缭乱。一群非传统酒店行业人士进入，以他们的外部眼光突破着酒店行业经营的传统思维和惯例，而传统的酒店行业人士也在借鉴着他山之石，思考现代科技在酒店业运用的可能，进行着自我突破。在信息爆炸的今天，我们每天接触海量的大数据，但是如何分辨信息的价值，为创新提供有效的指导，这已经成为必修课。当我们意识到这一点的时候，仔细审视，会发现自身知识结构的完整才是支撑这一切的基础。

实际上，比起 13 年前，如今的酒店业管理更加需要完整的知识结构和良好的思辨能力，因为环境不确定性进一步加强，外部干扰更多了，内部系统更为复杂，如果无所凭借、无所支撑，必然难以驾驭更加复杂的环境。

　　著名科学家钱学森曾反复地问："为什么我们的学校总是培养不出杰出人才？"而酒店行业的教育者和从业者也在问："怎样培养一流的酒店管理人才？"曾经如此疑问，如今更加急切。不积跬步，无以至千里。系统而深入、兼具理论和实践的酒店管理教育仍然是酒店业人才培养的基础。秉承这样的理念，回顾过往，我们发现了这套书籍的闪光点。

　　一部书籍是否能被称为经典，而不是昙花一现的时髦，是要靠时间来检验的。只有当书中的观点和逻辑，在时间的浪潮中被反复地印证、扩展和应用的时候，被相关的从业人员和研究人员在实践中认可的时候，这才有了被奉为经典的资格。这套出自"名门"的酒店业管理教材背后是整个美国饭店业的职业教育体系的支撑。美国饭店业的管理水平毋庸置疑代表目前国际的标杆，我国诸多酒店企业在发展过程中也是多有借鉴。本套书将理论和实践进行了较好的结合，既有理论的深入，又有实践上的指导，能够使读者通过编写者的切身体会看到真实的酒店工作，帮助读者提升酒店行业的思考和实践能力，同时其系统性和全面性也是诸多其他教材无法比肩的，涵盖了国际酒店的开发与管理、饭店业督导、饭店业管理会计、饭店客房经营管理、饭店前厅部的运营与管理、饭店业人力资源管理、餐饮经营管理、饭店设施的管理与设计、会展管理与服务、收益管理、饭店业市场营销，以及当今酒店企业多个经营的环节。读者借助这套教材既能建立对酒店的全面认识，又能各取所需，有针对性地进行深入的学习。本套丛书的译者均为本行业研究和实践的专家，确保了翻译的准确性和专业性。

再版前言

　　本套丛书在出版之后就广受赞誉，但是编者仍然以一颗谦谨之心，根据酒店业管理的新变化对书籍不断地进行修改和补充，加入很多新材料、新理念和新的实践方法，为的是尽力缩小教材的滞后性，为酒店业的从业人员和学习者提供一个了解酒店业，建立起自身完整知识结构的最佳途径。

　　本套丛书的出版和再版多有赖于中国旅游出版社的远见和坚持，同时也是中外酒店教育及出版机构通力合作的结果，谨对他们付出的努力表示诚挚的感谢。

谷慧敏

2014 年 8 月

AHLA

序　言

在 20 世纪最后几年中，即使是对历史发展最漫不经心的人也不难发现，世界发生了翻天覆地的变化，即全球范围内政治、经济、社会体系的重组。随着冷战的结束，军事争霸逐渐让位于以国内经济繁荣和国际贸易竞争为核心的新一轮竞赛。主要社会主义国家的领导人已经提出尽快从集中的国家计划经济体制向具有竞争力的市场推动模式转变。显然这一变化是国际贸易和经济全球化的典型例子，它将更好地为世界新秩序中和平与繁荣两大目标的实现而服务。

毫无疑问，21 世纪的世界新秩序对高等教育中的许多职业训练提出更多的要求，包括饭店业和旅游业。上述产业无论采用何种测量体系，都显示其已经成为世界上最大规模的经济活动。那些准备在未来饭店业中担当领导角色的学生需要从全球背景出发，对管理和市场营销理论与实践具有更全面、更深层的理解和重视，而不应仅仅局限在国内环境中。虽然这并不等于所有毕业生都将成为国际饭店的经理，但是由于市场竞争和饭店标准正变得越来越国际化，开设饭店专业的学校有责任着眼于未来的工作环境来培养学生。在这一工作环境中，不仅全球化范围进一步扩大，而且国内文化的多样性也在不断增加。

《国际饭店——发展与管理》是在大量调查研究和多年观察的基础上，同许多国际饭店首席执行官和总经理广泛交流并与多家国际饭店通力合作的产物。尽管当前存在着大量与饭店管理相关或者同饭店管理相关专业下的具体学科相关的出版物，但专门研究饭店业的国际化和跨文化方面的著作相对来说还很少。事实上，只是在最近几年，一般性的商业学校才认识到国际前景的重要性。外语，曾经是商业课程的选修科目，但很快成为管理中增进文化理解的基本要求。在美国和其他国家，日益增多的商学院在原有课程基础上增加了以国际化为中心的科目，采用一种全球化观点来研究传统科目（如管理学、市场营销学和金融学）。同样，与商业有关的研究和出版物也更多地向国际化方向发展。

由于过去 30 年中旅游业得到了蓬勃发展，饭店业要比其他行业更趋向于国际化。尤其是在 20 世纪 80 年代中期以来，饭店业以全球化趋势为主要特征。美国海外的连锁经营迅速增长，与此同时，越来越多的跨国饭店公司在美国或其他地区拓展业务。

本书的宗旨在于帮助那些致力于从国际化角度讲授饭店管理知识的教育者，为他们采用国际化术语探讨饭店发展和管理的不同方面提供参考。本书试图把个人收集到的资料、学术观点和全球范围内选取的饭店实例有机融合在一起，以便本领域的专业人员以及学习饭店管理的学生能够从中找到真正具有价值的信息。

朱卓仁 (Chuck Y. Gee)

夏威夷州火奴鲁鲁

译者鸣谢

　　值此机会衷心感谢谷慧敏教授带领的第一版翻译组成员对第二版翻译内容给予的帮助，感谢付艳艳女士对第二版中新增数据内容的校译，感谢李冉冉编辑在书稿翻译过程中给予的大力支持。

目 录

第二部分　国际饭店投资、开发与协议

第三部分　人力资源与文化差异

第四部分　国际饭店运营

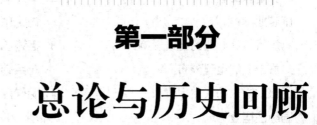

第一部分

总论与历史回顾

第 1 章

概　要

全球化与商界

　疆界的消失

　全球环境下的旅游业

　界定跨国饭店公司

旅游业

　旅行与旅游业的经济影响

　旅游业的地理分布

　旅游需求的决定因素

国际住宿业

　全球分布与结构

　全球饭店业绩

　饭店产品类型

　饭店客人

全球化的住宿业所面临的挑战

结论

学习目标

1. 了解全球化和全球经济的促成因素，掌握术语"跨国"应用于饭店公司时的定义，并了解跨国饭店公司的竞争优势。

2. 描述旅游业的经济影响和地理分布，并讨论旅游需求决定因素。

3. 描述国际住宿业的特征，说明其全球分布与结构，并总结全球饭店的业绩。

4. 明确住宿设施类型，讨论饭店客人的类型，并总结全球饭店业所面临的一些挑战。

1

全球化、旅游业与住宿业

　　21 世纪，一种新的世界秩序正创造出一种日益相互依存的世界经济体系。贸易投资壁垒的减少，交通与通信的进步，以及商品与服务的全球产销一体化链条都将对旅行、旅游业和饭店业产生至关重要的影响。一些国家，例如在 1991 年发起经济改革的印度和逐步向自由市场改革迈进的中国，已经成为世界舞台上主要的经济力量和全球商品服务贸易的领先者。拉美地区也呈现出相同的趋势，这一地区的国家正在通过民主体制、自由市场改革和私有化运动取代原来的计划性指令。然而，一种与全球乐观前景相抗衡的观点认为与经济改革并发的现代化与西方化已经造成了一种新奇且极端的形式——全球恐怖主义的出现。因此迎接旅行、旅游业和饭店业的是一个危险与机遇并存的新世纪。

全球化与商界

　　仅在 45 年以前，国际性企业还是一种相对少见的现象，"多国"一词也鲜为人知。而在今天，许多公司早已超越了多国的发展阶段，成为跨国公司（或叫全球性公司）。这些标志表明了世界商品和服务市场在结构上发生了重大转变——向更加充满竞争的框架转变，从而对几乎所有的工业都产生了深远的影响。自从许多国家放宽外方投资政策，以优惠的财政措施积极吸引外资以来，外国投资和外国独资的企业明显增多。例如，1983 年至 1988 年间，世界贸易额以年均 5% 的比率递增；同期全球外国直接投资年净增长率超过 20%（即排除通货膨胀因素后的增长率）。

　　自从很多国家贸易自由化，它们建立外商投资政策并积极运用慷慨的财政激励措施争取外商投资以来，外国投资方向已经特别明显。正是由于这些政策，世界贸易额增长速度远远超过世界产出量的增长速度。1950 ~ 2000 年，世界贸易量增长了 20 倍，创造了 20 世纪 90 年代 6.7% 的平均增长率。[①] 作为世界贸易增长的补充，外商直接投资现金流从 1975 年仅有的 2500 万美元增加到 2006 年的 1.3 万亿美元。[②]三大经济体——发达国家、发展中国家、欧洲和独联体的转型经济体的资金流入量都获得增长。尽管美国在吸引外商直接投资方面保持领先地位，但发达国家中最大的资金流入量发生在中国内地、中国香港地区和新加坡。而就转型经济体而言，俄罗斯联邦于吸引外资方面处于领先位置。资金雄厚的全球性公司希望寻找新兴市场，较低的生产成本，更大范围的外包，较少的监管障碍以及全球许多国家增加的自由化政策带来的优惠，它们在进行战略投资时开展了多种不同的调查以继续增加外商直接投资。而且，一场关于服务方面的贸易的全球争论仍在进行当中。

各产业不断在企业所有制和管理方面走向国际化，对旅行、旅游业和饭店业产生了重大影响。其中，特别是通信技术和交通事业的发展，使旅游业在政治、经济、金融和文化各方面取得了突出地位，强有力地推动了全球经济的发展。

从更实际的角度讲，这些趋势导致了世界各地对航空机座、饭店接待服务的需求的激增，行业竞争也更为激烈。由于引进了复杂的市场营销及预订技术，诸如饭店这样的与旅游服务相关的大型国际公司，从全球市场中获益最多。毫无疑问，全球化以及通信业和交通业的技术进步推动了超大连锁饭店的兴起，这些连锁饭店在管理、市场营销技巧方面不但可以相互调用，而且还拥有财政后盾，以便进行地域扩张。

疆界的消失

全球经济的存在，意味着消费者不再十分关注一项特定的产品或服务的国籍，转而关心其质量、价格、设计、价值和吸引力。例如在计算机业，IBM 主机或戴尔笔记本电脑的市场不再由地理疆界决定，而取决于这些产品对消费者的吸引力，不管公司的股东是谁，公司坐落何处。显示金融、工业活动的真正流向的是一幅竞争版图，在这张竞争的版图上，地理、政治疆界已经消失。事实上，外汇、股票市场及其他贸易方式已将金钱变成一种合法的全球性商品，得以在世界范围快速流通。饭店业和旅游业很久以来就被公认为是超越国界、逾越文化鸿沟的产业。

或许推动国界消失的最有力因素，是沟通的不断增多。今天，各地的人们不受政府的干预，从世界各个角落直接获取信息的能力日益增强。由于得益于全球化的信息技术和远程通信革命，人们更清楚地了解到其他国家的社会、政治和经济发展状况，通过各种不同的渠道（包括多媒体），在瞬间即知世界各地正在发生的一切大事。加之以交通技术的飞速进展，世界的确变得越来越小。

国际旅游也有助于全球意识的增强，人们也经常提到"旅游是人际间交流的最终形式"。通过旅游，人们对世界的真实状况——好的和坏的——以及其他环境——美的和丑的，会有一个更亲身的体验。人们也许会对其他文化和文化的多样性产生更多的欣赏之情。也许旅游在教育人们了解不同国家的行为和语言的差异之重要方面，是最根本的教育者。

当信息得以相对自由地流动时，原有的地理疆界就变得几乎无关紧要，全球性的需求导致全球性产品的发展。对商界领袖和管理者而言，这种信息流动导致了更为激烈的竞争，而且为了满足"不再拥有疆界划分的世界"的要求，就要高度重视战略和企划。然而，无疆界世界并不意味着品位、爱好的统一，也不意味着全球化产品就可以置地方特点而不顾。企业越来越多地意识到，有必要针对各个市场的特点来提供产品、服务和市场营销战略。在创立一个全球化产品时，企业必须了解地方商业体系的整体需求，并及时做出反应，而且也要了解特定的或细分市场的要求。

当今成功的全球性公司与20世纪六七十年代的殖民地风格的多国公司是有根本区别的。今天的公司不会竭力将在本国国内开发的产品推向海外市场，而旨在全心全意地为所有重点市场的顾客服务，其价值体系更具普遍性，而不为本国教条所限。理想一点讲，在全球化公司里，本国的特点最终让位于公司的特性，或全球性品牌化。不论国籍何处，公司的员工都应该能够与在世界任何地方的同事或顾客进行充分而自信的交流。而事实上，很少有公司已经学会用这种方式运作，但毫无疑问，有这种发展趋势。

全球环境下的旅游业

尽管世界各地的旅游活动大多仍是国内旅游，但新兴经济体的日益繁荣和旅游限制的放松正创造出一个由寻求本地区国家和世界其他地区旅游经历的国际出境旅客构成的新阶级。国际贸易、相互依存的各国经济以及诸如欧盟和北美自由贸易协定下的北美这样的全球性贸易组织日趋重要，国内、国际旅游也受其影响。在这种国际环境下经营饭店，显然需要在饭店开发、财政、市场营销和管理等各方面拥有更全球化的远见卓识。例如，来自亚洲的外国饭店投资项目，要求必须了解亚洲的商业前景、外交礼仪、文化行为和价值体系。同时，与已闯入自己国家的外国饭店竞争的国内饭店，则必须更多地了解这些跨国公司是如何经营的，或是如何冒损失市场份额的风险的。

界定跨国饭店公司

跨国公司主要是指跨越国界开设多家工厂的公司，有人将其界定为"在一个以上的国家里拥有并控制创收资产的企业"。[③]在一份题为《国际旅游业中的跨国公司》的联合国报告中，这一定义被扩展为"不仅包括在某一东道主国拥有直接投资的外国公司，还包括那些在东道主国拥有各类主要合同契约和企业的外国公司"，去除了必须拥有外方直接投资这一条件，而外方直接投资正是饭店跨国经营活动所经常缺少的。尽管国际服务领域发展很快（特别是在饭店开发方面），但是在如何界定、划分、测量、比较和诠释服务业跨国企业方面，仍有问题需要解决。

近45年来，旅游业一直处于国际服务贸易的最前线。许多与旅游业相关的境外扩张都是受国际贸易的扩张、世界新商业中心的兴起和为旅游者提供"服务网络"（如网络预订系统）的多国化基础设施的不断扩大所推动的。

跨国饭店公司的竞争优势在于其能够建立全球市场营销和购买网络，并拥有良好的专业技能来满足现有顾客及潜在顾客的需求，特别是就产品质量、价格和一贯的服务方式而言。在国际住宿业中质量是决定竞争力的最重要的变量。能够树立并保持强大的品牌形象和质量控制的跨国饭店公司始终在竞争中表现出色。国际饭店公司或跨国饭店公司的兴起以及伴随而来的更为激烈的竞争，同样也促进了饭店更良性的经营、资源更有效的利用以及经济的日益全球化。

随着国际贸易的增多和世界各国经济相互依存性的加剧，跨国饭店的发展可能还要继续面临压力，以跟上旅游的趋势和需求。此外，历史的发展表明，未来的跨国饭店公司不仅规模更大，赢利更高，而且可能会出自任何一个国家。

旅游业

旅游业是指由高度细分的产业部门通过一个复杂的分销链来销售的一系列多种产品和服务的产业。除了住宿业以外，旅游业通常还包括交通服务（航线、铁路、机动车辆、汽车出租公司、游乐车辆等），餐饮场所，观光、娱乐服务，以及一些零售和金融服务领域。

旅游业作为"服务革命"的一个组成部分，正使全球经济发生着巨变，同样也冲击着当地的经济乃至国家和地区经济。旅游业是全世界近50年来最稳定持续增长的产业之一，而且国际旅游业的持续发展前景似乎很乐观。此外，许多国家的政府都在更为积极地鼓励国内、国际旅游的发展，并以此作为创造就业机会、增加经济多样性、在国境内实现收入再分配以及创汇的方式。

然而旅游业对世界的贡献不仅是经济方面的，旅游能够提升教育与媒体的价值，且一般说来还能提高全世界许多地区的生活质量。联合国前秘书长加利（Javier Perer de Cuellar）曾指出："旅游业能加强个体间的相互理解，不仅给人提供更多的世界知识、进而使人们对不同的思维方式和生活模式更为宽容，而且也是保卫和平的关键因素。"④

尽管世界旅游业经历了一些挫折——如 20 世纪 70 年代的燃料危机，20 世纪 80 年代和 90 年代初期的世界经济衰退，恐怖主义，世界某些地区持续的政治冲突，以及地震、飓风、全球健康流行病、战争——但并没有妨碍人们的旅游欲望。如今，各旅游大国的人口都将假日看作几近不可或缺的消费项目，而许多个人更是宁愿放弃其他形式的消费，来确保自己的假期。即使在萧条时期，人们也不会放弃旅游，只不过会以各种方式调整其旅游行为，以保证成行。而且，企业经营的全球化也推动了以参加商务会议和展会为目的的国际旅行。

旅行与旅游业的经济影响

告别传统的主要依靠入境旅游人数和旅游收入的旅游测量方法，世界旅游理事会（WTTC）采用了联合国对旅行与旅游业基于一个经济体的个人消费、企业支出、资本投资、政府支出、国内生产总值（GDP）以及就业产生的经济影响的标准化测量工具。这一统计工具被称为旅游旅行卫星账户，它可以精确评估旅行和旅游业对国民经济和全球经济的贡献，或许是旅游测定技术近期最重大的进展。根据世界旅游理事会 2008 年的一项报告，2008 年旅行与旅游业产生了 7.9 万亿美元的经济活动；到 2018 年，旅游经济活动总量将有望达到 14.8 万亿美元。⑤

由于发达国家的大量人口在境内即可到达不同的旅游目的地和景点，其国内旅游明显超过了国际旅游。例如在美国，国内旅游约占旅游移动（大多乘坐私家车）和旅游收入总量的 90%。正因如此，美国住宿业主要将焦点放在国内市场，其中汽车旅馆比其他任何国家发挥的作用都大。由于相反的原因，在比较小的国家，尤其是那些与大国接壤的小国，国内景点很难吸引民众，而且出境一日游很容易使得国际旅游反而占据主导地位。

正如世界旅游组织（WTO）所记录的，国际旅游人数稳步增长。仅 1995 ~ 2006 年，国际旅游人数从不足 5 亿增加到近 8.5 亿，年平均增长率将近 5%。世界旅游组织（WYO）预测国际旅游人数将在 2020 年达到 16 亿。

表 1-1 1990～2006 年国际入境旅游人数（按地区统计）

	国际旅游人数（百万）					市场份额（%）	变化（%）		年平均增长率（%）
	1990	1995	2000	2005	2006	2006	2005/2004	2006/2005	2000～2006
世界	436	536	684	803	846	100	5.5	5.4	3.6
欧洲	262.3	310.8	392.5	438.7	460.8	54.4	4.3	5.0	2.7
北欧	28.3	35.8	42.6	51.0	54.9	6.5	7.8	7.6	4.3
西欧	108.6	112.2	139.7	142.6	149.8	17.7	2.6	5.0	1.2
中欧/东欧	31.5	60.0	69.4	87.8	91.2	10.8	2.2	3.9	4.7
南欧/地中海欧洲	93.9	102.7	140.8	157.3	164.9	19.5	5.9	4.8	2.7
亚太地区	56.2	82.5	110.6	155.3	167.2	19.8	7.8	7.7	7.1
东北亚	26.4	41.3	58.3	87.5	94.0	11.1	10.3	7.4	8.3
东南亚	21.5	28.8	36.9	49.3	53.9	6.4	4.9	9.3	6.5
大洋洲	5.2	8.1	9.2	10.5	10.5	1.2	3.7	0.4	2.2
南亚	3.2	4.2	6.1	8.0	8.8	1.0	4.7	11.0	6.4
美洲	92.8	109.0	128.2	133.2	135.9	16.1	5.9	2.0	1.0
北美	71.7	80.7	91.5	89.9	90.7	10.7	4.7	0.9	-0.2
加勒比海	11.4	14.0	17.1	18.8	19.4	2.3	3.7	3.5	2.2
中美	1.9	2.6	4.3	6.3	7.0	0.8	13.2	10.8	8.2
南美	7.7	11.7	15.3	18.2	18.8	2.2	11.9	3.0	3.5
非洲	15.2	20.1	27.9	37.3	40.7	4.8	8.8	9.2	6.5
北非	8.4	7.3	10.2	13.9	14.9	1.8	8.9	7.4	6.5
撒哈拉以南非洲	6.8	12.8	17.7	23.3	25.8	3.0	8.8	10.4	6.5
中东	9.6	13.7	24.5	38.3	41.8	4.9	5.9	8.9	9.3

资料来源：世界旅游组织（2007）

旅游业的地理分布

如表 1-1 所示，世界大约 54.4% 的国际旅行者选择欧洲为旅游目的地，选择北美的占 10.7%。而且所有的国际旅游支出中将近一半发生在欧洲。欧洲作为世界主要的地区性旅游目的地，其地位自 20 世纪 50 年代以来从未发生过改变，然而如果从增长角度看，亚太地区和中东地区在过去十年显示了最高的增长率。主要靠中国带动的亚太地区现在大概拥有世界国际旅游者市场份额的 20%。

直到 20 世纪 70 年代发展中国家才开始逐渐进入国际旅游市场。在 20 世纪 80 年代，亚太地区在国际旅游业中从原来无足轻重的角色转换成为发展最快、最受瞩目的地区。1980～1992 年，到达该地区主要国家的旅游者人数增加了近 3 倍，从 2100 万增加到 5800 万，年增长率达 8.9%，比世界平均增长率的两倍还要多。发展最快的市场有：澳大利亚、中国、韩国和泰国。⑥尽管遇到一些挫折，例如传染病（非典型肺炎和禽流感）以及日元和澳大利亚、新西兰的货币升值，但这一地区仍保持了过去 15 年来将近 7% 的年平均增长率，是世界平均增长水平的两倍。

表 1-2 1990 ～ 2006 年国际出境旅游人数（按地区）

| | 国际出境旅游人数（百万） | | | | | 变化（%） | 市场份额（%） | 年平均增长率（%） |
	1990	1995	2000	2005	2006	2005/2004	2006/2005	2006	2000 ～ 2006
世界	436	536	684	803	846	5.5	5.4	100	3.6
来源：									
欧洲	252.3	310.9	398.3	452.3	473.7	4.3	4.7	56.3	2.9
亚太地区	59.2	86.8	114.8	154.7	166.5	6.8	7.7	19.3	6.4
美洲	99.8	108.5	131.0	137.1	142.2	5.8	3.7	17.1	1.4
中东	8.2	9.6	13.8	22.8	24.8	11.5	8.9	2.8	10.3
非洲	9.9	12.8	16.3	21.8	24.5	7.0	12.1	2.7	7.1
来源不明 *	6.6	7.5	9.4	14.1	14.7	16.0	4.3	1.8	7.7
同一地区	349.9	431.4	541.0	638.0	668.9	4.8	4.9	79.5	3.6
不同地区	79.5	97.2	133.1	150.7	162.7	7.5	7.9	18.8	3.4

* 无法归到具体来源地区的国家。由于以上信息是从入境旅游数据中获得的，如果来源国的数据缺失或者将国家归为一组的类别不够明晰具体，例如"世界其他国家"，就会出现"来源不明"的情况。

资料来源：世界旅游组织（2007）

影响该地区旅游增长的因素包括：新航线的开通、大量投资兴建国际水准的饭店、提供一揽子旅游和住宿服务、市场和促销活动的增多、新开发的娱乐产品和旅游目的地以及政府旅游政策的放宽。也许刺激该地区旅游业发展的最主要因素是一些国家或地区经济的飞速发展，如日本、韩国、新加坡及最重要的中国。在第二次经济发展浪潮中，泰国、马来西亚、印度尼西亚和印度都在努力发展国际旅游业。

迪拜近几年开始成为一个备受关注的新兴旅游目的地。迪拜致力于实现经济多元化和降低对日益减少的石油储备的依赖，在它的带动下，阿联酋自 1995 年起一直保持着国际入境旅游人数两位数的增长。通过创造超大规模的旅游产品，迪拜将自己打造成为中东旅游必选的旅游目的地和该地区的经济中心。

出境旅游 尽管约 80% 的国际旅游发生在同一地区，近年来地区间旅游的增长速度始终快于国际旅游。出境旅游市场（表 1-2）中最主要的是欧洲，其占有份额超过所有出境旅游的 56%；排在欧洲之后的是亚太地区（19.3%）和美洲（17.1%）。然而，东北亚、东南亚、中欧和东欧、中东和南非新兴国家的可支配收入水平的增加和旅游限制的降低使得这些地区的出境旅游获得飞速发展。2006 年，国际旅游支出为 7330 亿美元，其中将近一半是由旅游国前 10 强产生的：德国、美国、英国、法国、日本、中国、意大利、加拿大、俄罗斯联邦和韩国[⑦]。

旅游需求的决定因素

许多国家拥有气候或地理上的优势，以此来吸引游客，但是旅游需求也取决于几大经济决定因素，以及闲暇时间、生活质量和人口变动等其他因素，在这里本书将一一进行讨论。还有一些影响因素有：交通和信息的便利情况、目的地的治安情况和目的地的流行趋势（就某些市场而言）。这些因素的变化显然影响着国际旅游的流向问题。

几大经济决定因素 影响国际旅游的几大经济决定因素是：

• 客源国和饭店国的经济发展水平和经济状况；

• 目的地国家境内的旅游成本；

• 外汇汇率；

• 消费者收入的变化；

• 与国内旅游成本相对应的境外旅游的平均成本。

在宏观水平上，一个国家的经济增长一般会带来可支配收入的增长和有关诸如休假权利等的社会政策的变化。由于经济增长而引起的贸易往来的增多，同样也会助长对商务旅游的需求。反之，经济萧条和高失业率会抑制商务旅游的发展。

对饭店住宿的需求显然是与对旅游的需求密切相关的，而后者是影响客源国和饭店国以及国际经济整体的经济周期性的敏感因素。影响海外旅游模式的主要因素之一就是汇率。汇率的高低与一个国家的到访人数多少呈负相关关系。国际旅游是一种出口工业：汇率下降，人们的消费就会增加；汇率上涨，人们就会减少交易活动。例如，在 20 世纪 80 年代后期发生的墨西哥比索的贬值立即刺激了其北部邻国的游客纷纷到访，因为当时在墨西哥使用美元购买一流的服务和产品相对便宜一些——如：住一个四星级饭店的房间花 30 美元，两人的牛排大餐加葡萄酒需 15 美元，而在美国同期住类似的房间、吃类似的饮食分别需要 75 美元和 60 美元。正如贬值的比索吸引了美国游客来墨西哥一样，日元兑美元汇率的居高不下，也曾经成为 20 世纪 90 年代鼓励日本游客到美国观光的主要因素。

然而，很重要的一点是要将这种关联与影响旅行的其他因素放在一起考虑。例如，尽管近几年美元疲软，2000 ~ 2006 年美国国际入境旅游人数总体呈现负增长。诸如英国、日本、德国和法国这样传统意义上强劲的境外旅游市场在这一时期也开始呈现负的增长率。而另一方面，加拿大、墨西哥、韩国和澳大利亚的旅游者总体上保持稳定增长。中国、印度和爱尔兰的旅游在这一时期增长最为显著，增长率达到 28% ~ 43%®。造成旅游模式上这些反常现象的因素包括 2001 年 "9·11" 恐怖袭击之后严格的入境限制，来自其他旅游目的地和市场的竞争以及推广问题，国家之间更加密切的商业关系、探亲访友的旅游需求和国际旅游的近距离可达优势。

旅游服务的供应商（交通部门、景区及饭店）通过其服务的便利程度、质量、价格和促销情况，也对旅游需求量产生重要的影响。对交通和景区基础设施的充分公共投资以及饭店、餐馆、交通设备和休闲娱乐方面的充裕私人投资（或公私共同投资）对目的地的质量和数量的发展都起着至关重要的作用。

闲暇时间和生活质量　在世界旅游组织于 1980 年召开的第一届全体大会上，当时的 107 名成员国一致通过了《世界旅游业马尼拉宣言》。其中，该宣言重点指出休闲和旅游是人类的权利。第四款写道：

> 休闲时间的使用权利，特别是拥有自由度假和旅游的权利，作为工作权利的自然之结果，得到许多国家法律的承认，同时也是被 "人权共同宣言" 所认可的人类成就的一方面。它要求社会有责任为其公民提供休闲旅游的最实用、最有效且不带歧视的途径，这项工作必须与每一个国家的优先发展计划、制度和传统相一致。®

旅游和饭店业，在世界上的许多地方，一直是这些新的态度和潮流的主要支持者。

我们从近 160 年来美国工作周的逐渐缩短可以看到这种态度的转变：1850 年，每周平均工作时数为 70 小时；40 年后，平均时数缩短到 53 小时；到 1920 年，降为 50 小时；而今天，平均每人每周工作的时间只有不到 40 小时。

遍及世界的工会力量和先进管理技术的增加也对工作周的缩短起了一定的作用，因其对健康、身心承受的压力以及休息、放松的重要性等问题都有了新的认识。

带薪假期自 20 世纪 30 年代以来对旅游产生了重要影响，在世界的大多数国家都已约定成俗，闲暇时间被当作一个人工作生活中的最重要的权利之一。不同国家假期的长短有很大不同，在大多数国家里，出现了假期延长的趋势，这很可能会导致人们更频繁的出游——尤其是短途旅行——在西欧就出现过这样的情况。人们越来越多地将需要准备多年的全球性盛会——奥运会、世界商品交易会以及地区性或全国性会议——不但看作是重要的旅游吸引物，也是理所应当的重大经济活动。

人口变化　现在全球人口超过 66 亿，世界人口将在此基础上继续增加。®就业人口比以往增多（且工作报酬增多），人口的受教育程度增加，通信和航空旅游的手段飞速发展。在一个日益繁荣、通货膨胀得到抑制的世界里，大多数地区实际可自由支配的收入持续提高，这使旅游支出的增加成为可能，无论选择长距离还是短距离旅行。

除了人口的自然增长，大多数工业化国家还正经历着另外一些重大的人口变化，包括人口的老龄化、双收入家庭的增多、晚婚（特别是在日本，其平均婚龄居世界最高——男 28.5 岁，女 25.8 岁）、年轻家庭的增多以及非传统家庭的出现。所有这些都表明消费行为正在发生变化，因为不同的人群有不同的需求、爱好和消费方式。对于住宿业来说，一些可能与之更为相关的人口变化如下：

第一，在许多工业化国家，将会有更高比例的老年公民，他们拥有大量的退休金储蓄和充足的可供休闲旅游的收入。例如，2006 年 1 月统计，美国第一代婴儿潮——在婴儿潮期间即 1946 年至 1964 年间出生的人——7800 万人口开始进入 60 岁。这部分人比以往的老年人身体更健康、受教育程度更高且更具流动性。由于有可支配的时间和收入，老年人比以往更愿意旅游，而且虽然他们会惠顾从经济到豪华的各类套房，但更倾向使用更高档次的住宿设施。

第二，在发达国家，年轻的职业人士是旅游市场的主要组成部分，双收入家庭是很常见的情况。在美国，那些所谓的"X 一代"和"Y 一代"共同构成了超过 1.21 亿的旅游市场，而且正上升到拥有财富和权力的地位。从 25 岁到 44 岁这一年龄段的人，通常比上几辈所受教育更好、游历更广，他们对旅游予以高度重视，将其看成是丰富个人经历的手段。这些人常常晚婚、晚育，影响旅游的经济或家庭负担较小。由于时间所限，他们不得不缩短旅行的时日，但出游频率较高。这类游客一般说来生活富足，有地位观念和品牌意识。

第三，家庭度假代表了一个重要的旅游趋势，特别是在夏季旅游高峰期，尽管许多目的地采取措施，大力促销其他季节的家庭包价产品以降低旅游的季节性。由于有如此之多的双收入家庭，全家人一起度假就被当作家庭成员团聚的一个手段——经常是几代人的相聚。度假的家庭更喜欢选择能照顾到每个成员，特别是孩子们的兴趣的度假胜地或目的地。然而，随着发达国家将学校的学时和学年加长，这一市场的特性也许会有所改变。

第四，有比以往更多的女性加入了全球劳动大军之中。由于双收入家庭的增多，可支配的收入可能会鼓励人们到国外旅游和度假。另外，女性单独旅游者——不论消遣旅游还是商务旅游——自然会成为一个正在兴起的旅游细分市场。世界各地的饭店都在竭力迎合女性旅途的需要，包括提供日托／学习中心设施、提供分量更小的饮食菜单、健身中心、带有安全设计的设备以及经过改良的浴室的照明系统等。

上述的人口变化与社会趋势将影响行业创造与传送产品和服务的方式。旅行和旅游业务需要了解并制定策略以满足多代人的需求、愿望和欲望。例如，饭店经营商既要提供针对老年市场特定需求的设计和便利设施，又要满足对设计、风格和技术与老年群体有不同理解的年轻市场的需求。在"大量客制化"时代，满足并超出顾客对独特体验的期望的商业能力将决定一个企业的成败。

国际住宿业

住宿业从本质上讲就是国际性的。随着国际贸易和商业的扩展，国际联系无疑对该产业会变得更为重要。

界定国际住宿业并非易事。从广义来讲，国际住宿业可解释为一个出口饭店服务、创出口收入的产业。在某种意义上讲，住宿业一直就是国际性的，因为大多数饭店都有外国客人。

由于住宿业已有多年的发展历史，其结构在范围、所有权、管理和附属企业等方面都变得越来越复杂。人们可能会看到有许多种模式，其中包括以下几种：

- 拥有独立产权和经营权的企业；
- 拥有独立产权但由通过管理合同连锁饭店集团管理；
- 连锁酒店集团拥有产权并经营的企业；
- 特许经营企业；
- 饭店联合体成员饭店；
- 其他类。

在世界范围内，拥有独立产权和经营权的资产多于连锁经营的资产，但是以客房的数量来看，连锁饭店占统治地位。拥有独立产权和经营权的资产往往规模较小，其拥有人可能是个人、家庭、合伙人、辛迪加或公司。而大型连锁饭店的产权可能属于一个人或几个人，或一个集团，例如一个退休金基金会、一个政府、一家发展银行、一家大型联合企业。一些产权人不直接参与资产的管理，而也有一些则直接参与其中。

就连锁经营的饭店来说，有一些公司既是产权人也是经营人；也有一些管理公司按照管理协议来经营，但几乎或根本没有任何资金的卷入；还有的公司仅仅特许其饭店名称的使用权，除了市场营销外不提供任何管理和经营支持。另外也有饭店管理公司为饭店的业主管理特许或非特许经营饭店，以及饭店联合体，为其成员饭店提供预订服务和有限的市场营销服务。

实际上，存在着上文所述各类模式的混合体，形式不一，很难将一种模式与另一种模式清楚地区分开来，况且住宿业的结构，往往容易受地理方位的影响。北美的饭店公司更倾向依据合约（管理合同或特许合同）扩展业务，亚洲公司则寻求权益投资，欧洲公司更喜欢连带至少一定量的股权参与的管理合同。

从历史的观点看，航空公司下属的饭店推动了住宿业走向国际化。然而这些大胆尝试总体上看并不成功而且导致了实体的撤资。例如在 1980 年，泛美航空公司的连锁洲际酒店出售给美国大都会公司，环球航空公司（TWA）将其股权转让给它的控股公司环球公司。最近，法国航空公司将其艾美酒店连锁出售给福特集团，爱尔兰航空公司从其国敦酒店集团中撤回投资。取代这些合并和所有者权益的是一系列的互惠营销联盟。例如，万豪、希尔顿和文华东方酒店已经与英国航空公司结盟，承诺乘客和饭店客人通过盟员之间的预订网络预订即可以获得里程积分。[①]

一些饭店连锁集团和管理公司隶属于更大的企业或企业集团。例如，王子饭店集团（Prince Hotel Group）隶属塞博集团（Seibu Group）———个经营铁路、棒球队、饭店和其他业务的日本联合企业。据了解，特别是在欧洲，大型旅游代理商也同时拥有或经营饭店。

资产有可能同时与几个饭店公司发生联系，或通过产权，或通过管理、特许等方式。但是，当两个或两个以上的集团同时参与到一个饭店的经营活动中时，事情可能会更加复杂化。例如，新德里的欧比瑞饭店隶属欧比瑞饭店集团，但又与洲际或喜来登有一个特许市场营销权的协议。

管理合同和特许加盟是一些主要的饭店公司（以美国的为主）国际化发展的主要手段。通常是一个当地的投资者，政府机构，或者拥有饭店和房地产实物资产的投资主体与一个连锁酒店集团签订合约协议对饭店进行管理或营销。

在世界饭店贸易最发达的三大地区——北美、欧洲和亚太地区——其产业结构存在很大不同。在北美，主要以管理合同、特许连锁经营、联合体系及强调品牌的市场营销手段为特点。虽然许多资产是独立产权并独立经营，经营商还是经常试图将饭店的"品牌"与名牌区别定位，以瞄准某些特定的细分市场。品牌化显然对市场起着以下两方面的重要作用：一方面是提高品牌产品的标准并促进该产品的标准化；另一方面有助于购买双方的交易职能实现，因为品牌产品比非品牌产品更值得信赖。

在欧洲，既有重要的连锁饭店和品牌产品，也有较不知名的独立性饭店。有趋势表明，市场中的知名品牌和连锁饭店将继续有增无减，而且在某种程度上可能会遵循北美的发展模式。欧洲的大部分饭店仍然是小型的、家族式的企业，这些私人拥有的小饭店代表了欧洲住宿业的一个重要组成部分。这一部分饭店将会感到越来越难以应付来自新技术和新的市场营销方式的挑战。更多这样的饭店已加入大的饭店联合体且具有了品牌意识，但许多还没有做到这一点。尽管如此，小型饭店的多样性和个性化经常成为受精明游客欢迎的卖点。

在亚太地区，旅游业产生大量的商务旅行和团体旅行，大量集中在旅游贸易的更有组织、更为正式的分销渠道上。无论是饭店商务旅游者的市中心饭店，还是主要饭店休闲旅游者的海滨胜地饭店，往往都是已加入地区或国际连锁集团的大型饭店。除日本以外，没有家族管理企业的传统；整个地区的饭店，大多是通过最先进的系统和技术来进行国际性的促销和市场营销的。

全球分布与结构

根据世界旅游组织（WTO）的一项评估，全球饭店业从 2005 年有大约 1940 万间客房。欧洲和美洲拥有全球酒店客房存量的 69%，比 1975 年这些地区持有量 83% 相比有很大下降。欧洲和美洲的总体市场份额减少是由于其他地区客房数量的增长率远远高于欧洲和美洲的增长率。1975 ~ 2005 年，全球客房年平均增长率为 2.8%，欧洲在这一期间的增长率仅有 1.6%，美洲则以 2.9% 的速度增长。然而，与此同时，高速发展的经济体将非洲、亚太地区和中东地区的年平均增长率分别推至 4.3%、4.6% 和 6.2%。在这短短 30 年间，亚太地区的客房数量从 120 万增长到 480 万，翻了 4 倍；而非洲和中东的客房数量也增长了将近 4 倍，从 30 万增长到 110 万。[⑫]

发达国家和发展中国家的跨国饭店的迅速发展反映了几个事实：自 20 世纪 60 年代以来世界范围的旅游增长，在世界各地出现的新的商业中心，处于变化之中的社会与经济潮流，以及国际饭店公司超过国内公司的显著优势。这些优势与以下领域的经营或分销产生的规模经济有关：广告、中央预订系统、全球促销、批量购买、设计与建设的专业知识以及经营的标准化。虽然大多数饭店连锁集团都是由一个相对较小的公司总部组织并控制的，但是人们普遍认为，这些连锁饭店之所以能够保证客流量，是因为其拥有在世界范围内得到认可的品牌和预订系统。国际饭店公司还能够提供拥有职业素质的员工、管理技巧、技术顾问、一流的培训课程以及经营标准和系统——所有这一切对经营一个靠健康的内部运转来获得现金流动和资产增值的资本密集型服务企业来说，是很重要的。

从饭店公司的发展角度看，将眼光投向海外是有重要原因的，包括以下几点：

• 寻找到新市场，以此作为事业发展的首要途径；

- 在有高回报前景的新地区扩大利润来源；
- 通过利用全世界不同地区的不同商业周期来分散风险。

总之，国际发展可以使饭店公司提高其品牌的全球覆盖率，赢取全球品牌市场营销的声誉和利益。

在 20 世纪 80 年代，大规模的外国投资和饭店并购及兼并创造了改变世界各地商业中心和度假区之面貌的产业。甚至在美国——国际饭店经营这一概念的诞生地——许多外国饭店公司如今都涌入主要的门户城市，以"国际风格"的氛围和服务水准、上等的菜肴和豪华的设备来讨好美国国内的游客，使以前未遭遇过外国竞争的美国饭店经营者大为懊恼。法国连锁饭店提供非凡的餐饮，其装饰装潢凸显法国传统和风格。日本饭店兜售日本式的优雅和宁静，而英国则促销其传统的服务历史和历来宣传的优雅。美国人则在为市场提供迎合客人需要和收入水平的多种选择上成绩突出。

全球饭店业绩

正如表 1-3 所反映的，2006 ~ 2007 年全球最高的每间可用客房收入出现在中东和非洲，其次是欧洲。通过未减除固定费用前收益衡量的营业利润率最高为中东和非洲的 49%，而其他地区的收益率为 30% 左右。考虑到经济的增长轨道，饭店的最高业绩有望出现在亚洲和中东的特定国家。

表 1-3　2006 ~ 2007 年全球饭店经营业绩（按地区）

	中东和非洲	亚太地区	欧洲	北美
出租率（%）	66.5 ~ 69.7	70.6 ~ 69.7	68.9 ~ 69.1	63.3 ~ 63.3
平均每日房价（ADR）	$144.5 ~ $168.26	$115.58 ~ $129.33	$137.74 ~ $161.25	$98.44 ~ $104.46
每间可用客房收入（RevPAR US）	$96.11 ~ $117.28	$81.55 ~ $89.98	$94.90 ~ $111.45	$62.35 ~ $66.09
未减除固定费用前收益（2005）%	49	36	36	33

资料来源：www.hotelbenchmark.com

饭店产品类型

在过去的 30 年间，饭店业已经开发出新的产品和专营市场以迎合不断变化的顾客需求和生活方式。这些差异化的饭店产品主要是由美国的品牌饭店公司创造出来的，而且一经创造出来就被出口到全世界。例如，机场饭店、会议型饭店、长住或服务式公寓、会议中心、经济型酒店、公寓饭店、分时度假产品、赌场饭店、综合度假饭店和老年生活中心等概念都是为填充特定细分市场空白而创造出来的。

上面描述的品牌产品主导着北美市场，同时作为大型跨国饭店公司的一部分，这些品牌正渗透到更广阔的亚洲、中东和欧洲市场。一些地区已经非常排斥品牌饭店的影响而主要依靠传统饭店形式。在特定的国家或地区，这些传统形式甚至主导着整个住宿业。

将这些不同的住宿类型放到国际住宿业的大背景中去理解是很重要的。例如，到葡萄牙的游客中有 45% 住在饭店里，另有 45% 的游客住在公寓或招待所里，而其余客人住在饭店公寓、汽车旅馆和当地人称为 posadas 的国营旅店里。在西班牙的大部分游客不住商业性的饭店，而更偏爱选择各式各样的公寓、传统客栈、招待所、农场或自助式寓所。西班牙举世闻名的 paradors——诸如城堡、宫殿、修道院、寺院等历史性建筑改建成的国营饭店——也为游客提供了除现代饭店之外的独特选择。

在瑞士的住宿业占统治地位的，仍然是小型的、家族经营的旅店。瑞士人为游客提供了多种住宿方式，除了国际水准的饭店外，还有健康疗养院、青年旅馆和露营地。在德国，饭店仅占可供住宿的床位总量的 46%，而招待所和住宿加早餐式旅馆各占 20%，健身胜地和温泉疗养院也构成了其住宿业的一个重要分支。

亚洲城市的住宿业往往以大型的国际饭店或豪华饭店为特点。在日本，住宿业大体分为两类——不同级别和水准的传统饭店，以及带榻榻米和日本园林花园的传统日式小旅店（ryokan）。在马来西亚，住宿形式包括政府客栈、青年旅馆和私人住宅或乡村逗留店（通过住在人家、宿舍或其他寓所，来体验一个地方的日常生活）。在印度，传统饭店运动已经使其在市场占据强势地位并为客人提供住在古城堡、郊区别墅和原印度皇室和统治者的宫殿的独特体验。这些住宿设施大部分是由居住在其中或附近的家庭经营的，并且这里的人也承担了饭店管理员的角色，而这些饭店就是一个个交互式博物馆，有着各自独特的历史。

饭店客人

国际旅游市场大体可被划分为两类：因商务或政府事务而外出的游客，和为娱乐而出游的游客，有时被称作自由游客。有时很难区分这两种类型，因为许多旅行不仅只有一个目的。例如，会议旅行者经常将会议与假期合二为一，全程携带伴侣和其他家庭成员。根据旅游者的类型——出差还是休闲——他或她在制订旅行计划和选择住宿方式上会有不同的表现。

商务旅游者与休闲旅游者之间的不同，对饭店来说具有重大的意义。从全世界一般情况来看，商务旅游者在饭店住宿的可能性要大得多。自然，商务旅游需求相对而言往往档次更高，也更稳定，一般来说也不如非商务旅游者对价格那样敏感。对于休闲旅游者来说，价值是选择住宿时要考虑的一个更重要的因素，氛围和娱乐设施也是重要因素。

商务旅游者 休闲旅行，或者叫纯粹性旅游，在数量上要超过商务旅行，但是商务旅游者却是全世界饭店住宿和服务的最主要的使用者。商务旅游者——其中的70%都是白领雇员，其旅行费用通常由公司支付——视方便程度、交通时刻表和住宿的舒适度为旅行的首要考虑因素。通常来讲，以下特点对大多数因商务而旅行的管理人员来说都比费用问题重要：

- 恰当等级的饭店；
- 便利的位置；
- 舒适的环境；
- 商务与娱乐设施；
- 高级的服务水准；
- 幽静的氛围；
- 豪华的客厅装饰和房间布置。

除了以经商或政府事务为目的的商务旅游外，商务旅游还包括会议、谈判、集会、公司会议和教育活动。最近增加了一类奖励旅游，即公司用旅游作为一种动力和奖励，来鼓励那些达到或超过销售指标或其他业绩目标的销售人员、经销商、分销商和雇员。奖励旅游正成为商务旅游的一个重要分支。

休闲旅游者 世界饭店住宿需求量的40%左右都是以休闲为导向的。由于休闲旅游者是自己掏腰包，他们比其他旅游者更可能愿意与他人共处一室或干脆不住饭店，而选择住在亲友家或其他种类的住宿形式，他们代表了旅游市场中对价格最敏感的分支。自由旅游者不仅对政治局势反应敏锐，对经济条件、物价涨跌、折扣刺激等都较敏感。因此，航空公司和饭店发现特别包价、忠诚顾客奖励方案和其他刺激方式对休闲旅游者的影响要比对商务旅游者更大。

客人来源 用最广义的国籍划分方式可将旅游者划分为国内和国际两大类，这两类各占世界饭店业务量的50%，然而不同的地区间存在很大的差异。从历史上看，在北美，国内市场提供了77%的饭店业务量，外国游客提供了23%。在非洲和中东，这个比例更加平衡一些，外国游客约占饭店使用量的55%。同样，欧洲住宿市场通常能大体持平，外国游客约占 43%，国内游客占 57%。但是在诸如奥地利和葡萄牙这样的旅游目的地，平均来看，外国游客通常超过饭店住宿量的 70%。

预订来源 饭店预订的来源存在地区的差异。2003 年的全球统计表明，34% 的饭店预订是由饭店客人直接完成的，旅游代理商、经营商和预订系统所做的预订工作分别占 29% 和 17%。[①] 旅游代理商和经营商在亚洲、大洋洲和拉丁美洲所起的作用比在世界任何其他地区都更为重要，而北美的游客更倾向于直接预订。

全球化的住宿业所面临的挑战

住宿业的全球化对饭店公司和个体饭店经营者都意义深远。当然，能够灵活调整自己的风格或经营理念以适应不同情况和环境，是获得成功和被市场接纳的根本。这就需要指出其中存在的一些差异。

进行国际扩张的最大挑战之一，就是理解东道国的文化、政治、社会和宗教结构并与之相妥协。在建造饭店或履行跨国合约之前，对这些领域取得充分的了解是至关重要的。有多少经商之地，就有多少经商之道。国际饭店公司和未来的管理者都需要了解规范的或时下的商业惯例，内容包括谈判风格、政府和商务礼节、管理优先权及市场营销手段等。

在许多国家，为了保证经营顺利地进行及业务不受意外干扰，除了业务关系外，还要慢慢且谨慎地培育社会关系和企业内部关系。饭店经营者必须对其业务所在国的金融、政治、劳务和市场环境了如指掌。不同国家之间在习俗、价值观、语言和工作或社会行为上，存在相当大的差异；尽管住宿业的国际化程度较高，饭店管理者对这种多样性经常还是防不胜防，难以满足不同国籍的客人或员工的不同需要。

在新的全球化环境中进行经营的饭店管理者必须具有一种全球观念，这与过去的民族观点恰恰相反。明天的国际饭店管理者可能会被当作实际上的世界公司公民，其职责可能是与来自一个国家的业主一起工作，而同事又是从另一个国家进口的员工，手下的背景各样的雇员则来自本国或东道国，还有从其他饭店调过来的外籍专家和经理（这还不包括向不同国家的客人提供服务）。此外，这些国际饭店的管理者们还必须与本饭店的公司总部和所在国的各种利益集团保持良好的关系。他们不但关心自己饭店的利益，也帮助同一网络中的姊妹饭店，并促进其东道主国的进步及世界经济的发展。

结论

在本章中，我们考察了在不断全球化的经济中，影响跨国饭店公司兴起的一些变化之中的环境因素。其中影响世界住宿业的较重大的变化有诸如以下一些因素：20 世纪末 21 世纪初发生了意外的政治变动；许多国家为鼓励外国投资、促进国际贸易而清除了贸易壁垒；近 40 年来，世界旅游和旅游业不断在增长；国家疆界之内和之外客流量增加；以及住宿业在范围、产权、管理、附属饭店和消费行为等方面的重新构建。

随着世界进入新千年，未来的饭店管理者和他们的员工必须为将在与以往不同的环境中工作而做好更充分的准备。明天的住宿业的发展趋势将充分体现出世界性这一字眼的真正含义，从事这一职业的人员必须懂得如何处理文化的多样性问题，具体体现在跨国产权和管理方式、组织结构以及作为当今已确立之秩序的全球市场需求等方面。

尾注:

① World Trade Organization, International Trade Trends and Statistics,2002 (Geneva: WTO, 2002) and WTO press release, "Trade Recovered in 2002 but Uncertainty Continues" April 22, 2003.

② United Nations, World Investment Report, 2007 (New York and Geneva: United Nations, 2007).

③ Frank Go and J.R. Brent Ritchie, "Tourism and Transnationalism", Tourism Management, December 1990,p,287.

④ Somerset Waters, The Big Picture: Travel Industry World Yearbook,1990,p,9.

⑤ World Travel & Tourism Council, Progress and Priorities: 2008/09, p. 5.

⑥ Tourism Trends Worldwide and in East Asia and the Pacific 1980—1992,World Tourism Organization,p,12.

⑦ World Tourism Organization, Tourism Highlights, 2007.

⑧ Global Insight, Office of Travel and Tourism Industries to International Trade Administration,Department of Commerce.

⑨ David Edgell Jr, International Tourism Policy (New York: Van Nostrand Reinhold,1990),p.164.

⑩ Http://www.census.gov/ipc/www/popclockworld.html.

⑪ Pat Hanlon, Global Airlines: Competition in Transnational Industry, Third Ed. (Oxford: Elsevier, 2007), pp.308—309.

⑫ All figures in this paragraph are taken from a presentation given by John G.C. Kester of the World Tourism Organization at the International Hotel & Restaurant Association Annual Statutory Meeting held in Nice, France, on October 27, 2006.

⑬ Horwath International, Worldwide Hotel Industry Study 2003.

主要术语

全球化（globalization）：走向世界经济和共同市场的趋势。

国内生产总值（gross domestic product）：一个国家的生产所得收入，不包括从别国获取的收入；国民生产净值包括从其他国家获取的收入。

多国公司（multinational）：指一家公司在一个以上的国家拥有总部和经营单位。

派瑞达（Paradors）：西班牙政府经营的那些由历史建筑如城堡、宫殿、修道院等改建而成的饭店。

公寓/养老院（Pensions）：西班牙政府经营的那些由历史建筑如城堡、宫殿、修道院等改建而成的饭店。

波萨达斯（Posadas）：在西班牙和葡萄牙由政府经营的一种旅馆，也称为"pousadas"。

日式小旅馆（Ryokan）：带有榻榻米和日本式庭院的传统日本住宿设施。

跨国公司（transnational）：将总部设在一国而在几个国家进行经营的公司。

旅游需求决定因素（travel demand determinants）：有助于旅游的各种影响因素。

复习题

1. 推动全球化和全球经济的因素是什么？

2. 什么是跨国饭店公司？

3. 旅游业是由哪些类型的业务构成的？

4. 旅游业对世界的主要贡献是什么？

5. 发达大国的国内旅游额与国际旅游额有何不同？与大国接壤的小国如何？

6. 哪些因素影响了亚太地区的旅游增长？

7. 国际旅游受什么经济决定因素影响？还受哪些其他因素影响？

8. 人口的哪些变化可能对国际住宿业产生重大影响？

9. 住宿业与旅游业的规模和增长有什么区别？

第 2 章

概　要

历史回顾
　连锁饭店的发展
　海外发展
美国的连锁饭店
　产权与管理权的分离
　市场细分与海外扩张
美国的连锁国际饭店案例
　希尔顿
　洲际
　喜来登
　假日
　凯悦
　精选国际
欧洲的连锁国际饭店案例
　地中海俱乐部
　雅高
　子午线
　索米丽雅
印度的连锁国际饭店案例
　泰姬集团
　欧比瑞
亚太地区的连锁国际饭店案例
　新大谷
　日航饭店
　文华东方
　半岛集团
　达仕国际
非洲的连锁国际饭店案例
　与航空公司联合
　联合的优势

　联合的弊端
　主要联合
合并与收购
　合并
　战略联盟
结论

学习目标

1. 列举 20 世纪早期美国饭店业引入的革新措施，回顾从 1901 年到第二次世界大战期间美国连锁饭店的发展历史，了解阻碍美国饭店向世界扩张的一些风险。

2. 总结第二次世界大战后饭店向海外扩张的发展情况。

3. 概括影响国际饭店向欧洲、北美、中东和亚太地区扩张的因素。

4. 描述饭店所有权与经营权的分离并阐述其意义，总结连锁饭店双管齐下的增长战略。

5. 明确 6 个始于美国的国际连锁饭店并了解其引入的革新措施。

6. 明确 4 个始于欧洲、2 个始于印度、1 个始于非洲和 5 个始于亚太地区的连锁饭店及其各自的特点。

7. 概括航空公司与饭店联营的发展情况，指出航空公司与饭店联盟的主要优缺点。

8. 了解合并、收购和战略联盟对国际饭店业的影响。

国际饭店的兴起

　　纵观历史，饭店业一直处于持续发展的状态，这是由于饭店业一直力求能更好地满足旅游大众的需要和期望。饭店产品本身反映了不断变化的趋势、生活方式、经济、交通和科技的进步以及政治变迁。近一个世纪以来，该产业已经多次进行了改革创新，涉及从室内给水排水设施到复杂的通信系统、智能化的能源系统、国际预订网络系统以及以信息技术为基础的室内设施和服务等不同方面。

　　经济衰退、政治冲突、能源危机、不断加剧的通货膨胀、熟练劳动力的短缺、低下的生产力、严重的过度建设、相互之间激烈的竞争、外汇的波动起伏、债务和现金流动困境、数不胜数的所有权变更等这一切都在一定时期内对饭店出租率和利润率产生了冲击。然而，逆境从未阻碍饭店业的发展进程，环境的变化通常会对改善饭店产品的种类和质量有所帮助，使世界上大部分地区的民众可以消费得起饭店服务。新的全球市场将使未来的饭店业更加具有挑战性，与此同时也会为其增长带来新的契机。

历史回顾

　　饭店业的发展经历了一段漫长的道路，其历史可追溯到几个世纪前的原始小饭店。在当时，可供短暂住宿的设施只不过是一个平板架当床的设备简陋的房间。

　　饭店业最初的兴旺是在罗马帝国的统治时期。罗马帝国在最繁荣的时期拥有 8.2 万公里的道路。这些道路的两边每 50 公里就有一家饭店。每一座主要的城市都有特定规模的饭店，通常由市政府拥有和管理这些饭店。那段时期的旅游活动多于以往任何时期，这在很大程度上是由于帝国提供了保护。随着罗马帝国的衰败，长距离旅游大大减少，并且只在绝对有必要的时候，人们才出门远行。宗教朝圣成为主要的旅游动机，沿途接待服务主要由慈善组织和宗教机构来提供。①

随着强大的城邦和民族自治国家的出现，饭店业的商机（主要在欧洲）再次出现。例如，在英国，饭店在 15 世纪前后获得了令人瞩目的地位，它们通常根据有权势的家族来命名，这些饭店就是在这些家族的土地上建立起来的。像它们的罗马前辈一样，这些饭店主要是酒馆，有时也提供简陋的过夜住处。随着第一个公共交通系统（城市间的公共马车系统）的进步和延伸，旅游者的数量迅速增长。与此同时，为他们提供服务的饭店的数量也在迅速增长。19 世纪初期，铁路的出现促进了在火车站附近建立崭新而且规模较大的饭店，从此开始了饭店业的新纪元。对于饭店来说，地理位置在沿海城市码头附近也是非常受欢迎的选择。

在 19 世纪，随着 1829 年垂蒙特大厦（Tremont House）在波士顿的开业，美国饭店业赢得了全世界的认可。垂蒙特的建筑师伊沙赫·罗杰斯（Isaiah Rogers）因其为饭店所做的精彩设计而闻名于世，其设计也纷纷被欧洲和世界其他地区所效仿。

20 世纪初期，饭店的卧室仍旧狭窄和不舒适，即使在豪华饭店里也是如此。客人们在绝大部分的时间里都是在宽敞的大厅、图书馆或类似的公共房间内进行放松休息或社交活动。美国的斯塔特勒 (E.M. Statler) 是最早意识到并非所有的客人都想进行社交活动，很多人更喜欢待在可以保护个人隐私的房间里的人之一。他的饭店是第一批提供私人浴室、更大的客房、客房服务、室内无线电和饭店之间的预订服务的。[②]今天的产业标准中许多基本的客用设施和运作控制系统，包括自来水、电话、门边的电灯开关，都是斯塔特勒的创举。

美国饭店引进的其他的先进技术很快就在国际饭店业盛行起来。这些先进技术包括：室内给水排水系统、污水处理系统、中央供暖系统、空调、客用电梯、电气照明和现代通信系统的应用等。在 20 世纪后期，饭店进一步根据顾客不断变化的生活方式和需求调整它们的设施、设计和服务，实现产品定制化。饭店水疗中心、商业中心、自助入住台、基于设计的精品饭店、无烟饭店和创新的浴室及卧室装置（例如喜达屋饭店引入的天梦之床和浴室）是受市场驱动的创新的几个例子。它们也在被世界范围内的饭店逐步采用。

连锁饭店的发展

几个世纪以来，饭店业充其量被当作家庭手工业，因为每一个饭店都是一个私人拥有的独立的企业。偶尔一个有名的饭店得以成功地推出一些与自己同名的产品，这些产品与该饭店归同样的管理者管理，但是这种情况少之又少。第一个有名的特例是里兹（Cesar Rite）集团。里兹通常雇用一个可靠的人来任命和监督属下那些各自独立的饭店的经理。这样的安排（晚些年出现的饭店管理合同的先驱）也允许这些饭店将自己作为一家里兹所属饭店进行广告宣传。19 世纪末期，里兹（连锁）因其在欧洲及其他许多主要城市建立的豪华饭店而达到鼎盛时期，欧洲外的城市包括开罗、约翰内斯堡和纽约。[③]今天，里兹仍然是豪华和一流服务的代名词。

斯塔特勒除了对饭店管理的许多贡献外，他还发展了其中一个最早的现代连锁饭店。从 1901 年的第一家饭店开始，斯塔特勒企业最终发展壮大成为一个拥有 10 个主要饭店的连锁企业。斯塔特勒第一个提出一个企业管理多个饭店可以带来经济和财务优势。通过集中性的购买、成本控制和市场营销，他得以增加企业的营业利润。他的饭店绝大部分都拥有相似的名字、风格和规模。尽管斯塔特勒取得了成功，但连锁概念在两次世界大战之间的那段时期普及很慢，并且当时美国一些著名饭店的独立产权人一般都看不起连锁饭店的经营者。[④]

康拉德·希尔顿、恩尼斯特·亨德森和罗伯特·莫尔是早期的几位饭店业先驱，他们在发展连锁概念中起到了重要的作用，并且也都是世界上最早经营国际连锁饭店的那批人之一。特别是康拉德·希尔顿作为饭店管理合同的创始人而广受赞誉。后来这样的合同孕育了饭店管理公司的形成。假日饭店的创始人凯蒙·威尔逊和华莱士·约翰逊于 20 世纪五六十年代通过特许假日饭店的名称使用权并建立全国性的预订网络系统的方式，充分利用了"连锁"这一概念。比起仅靠管理或拥有饭店来，特许经营使连锁饭店得以更快速地扩张。从此，这一方式便成为许多饭店和汽车旅馆公司，尤其是廉价饭店的标准运作模式。

第二次世界大战前的趋势 虽然美国的饭店建筑及其他科技和管理的革新纷纷被海外饭店所效法，但是美国的饭店公司直到第二次世界大战后才到美国大陆以外的地方去开创事业。英国和瑞士是仅有的两个到国外管理饭店的国家，但是它们在外国的饭店少之又少。虽然地处不同国家的里兹饭店都仰仗里兹管理公司出谋划策，但实际上它们并未在该公司的控制之下。

在海外进行饭店投资有很大的风险。原因之一是饭店经营者在国外城市和郊区选择最佳地点会遇到更大的困难。融资依靠资金来源，这通常会更加复杂并且难以获得，特别是在建筑物、人员配备、当地习俗、交易方式等诸方面都可能有根本不同的发展中国家。由于没有一家银行愿意承担支付所有贷款的风险，筹措资金通常需要寻求多种资金来源。同样，在政坛巨变时期也曾出现过饭店国有化或客人大幅度减少的现象。像其他国际性企业一样，经营海外饭店在汇率涨跌以及利润汇回国内的限制方面都存在一定的问题。另外，外国连锁饭店经常会面临国内饭店的竞争，有时竞争来自政府所拥有或资助的饭店。

第二次世界大战之前，上述问题以及其他一些问题阻止了美国的饭店经营者在国外投资饭店。此外，该产业经济的重点本来就在国内，而且美国国内市场风云变幻，足以使国内的生活保持丰富多彩。这种状况随着第二次世界大战的爆发而改变了。随着战争的进程，遍及全美的新闻报道和剧院里放映的新闻影片不断报道美国、同盟国以及轴心国的部队在远土的征战范围。美国士兵、他们的家人以及普通美国公民对全球各地的充满异域风格的地名越来越熟悉。随着和平和繁荣的再次到来，美国人自然而然地萌发了要到通过战争和媒体而熟知起来的地方去旅游的愿望。

第二次世界大战后的发展 从某种程度上说，美国饭店业早期向世界的扩张开始于美国对那些经济欠发达国家必要的经济扩张。美国总统罗斯福鼓励许多美国公司到拉丁美洲修建饭店，这也是他对这一地区"友好睦邻"政策的一部分。罗斯福认为通过增加旅游和从美国获得的外汇收入，可以改善拉丁美洲和加勒比地区的国家的经济状况，并且还可以推动他的"半球团结"目标的实现。

泛美航空公司 (Pan Am)，作为当时全美最卓越的国际性交通企业，对发展国际饭店业的号召反应极为迅速。然而，泛美在国外修建饭店的努力直到 1946 年才获得成功。当时它建成了自己拥有全部产权的子公司，即洲际饭店公司 (IHC)。洲际饭店公司起到了双重的作用：一是为国际游客服务，特别是泛美的乘客；二是为航空公司的机组成员提供住宿。第一座洲际饭店，坐落于巴西的贝鲁，于 1949 年收购获得。到了 1982 年，当泛美将这一饭店子公司出售给大都会饭店（Grand Metropolitan）时，洲际饭店已经达到在世界范围内拥有 109 家饭店的规模。[⑤]希尔顿集团 1948 年在波多黎各的第一个饭店工程，在某种程度上也是对总统号召支援这一地区的响应。

第二次世界大战后，美国饭店业对欧洲经济发展的影响与其对拉丁美洲和加勒比海地区的影响极为相似。美国外交政策的重点于第二次世界大战后转变为帮助欧洲大陆重构其饱受战争磨难的经济，并且鼓励美国饭店公司也加入其中。另外，为了更好地满足美国旅游者的需求，欧洲组织考察团访问美国以便学习和采用美国饭店管理方面的先进经验。所有这些都促进了饭店业国际化的发展进程。

航空交通枢纽 正如早期海陆交通的方式影响了位于主要港口、交通要道和终点站地区的小饭店、饭店、汽车旅馆和度假饭店的发展，航空交通由于扩展了旅游可及的范围而对饭店业的发展产生了更为巨大的影响。除了洲际饭店集团和希尔顿饭店集团在拉丁美洲和加勒比地区所做的创建国际饭店的早期努力之外，总部设在巴黎的地中海俱乐部于 20 世纪 50 年代初期也在积极地建造度假饭店,起先是在地中海国家,接着拓展到加勒比地区。

20 世纪 50 年代末期,包机业使欧洲旅游者可以到达一些新的地中海地区的旅游目的地。在西欧,这标志着人们对包价旅游的大规模需求和在新的度假胜地修建饭店的开始。波音 707 飞机于 1959 年作为定点航班服务于横跨大西洋的航空公司,将跨越大西洋的旅行时间从轮船的数周(或螺旋桨飞机的约 13 小时)缩短到大约 8 小时,并且结束了大西洋豪华邮轮时代。由于采用喷气式飞机交通更为迅速、廉价以及应用范围更为广泛,商务旅行和休闲旅游在不断增加,极大地促进了位于城市内的大型现代化饭店的发展,它们坐落于像伦敦、巴黎、罗马、雅典和阿姆斯特丹这样的城市。早先只有富裕阶层才享受得起的长距离旅行逐渐地也可以被中产阶级所接受,推动了大众旅游和饭店业的蓬勃发展。

海外发展

在市场全球化的推动下,连锁饭店、管理公司和开发商都开始寻求各种各样的机会服务于不断增长的国际性顾客。同时,许多大型饭店公司也意识到,加强海外扩张,有助于国内饭店获取一定的海外旅游市场份额。比较经济优势在饭店业的海外扩展中发挥了十分重要的作用,特别是在发展中国家,因为在发展中国家即使生产资料和资本难以与发达国家相媲美,但是那里的土地和劳动力相对于发达国家而言就便宜得多了。

国内环境往往对饭店的海外发展产生影响。例如,近几年来由于国内市场的过于饱和,在美国国内的饭店公司已经转到国外去发展。此外,许多公司的特定的"补缺"产品已经不再拥有国内的发展空间,只好到海外去寻求新的发展机会。

到 20 世纪 60 年代为止,全世界的发达地区吸引了国际饭店公司的大部分注意力。最初的发展主要集中在大的门户城市和世界性大都市里,因为这些地方的金融风险最低,而可吸引的投资者又最多。总体战略就是先在大城市树立品牌,然后再向二级市场和度假胜地进军。随着喷气式飞机在大众旅游中的广泛应用,国际饭店集团已经开始增强其在世界发展中地区的扩展。

在欧洲的扩张 第一家扩张到欧洲的国际连锁饭店是美国连锁饭店,继在第二次世界大战之后的重建时期进入欧洲的美国跨国制造公司之后。1946 年,美国政府的国外旅游联合委员会开始考虑旅游和旅游业在新的国际秩序中所起的作用,及其对贸易扩张、金融稳定、加强经济理解等方面可能做出的贡献。该委员会确定,来自美国的旅游业务流量，能给欧洲带来外汇收入，因此可以消除"美元缺口"这个问题，并且应该将其纳入《马歇尔计划》，以重振欧洲市场。于是，美国的饭店业大受鼓舞，开始到欧洲大陆发展。⑥

而欧洲的连锁饭店也于同期开始发展，例如，查尔斯·福特购买了托拉斯饭店（Trust House），创建了托拉斯福特集团（Trusthouse Forte），约瑟夫·马克斯威尔在英国建立了大都会连锁饭店——这些饭店一般都在本国国内进行发展。

连锁饭店主要自己出资将饭店建立在发展成熟的国际性的门户城市，诸如伦敦、巴黎和罗马这些城市。爱尔兰、西班牙和斯堪的纳维亚半岛的城市，没有在这一方面吸引到多少投资者，部分原因是它们正在发展自己国内的连锁饭店，还有一个原因就是在第二次世界大战后的重建时期搬迁到这些地区的美国制造商很少。

随着欧洲本土航空交通的发展，欧洲的连锁饭店开始扩张到整个欧洲大陆，与它们的美国同行一样，欧洲连锁饭店的最大市场是寻求熟悉的饭店住宿环境的国内游客。在1973年发生的能源危机和接踵而至的经济萧条几乎使欧洲的饭店建设出现了停滞；国际连锁饭店在欧洲的发展在减慢，随着石油财富的增长和出口贸易的增加而带动的新的资本市场的兴起，人们开始将注意力转向中东并逐渐扩张到环太平洋地区。

直到20世纪80年代后期，国际连锁饭店的第二次发展浪潮才开始对欧洲产生兴趣，这是由于其时欧共体做出决定，通过消除12个成员国之间的贸易壁垒而逐步形成欧洲统一市场。诸如华美达（Ramada）、马里奥特（Marriott）、日航（Nikko）、欧比瑞（Oberoi）、泰姬（Taj）这样的国际连锁饭店都着眼于在欧洲城市占领一席之地。⑦

由于在20世纪60年代和70年代的第一轮发展时期，欧洲的大多数重要地段都已各有其主，在发展成熟的大城市寻找合适地点就愈加困难。因此，国际饭店经营商为了扩张或再发展，不得不考虑并购现有的饭店。它们积极地行动起来，到另一些城市寻找位置，这些城市要么是靠吸引新技术含量高的产业，要么就是由于成为金融中心而发展起来的。诸如维也纳和布鲁塞尔这样的在国际事务中扮演着重要角色的城市，引起了国际连锁饭店相当大的兴趣，像西班牙和葡萄牙那样的城市和阳光地带一样，地处新兴工业化国家的这类目的地也得到蓬勃发展。此外，斯堪的纳维亚半岛国家得到的注意力就相对较少，那里的城市小，其国内饭店公司已经发展得十分成熟，因而可供新的国际饭店发展的场所微乎其微。⑧

并不仅仅是因为在欧洲的城市购买用地和进行建设的成本一般要比其他地区高得多，而且计划的限制和劳动力的高价位更进一步阻碍了向欧洲市场的进入。非欧洲连锁饭店会发现这个市场比起中东或是亚洲市场要难进得多，因为在欧洲它们不得不面对的竞争对手是发展成熟的国内连锁饭店。

目前欧洲已拥有世界近38%的饭店客房,尽管许多位于大城市以外的饭店是由私人拥有和经营的,小型的家族经营式饭店比较常见。连锁饭店在欧洲不同国家的市场占有情况不同。总体而言,诸如法国、西班牙、德国和英国这类拥有大型饭店集团的国家中连锁的市场占有率最高,占总体客房数量的25%~35%。^⑨鉴于到访欧洲的客流量,以及东欧对西方旅游业发展的开放,欧洲就总体而言,仍不失为大型国际连锁饭店的重要市场。

连锁饭店在欧洲的扩张和发展近年来一直受到并将继续受到新兴资金来源组合的推动,这些资金来源包括私募股权基金、中东地区寻求顶级房产的高资产净值人士、房地产投资信托基金形式的股权投资,以及东欧和中欧国家加入欧盟之后日益增多的发展机会等。^⑩

在北美的扩张 除了几家加拿大连锁饭店以外,北美的饭店业事实上是美国连锁和独立经营商一统天下。直到近年来,情况才开始变成一条"双向车道",国外的连锁饭店向北美扩张,而同时北美的连锁饭店也向海外扩张。20世纪80年代后期有了一个转折点,当时外国饭店联盟开始侵入美国市场,比起许多新兴工业化国家,它们被美国经济的稳定、低廉的造价和经营成本所吸引,其中重要的一点是美国地产相对便宜,这主要是由美元贬值和缺乏资金实力的弱小饭店存在的脆弱性所引起的。

拉德布鲁克有限公司(Ladbroke PLC)并购希尔顿国际饭店, 福特饭店集团(Forte PLC)并购旅游宾馆(Travelodge)和维斯康特(Viscount), 欧奇公司(Aoki Corporation)并购威斯汀(Westin)饭店, 塞卜沙森(Seibu Saison)并购洲际饭店, 九龙仓集团并购奥姆耐饭店,富豪收购Aircoa集团, 以及假日集团(Holiday Corporation)与巴斯有限公司(Bass PLC)饭店部的合并都是20世纪80年代变革之中商业环境的产物。放松管制和宽松的信贷政策使得饭店在美国过度膨胀,进而导致20世纪90年代初期饭店产品供过于求。供给过剩与经济衰退、流动性危机、第一次海湾战争、日本的泡沫经济破裂、欧盟影响的不确定性以及东欧集团的金融危机交织在一起阻碍了饭店业的扩张,直到20世纪90年代中期,情况才有所改变。

美国住宿业进入了一个恢复模式并在20世纪90年代中期到2000年实现了扩张,这主要得益于新的资金来源、需求的增加、信息技术推动的经济以及使得行业更加统一的合并与收购浪潮下的经营效率。

尽管在2001年恐怖袭击与随之发生的伊拉克战争导致美国经济立即减速,但从2003年至今,美国饭店业的业绩依然非常可观。大量的廉价债务和私募股权基金的产生推动了行业的扩张。美元的疲软以及通过私募股本或上市企业投资饭店公司的可操作性为北美饭店市场外商投资的增加创造了条件。

国外的投资同样进入加拿大的饭店业——美国、英国、法国和亚洲的各公司都力求加强自己在这一市场的影响力。

在中东的扩张 饭店开发商和经营者早在 20 世纪 70 年代就被中东地区所吸引，这是因为中东地区新的经济繁荣，石油输出国组织 (OPEC) 在 20 世纪 70 年代初的油价上扬导致了中东石油输出国财富的大幅度增长，从而引发了一股饭店建设之风。石油富国的皇室家族为他们自己和他们的贸易伙伴建造了大型超豪华个人住所。高风险的因素如经济和政治的不稳定性以及饭店发展的一些复杂问题抵消了对高房价和高出租率的承诺，不少连锁饭店正在开始雄心勃勃地推进它们的扩张计划的具体实施，它们的经营哲学是值得为新兴萌芽状态的市场冒风险。

20 世纪 80 年代随着石油价格的暴跌，客房出租率和饭店利润遭到重创，该地区在试图扩大经济基础以度过下滑困境方面努力的失败严重损害了旅游业的发展。在伊朗、伊拉克、科威特、以色列以及其他地区发生的持续的政治危机加剧了这种局面，例如，在伊朗的一次动乱中，凯悦集团的三家饭店全部被政府接管。单单是海湾战争一项就使饭店业几乎陷于停顿之中。因此，饭店发展商对中东许多地方的投资兴趣急剧下降，这种情况一直持续到 20 世纪 90 年代中期。

从那之后，中东就成为入境旅游增长最快的地区。据世界旅游组织统计，1995 ～ 2006 年，该地区的复合年均增长率达到 10.2%。高石油价格和这一地区由此产生的财富带来了大量的地区内的旅游。在地区明星国家，尤其是已经将旅游发展作为其经济多元化战略核心的阿拉伯联合酋长国（UAE）和迪拜的带动下，中东饭店市场的外商直接投资比例一直很高，而且国际品牌在这一地区的出现也越来越多。国际投资咨询公司——饭店估值服务公司预测，未来四年，该地区将有大约 8.2 万间新增客房，其中一半可能出现在阿联酋（UAE）。[①]

在亚太地区的扩张 近 30 年以来，许多国际连锁饭店将其发展活动集中在了亚洲，特别是环太平洋的一些国家和地区。那些新的连锁饭店都立足典型的大型豪华饭店，而且它们都隶属国际著名的品牌。大众旅游在这些地区姗姗来迟，快速增长的观光旅游人数使对饭店的需求变得迫切，增长幅度居世界第一。小型饭店已经不能满足亚太地区组织的大量团体旅游的要求。最初的国际级品牌饭店往往是由希尔顿国际饭店、洲际国际饭店、凯悦国际饭店、喜来登国际饭店、假日饭店及其他一些这样的美国连锁饭店创建并经营。到 20 世纪 80 年代，欧洲、日本和亚洲的品牌饭店也开始出现在亚太地区的一级和二级城市。

20 世纪 70 年代的大量报道对亚太地区的发展起到推波助澜的作用，当时这些报道做出预测说，太平洋沿岸在进入 21 世纪后会成为经济发展最快的地区。这些地区的异国情调、购物机会、美丽的海滩以及蒸蒸日上的商业中心和迅速扩展的市场，使之自然而然成为世界各地游客前往的目的地，几乎所有类型的饭店均在这些地区寻求发展机会。

例如，1978 年中国对西方开放，中国的饭店供给存量迅速增长，单单从 1984 年到 1988 年中国的饭店房间数就增长了 200%，在一些城市，甚至出现饭店的过剩。在其他一些地区，包括新加坡、马来西亚部分地区、印度尼西亚、泰国、新西兰和澳大利亚等也存在类似现象。饭店发展商或者过高估计市场需求，或者过低估计规划中新饭店供给的增长。尽管如此，中国还是吸引了许多国际饭店开发商和运营者的注意，他们认定先前不存在的旅游业和贸易的开放会带来饭店高出租率和利润。

中国的饭店房地产飞速发展，相关国际连锁饭店大量涌现。这些因素包括中国两位数字的经济增长率、中产阶级崛起带来的需求上升、经济中心的发展、经济特区的实践，以及包括香港和澳门地区在内的旅游娱乐中心的流行。中国政府高度重视现代交通和相关道路机场基础设施方面投资，并将旅游业作为优先发展领域纳入五年计划当中，而且国民进行国内旅游的需求和能力也不断提高，这一切预示着饭店业的各个细分市场，尤其是经济型板块的发展前景很乐观。

总体来说，国际饭店公司在亚太地区的发展成败参半，尽管早期的先锋获取了赢利，但后来者发现他们自己只能在面对生产能力过剩的情况下，在过度饱和的市场中竞争，而且这些地区的饭店数目还在继续增加。人口的急剧攀升、经济活动的大幅增长、新兴工业国家人们生活质量的提高、邻近国家旅游目的地的崛起，昭示着该地区在旅游者流入和流出方面蕴含的巨大潜力。开发者坚信饭店业将随着（休闲）旅游和商务旅游的增长而得到发展，能够带来权益增值的不动产才是真正的投资目的所在。此外，更高的经营毛利润（尽管它们不像以前那样高）可以使四星级和五星级饭店的经营变得更有利可图，这一点在亚太地区要胜于在欧洲或美国。

尽管一些城市存在过度开发的情况，但那些新兴国家诸如中国、印度、越南、泰国和新加坡的新的度假旅游目的地和商务中心却受到众多发展商的青睐。以下因素支持着上面提到的发展和投资兴趣：

• 积极的宏观经济指标；

- 强劲的饭店业绩（增长）；
- 机会基金带来的流动性；
- 亚洲房地产投资信托基金；
- 大量增加的低成本航空公司带来联结性的提高；
- 受到自身核心（不涉及饭店的）业务盈利鼓舞的地区和国内投资者；
- 国际饭店品牌纷纷将亚洲作为自己发展计划的战略重点，并就此展开激烈竞争。

这些因素共同导致了全新且独特的饭店产品的增加和新兴的未经开发过的旅游目的地的发展。中国澳门和新加坡地区现在拥有赌场、会奖旅游（各类会议、奖励旅游、事件与展览）、娱乐设施、饭店和针对散户的综合度假产品，是日益增多的大型旅游目的地开发项目的典型范例。

美国的连锁饭店

尽管最早的传统饭店始建于欧洲，但是很显然，是美国人促进了饭店业的全球发展。例如，美国的连锁饭店率先使饭店管理权与产权实现分离，实行饭店产品细分、经营的标准化、饭店建设的发展标准、营销的联营体、特许经营以及计算机预订中心系统。本章着重强调饭店管理权与产权分离和饭店产品的细分问题。

产权与管理权的分离

早期饭店投资者的典型特征就是他们以不动产为导向。企业家拥有他们自己运营的个人财产和建筑，他们的出发点建立在房地产增值的基础上，而不是该饭店的运营管理。他们经营管理一家饭店的目的往往是使财产的市场价值超过他的账面价值，然后卖掉个人所有饭店，并利用（出售）带来的利润来运作其他的饭店项目。[12]

凯悦是第一家意识到把饭店的基本不动产从经营中分离的好处的连锁饭店，它将业务分为饭店运营和资产两个方面，成立一家公司来经营饭店，另一家公司来拥有这些不动产。这一模式现在已经被国际连锁饭店普遍采用。最后，多数美国连锁饭店通过卖掉大部分的不动产来进行资本扩张，但是保留管理饭店的权力，它们通过将重点放在绩优资产进行资源的重新配置，加速集团的发展。

在20世纪70年代和80年代，连锁饭店与业主和投资商共同合作，开发出最新型、最大规模且最豪华的饭店。与此同时，独立饭店的地位明显减弱。规模经济和绝对规模优势将独立运营者逼到一个极其不利的发展地位上。饭店的扩张往往依赖于资本注入，当一家饭店由声誉卓著的连锁饭店经营时，借贷者一般更愿意提供融资。

市场细分与海外扩张

面对激烈竞争的市场环境及维持集团增长的需要，连锁饭店开始采取两种不同轨迹的战略模式：一种是发展细分饭店产品；另一种是快速扩张国外市场。由于海外市场上连锁饭店联营这一趋势还是一个比较新的概念，因此连锁饭店在获取新的市场份额时往往处于较为有利的竞争地位。对于美国著名饭店公司，在国外市场进行扩张是其发展战略的重要组成部分。

在早些时候的旅游发展中，外国政府通常通过提供担保或股权参与的方式来承担饭店风险。饭店公司除了提供有关经营和市场方面的专门知识外，品牌认知也是重要因素。这些技术与品牌正是这些国家渴望引进的。事实上，坐落在某一国家的首家美国饭店往往会成为培养当地和其他地区人员的培训学校。

希尔顿和洲际这样的早期美国国际饭店集团，都成功地制定了具有竞争力的合同，它们不仅提供计划、人员或者是软贷款和延期费用等服务，而且还开展一定的股权参与，从而使整个市场变得更具竞争性。股权参与形式通常来说是必需的，管理合同不再仅仅有利于饭店公司了。无论业绩如何，饭店经营者总可以要求得到相当比例的净利润，从而能够保证其较低的收益风险，这种时代已经一去不复返了。现在很多时候，国际管理合同都要求经营者向业主提供一定的履约保证。在很多中国饭店管理合同中，业主代表的存在及其所担任的角色是协议中的一项标准条款。美国连锁饭店集团现在正面临着一张来自欧洲和亚洲连锁饭店织成的火力网，这些公司在服务质量上能与美国相匹配，并且对于那些现金丰厚的投资者来说，它们比美国公司能够提供更高的权益投资。

但是在国际饭店业中，美国公司仍占统治地位，在世界前 50 名连锁饭店中，25家的总部设在美国。但是欧洲和亚洲公司，通过收购、合并和建设正在迅速地发展壮大（最新饭店排行表参见本书译者所加附录）。

美国的连锁国际饭店案例

希尔顿

1919 年，康拉德·希尔顿到得克萨斯州的西斯克去购买一家银行，希望借当时迅速发展的石油业赚取可观的利润。由于那家银行开价太高而未果。然而这趟旅行使希尔顿注意到当地的房屋出租也很兴旺发达,因为当地有大量的石油工人,于是希尔顿说服他的合作伙伴代之去买莫比利(Mobley)饭店,他的这一判断完全正确,希尔顿因此踏上了成为世界最著名的饭店经营者的征程,到 1930 年,他已经拥有和控制了 8 家饭店。在经济大萧条时期,连锁因拖欠很多贷款,使一些饭店被收回。但是由于其管理方法得到广泛认可,他被邀请去经营大多数的取消抵押赎回权的饭店。到 1939 年他又成功地控制或拥有了大部分饭店。希尔顿再一次准备扩张并付诸行动,通过并购一些当时最伟大、最华丽的饭店如广场饭店(Plaza)、帕尔马饭店(Palmer House)、史蒂文饭店(Stevens)(后来更名为康拉德·希尔顿饭店)以及最终获得(纽约)华尔道夫饭店(Waldorf-Astoria)。希尔顿还并购了斯塔特勒连锁饭店集团,这一不动产交易额之大,在当时堪称史无前例。

第二次世界大战后,一系列因素促使希尔顿得以在国际上进行扩张,这些因素包括:坚挺的美元,被压抑的旅游需求(释放),商业旅行航空业的改善,还有马歇尔计划。1947 年希尔顿成为第一家在纽约股票交易所上市的饭店公司,1949 年希尔顿饭店完全拥有的子公司——希尔顿国际饭店成立,用以管理美国在海外的一些产业。希尔顿无意于拥有海外房地产,他采取的战略是向当地政府或投资者提供技术设计援助、他的名号及管理经验,从而诞生了现代的饭店管理合同。

希尔顿通过在 1948 年的第一份饭店管理合同奠定了其地位,这一饭店由波多黎各共和国在其"自力更生"以快速发展经济计划下建造。加勒比希尔顿饭店的成功带来了该岛以及其他加勒比海国家旅游业的兴旺。接下来他们又在墨西哥城、伊斯坦布尔、马德里做出了类似的安排。到 1964 年,希尔顿已经接手了 22 个国家的 29 家饭店。

1964 年,希尔顿饭店公司出售了希尔顿国际饭店的股票,后者成为一家上市公司,希尔顿保留了对希尔顿饭店公司在美国的独有冠名权,希尔顿国际饭店则保留了希尔顿在海外的独有冠名权,两家公司唯一留下来的联系是它们共同的希尔顿预订服务(网络)。随着全球化旅行的增长,希尔顿国际饭店在 1979 年建立了伟仕达(Vista)国际饭店以在美国扩张饭店的运营规模。同样地,1983 年,希尔顿饭店公司成立一家子公司——康纳德国际饭店公司(Conrad International),来开展他们的海外饭店业务。

希尔顿国际饭店公司在 1967 年被美国环球公司(TWA)收购,后来又于 1987 年出售给阿吉斯(Alegis)公司。这一年年末当阿吉斯公司解散时又转卖给拉德布鲁克集团有限公司（Ladbroke Group PLC）。从那时开始，公司历史上最宏伟的发展计划逐步得以实现。2006年，希尔顿饭店公司收购了希尔顿国际的饭店资产，使得希尔顿饭店公司成为一个经营78个国家的近3000家饭店的无懈可击的全球公司。在2007年的最新交易中，希尔顿饭店公司与私募股权公司黑石集团合并，从而实现私有化。

洲际

洲际或称洲际饭店公司成立于1946年，是泛美航空公司的一家子公司。如前所述，泛美是在罗斯福总统的号召下成立的一家子公司来促进南美的旅游业和商贸业，并且加强与之外交关系。第一家饭店开在巴西贝鲁，然后迅速遍及拉丁美洲和加勒比地区。

在20世纪60年代早期，饭店是为不断增长的航空公司的旅客服务的，这些旅客来自欧洲、亚洲、非洲和太平洋地区，他们大多是为了商业目的或者纯娱乐而来的。在亚洲，洲际饭店是第一家（比其他的都要早）建立在印度尼西亚的巴厘岛的饭店，对饭店的需求如此之高，以至于旅行者为了得到可靠的订房不得不预订泛美的机票。在20世纪60年代的早期，第一个中东的洲际饭店开在了黎巴嫩，并且迅速建立起了它在当地的领导地位。1964年，洲际又开始向东欧进军，在20世纪80年代，洲际成了那个地区国际性饭店集团的市场领袖。20世纪70年代是洲际快速发展的时期。虽然坐落在世界上很多混乱的地区，但洲际一直不断捕获新的企业。通过重新将稍微低档的企业命名福鲁姆(Forum)和保留古典和新型饭店的洲际名号，该公司最终成为双层市场的运营者。

洲际因为独特的饭店建筑而成名，其建筑能很好地反映当地的环境。该连锁也以修复饭店而著称。宫殿、政府大楼、活动房屋都被选为恢复的建筑。洲际把澳大利亚悉尼前财政部大楼重建成杰出的饭店，恐怕没有比这更好的例子来说明该公司致力于文化环境了。

在1981年，洲际又以5亿美元的价格被英国最大的多元化经营公司之一——大都会有限公司(Grand Metropolitan PLC)收购。连锁在1988年被沙森海外股份公司B.V.（Saison Overseas Holdings B.V.）收购，该公司由日本沙森集团和斯堪的纳维亚航空公司国际饭店（SAS）所有。在1991年，斯堪的纳维亚航空公司将自己持有的股份卖给了沙森集团。

之后，洲际于1998年被巴斯饭店控股有限公司收购，在那个时候英国的酿酒公司进行了一些战略性的跨境饭店收购活动。在巴斯啤酒（连同其名称"巴斯"Bass）被出售之后，巴斯饭店集团于2000年更名为六洲饭店集团（Six Continents）。三年之后，洲际集团分离为两个经营公司，所有的饭店和软饮都由洲际饭店集团PLC管理。目前，洲际是世界上最大的饭店公司，在100多个国家拥有7个特色品牌下的3800多家饭店。该公司近年来通过撤回大多数房地产实体投资而将重心转向"轻资产"战略重新回归到特许经营和管理合同的管理模式，它的大部分收入就是通过特许加盟费和管理合同获得的。

喜来登

在美国大萧条时期，两位波士顿企业家——恩尼斯特·亨德森和罗伯特·莫尔，通过抵押拖欠和小额现金支付的方法，经营了几家荒废的新英格兰饭店。尽管他们中没有人对饭店业有经验，但他们不久就萌发出发展连锁饭店的愿望。由于他们在购买的建筑物屋顶上原先悬挂着的昂贵的电子招牌上写着"喜来登"，且拆掉它费事耗力，这个名字也就被别的饭店成员所采用。第二次世界大战后，创始人获得了贱卖的资产，而且通过明智的更新升级，提高了这些资产的价值。在1949年，喜来登收购了两家加拿大连锁饭店，使之成为一个国际性连锁集团。1961年爱维斯喜来登饭店（Tel Aviv）的建立标志着该公司首次跨大陆经营的开端。

改革与扩张成了喜来登成功的印证。1958年开创的"Reservatron"成为饭店产业第一个自动电子预订系统，而且使喜来登成为第一家拥有中央和计算机预订系统的连锁饭店集团。同时，喜来登也是第一个直接面向消费者提供免费电话系统服务的消费品公司。

1968年，当喜来登美国电话电报公司（ITT）的全资子公司开业后，其发展步伐迅速加快，而且全球化远景已经成了喜来登发展方向的基础。如今，喜来登从事经营活动范围遍及61个国家，它通过拥有、租赁、管理和特许经营的方式控制着饭店、度假饭店和全套房饭店等领域。

1985年，喜来登在中国成立了第一家饭店并沿用了自己的名字——北京长城喜来登饭店。喜来登也是第一个与苏联签约到莫斯科开办合资企业的西方饭店公司。

喜达屋集团（现喜达屋饭店及度假饭店）1998年以148亿美元收购ITT喜来登公司，从那时起喜来登成为集团一员。在喜达屋管理的95个国家的将近900家饭店资产和26.5万间客房中，喜来登是最大的品牌。喜来登品牌（包括其精选服务品牌，福朋喜来登）下有522家饭店（58%为喜达屋所有）和14.8万间客房。与洲际饭店一样，喜达屋的发展战略也以特许经营和管理合同为核心，同时进行选择性的饭店实体投资。

假日

在 1951 年凯蒙·威尔逊偕同家人所做的一次家庭旅行中，由于对汽车旅馆不满意促使他创建自己的公司，为全美国提供标准的汽车旅馆。威尔逊最先建造了 4 家假日饭店，而后又与华莱士·约翰逊合伙建立了更多的饭店。有限的设施，干净的房间，低廉的价格和对细节的注意是第一家假日饭店的指导思想。虽然两位合伙人都没有经营饭店的经验，但他们发展了一支由热情的年轻专家组成的队伍，引进现代金融与管理技术，成为美国最大的连锁饭店公司。1960 年，假日饭店在国外开设了第一家分店，地点在蒙特利尔。1968 年，假日进入欧洲市场，1973 年，进军亚洲市场，1974 年扩展到南美市场。

威尔逊和约翰逊在 20 世纪 50～60 年代率先通过特许经营和建立全国性预订网络发展连锁概念，他们意识到对于特许经营者来说可以用很少的资本投资得到极高的回报（因为饭店项目的融资由受特许一方负责）。采用这种方式，可以使设计、建筑和采购成本保持较低的水平，而市场营销和管理费则可能由成员饭店共同负担。旅客一旦熟悉公司名号，便会打电话给饭店预订中心，因为他们知道在他们想去的地方一定有一家假日饭店。假日饭店独特的特许经营概念不久被别的饭店公司所效仿。

从最初人们了解的在美国高速公路边上的汽车旅馆，最终采用了假日公司的名字，进入更多的城市地区，并向国际市场拓展，假日发展了新的住宿业概念。1989年，假日品牌出售给了巴斯有限公司（Bass PLC）。在很多年里，假日饭店一直是最大的饭店公司，如今它是洲际饭店集团下的一个品牌，在全球拥有 41.6 万间客房和 3125 家饭店，占到洲际饭店集团饭店总数的 82%，成为该体系下的最大品牌。

凯悦

凯悦饭店公司由芝加哥普里日科（Pritzkor）家族创立，虽然在都市高档饭店中进入较晚，但很快后来居上。到 1957 年，在去旧金山的商务旅行中，乔伊·普里日科在即将发展的国际机场附近购买了一个小型饭店，后来发展迅速。1967 年，随着凯悦在亚特兰大的丽晶凯悦饭店的开业，连锁饭店的顶级豪华概念应运而生。饭店采用的华丽的大堂，许多年来一直被认为是该行业的标准。在这些豪华饭店里，重点在于通过提供豪华氛围如礼宾服务、房间内放置鲜花和浴衣等为高档商务旅游者创造"全面经历"，凯悦还是第一个强调饭店内餐饮服务设施的美国连锁饭店，其宗旨仍然在于提供"全面经历"。饭店的经营目标不仅在于吸引饭店客人，同时也面向周边市场。⑬凯悦国际成立于 1969 年，他管理的第一家饭店是香港丽晶凯悦，接着是马尼拉丽晶凯悦和阿卡普尔科（墨西哥南部港口城市）丽晶凯悦。在 1989 年，连锁第一个面向儿童的品牌——宿营地凯悦诞生了。

如前所述，凯悦是最先意识到将饭店房地产与经营分开好处的连锁饭店之一。普里日科家族把公司一分为二，由一家公司负责饭店运营，另外一家负责房地产。

2004 年，普里日科家族将其控股的国内和国际的饭店整合到凯悦国际（Global Hyatt）旗下。凯悦国际公司创建了顶级奢华饭店，并且拥有分布在 44 个国家的 700 多家饭店和度假饭店（客房总量超过 13.6 万间）。凯悦的饭店和度假饭店所属的品牌有柏悦饭店（Park Hyatt）、君悦饭店（Grand Hyatt）、凯悦丽晶饭店（Hyatt Regency）、凯悦度假饭店（Hyatt Resort）、凯悦饭店（Hyatt）、凯悦居所（Hyatt Place）和凯悦萨姆菲尔德套房（Hyatt Summerfield Suites），其子公司采用的管理模式包括资产所有、运营、管理合同和特许经营。2007 年 4 月，凯悦推出最新的全球品牌安达仕（Andaz）。凯悦国际公司还拥有 Hyatt Vacation Ownership, Inc. 并负责凯悦假日俱乐部和部分住房以及美国特许经营饭店系统——一家管理霍桑套房饭店（Hawthorn Suites）和麦克如特茵套房饭店（Microtel Inns and Suites）特许经营权的股份有限公司的运营。

精选国际

精选国际在 50 多年前由 7 位（美国）南方饭店主合建而成，最初名为品质国际（Quality International），如今已成为世界上最大的连锁饭店系统之一，在 30 个国家里，拥有 3000 家饭店、旅馆、套房饭店和度假饭店共 27.1 万间客房，它们包括舒适客栈（华泰）(Comfort)、品质客栈(Quality)、凯瑞华晟饭店(Clarison)、司丽普饭店(Sleep)、罗德威 (Rodeway)、经济旅馆 (Econo Lodge) 和友谊 (Friendship) 等品牌，其全套房饭店含三大细分市场。

自 1981 年以来，精选国际在其发展史上的许多领域进行了一系列改革和创新，最初的品质庭院是饭店业中的第一个联盟网络，它率先推出了无烟房计划、第一个引进中价位全套房概念以及第一个采用主要外币向旅行社支付佣金或回扣。其中最重要的贡献是在饭店业中引入品牌细分概念，并且建立了一个三级饭店体系，其中包括有限服务廉价饭店、全服务中档饭店及全服务豪华饭店。

随着在亚利桑那凤凰城和英国伦敦的两处新的预订中心的建立，该公司从 1985 年开始快速向国际市场扩张。一年之内，陆续又在瑞典、德国和英国落脚。1986 年，公司在意大利和法国也开设了分店，同时又在印度和爱尔兰尝试发展。

1989 年，为了未来的发展，公司又把国际化步伐向前迈出一大步，目标指向日本、土耳其、南美和加勒比海。其他的扩张区域还有加拿大、英国、欧洲大陆和澳大利亚。1990 年，品质国际更名为精品国际饭店公司 (Choice Hotels International)。1993 年，选择继续其快速国际化发展战略，与加拿大的旅行终结（Journey's End）和法国的普莱米维亚（Premovere）以及沙菲饭店 (Premivere and Saphir) 达成协议。1996 年，精选饭店从门诺护理（Manor Care）中分离出来，次年，它又将其属于美国饭店所有的饭店分离为阳光饭店（Sunburst Hospitality）。它还将欧洲的控股饭店出售给之前的饭店品牌友谊饭店，让其在精选饭店品牌下运营。

公司于 2001 年开始一场重塑形象的运动，包括为 Comfort Suite、Quality 和 Sleep（司丽普饭店）设计新标，同时宣布成立集中特许服务部门。2002 年，公司同意购买其特许伙伴 Flag Choice Hotel 55% 的股份，Flag Choice Hotel 拥有澳大利亚和新西兰 400 家房产的特许权。在一项重要的扩张活动之后，公司在 2004 年新增 15000 多间客房，从而使客房总量达到约 40 万间。2005 年，精选饭店第 5000 家饭店开业。它也创建了一个新的精品服务连锁饭店——坎布里亚套房饭店，这家饭店主要定位于商务旅客，并通过收购郊区特许系统（Suburban Franchise Systems）中的郊外长住饭店 (Suburban Extended Stay Hotel) 进驻常住饭店市场。它的第一家坎布里亚套房饭店于 2007 年在爱达荷州博伊西市开业。

精选国际饭店公司采用独家特许经营的商业运营模式，它的特许经营网点超过 5300 家，除美国外还分布在其他大约 40 个国家中。它的旗舰品牌包括舒适套间（最大的有限服务连锁饭店之一，拥有超过 2400 家资产）和品质客栈（通过 1100 多家网点服务于中端饭店市场）。它旗下的依可洛奇 (Econo Lodge) 连锁主要为经济型旅客提供住宿。其他品牌包括全方位服务克莱润连锁、罗德威旅馆经济型饭店和住宿饭店。选择的特许协议中大约有 22% 是国际市场的，其重点关注区域包括加拿大、法国、澳大利亚、英国和斯堪的纳维亚半岛。

欧洲的连锁国际饭店案例

当美国连锁饭店作为先行者在国外开展业务的同时,欧洲连锁饭店也加入了该行列。最初国际化运动速度很慢,但20世纪80年代末,当国内市场停滞不前时,国际化的步伐加快了。欧洲连锁饭店吸收了很多美国饭店管理技术,并经常融入一些欧洲的风格,然后又出口到美国或世界其他地方。尽管欧洲经营者更多采用管理合同方式,但他们也愿意在主要市场上进行股权参与。

地中海俱乐部

地中海俱乐部作为一个体育协会,于1950年建立于法国。其创始人是一名前比利时奥体队的老队员杰拉·德伯利兹和他的朋友们。第一家地中海俱乐部是在西班牙的马略卡的"度假村",对2500名会员开放,它只是一个带有帐篷的村庄,人们可以睡在睡袋里,并且轮流做饭、洗碟子。

地中海俱乐部这种独特的度假方式起源于一种观念,那就是城里的人们急切希望能够在与他们平时的日常生活完全不同的地方度假,在那里人与人之间没有界限,生活自由自在,不受约束,所有的设施既简单又容易获得,穿着也不必太正规。另外地中海俱乐部还推行了一个政策:在那里没有那些现代的"干扰",如电视、收音机、报纸、闹钟和电话,奉行逃避日常工作的度假哲学。每一个度假村的建筑都体现东道国或地区的地方特色,其中一个典型的度假村是由一片小屋组成的建筑群。

到1977年为止,该俱乐部已在24个国家设立了77个度假村,总共拥有54000个床位。这些村庄遍布整个地中海、加勒比海、中东、非洲、墨西哥和南太平洋国家和地区。度假村采用住宿式付费(而非会员费)方式,其会员已超过1亿人,在同类组织中独领风骚。其中会员大多来自法国、其他西欧国家及北美和中美洲。[14]

从建立之初,地中海俱乐部就努力预测社会和旅游市场趋势,并以"适宜的产品"做出回应。但是在20世纪80年代,地中海俱乐部的理念遇到了一些问题,其中最大的一个是人口老化。俱乐部以追逐时髦的年轻人的天堂而闻名,但是随着主要市场的成熟,这种经历已经无法满足人们的进一步需要。拥有子女的人越来越多,且占领了市场的绝大部分。

于是,地中海俱乐部根据这种情况在服务与设施上做了相应的改进。许多村庄逐渐向一个更宽敞、更有益于身心健康的形式过渡,公司的广告与宣传单也突出为孩子服务特色。有些村庄为那些有婴儿的会员提供了另外的婴儿俱乐部,为有稍大孩子的会员提供迷你俱乐部。许多饭店逐渐从传统意义上的"村庄"模式转变为传统的度假饭店。

另外，地中海俱乐部同时注意到公司对利用度假地作为会议和奖励旅游目的地的增长的需求，它们充分地利用这一机会。在"租一个村庄"的旗帜下，它开始将整个村庄出租给公司。在意识到周末和短假期的市场趋势后，1988 年俱乐部改变了只向以一星期为租期的会员提供包价旅游的政策。[6]到 20 世纪 90 年代初，地中海俱乐部已经新增了 Jr. 俱乐部（只面向青年）、文艺复兴俱乐部（Club Renaissance）（只面向老年人）和别墅（Les Villas），后者是一个仅为到附近旅游景点参观的旅游者服务的小型豪华连锁饭店。

地中海俱乐部在其所在的领域中一直保持着领先的地位，现在经营范围遍及 30 个国家。根据公司 2006 年的年报，地中海俱乐部的发展战略是更加关注高档客户群，据估测，在全球有 6000 万的高档客户。此外，地中海俱乐部也在扩充它提供的服务，包括针对家庭，尤其是婴儿和青少年的特殊服务。目前，地中海俱乐部客户市场仍然基于欧洲，大约占市场总额的 68%；然而，公司希望未来在亚洲市场实现增长。它们目前拥有度假村、班轮和别墅共 86 处，床位总计达 56055 个，其中 58% 用以出租，35% 为俱乐部所有，只有 7% 通过管理合同经营。

雅高

保罗·杜布吕和杰拉德·皮尔森于 1967 年在法国的一条公路边建立了他们的第一个美国式的汽车旅馆。从初期的适度增长开始，随着公司的扩张，饭店数目、销售额和利润得到稳定增长。到 1992 年，雅高（Accor）公司的饭店所遍及的国家比任何其他的连锁饭店都要多。

杜布吕和皮尔森于 1975 年收购了水星（Mercure）连锁饭店，于 1980 年又收购了索菲特（Sofitel）连锁饭店。雅高公司起初被命名为劳沃特（Novotel），劳沃特和杰克波瑞（Jacques Borel）国际公司于 1983 年合并后更为此名。（雅高名下的）福慕勒 1 号（Formule 1）创建于 1985 年，6 号汽车旅馆（Motel 6）创建于 1990 年，与普尔曼（Pullman）公司的合并于 1992 年完成。

雅高公司于 1979 年以面向高收入的索菲特品牌首次进入美国市场。作为雅高国际扩张战略的一部分，尤其是在索菲特饭店，公司着力宣传其餐饮，用以吸引当地的客户以及弥补在美国市场上初出茅庐、未被广大客户所认识的不足。在一些饭店，餐饮所产生的销售额已占到总收入的 50%。

作为率先认识到市场细分价值的饭店公司之一，雅高拥有许多品牌和住宿产品，包括四星级的索菲特和普尔曼，三星级的劳沃特和水星，二星级的伊比斯（Ibis）和俄比斯（Urbis）以及一星级的福慕勒1号和6号汽车旅馆。雅高还有另外一个品牌——荷泰利亚（Hotelia），主要面向老年客人。雅高以其清晰定义的产品定位和目标市场优势闻名于欧洲，集团下属的大部分饭店都采用管理合同和特许经营形式。

在1990年，当雅高同意以23亿美元来收购6号汽车旅馆连锁时，许多分析师认为这个价位超过了应有的价值。雅高坚信该品牌物有所值，特别是6号汽车旅馆许多经营理念与福慕勒1号类似，即在市场上以最低价格提供干净舒适的房间。福慕勒1号的哲学是一个全新的观念。在法国，客房一般为9平方米，带上下铺双层床、洗脸池、储藏室、写字台、衣橱和电视机。在4个房间中间是一个有自动清洗功能的淋浴间。早晨和晚上的几小时都有一个值班经理，其他时间有一个自动签进机，客人可将信用卡插入机器以得到房间钥匙。福慕勒1号所用的这套方法已被克隆到欧洲其他地区，6号汽车旅馆也计划采用类似低成本的方法。

主要依靠收购而扩大其规模，雅高成为欧洲大陆上最大的饭店公司（就其管理的房间数目来看），在世界上排名第五。目前它正不断地向国际化方向扩展，主要集中在欧洲地区，同时也窥视亚洲和北美地区。该公司目前拥有90个国家的4000多家饭店，其中21%属于公司所有，40%用于出租，20%采用管理合同形式，19%通过特许经营。公司超过68%的收入来自欧洲，但是它制订了在亚洲尤其是中国的积极发展计划。它打算通过高级经济品牌宜必思（Ibis）实现在亚洲的增长，实际上，宜必思饭店想要成为全球市场的领跑者。雅高的发展策略建立在著名的"雅高模式"这一长期商业计划上，这一计划的核心要素包括均衡的地理分布和品牌分布、对国家和金融危机进行细致严谨的评估以及诸如多品牌销售队伍、以数据库做支撑的收益管理、全球预订系统和强势品牌的资源网络提供充分保障的增长方式。[6]

雅高现在在地中海俱乐部拥有28.9%的股份，正因如此，它们已经开展了一些以顾客为核心的协同项目，例如联合采购协议、互联网交叉销售链接、地中海俱乐部加入雅高忠诚计划以及地中海俱乐部为索菲特（Sofitel）品牌和诺富特（Novotel）品牌打造的健身产品。

子午线

为了满足以家庭为单位的游客对航空业需求的不断增加，加之当时巴黎客房的短缺，1972年，由法国航空公司（Air France）通过将自己拥有的饭店与其他收购的饭店合并成为子午线集团 (Meridien)。子午线起初被命名为法国国际饭店 (Hotel France international)。然而创建后不久，年轻的连锁饭店与一家私人所有的法国饭店公司拉瑞雷阿瑞恩 (Les Relais Aeriens) 合并，成为子午线市民饭店 (Societe des Hotels Meridien)。公司刚开始在法国管理饭店，然后迅速扩张到中东地区。在 20 年里，子午线在全世界范围内的 50 个城市里建立了 54 家连锁饭店，完成了在全球 100 个城市发展饭店计划的一半目标，饭店扩张的足迹以法航线路为基础。在 1976 年，子午线开始向北美进军。

法国航空公司发展子午线连锁饭店，部分原因是应法国航空业对扩大国家文化影响的强烈需求而产生。1977 年，亨利·马利斯科特 (Henri Marescot) 总统讲话中指出：

"我们在不同的地方为法国树立旗帜。我们所有的餐饮经理和厨师都是法国人，我们有法国的迪斯科舞厅，法国式的百货店，电影俱乐部每天晚上都播放法国电影。法国在世界遥远的地方具有极大的吸引力，然而世界上所有的大饭店中都由美国资本控制，因此，子午线连锁饭店的角色是作为法国文化的代表。[①]"

子午线的宗旨在于建立优雅的饭店使人们感到舒适。大部分饭店规模中等。为了与其文化背景相一致，子午线在广告宣传中始终强调"法国传统"和"精美绝伦的法国烹饪"。子午线员工身穿的制服完美体现法国时装精髓，他们都是法国时装设计师创意的杰作。公司对于餐饮的重视可从它为其海外饭店聘请的世界级法国厨师顾问班子中窥见一斑。

从 1996 年起，子午线经历了一系列的出售，并最终于 2005 年被喜达屋饭店与度假村收购，这项战略收购有助于喜达屋进入那些子午线具有巨大影响力的市场，即欧洲和亚洲。此外，该品牌对食物、艺术和风格的品位和热情填充了喜达屋集团下属品牌在相关方面的空白。目前，子午线在全球共有 143 家。该品牌主要集中在中东、非洲和亚洲市场，分布在这些地区的饭店数量占其饭店总量的 66%，而分布在美洲的只占 6% 左右。

索米丽雅

索尔集团的创始人和董事长加比勒·埃斯卡尔·朱利耶从 15 岁起就在马略卡岛的托马斯·库克 (Thomas Cook) 旅行社工作。1953 年，18 岁的埃斯卡尔租赁经营了一家 35 间客房的饭店，该饭店位于马略卡岛主要城市帕尔马，名为 EL 帕索 (EL Paso)。借助经营该项目所得利润，他租赁了第二家饭店。1956 年，埃斯卡尔成立了一家独立的饭店公司——马略卡饭店(Hoteles Mallorquines)。在20世纪50～60年代,他一直在马略卡地区扩大公司规模,1974年,他已经扩张到加利那群岛。索尔饭店品牌于1976年开始被采用,以显示公司已经扩张到索尔沿海地区(Costa del Sol)。

埃斯卡尔在1984年收购了霍塔沙连锁饭店(Hotasa)及他在西班牙主要城市的分店。索尔国际化经营始于1985年,首家西班牙之外的分店建在印度尼西亚的巴厘岛。公司于1987年收购了塞德那·梅利亚(Cadena Melia),这是一家在西班牙、委内瑞拉、哥伦比亚和伊拉克地区著名的连锁饭店,索尔集团作为索尔和梅利亚连锁饭店的母公司。索尔主要拥有三星级和四星级的度假饭店,通常分布在沿海地带,而梅利亚则为五星级,拥有大型度假和都市商务饭店。®

索尔集团于1996年更名为索米丽雅,总部仍然在40年前刚开始建立的地方——马略卡,它的优势在于城市和度假饭店,同时依靠收购国内和国外的公司而扩大规模。现在索尔集团是西班牙最大的饭店公司,在欧洲排名第三,世界排名第十二。截至2006年,它在35个国家中经营406家饭店(以五星级饭店为主),客房总数达80830间,其中46%的饭店位于西班牙,22%位于欧洲其他地区,3%位于亚洲,29%位于拉美和加勒比海地区。

1996年2月,索米丽雅成为欧洲第一家将在证券交易所挂牌上市的饭店管理公司。在上市之前,这家公司已经拆分为两部分:拥有饭店产权的Inmotel Inversions和饭店管理公司新索梅利亚Sol Melia S.A.,后者是上市的目标企业。这家公司在1999年那家产权所有的公司重新整合,从而极大地促进了公司的发展。

在海外地区,索尔努力传播欧洲式的服务与氛围。绝大多数海外公司的经理和主管毕业于索尔集团自己的培训学校,在那里他们接受有关公司经营理念与服务标准的培训。其每一家分店都提供了一间西班牙风味的餐厅。尽管索米丽雅饭店的每家分店都有其独特的与其所处地点相适应的建筑结构,来自西班牙建筑师与设计师仍然参与其中。它在美国的第一家连锁店建在迪士尼附近,被设计成一座花园和湖水环抱的西班牙村庄式联排(townhouse)别墅。

印度的连锁国际饭店案例

尽管到印度去的外国游客数目较少(2006年只有460万),而且从历史上来看,旅游业在国家发展中的地位低微,但它却是一些著名的国际性连锁饭店的发源地。®

欧比瑞集团 (Oberoi) 和泰姬集团（Taj）也许并不像其他一些饭店那样在旅游者中声名显赫，但是它们在饭店业中却以其杰出的质量与服务标准而闻名。这两个饭店集团主要建在国内，但是也逐步在国外构建自己的饭店网络，而且近年来一直积极寻找全球扩张的机会。在印度 1991 年经济改革之后，印度连锁饭店已经取得了骄人的经营业绩。

印度丰富的劳动力资源和热情友好的人民为创造一流的饭店业提供了必需的要素。此外，培训也起到了主要作用。所有一流饭店集团都有自己的学校和内部培训方案。对培训质量的重视可以从印度饭店管理人员的出口及国际饭店业不同层次管理者大量使用印度人的现象中得到证实。除了提供培训之外，印度饭店集团还采取了纵向一体化战略，每个集团有其自己的旅游代理机构——经营入境旅游，以及餐饮、交通公司、工程、建筑和其他咨询服务，饭店计算机软件开发公司及零售店等。

泰姬集团

泰姬集团 (The Taj Group) 为印度饭店公司的子公司，是塔塔集团（Tata）的一部分，通常被认为是印度最老的连锁饭店。它的旗舰饭店——孟买的泰姬马哈尔饭店(Taj Mahal)，于 1903 年开张。这家传奇式饭店的建立是为满足钢铁企业的需求而产生的。在 19 ～ 20 世纪之交，发展包括钢铁厂的建设在内的工业基地成为整个国家经济的优先考虑。然而，为了吸引工程师和建筑师在工厂中工作，必须提供相应的膳宿设施。泰姬马哈尔饭店的建立满足了这一要求。在 1970 年前，它还只是一个单一的饭店企业。如今，泰姬集团已经发展到 82 家饭店，其中包括 16 家国际饭店。公司总部仍然坐落在孟买（先前地名拼写为 Bombay），并且按照多种所有权和运营结构经营其饭店资产。其中部分资产直接由印度饭店公司所有，还有一些是与联营公司和子公司的合作伙伴和合资企业，另外一类是与第三方业主签订管理合同协议。

在印度所有的主要大都市和旅游城市中都有泰姬集团的资产。集团有三大业务部门：泰姬豪华饭店、泰姬商务饭店和泰姬度假饭店。

泰姬集团的国外扩张比欧比瑞集团晚了许多，但是就其在国外的饭店和房间数目来看，它目前在印度饭店集团中处于领先地位，同时也是在东方地区外以亚洲为基地的连锁饭店中最大的一个。泰姬在跨国经营中向所有商务和旅游市场层面提供各种类型和标准的饭店，其中许多饭店并不采用泰姬名号。泰姬集团采用购买历史悠久但已在主要的国际市场中逐渐衰退的饭店这一战略，通过重新以新的形式包装这些老饭店，然后按照公司的高标准和服务来运营它们。泰姬集团制订了一项雄心勃勃的扩张计划，包括增加饭店的分布地点，识别新兴的生活方式引导的细分市场以及建立营销联盟。在国内发展之余，它的国际扩张计划涉及美国、中东、非洲和南亚地区。在进入到国内饭店业快速增长的经济型饭店市场之后，它创建了"Ginger"理念以满足那些寻求负担得起而又干净的住所的预算敏感型旅游者的需求。依据重视疗养与健康的印度哲学，集团大力开发和经营温泉业务。此外，由于出差和迁移到印度的跨国公司经理人越来越多，一些商务旅客对常住型住宿的需求日益增长。为了满足这部分客人的需求，公司正在认真考虑在印度投资服务式公寓。

欧比瑞

欧比瑞饭店集团 (Oberoi Hotels)，作为东印度饭店的子公司，起源于印度最有名的饭店——莫罕新尚欧比瑞集团（Mohan Singh Oberoi）。欧比瑞在饭店业的生涯从1922年在西姆拉的前台职员开始，后转到英属印度的夏都。他于1934年通过抵押其所有的资产和他妻子的珠宝，在西姆拉收购了第一家饭店——克拉克饭店（Clarkes Hotels）。当时正值印度饭店业的初期，欧比瑞成为进入该领域的第一家印度公司。以前，印度饭店是由英国和瑞士的家族拥有，且主要服务于英国居民。欧比瑞集团将其规模不断扩大，并于1965年在印度引进了第一家五星级豪华饭店——由洲际饭店管理的新德里洲际欧比瑞饭店。

欧比瑞集团将市场重心放在顶级豪华市场部分，为国内外的显贵旅游者提供服务。它的五星级饭店强调个性化服务，其程度达到平均每间房间安排三位员工。

尽管欧比瑞经营的23家饭店中的绝大多数归集团所有，并且产生了高额利润，但它在印度的扩张与泰姬相比逊色了许多。欧比瑞集团是第一家向国外扩张的印度饭店，分布在除本土外的五个国家。20世纪60年代，在加德满都的索帝欧比瑞（Soaltee Oberoi）以及在开罗的麦那欧比瑞（Mena House Oberoi）的建立标志着公司国际化进程的开始。向国外扩张计划由于发展战略的改变而延缓：公司不再致力于以牺牲利润为代价追求营业

图2-1　麦那欧比瑞饭店，埃及开罗（欧比瑞惠赠）

额和饭店数目的增长，而是强调利润和质量保证，以使所有的饭店达到相同的豪华标准水平。欧比瑞集团已经将其的营业范围限制在了中东、北非和东南亚地区的发展，其理由部分由于自身挑选所致，部分是因为其他市场没有适合的饭店。

亚太地区的连锁国际饭店案例

在最近 40 年里，到亚太地区的游客数量急剧增加，这一现象不仅引起了西方国家连锁饭店的兴趣，也促成了一些亚洲连锁饭店的发展，尤其是来自日本和中国香港的饭店集团。廉价的劳动力和土地的可利用性曾一度是这些地区发展战略的主要因素，然而现在推动它们的是经济的增长。许多连锁饭店，已经在它们各自所打开的市场中享有较高的品牌声誉，现在它们纷纷制订了雄心勃勃的海外扩展计划。例如，三个以中国香港为总部的饭店——文华东方(Mandarin Oriental)、半岛集团(Peninsula)和香格里拉（Shangri-La），在世界上最佳饭店名录上一直榜上有名，它们在继续国内业务扩张的同时，也积极向海外进军。如日本的东京集团（Tokyu Group)继续发展其泛太平洋连锁饭店(Pan Pacific)，另外两家以航空公司为后盾的连锁饭店——日航饭店集团(Nikko) 和日航饭店（ANA Hotel），也正快速扩张。总部设在中国的锦江饭店正在快速发展，而且就客房数量而言，名列世界第十七位。

日本饭店公司向海外扩张的主要目的是为满足日本游客出国旅游数量增长的需要，而中国香港的饭店主则是希望将它们著名的优质服务推向国外。尽管香港地区之外的劳动力通常来说更加昂贵，这些经营者则主要依靠其服务作为竞争优势。大部分香港饭店是由具有饭店背景的人拥有和管理的，近来出现了另类饭店公司即祖籍中国但具有外国经历的人士。这些公司的所有者是居住在香港的中国内地家庭，他们拥有丰厚的不动产，并且有强大的经济实力来进入国际饭店市场，他们不仅收购五星级饭店，同时还有饭店管理公司，在最近几年里发展迅速。这些公司包括新世界发展公司（目前在中国香港、中国内地和东南亚拥有 15 家饭店）、海逸国际饭店集团（Harbour Plaza Hotels & Resorts）、汇丰饭店(Hong Kong and Shanghai Hotels) 和富豪饭店。

接下来，我们将讨论更多著名的亚太地区连锁饭店的发展。

新大谷

新大谷(New Otani) 饭店于 1964 年正值奥运会的前夕在东京建立。当时住宿业对日本人来说还是一个全新的概念。新大谷被人们看作是一种创新，也是当时日本最高的建筑和最大的饭店，拥有1000间客房，是米太郎小谷（Yonetaro Otani）的私人项目。米太郎白手起家，从一个相扑运动员成为一家钢铁公司的拥有者。东京市长要求他为即将到来的奥运会建造一家饭店，尽管米太郎没有任何饭店业务的经验，他还是接受了这一挑战。饭店建成10年后，新大谷又增加了一座40层的塔楼，围绕在其周围的一座拥有400年历史的4公顷花园得到修复。

1976年，新大谷集团首次向海外进军，在夏威夷建立了卡梅纳海滩新大谷（New Otani Kaimana Beach），这家饭店把当时集团负责运营的9家日本饭店联系起来。坐落在洛杉矶的新大谷花园饭店（New Otani Hotel and Garden）于1977年开张，在四楼建有一个0.2公顷的日式"空中花园"。其走道装饰物选自米太郎小谷所收集的100种奇花异草、瀑布和红沙岩（Sado）。洛杉矶的饭店设计将西方的便利与舒适和日本的传统与优雅有机地糅合在一起。真正日本式的套房是顾客期待的住宿选择。

新大谷曾经被形容为美国最好的日本式饭店公司，它的成功在于其实现了日本与美国饭店理念和管理风格上的平衡。⑧目前新大谷已在4个国家拥有34家饭店。

日航饭店

日航饭店（JAL Hotels）作为日本航空公司的子公司成立于1970年，1984年更名为日航国际饭店集团（Nikko Hotels International）。起初该集团是为服务日本国内旅游市场而建的，不久成为日本最大的国际连锁饭店。由于大型喷气式客机的出现和对外旅游业限制的放松，日本出国旅游大量涌现，日航饭店集团正是为了满足这一需要而开始实行国际化战略。该公司首家在日本和东南亚之外的饭店是在法国和德国。在这些市场获得经验之后，日航于1985年收购了纽约的埃塞克斯饭店（Essex House），从而得以进入北美市场。日航的目标是在全世界50多个门户城市中均有它的分店。截至2006年，集团已经拥有了53家饭店（大部分位于日本）。与其他连锁饭店不同，日航的绝大多数饭店都是自己建造和自己拥有，以使其与自己标准相一致。除了公司拥有的饭店之外，日航同时还采取管理合同和允许进入预订系统的方式。

从公司建立早期开始，日航便开始改变其市场营销战略，以吸引更广泛的海外市场。其目标是面向所有的国际商务旅游者，而不仅仅是日本游客。

日航的饭店主要采用西方的建筑和设计，同时也融入日本风格，如日式花园，尤其是有榻榻米的房间、日式插花、日本茶道以及他们忠实顾客舒适度的严谨细致的服务态度。在日航的管理层中聚集了来自亚洲、美洲和欧洲的人才。在日本，连锁饭店包括了群岛沿岸的大量日本式饭店。

文华东方

以香港为基地的文华东方 (Mandarin Oriental) 历史可以追溯到 1926 年，当时它的第一家业主——香港地产 (Hong Kong Land)，获得了香港的格鲁斯特饭店 (Gloucester Hotel)。1974 年，该集团决心依照香港文华东方的标准进一步在亚洲其他地区扩张。其间，公司经历了许多变化，最终将他的部分股权向公众出售，公司在香港股票交易所上市。刚开始饭店集团采用文华国际饭店 (Mandarin) 这一品牌，但在 1986 年，为了既不与毫不相关的新加坡文华集团混淆，又能借用坐落在曼谷的著名东方饭店公司 (Oriental) 的名字，遂改名为文华东方 (Mandarin Oriental)。在 20 世纪 80 年代中期，公司主要通过购买股权将其业务扩展到亚洲地区以外。

文华东方经营宗旨言简意赅，那就是"做到最好"。集团饭店数目不多。它们本意也是希望能在几年里拥有几家最好的饭店，而非在同样时间里拥有最多数量然而服务质量无法确保最佳的饭店。文华东方的经营智慧为公司树立了卓越的品牌声誉，许多人认为它是世界上最佳的饭店公司。文华东方目前在 23 个国家运营 39 家饭店，公司的目标是成为世界上公认的最佳豪华饭店集团并向世界主要商业中心和重点休闲旅游目的地扩张。

半岛集团

半岛集团 (Peninsula Group) 的资产主要由家族控制，但它却是一家上市公司。公司建立于 19 世纪 60 年代，其旗舰饭店是 1928 年开业的香港半岛饭店 (Peninsula Hotel in Hong Kong)。虽然声名远播，然而半岛集团仅仅挑选少数地点经营少量卓尔不群的饭店，例如中国香港、纽约、曼谷、芝加哥、北京、马尼拉和东京。

图 2-2 世界著名的香港半岛饭店（半岛集团惠赠）

达仕国际

1949 年随着王子饭店在曼谷落户开业，达仕国际作为达仕泰尼集团 (Dusit Thani) 成立了。它是泰国最早的也是迄今为止最大的住宿连锁。创立之初，它就专门经营依据泰国文化的好客传统建立起来的豪华饭店。达仕的品牌承诺在公司简介中已经表达得很清楚，即传递让每一位旅客感到精神愉悦的服务体验。集团拥有 19 家饭店（隶属于三大品牌——达仕泰尼、达仕 D2 及达仕王子）和两个服务式公寓。这些饭店大多位于泰国，不过达仕已经将其业务区域拓展到日本、菲律宾、美国和迪拜。

非洲的连锁国际饭店案例

当 1969 年南非酿酒有限公司（Southern African Breweries）与索尔·科斯纳携手创建南太阳饭店集团，南太阳饭店公司宣告成立。1983 年，南非酿酒有限公司用其饭店收益成立了南太阳和太阳国际，后者由索尔·科斯纳掌管，而且作为拥有南太阳 20% 股权的股东管理其全部的博彩饭店。南太阳是非洲大陆最大的饭店所有者和经营者。2006 年，它的可用客房数量在世界排名第 55。集团现在拥有 79 家饭店，可以提供 13000 间客房。南太阳饭店控股集团于 1979 年在约翰内斯堡证券交易所的餐饮饭店板块挂牌上市，于 1990 年退出上市公司名单。

该公司由全国最大的黑人赋权饭店和博彩公司 Tsogo 阳光控股有限公司（Tsogo Sun Holdings）所有，后者的股权划分为两部分，Tsogo 投资控股公司占 51%，南非米勒占 49%。它旗下的饭店从豪华型到经济型不等，而且与洲际品牌签订了盟主特许经营协定。在 2005 年，当公司从管理饭店向拥有饭店产权转变时，它对自己的整体运营进行了调整。

尽管南太阳现在还不是一个跨国企业，它的大多数企业和运营在饭店本身、市场范围和服务方面已经达到国际标准。

与航空公司联合

航空业把几百年的住宿与交通的关系延展到一个更大的范围，远远超出了马车、邮船、铁路和汽车等其他交通方式之所能。从 1946 年开始，当洲际饭店公司作为泛美航空公司的子公司成立的时候，这两种产业就紧密地联系在了一起。航空旅行需求在迅速增长，而国际线路服务的门户城市和度假地的饭店客房供给短缺，航空业的发展能力受到了极大的限制。结果，许多航空公司只好自己开发或收购饭店，以保证它的旅客和工作人员有休息的地方。

航空公司发现，和当地的饭店联合除了满足旅客的需求外，还有以下多项好处：

- 保护现有业务，进一步发展旅游业务；
- 增加新的利润中心，扩大航空公司收入；
- 刺激航线服务的目的地的旅游业发展；
- 传播国家文化。[21]

对在前民用航空委员会管辖下的美国航空公司来说，在重要城市拥有联营饭店是能否获得特定航线飞行权的重要考虑因素。对欧洲的航空公司来说，不断增长的航空业自由化的压力和由此带来的对公司收益的潜在威胁，使它们不得不采用航空与饭店联盟的方式来开展多元化经营，以保持其在市场中的竞争力。

随着航空业对饭店业渗透的加剧，它们之间的联系已经从单纯的拥有产权和合并转变为部分拥有和业务协议相结合的复杂形态。

为了与泛美及洲际并驾齐驱，环球航空公司（TWA）在 1967 年收购了希尔顿国际饭店公司（Hilton International），美国联合航空则在 1970 年与西方国际（即现在的威斯汀）实现合并。在 20 世纪 70 年代初，法国航空开办了后来成为子午线的连锁饭店。而日航（Japan Air Line）则由此创立了日航连锁饭店。尽管这些联合看似相似，其实它们的财务和管理结构完全不同。泛美直接投资洲际饭店并指定管理人员，而其余泛美不参与投资的饭店则严格采用管理合同和特许经营；环球航空公司的希尔顿国际饭店参照康纳德·希尔顿的模式，完全采取管理合同，没有权益参与；联合航空对其威斯汀(Westin)饭店的控制包括拥有和管理合同形式。

不久以后，这种单一的饭店——航空公司联合方式延伸到为多重联营，比如洲际饭店与其饭店所在国家的旗舰航空部门联合。这种新的多重联合在很多方面反映了航空业在机票销售、行李处理及其他业务等方面各航空公司之间复杂的互惠关系。欧洲饭店公司——由 5 家航空公司在 1968 年联合而成立的多国饭店联合体，它的形成充分反映了这种新的关系。

如果一家饭店可以与多家航空公司联合，那么航空公司理所当然也可以与多家饭店建立互惠关系。荷兰皇家航空公司就与荷兰境内的十几家饭店建立了业务联系。金郁金香（Golden Tulip）在 1961 年成立的时候是一个经营独立饭店的集团，最终成为荷兰皇家航空公司的子公司，其一流的豪华饭店发展到 350 家，遍布世界五大洲。尽管汉莎已经在三星级本达连锁饭店（Penta）中占有股份，并在西德有特许经营的洲际饭店，还是在 1986 年购买了声名显赫的凯宾斯基饭店 10% 的股份。

到 1977 年，超过 60 家航空公司与饭店开展联营，其中的饭店客房数达到了 20 万间。航空公司进入饭店业的初衷是为了保证特定航线上乘客的基本利益，但是后来航空公司却把饭店作为它们拥有的新的利润中心。例如，爱尔兰航空公司（Aer Lingus）在饭店产权拥有和航空业务方面已经势均力敌。与其他公司在自己的航线体系内发展饭店不同，爱尔兰航空公司阐明目标是选择与其毫无关系的线路地点，在 1976 年收购了美国小型连锁饭店敦豪集团（Dunfey），通过饭店反周期运营来实现航空公司收益流量的均衡。

联合的优势

航空与饭店的伙伴关系能产生协同效益。首先它们拥有共同的顾客群，具有开展联合市场营销的潜力。随着计算机订房系统的成熟和搭卖及预订可能性的提高，增加市场份额和扫除规模偏小及联合不当的竞争者的可能性大大提高。在最基本层面上，与饭店的联合只是航空公司为了增加市场份额的一种竞争手段。在有些市场上，航空公司的机票出售量可以根据饭店可用客房预测体现出来。这当然是 20 世纪 80 年代末期，在亚洲拥挤的商业中心发生的情况，那时在商务和旅游的高峰时期，会发生严重的客房短缺。即使航空公司不完全拥有饭店，它们也会采诸如少额投资、租借、管理合同、特许经营、合资、特别代表安排、常客飞行计划搭卖及连接预订系统等其他业务安排（与饭店联营）。

联合的弊端

与饭店的联合并不总是给航空公司带来它们所预期的利益，有些公司在这种与饭店参与联合中一无所得。有些合作有利可图，而另一些则不尽然。很多情况下，经营的经济和其他协同结果带有很大的偶然性，常常是其收益难以补偿联合的不经济性。大多数航空公司发现从联盟中获得的联合市场营销和跨业务推荐的收益远远低于预期值。

和其他的航空公司一样，美国航空公司在其与饭店的商务往来中吸取了教训——饭店和航空公司应该各司其职。由于美国的航空公司常常通过自己建设而不是收购来拥有自己的饭店，它往往因为缺少专业的管理者而导致经营不善，饭店集团也业绩欠佳。航空公司在花费了上千万元的投入后，最后不得不将饭店出售。一位研究航空公司多元化经营的分析家指出，航空与饭店关系的成功与否，关键在于是通过收购还是内部开发。前一种情况下，作为收购中的重要组成部分，往往能够获得专业的管理者和有效的竞争战略，总是能够超过后一种情况，因为后者与航空公司的经营关系过于紧密。②

主要联合

在 20 世纪 80 年代末期，不少交通企业放弃了它们的饭店资产。一些公司认识到饭店的兴衰周期往往和航空公司业务模式同步，因此并不能真正带来经营的多元化。一些航空公司所有的连锁饭店被出售，仅仅是因为公司需要现金，比如现已停业的泛美出售洲际，以及环球航空卖掉希尔顿国际，都属于这种性质。法国航空出售了子午线饭店联营、爱尔兰航空公司从国敦饭店集团（the Copthorne Hotel Group）撤资、荷兰皇家航空公司卖掉其在金郁金香的股份，同样地，德国汉莎航空公司（Lufthansa）也脱离凯宾斯基饭店集团（Kempenski hotel group）。北欧航空集团 (SAS Group) 最近出售了其在雷兹多饭店集团（The Rezidor Hotel Group）的股份，后者是卡尔森饭店丽笙品牌的主要特许经营商。一些亚洲航空公司仍然与饭店联合，例如日航饭店是日本航空公司的一部分，国泰航空公司的主要股东——太古集团的房地产开发单元包括在美国、中国和新几内亚的巴布亚投资选定的饭店。全日本航空公司（ANA）最近签约了一家运营与洲际饭店集团的合资企业的饭店，并由此形成了一个新的集团——洲际全日空饭店集团（IHG ANA Hotel Group）。这个新的集团将与日本现存的全日本航空公司和洲际的饭店合并到公司名下，并将在日本建立一个更广泛的所有权和饭店运营平台。㉓

欧洲和亚洲的航空公司在饭店业的投资仍在继续，但这种热情恐难持久。从过去这些年航空公司和饭店公司之间解散和分离的趋势看，这两种相互关联的行业部门之间的关系更有可能是战略联盟、合资企业协议和交叉销售安排，而不是纵向一体化。

合并与收购

20 世纪 80 年代带给饭店业基础结构的这种深刻和广泛变革是史无前例的，没有任何一个时期能与之相提并论。饭店业的全球化发展，主要品牌成为饭店业主和投资者追逐的目标，使兼并收购成为这场运动的代名词。大批饭店公司的合并、收购和全部收买把国际饭店业推向了金融市场的焦点，使之成为当今世界最具影响力和竞争性产业之一。

世界主要的连锁都将目光投向了欧洲、北美和亚太地区，作为其追求更多的利益和发展的渠道。规模经济、全球化、占领主市场和进入新市场的需求、本地市场的饱和，所有这些因素都在通过并购进行扩张上扮演着重要的角色。

从 1981 年大都会（Grand Metropolitan）对洲际的接管开始，国际性并购越来越频繁，规模也越来越大。这种风潮在 1987 年愈演愈烈，像假日集团这样的公司把它们的国际分支出售给欧洲的企业，在世界范围内彻底改变了该行业的主要参与者排序以及行业内的力量平衡。

尽管交易环境越发困难，投资者在考虑境内外的投资市场也更加小心谨慎，但并购趋势仍将继续存在。自 2005 年起，在重大的上市公司私有化的交易中，私募股权公司收购上市公司的角色已经成为国际并购的重要主题。这些交易包括对希望将房地产货币化的上市饭店公司的饭店地产投资并购和对整个公司与经营不善的单一资产的收购。这一期间的重大并购活动包括：

- 自 2004 年 4 月起，黑石集团相继以 26 亿美元收购玛丽之星饭店公司 MeriStar Hospitality Corp.，以 31 亿美元收购美洲常住饭店，以 8 亿美元收购 Prime Hospitality Corp.，以 32 亿美元收购温德姆国际（Wyndham International），以 34 亿美元收购拉昆塔（La Quinta），以及最近以 250 亿收购希尔顿；
- 雷曼兄弟和新加坡政府以 19 亿美元收购洲际在英国的 73 家饭店；
- 2006 年 6 月，黑石集团以 7.9 亿美元收购拥有大约 3200 间不同品牌下客房的 Hospitality Europe；
- 2005 年，柯罗尼资本（Colony Capital）对雅高进行战略投资；
- 2006 年，加拿大豪华饭店运营商费尔蒙特饭店及度假村的所有发行在外的普通股被阿尔瓦利德·本·塔拉尔王子王国国际饭店（Prince Alwaleed bin Talal's Kingdom Hotels International）和柯罗尼资本的合资企业以全现金交易的方式以 39 亿美元成交。同样在 2006 年，四季的股份被三个投资人组成的财团收购，这三个投资人分别是：伊萨多尔·夏普（四季首席执行官）、阿尔瓦利德·本·塔拉尔王子（Prince Alwaleed bin Talal）和比尔·盖茨的资金办理公司卡斯凯德投资公司 (cascade investments)。

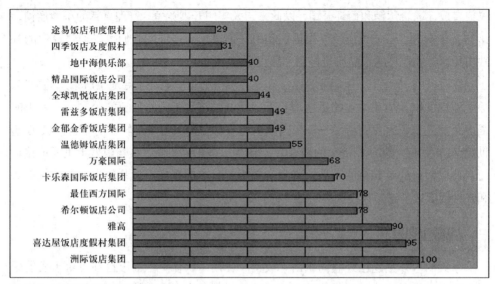

图 2-3 大多数国家的饭店公司

资料来源：饭店巨人调查，2007 年

合并

　　饭店业的合并往往被视为"适者生存"综合征。由于产品过剩和连锁饭店贪婪的扩张欲望，企业之间的吞并越来越狂热。最终，在市场上一些大型国内或国际性企业及超级集团将占主导地位。主要连锁控制的客房比例在不断增加，客房和专业市场越来越集中到少数强劲的组织如洲际、喜达屋、雅高、希尔顿、万豪和温德姆的手中，它们遍布全球的成员饭店使之具有吸引大量的顾客群的能力。这些现象为联合指明了方向。图 2-3 列出了截至 2007 年，饭店公司所经营饭店分布的国家数量。

　　许多分析家的预测表明，多国连锁饭店将以牺牲小型和新兴的连锁为代价，来发展其自身的饭店集团，因为保持小规模和新建一家住宿公司的成本将十分高昂。通过合并、收购、全部购买和合资等不同发展形式，这些超大型连锁饭店往往拥有根据不同价位和不同产品差异化的不同品牌。由于经营多品牌可以实现公司在组织结构、管理费用、技术、预订系统方面的资源共享，这使得小型的竞争者几乎无法以同样的利润率进行经营。

　　另外，一些主要的饭店巨头考虑到跨国饭店经营所需的巨额投资和介入，也纷纷打起了退堂鼓。

　　饭店巨头们风头渐盛，而一些小型的当地饭店也开始相互联合起来签订营销协议或者成立联合营销和预订公司，以此来与大集团开展竞争。管理卓越的小型连锁，诸如文华东方、日航饭店、泰姬饭店和凯宾斯基，同样证明它们可以通过谨慎的补缺市场营销和严格的产品质量控制来赢得生存。

在过去的25年里，饭店业目睹了在世界经济力量中亚洲主导地位所带来的影响。除了亚洲的出入境旅游业的迅速增长外，新的经济支配力量使亚洲公司——其中的很多企业还是饭店业的新手——在国际饭店收购中扮演着举足轻重的角色。直到20世纪90年代初"泡沫经济"的破灭时，日本一直在亚洲饭店收购中处于重要地位。而自此以后，资金充裕的香港投资者又重蹈了日本的覆辙。近几年来，北美的饭店和连锁饭店成了这两大投资集团的目标。

战略联盟

今天的合并主题已经倾向于由"收购"转向"伙伴"。由于目前可用于发展的资金匮乏，饭店纷纷加入以营销为基础的战略联盟中。小型的饭店往往希望与较大的连锁饭店联营，并进入它们的全球预订系统，最近全日本航空公司与洲际建立合资企业就很好地说明了这一点。这种趋势反映了小型单体性和地区性饭店的一种需求，即如果想在新世纪激烈竞争的国际旅游市场中占有一席之地，就必须和世界最大的全球饭店"旗帜"建立战略伙伴关系。

结论

在本章中，我们从历史和发展的角度研究了国际住宿业的状况。人们可以清楚地看到住宿业怎样成功地适应了时代的发展——从罗马帝国的路边小客栈到今天遍布世界各地的国际连锁饭店。住宿业的大部分变迁都是由交通系统的改变所引致，它引发了大众旅游时代并产生了对不同住宿类型的要求。

第二次世界大战后的饭店产业是以一些美国饭店，如希尔顿国际和泛美洲际的海外市场扩张作为标志。20世纪50年代，随着喷气式飞机的出现，在欧洲和拉丁美洲的美国连锁饭店的迅即扩展是为了满足大众旅游需求而产生的，它们通常与航空公司结成战略伙伴关系或成为其子公司。今天，饭店业仍然和交通业的各个部门有着密切的联系，特别是航空业。饭店在获准进入到航空公司的订票系统时，也为航空公司的旅客和机组成员提供住房。

在 20 世纪 80 年代期间，欧洲、加拿大、亚洲及其他地区的跨国性连锁饭店，已经迎头赶上美国的连锁。这些饭店通常擅长于五星级或四星级的补缺市场，后来也向经济型饭店进军。80 年代后期，由于全球经济的不稳定性、市场饱和及实力雄厚企业的杠杆作用，并购成为这一时期饭店业的标志。当小型饭店加入市场营销联合体或建立伙伴关系，以期在不断变化的市场中生存时，将饭店联合为超级集团越来越占有主导地位。那些通过联合生存下来的国际性饭店现在正面临新的全球挑战，而这些挑战会对它们的经营管理产生更大的影响。

尾注:

① Albert J. Gomes, Hospitality in Transition(New York: American Hotel & Motel Association, 1985), p.3.

② Daniel Lee, Lodging, Drexel Burnham Lambert, 1984, p.20.

③ Ibid., p.23.

④ Saul Leonard. "Hotel Chains in the USA: Review of an Industry in Tran-sition." Traval and Tourism Analyst. October 1987. p.44.

⑤ Gomes. Hospitality in Transition, P.10.

⑥ Albert Gomes, "American Hotel influence, Innovations Extend Over-seas." Hotel and Motel Management. October, 12,1987, P.42

⑦ Mike McVey. "International Hotel Chains in Europe." Travel and Tourism Analyst, September, 1986,P.6.

⑧ Ibid.,P.21.

⑨ International hotel Industry Travel and Tourism Intelligence, October 2003, p.97.

⑩ Jones Lang Lasalle Hotels, Hotel Investment Highlight Europe, July 2006.

⑪ Middle East Hotel Survey—Outlook Market Trends and Opportunities: 2007 Edition. Hospitality Valuation Services.

⑫ Leonard, p. 45.

⑬ Ibid.

⑭ "Club Mediterranee (A)," Harvard Case Studies, Harvard Business School, 1978, p.1.

⑮ Alastair Morrison, Hospitality and Travel Marketing (New York: Delmar, 1989), p.250.

⑯ The International Hotel Industry, Travel and Tourism Intelligence, October 2003, p.164.

⑰ Harold Lane, "Marriages of Necessity: Airline-Hotel Liaisons," Cornell Hotel and Restaurant Administration Quarterly, May 1986, p.74.

⑱ Lincoln Avery, "New Venues for the Old World Touch," Hotel and Resort Industry,July 1990, p.21.

⑲ Nancy Cockrell, "India's Hotel Sector & International Expansion," Travel and Tourism Analyst, No.2, 1991, p.26.

⑳ Daryl Wyckoff and James Hill, "The New Otani," Harvard Case Studies, Harvard Business School, 1983, p.1.

㉑ Lane, p.74.

㉒ Ibid., p.79.

㉓ "IHG Targets Japan with ANA Deal," Hotels, December 2006, p.12.

主要术语

整合（consolidation）：将两个或两个以上企业合并在一起组成一家新的公司。

规模经济（economics of scale）：（规模经济）由于集约、聚合或共享生产和资源而带来的成本节约。

外派归国（repatriation）：指将国际委派期满的员工召回到他或她公司的母国工作，或将金钱或其他资源返回来源国。

复习题

1. 20 世纪初期，美国饭店经营者进行了哪些创新？

2. 第二次世界大战后，哪些因素和事件影响了饭店向海外扩张？

3. 美国饭店业向海外扩张的原因是什么？何时开始？

4. 在中东以及亚太地区，影响饭店业发展的因素有哪些？

5. 所有权与经营权分离意味着什么？它对国际饭店业产生了怎样的影响？

6. 始于美国的主要连锁国际饭店有哪些？

7. 欧洲连锁饭店、印度连锁饭店以及亚太地区连锁饭店的重要特征有哪些？

8. 航空公司与饭店结盟的主要优缺点有哪些？

9. 航空公司与饭店的结盟主要有哪些？

10. 20 世纪 80 年代的合并与收购对饭店业产生了什么影响？

第3章

概　要

旅行壁垒、旅游投资壁垒和旅游运营壁垒
影响旅行者的壁垒
饭店投资壁垒
饭店运营壁垒
政府对饭店的规制
价格控制方法
劳动法规
客房税
其他法规
竞争力指数
与行业壁垒打交道的国际组织
世界旅游组织
经济合作与发展组织
关贸总协定
国际货币基金组织
国际饭店与餐馆协会
世界旅游及旅行理事会
政府支持对旅游与饭店业的重要性
对外投资奖励
官僚主义的繁文缛节
旅游政策
国际旅游组织
国际饭店集团与发展中国家
优势与劣势
最大限度地提高旅游业投资回报
饭店集团与地方政府之间不可避免的矛盾
政治稳定
对投资决策的影响
对旅行者的影响

旅行忠告
政治动机
政治风险
评估政治风险的困难
降低风险条件下的脆弱性
政治风险保险
不稳定环境下的管理控制
危机管理
危机管理计划
结论

学习目标

1. 明确并描述各种旅行壁垒，包括影响旅行者的壁垒和影响与旅行者打交道的行业的壁垒，并列举典型的政府对饭店的规制。

2. 明确并描述几个与行业壁垒打交道的国际组织。

3. 解释为什么政府支持对旅游业的成功起关键作用，概括政府所提供的不同形式的支持，并描述全国旅游组织的作用和共同任务。

4. 说明国际饭店集团在发展中国家的优势与劣势，清楚连锁与当地政府之间潜在冲突的典型区域。

5. 描述政治不稳定减少旅行与旅游的几种不同方式，包括历史上出现过的，并描述旅行忠告的作用。

6. 了解几种形式的政治风险、风险评估方法以及可以降低风险的方法。

7. 解释危机管理的重要性，说明危机管理计划的主要内容。

国际旅行、旅游与饭店业中的政治问题

　　国家的政治稳定以及政府和组织的政治行为在很多方面影响着国际旅行、旅游和饭店业的发展。首先，各级政府制定指导商业、贸易和运营的政策，实行移民政策和工作签证，制定并实施劳动法，调整基本建设、区域划分和土地使用，颁发营业执照和许可证，实行投资奖励政策或阻止措施，实施一系列的税收政策等。以上这些行为会影响私营企业的业务能力和参与同行业竞争的能力。根据一个企业的利益受影响的程度，法律、法规和政策可以有公平或不公平、有利或不利、严格或宽松之分。许多国家为了保护本国企业，故意制造政治壁垒来阻止外国竞争。尽管在新的全球化的环境下这些壁垒已逐渐消除，但很多依然存在，因为并非所有的国家都渴望合作。

　　其次，一个国家的政府可以制定有利或不利于旅游业的政策。有的政策提供便利——便于人们进出该国家。而如果政府对护照或签证要求过高或收费过高，则说明该国家不鼓励居民出国或来访者进入。一国政府也可以通过提出不同理由的旅行忠告来阻止其公民去其他国家。

　　最后，政府可以通过促进旅行、旅游、国内国际活动以及旅游和接待方面的教育和培训来支持私营企业。私营企业总是在某种程度上参与这些活动。但是，他们既无资源也无政治力量来完全支持这些对旅游业的成功发展至关重要的活动。

　　本章我们将讨论政府与其他国际机构的政治行为各自影响旅游业和饭店业的方式。我们也会探讨有关政治稳定、风险控制、政治风险保险和危机管理方面的问题。政治问题对于国际（有时是国内）饭店经营的重要性会越来越明显。同时，不能脱离旅行和旅游而孤立地讨论国际或跨国饭店这一点也是显而易见的，因为前者决定后者的前景和服务内容。

旅行壁垒、旅游投资壁垒和旅游运营壁垒

阻止人们跨出国境的旅行壁垒对旅行流向、流量和旅行收入有很大影响。许多国家的政府都已认识到入境旅游业有利可图，他们开始重视促进入境旅游业的发展和开发活动。但是，在减少或消除对出境旅行的限制或促进世界范围内的双向旅行方面做得还远远不够。然而，即使是在以严格的旅游政策著称的国家上述情形也正不断地发生变化。最新的旅游数据显示，亚洲跨区域的和长途出境旅游呈现加速发展趋势，反映了中国和其他亚洲国家旅游政策的放宽。例如，中国 2007 年提出的与特定旅游目的地签订双边协议的政策，使得 132 个国家获批为中国公民旅游目的地，结果到这些国家旅游的中国休闲游客大量增加·①

政府常常把实行壁垒作为解决诸如贸易赤字、非法移民和国外竞争等国家问题的可行手段。政府很少会评价其法律法规对旅游业的影响。而与之相反的是，政府制定的涉及国际关系的政治、经济、金融和社会政策往往与旅游业的利益相矛盾或无视旅游业的利益。由于旅游业很零散，因此从事旅游业的企业一般很难像其他团体那样影响政府的决策。为了测算旅行和旅游业完整的经济影响，世界旅游及旅行理事会（WTTC）在 1999 年创立了旅游卫星账户系统。凭借先进的研究方法，世界旅游及旅行理事会首次为旅游业的全球经济影响建立了客观指标。从那时起，旅游卫星账户系统指标就开始影响一些国家对促进旅游业发展相关政策的制定。

其他许多政府控制的因素反过来会影响国际旅行，包括不同的语言和文化差异产生的障碍、公共场所需要多语种的标示牌、货币限制、签证限制、城市交通拥堵、机场容量限制、机场废弃物处理、适当的饭店和会议设施等。很多障碍直接来自于政府的作为、不作为或制定的法规。障碍一般分两种：影响旅行者的障碍和影响与旅行者打交道的行业的障碍。表 3-1 简要列出了几种政府设置的潜在障碍。许多政府行为可被视为保护主义。对旅行者的障碍我们将在下一章讨论，本章将集中讨论影响饭店业的壁垒。

表 3-1　政府对旅行设置的潜在障碍

影响旅行者的障碍
由所在国设置的：
•对居民的货币限制；
•签发旅行文件的条件和手续；
•对回国人员的关税和手续；

（续）

- 限制国外旅行;
- 对居民征收较高的出境签证税。

由东道国设置的:

- 对来访者的货币限制;
- 对入境签证、身份证件和逗留期限的限制;
- 对机动车辆、游艇或其他交通工具入境手续的限制;
- 对申请驾驶执照、车辆保险等手续的限制;
- 对非本国公民取得财产的限制（如分时销售饭店）;
- 对外国来访者征税。

影响跨国饭店连锁集团的障碍

投资／设立障碍:

- 对外国投资和股权参与的限制;
- 对外国饭店集团股权参与的要求;
- 对进口特殊设备和建筑材料的限制;
- 对出售与当地企业签订的地点合同（如场地开发）的要求;
- 对外国饭店企业的税收征管;
- 土地使用权或所有权的限制;
- 采取财政奖励政策促进本国饭店业的发展;
- 缺乏投资信息;
- 过多的政府审批要求。

运营障碍:

- 资金流入／流出的限制;
- 对外国雇员的限制（持有工作签证的外国侨民）;
- 对非本国雇员的要求（比如签证和工作许可证等）;
- 对当地雇员的培训和升职要求;
- 货物进口限制或过高征税;
- 对进入预订系统的限制;
- 对国内饭店的资助;
- 货币兑换的限制和拖延。

影响旅行者的壁垒

　　提交文件　提交文件方面的障碍可以来自所在国也可以来自东道国。出境旅行者一般在递交身份证件、近期照片和一定费用后均可得到护照和出境签证。但是有时政府会限制到某个国家的旅行，除非该国的文化、宗教和政治制度与其本国接近。一国政府可以通过使出境签证手续烦琐或收费过高来限制出境旅行。发展中国家的出境手续一般比较复杂。

入境签证的使用是由于健康、人身安全和移民等方面的原因。为了鼓励一定时期内的入境旅行，东道国通常都会给符合要求的入境者签发入境签证。然而，不同的国家甚至不同的大使馆采取不同的签证手续，有的入境签证很难签到。美国1986年制订了免签证计划以消除不必要的旅游壁垒，这一计划加速了美国旅游业的发展，使国务院可以集中其他领域的领事资源，而且现在对27个参加国依然有效。然而，在2001年世贸中心和五角大楼遭遇恐怖袭击之后，到美国参观签证手续变得更加严格，办理时间也更长。美国国务院现在开放了一个网站——"美国：边界安全与门户开放"（Destination USA: Secure Borders, Open Doors），用于通知希望到美国旅游的签证申请人新的手续。

签证程序上的麻烦有时是由东道国有过其他国家的人员在该国非法停留过长时间的经历而造成的，也有一些时候，限制签证是出于政治动机。例如，大多数的中东国家拒绝或阻止那些护照上表明曾去过以色列的人进入。

提供证件对于社会安全非常重要，但同时，如果一味专横地拒绝，办理手续过于复杂或时间过长，或者收取过高费用，则会成为旅行障碍。如果不鼓励国际旅行，对提供的材料的要求则会妨碍饭店进入市场。

汇兑控制 世界上很多国家都实行货币管制或对本国居民国外旅行征税的政策。这些措施旨在通过限制出境旅行鼓励入境旅行来保持外汇储备量，同时也维持其收支平衡。总体而言，全球的汇兑控制和货币管制正逐步减弱，但它们仍然以多种形式存在。例如，在澳大利亚，买入没有金额限制，但是当现金总额超过5000澳元就需要报关。在捷克，总额超过20万捷克克朗的进口或出口物品必须在海关登记。离开一国时的财务费用在很多国家也是有要求的。

实行货币管制或旅行外汇额度可以限制一国居民从银行兑换的国外旅行所需外汇的数量。如果限制过多，就会大大降低出境旅行的数量。1983年，法国对居民出境携带的数量实行临时限制，尽管这项措施是出于保持收支平衡的原因而实行的，并且后来很快取消了，但他们对其他国家的旅游收入产生了不利影响。在大多数实行货币管制的国家，因公旅行者的旅行外汇额度高于因私旅行者。还有一种控制方式是限制或禁止居民在国外使用信用卡。

旅行外汇额度很可能是国际旅游业碰到的最普遍的贸易壁垒形式，并且也是最能破坏旅行账目的贸易平衡的壁垒。旅行外汇一旦用完，所有的消费——实际上就是旅行本身——必须马上停止。另外，为了吸引入境旅行，众所周知，许多国家向游客提供优惠的汇率以便他们能以低价购买旅游商品或服务，有时价格竟低于公平市场。

有些国家要求其公民购买旅行保险或在无息账户中存入一定的金额，该笔钱的数量相当于它们兑换的外币数量或等于估计的旅行所需全部费用的固定百分比。有些国家征收出境税。以色列政府向所有出国的人都征收旅行税。此项征税制度鼓励以色列人在国内而不是到国外旅行，同时也阻止侨居国外的以色列人回国探亲。

海关法规　一般情况下，每个国家都会对其公民在国外购买带回国的一些商品征税（一种为限制进口商品的购买或赢利而征收的税）。不同的国家对回国的旅行者实行不同的免税补助。实行较高的进口税与较低的旅行外汇额度就是为了限制出国旅行人员在国外的消费，烦琐的报关手续以及费时的海关检查也会限制人们在国外购买。

饭店投资壁垒

饭店企业会遇到很多政府为限制其进入本国市场和在本国设立分支机构而设置的壁垒。

股权要求　尽管对境外投资者来讲要想在当地找到合适的合作伙伴向来都非常困难，一些国家还规定国内企业股权最低要求或限制筹建饭店时外国投资的份额。这些要求旨在促进本国经济的发展，鼓励本国企业参与，减少外部投机机会。但同时它们也会阻止外国饭店集团或开发商的进入，因为它们中有的不愿意丧失以它们的名字命名的经营控制权，有的则由于利润率较低而不愿同当地的合作伙伴共享利润。

发展中国家的政府往往知道利用外资发展其旅游业的必要性，它们可以根据项目的大小调整对外来股权的要求。比如，一国政府可能允许外国投资商可以拥有大型项目 75% 的股权，但对于小型项目外国投资商只能占有很少的股权。这些措施为当地的投资者利用有限的资金参与饭店业提供了机会，同时也不阻止外国投资商参与大型项目。

在很多时候，股权投资条例是依照东道国政府进行开发与投资优先考虑的特定部门的要求制定的。例如，作为印度现行自由化政策和经济改革的一部分，外商直接投资控股权益限制的取消和更多的部门向外国投资者开放使得一些部门吸引到国际投资。房地产部门依靠其推动经济增长的巨大潜力（包括饭店）成为印度政府工作的当务之急和重中之重。就这一点而论，尽管存在一些限制，外商直接投资还是百分之百实现了所被允许的投资量。

有些国家跨国公司的股权参与作为该公司取得管理权的一个条件，这对不愿拥有股权的国际管理集团是不利的。

有利于国内企业的政策 如果投资政策偏向于国内饭店所有者，那么外国饭店集团就会处于明显的不利地位。有利于国内饭店所有者的法规包括对国内经营者比较宽松的行政法规，财务和财政奖励制度，资助国内饭店使他们能人为地降低价格参与竞争。规定管理合同期限和费用结构必须得到政府部门认可的法律也会阻止外国饭店的设立。尽管这些法律有时可以使本国公民从烦琐的合同条款中解脱出来，但它们常常会侵入大家公认的协议双方专有的领域。

最后，外来投资者往往发现很难获取进行投资决策所必需的有利信息。虽然透明度（即无隐含条件或条款）对做出有效的决策至关重要，而政府却很少向外国公司提供关于投资条件、气候与规定等方面的信息。全球投资服务公司仲量联行饭店集团追踪了 56 个国家和地区的房地产透明度分数作为评估投资风险的重要指标（表 3-2）。

表 3-2 世界房地产透明度

第一级国家和地区			第二级国家和地区		
1	澳大利亚	1.15	11	芬兰	1.63
2	美国	1.15	12	德国	1.67
3	新西兰	1.20	13	南非	1.77
4	加拿大	1.21	14	丹麦	1.84
5	英国	1.25	15	奥地利	1.85
6	中国香港	1.30	16	爱尔兰	1.85
7	荷兰	1.37	17	比利时	1.88
8	瑞典	1.38	18	西班牙	1.91
9	法国	1.40	19	瑞士	1.94
10	新加坡	1.44	20	挪威	1.96
			21	意大利	2.14
			22	马来西亚	2.21
			23	日本	2.40
			24	葡萄牙	2.44
第三级国家和地区			第四级国家和地区		
25	墨西哥	2.51	42	中华人民共和国	3.50
26	捷克共和国	2.69	43	中国澳门	3.65
27	匈牙利	2.76	44	阿联酋	3.77
28	波兰	2.76	45	哥斯达黎加	3.83
29	以色列	2.85	46	印度尼西亚	3.90
30	中国台湾	2.85	47	土耳其	4.04

（续）

第三级国家和地区			第四级国家和地区		
31	韩国	2.88	48	秘鲁	4.08
32	斯洛伐克	2.99	49	罗马尼亚	4.08
33	智利	3.11	50	哥伦比亚	4.10
34	希腊	3.13	51	乌拉圭	4.13
35	俄罗斯	3.22	52	沙特阿拉伯	4.14
36	菲律宾	3.30	53	巴拿马	4.18
37	巴西	3.31			
38	斯洛文尼亚	3.35	第五级国家和地区		
39	泰国	3.40	54	埃及	4.30
40	阿根廷	3.41	55	委内瑞拉	4.43
41	印度	3.46	56	越南	4.69

第一级为高度透明；第一级为透明；第二级为半透明；第四级为低度透明；第五级为不透明

资料来源：节选自《2007 年饭店投资前景》，仲量联行饭店集团

饭店运营壁垒

政府会采取影响饭店经营和交易的限制措施，它们有时会导致不公平及歧视性的处理方式。

外国汇款 饭店集团由于资金转账和汇款方面的困难而不愿在国外投资。在实行严格的外汇管制的国家，经营者可能不能得到足够的支付管理费、特许经营费、营业执照费、海外服务费、工资等所需的外汇，甚至包括在经营过程中发生的非所在国货币的费用。货币兑换时间过长是使用信用卡的公司进行必要的商业旅行时遇到的最大障碍。有时，由于外国经营者被禁止把他们的收入兑换成外币汇回国内而使经营饭店无利可图。

许多国家限制外商把利润和其他资金调回国，从而阻碍了外商独资公司的设立。

进口限制 政府一般都会通过限制进口或对进口商品征收高额关税来阻止外国产品或服务的消费。在很多国家，外国饭店经营者都曾遭受过进口机构对他们所需的设备、陈设品和用品拖延过长时间甚至拒绝的经历。这些限制不仅妨碍了饭店的经营效率，而且对饭店的服务质量或者它在国际老主顾心中的形象也会产生负面影响。

另一个进口方面的问题是限制使用外国的促销和广告材料，或者对进口这些材料征税。"国产比率"阻止饭店最有效地利用资源。

政府经常对特定产品征收较高的进口关税。中国对进口诸如牛肉、小牛肉和海

鲜等食品征收高额关税。还有一个饭店业主关心的问题是尽管组建和装饰饭店所需的原装设备和陈设品是免税的，但设备零件和替换品则要交纳高额关税。这样的税收政策可能使饭店运营陷入混乱。以菲律宾为例，在 20 世纪 80 年代早期，菲律宾政府颁布了各种禁令和限制条款来限制肉类、酒类商品和机器设备的进口，力求改善不良的经济状况，减少对进口商品的依赖。限制进口的商品的信用证（客户必需的）很难开出，即使所需进口的商品在新颁布的限制条款规定的范围内也不行。结果，大多数饭店大约有 11 个月不能得到它们的进口物品。这些禁令和限制条款造成的结果是由于供货商乘机利用卖方市场赚钱，导致当地房价提升，从而使饭店经营费用大幅度上升。一些饭店餐饮部经理抱怨有些产品的价格上涨了 300% ~ 400%。[②]

当进口商品带有安全或健康隐患时政府也有可能对其实施临时管制。最近的例子有：在英国的牛暴发口蹄疫之后，欧盟和其他国家提高了进口限制；在全球性的禽流感疫情暴发之后，很多国家也提高了对鸟类和鸟类产品的进口限制。

国内人员要求　实行国内人员要求和对外聘人员加以限制会影响饭店管理的一项主要职能——始终保持行政和特殊技能部门有合适的人选。大多数国家严格控制移民的数量并制定法律禁止非法入境，然而，不能灵活地给外国人颁发工作许可证也会给饭店的经营者带来不便。

如果限制外国雇员把薪金汇回国，或者禁止以外币给他们支付工资，那么就很难吸引到所需要的人才。为了避免受这些汇款条款的影响，饭店常常必须采取其他替代支付方式。

作为外国饭店与所在国政府所签协议的一部分，它必须为当地员工提供特定的培训，它也可能要求必须把当地员工提升到相应的管理职位，尽管他们还没有足够的工作能力来胜任这些职位。

存取数据　饭店经营者考虑在发展中国家投资所担心的一个问题是缺乏足够的通信系统传输境外数据，这会影响关于航班、饭店、预订以及结账等方面的信息。不能与主要的计算机预订系统（CRS）联网会对国际饭店的销售情况产生极大的负面影响。

其他壁垒　国外经营饭店所要面临的其他问题包括：禁止外国公司投保（结果是必须按苛刻的条件投高额保险），不能平等地得到本地信用资源，对商标、公司名称和版权缺乏相应的法律保护，不平等纳税。另外，一些国家的政府制定严格的法令限制饭店经理的经营自由。对此问题我们将在下一章予以讨论。

政府对饭店的规制

虽然饭店规制在 19 世纪末就已出现了（包括防火、卫生以及食品检疫等方面的内容），但大部分的规制是近几年才出现的。今天，在许多国家，对饭店实行严格的规制或执照控制，不仅是为了保护消费者的利益（设定最低质量和安全标准），也是为了增强其财务责任，避免发生冲突。

虽然规制具有重要的作用和职能，但政府有时滥用其调节权力而对行业进行不必要的控制。例如，如果没有充足的理由而拒绝或延迟签发企业的营业执照和许可证，结果导致公平竞争受到限制，市场陷入混乱。如果检查和划分是为了提高饭店产品和服务的整体质量，那么就是值得提倡和肯定的（假设公共检查制度是有效的）。但若被当作政府独裁统治的工具使用，就会严重威胁行业的发展。

价格控制方法

一些国家的政府对饭店的价格进行调节或限定。价格控制方法包括政府审批房价、政府制定最高价格或变动范围、对某几种住宿提供资助、制定公布价格的规定等，这些控制使管理决策受限。例如，意大利政府为每一级的饭店设立了最低公开价格，它限制饭店经营者根据市场情况调节价格的能力。曾有一段时间，菲律宾政府也实行控制价格的政策，阻止经营者自己制定价格，其目的是减少在旅游淡季各饭店之间爆发的价格战。

劳动法规

政府法规毫无疑问会影响到饭店业的劳工市场。政府对工作条件包括工作小时数、休假时间、工资和社会福利等都可以制定法律。对雇用外国人或第三国人员，取得工作签证等的限制或过多的繁文缛节都会影响饭店的经营。

新加坡政府严格控制饭店的劳工需求，在劳动力严重短缺时，劳动部的政府官员会要求饭店降低其员工客房比。他们在必要时也会根据饭店划分标准配备劳工。1988 年，新加坡把对饭店员工的征税从 140 美元提高到 170 美元，1990 年又提高到 280 美元。政府这样做的目的是避免饭店把急需的劳动力从其他行业吸引过去，同时政府也不鼓励饭店业从国外引进更多劳动力。在 20 世纪 80 年代早期，菲律宾政府在短时间内制定了 6 种工资法来保护工人免遭通货膨胀之苦，结果是一些饭店的薪金费用翻了一番。

一些国家强有力的劳工会也会影响饭店的营业支出。在澳大利亚，苛刻的劳工会规则、经常性的罢工、休假以及节假日加班费使一些饭店在节假日不得不关闭。当劳工和管理层之间发生劳动争议时，澳大利亚劳工会可能采取"按规则工作"的策略，也就是完全按照规则，结果劳动产出降低，而饭店经营成本升高。

客房税

客房税，有时也称床位税，是一个国家或地区根据客房价格的百分比征收的使用税。客房税会从饭店转嫁给房客。一般认为客房税是有益的，因为高级客房的客房税比低级客房的客房税要高得多。由于所有的饭店都交客房税，目的地饭店的竞争优势或劣势相对较小。然而，如果征收较高的客房税，跟其他的不收客房税的竞争对手相比，该目的地就处于不利地位。在旅行社和批发商的营业利润率较低的情况下，过高的客房税会使它们选择不收客房税的其他目的地店。

饭店业反对征收客房税合情合理。但是，当政府面临财政困难时，这样做会比向居民征税好得多。游客毕竟不会参加当地选举的投票，并且经常旅行的人对这些税已经习以为常，他们不会强烈反对。政府征收床位税的根本原因是为了收回用于公众基本建设的投资费用，同时也用于支付为游客服务的费用。今天各地的客房税都在3%～25%。美国的一些饭店收取的客房税最低，欧洲有的饭店收取的客房税最高。政府行政部门征收这笔税所需的费用很低，大部分都转嫁给了饭店经营者。

其他法规

其他影响饭店业的政府法规包括卫生设施和水处理的安全和卫生标准。不同的国家甚至不同的城市有不同的防火法规。有些国家的政府制定了无法律效力的总则，其他的政府订立了标准准则，但并不强迫当地机构执行。还有一些政府严格执行防火规程。在缺水的国家，政府要求饭店用海水或"循环"水冲洗卫生间、擦地板，由饭店自己提供饮用水、厨房用水以及客人用水。

建筑规范条例也会影响饭店的管理和发展。例如，一些岛国为了促进低密集度饭店的发展就规定所有饭店的高度不得超过椰子树。其他的条例包括只能采用当地的建筑材料，规定海滩或建筑物正面的凸出形式，或者必须符合固有的建筑设计标准。比如，在巴厘岛，所有饭店的设计和布局都必须与那里的庙宇与地形协调一致。

竞争力指数

政府对饭店的规制和其他因素影响着一国作为旅游目的地的吸引力（既包括对旅游者的吸引力，也是发展的需要），旅游竞争力指数为这一影响程度的测算做出了最全面的努力。这一指数是由世界经济论坛与全球多边旅游组织，如世界旅行旅游理事会、世界旅游组织和国际航空运输协会，以及全球行业伙伴在2005～2006年合作建立的旅游竞争力指数。

旅游竞争力指数捕获了124个经济体的竞争力状况，它建立在三大类促进或推动旅行旅游竞争力的变量基础上，这些大类又可以进一步概括为下列三个次级指数：

- 旅行旅游监管框架；
- 旅行旅游商业环境与基础设施；
- 旅行旅游人力、文化和自然资源。

这三个次级指标包含13个旅行旅游竞争力的"核心概念"（表3-3），这些核心概念又转而组成了众多的个体变量。例如，"政策规制"由使其对这些国家的旅游业发展发挥积极作用的变量组成，这一核心概念下测算的个体变量包括：所有权限制、财产权、外商直接投资管理规定、签证要求和双边航空运输协定的开放程度。

旅游竞争力指数高的国家显示出比其他国家更高水平的旅游人数和收入。

表3-3　旅游竞争力指数

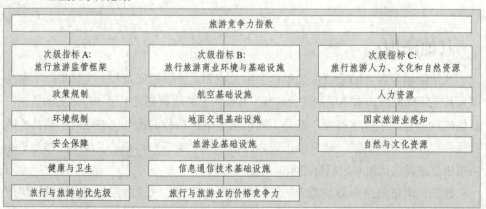

资料来源：世界经济论坛，旅游竞争力指数，2007年

与行业壁垒打交道的国际组织

在多数情况下，饭店集团直接与政府打交道以解决外国投资和经营过程中遇到的问题。但是这种一件一件解决的方法通常不够理想。很多国际组织的职能就是促进旅游业的国际贸易，但它们在处理旅游方面的问题时大多也是采取逐一解决的方式。因此，消除旅游业壁垒的进程十分缓慢且缺乏连贯性。尽管这些国际组织在旅游事务中的合作逐渐加强，但还需要更多的合作、相互作用以及政府支持来提高各组织的有效性，减少政府准则和法规及国际公约的负面影响。

世界旅游组织

世界旅游组织（WTO）是联合国的专门机构，也是领先的国际旅游组织。作为一个旅游政策问题论坛，它同样是了解全球旅游业的重要信息来源。在几个涉及旅游的国际组织中，只有世界旅游组织是专门从事旅游业务的全球性组织，该组织有150个成员国和302个附属行业成员。世界旅游组织目前有五项主要职能：旅游营销与促销、教育与培训、研究与统计、环境与健康及促进。旅游促进委员会的职责就是报告现有的阻碍国际旅行的政府要求或惯例，提出简化出入境手续的方法，开发出一套供成员国采用的标准和惯例。

经济合作与发展组织

经济合作与发展组织（OECD）广泛涉及经济、贸易和投资方面的问题，它在减少旅行壁垒方面起着带头作用。该组织的旅游委员会开发出一套无约束力的旅游行业规范或指南，审查和评价旅游障碍，提出在组织内部采取行动的建议。1985年，该组织批准了一项新的"国际旅游政策报告"，力求减少旅游障碍。基于完整的国际旅游障碍分类目录，该报告重申了旅游业对成员国的政治、社会及经济发展的重要性，同时制定了识别及联合起来消除特定的旅行障碍的标准步骤。

虽然经济合作与发展组织占据世界旅游业的大部分，但它只有30个成员国。许多发展中国家不但不能加入该组织，甚至不能直接受其决策与建议的影响。

关贸总协定

关贸总协定（GATT）的宗旨是促进世界贸易的自由化，保证贸易安全，为全球经济增长和发展做贡献。关贸总协定（既是一项协定，也是一个设有秘书长和工作人员的组织）被认为是目前国际贸易体系的中心机构，它包括世界上主要的发达和发展中国家。关贸总协定提供一个指导国际贸易谈判，解决贸易争端的基本框架。

尽管关贸总协定的准则和程序主要适用于商品贸易，但该组织也适合于处理服务业，包括旅游业的问题。例如，当饭店在进口所需要的设备、材料及其他物品的过程中遇到问题时，就可以使用其解决争端的程序。根据签约国的协商，关贸总协定订立了一套国际公认的用于咨询、谈判和解决争端的准则和程序。关贸总协定在逐渐把世界关税减到历史最低水平的过程中起了主要作用。

之前被排除在关贸总协定之外的服务业，现在已经成为关贸总协定框架中的一部分。自 20 世纪 70 年代以来，发达国家的服务经济迅速增长，成为世界贸易发展的主要因素。正如表 3-4 所指出的，2006 年世界商业服务贸易量达到 2.755 万亿美元，其中旅游带来的收入达到 7450 亿美元，占全球商业服务贸易总量的 27%。1986 年的《关贸总协定——乌拉圭协议》第一次出现了根据《服务业关贸总协定》（GATS）进行的"服务业谈判"。《服务业关贸总协定》的宗旨是通过减少或消除妨碍真正的国际竞争的货币壁垒（如许可费）、非货币壁垒（如配额限制）以及其他阻碍真正的国际竞争的壁垒来推动国际贸易政策的自由化。

表 3-4　2006 年世界商业服务贸易额（按类别）

年代	贸易额（10 亿美元）	比重（%）				
	2006	2000	2003	2004	2005	2006
出口						
全部商业服务	2755	100.0	100.0	100.0	100.0	100.0
交通服务	630	23.3	22.2	23.1	23.4	22.9
旅游	745	32.1	29.2	28.8	27.9	27.1
其他商业服务	1380	44.6	48.5	48.2	48.7	50.0
进口						
全部商业服务	2650	100.0	100.0	100.0	100.0	100.0
交通服务	750	28.2	26.6	27.7	28.4	28.4
旅游	695	30.0	28.4	27.9	27.1	26.2
其他商业服务	1205	41.8	45.1	44.4	44.5	45.4

国际货币基金组织

国际货币基金组织（IMF）影响全球范围内的外汇控制与金融政策。该组织通过提高汇率的稳定性、废除损害国际经济利益的贸易与支付限制，来监督成员国遵守为保证外汇市场井然有序而订立的公约。国际货币基金组织每年都同它的成员国进行协商，然后报告有关进出口支付、外商投资、资本收入或公民与非本国公民薪金的外汇控制要求的法律法规。这些报告向国家施加压力使它们解除限制。涉及的议题包括影响个人旅行的措施与惯例，非本国公民服务费的支付手续，如特许经营费汇款、咨询费和境外收入。

国际饭店与餐馆协会

国际饭店与餐馆协会（IH&RA）1946 年在巴黎成立，现坐落于日内瓦，长期以来致力于制定国际饭店规程、教育与培训等方面事务。从成立之日起至 1980 年，协会成员主要是独立的饭店经营者，它是代表欧洲的最大的团体，是一家纯粹的专门机构。由于大多数饭店经营者都很富有且社会地位很高，国际饭店协会一直把国际饭店和餐馆连锁拒之门外，直到 20 世纪 90 年代才开始放宽要求。现在，一些加入了国际饭店与餐馆协会的饭店和餐馆连锁已经出现在协会网站的成员名单上。

过去几十年间，世界饭店的产业结构不断变换，国际饭店连锁集团从独立饭店手中获取越来越多的市场份额，致使国际饭店与餐馆协会逐渐吸收国际集团为会员。国际饭店与餐馆协会认识到不仅它的传统老会员在减少，并且在世界上的重要地区它的知名度很低，特别是在亚太地区，这降低了它作为国际性组织的影响力。今天，全国饭店协会、饭店连锁、餐馆连锁和附属机构如饭店学校和供货商都是国际饭店与餐馆协会的会员。随着会员结构的变化，国际饭店与餐馆协会的权利基础从个人转移给了国家协会和饭店集团。

国际饭店与餐馆协会是国家协会与其他国际组织结成的联盟。近几年，它同国际劳工组织和世界旅游组织一起积极进行职业培训和人力资源的开发，组织召开了关于国际饭店业普遍关心的问题的大型会议和讨论会。它内部拥有一个管理信息系统工作组负责自动化问题，包括计算机预订系统（CRS）的开发。协会现在也开始关注环境问题。

国际饭店与餐饮协会长期以来一直从事与饭店业有关的立法和财经方面的事务，该协会关注的一个更为重要的问题是统一国际饭店经营合同的格式，该合同是由国际统一私法学会（UNIDROIT）倡导的。国际统一私法学会的宗旨在于协调不同国家影响私有部门的法律，多年来，它试图建立一种国际饭店业主通用的合同样本，而国际饭店与餐饮协会从原理和内容上都进行反对。

为了解决饭店与旅行社之间长期存在的关于合同、预订、支付和取消预订等方面的问题，国际饭店与餐馆协会曾与旅行代理协会万国联盟（UFTAA）共同召开大会，该联盟主持饭店和旅行社之间的谈判。然而，美国饭店业由于实行《反托拉斯法》而没有参加这次大会。最后，大会被国际饭店与餐馆协会单方面解散。会上制定的无约束力的"行为规范"（尚未完成）被视为加强饭店与旅行社之间的和谐关系、为双方提供行为准则的一种方法。若双方产生误解和异议，国际饭店与餐馆协会和旅行代理协会万国联盟仲裁事务所就会到达任一方去解决争端。国际饭店协会还同旅行代理协会万国联盟以及国际空运协会（IATA）一起制定了一套供饭店和旅行社通用的票据、确认函和中央支付系统（可同航空系统相比），可是，这又同美国的《反托拉斯法》相矛盾。

关于将来的目标，协会成员要求协会尽量代表饭店业的利益，在同政府、国际行业伙伴及其他国际协会打交道时，成为他们的代言组织和游说者。其中一项主要任务是改善饭店业目前的形象，提升政府对饭店业的经济贡献的认识。世界各地的饭店经营者逐渐意识到国际立法的重要性，这些立法包括实行单一欧洲市场、放宽对航空业的管制、自动化与全球计算机预订系统（CRS）、健康和安全条例以及内部安全等重要事项。其他的职能包括为国际饭店业不断收集与传播信息，主持论坛会，便于代表发表意见，解决业内普遍存在的问题。

为继续发挥对法规和行业问题的监管作用，以及倡导支持国际饭店业发展的相关立法与政策，国际饭店与餐馆协会与众多理事会建立了合作，如国家首席执行官协会理事会。这些理事会为国际饭店与餐饮协会发现问题、设定优先级并提出建议。以下是国际饭店与餐馆协会要解决的几个问题和关注点。

- 国际标准：国际饭店与餐馆协会反对国际标准化组织（ISO）为饭店和餐饮服务建立没有行业支持的国际标准。
- 入住/离店：国际饭店与餐馆协会反对要求建立确保完全灵活的入住/离店时间的国际标准的消费者运动。
- 国际饭店分类方案：国际饭店与餐馆协会反对建立单一国际饭店分类方案的全球要求。
- 互联网上的网络商标侵权：包括通过电子分销中介使用或购买饭店的商标名称。
- 员工迁移：优秀的员工无法得到可获益的临时性工作。
- 技能与员工短缺：未来5年将会有接近500万的员工缺口。
- 大规模流感与禽流感：提供可靠的通信与准确的旅游忠告的需要。
- 应对恐怖主义的指导：一旦发生恐怖事件应采取的行动或反应策略。
- 企业社会责任：我们是否忠实于我们的工作，以及改善的可能。

- 食品安全：饭店餐饮业是否应该对从"农场到餐桌"的全过程负责，我们的责任从哪里开始又在哪里结束。
- 肥胖：食品服务业应该对此负责任吗？消费者呢？
- 避免灾难：为社区建立一套应对灾难的操作指南。
- 管理层面的多样性：管理需要更精确地反映员工组合。
- 环境与可持续旅游：促进并重视为使行业更具有可持续性而设计的创新的运营与开发实践。

根据新的组织方向和会员结构，今天国际饭店与餐馆协会在执行代表全球范围内饭店业利益的战略计划方面处于强有力的地位。

世界旅游及旅行理事会

世界旅游及旅行理事会 (WTTC) 成立于 1990 年，其目的在于解决两个需求；一是使分立的旅行与旅游业作为世界最大的产业和工作提供者的地位得到认可；二是用同一个声音将这一事实传递给全世界的当选官员和政策制定者。世界旅游及旅行理事会早期会议的三大目标是：

- 提升旅行与旅游业经济贡献的认可度；
- 扩大与环境相适应的市场；
- 减少壁垒，谋求发展。

为实现这些目标，世界旅游及旅行理事会创立了一种衡量旅行与旅游业全球经济影响力的方式，即著名的旅游卫星账户系统。世界旅游及旅行理事会与研究搭档牛津经济预测一起为 176 个国家提供每年全球影响分析与预测，此外还有各种不同的其他研究。旅游卫星账户的数据和其他世界旅游及旅行理事会的研究被其成员用来影响他们各自行业部门和国家的旅游政策。

现在世界旅游及旅行理事会拥有 100 名成员的会员基础，代表了世界最大最具影响力的旅行及旅行组织。该成员名单俨然是一份全球旅游与旅行领导者的名人录。为与世界旅游及旅行理事会初创始人的愿景保持一致，该组织仍然保持原来的核心价值和使命：政府将旅行与旅游发展确立为第一要务；与人、文化和环境均衡发展的商业经济；以及长期增长与繁荣的共同追求。

理事会做过的重大举措包括建立危机预测模型及致力于明确并消除发展壁垒的中国和欧盟的区域计划。它强调理解并讨论旅行与旅游壁垒的重要性，并把 2007 年全球峰会的主题定为"打破壁垒与管理增长"。会议讨论达成一致表明一些政府已经理解了旅行与旅游如何将挑战转化为机遇，同时优化公共部门和私有部门的协同增长效应，但这样的政府仍为极少数。

政府支持对旅游与饭店业的重要性

国家、地区与地方等不同级别政府的参与和支持对旅游业的发展至关重要。首先，旅游业并非独立于其他行业而存在，它需要在许多情况下只有政府才能提供的包括机场、道路、运输、通信和其他公共服务设施在内的基础设施建设的支持。其次，要想保证旅游业的最大利益，必须对当地劳动力进行教育和培训，才能提供优质的产品和服务。这要求必须对私人资本进行培训予以激励，或制订政府支持的培训计划。再次，为了提高国外的旅游收益，需要政府在其他国家设立国家性的旅游促进机构。然后，只有政府才能通过设在国外的领事馆和大使馆给游客和其他人员签发签证。最后，与旅游密切相关的国际活动（如国际奥林匹克运动会、世界贸易博览会、世界杯赛、国际或地区性会议、交易会等）都要求政府发起或支持，为本国争取主办权。

一个行业为了得到政府支持，必须先取得政治支持。但不幸的是，老百姓和政府常常对旅游业持怀疑态度或视其为不正当职业。因此，饭店经营者（与其他的旅游业）从业人员不仅要认识到政府与民众的重要性，而且要积极参与。成为当地饭店协会和商会的会员通常意味着他们开始介入当地政治与公共事务之中。

对外投资奖励

许多政府通过提供金融支持政策来鼓励外国投资，这是它们制定的旅游发展战略的组成部分。这种方法特别适用于以下情况：本国资源不能启用，当地企业对投资没有兴趣，或者确信外国饭店的管理和营销方式最适合本国发展的需要。

对非本国饭店项目的兴趣在很大程度上依赖于潜在的投资商对东道国的政治与经济气候的评价以及他们的投资标准。因此，政府为刺激外国饭店投资而实行的奖励政策必须与投资标准有关，如现金流量和财务回报等。大多数的奖励政策要么减少所要求的投资经费，要么降低可比经营成本。有关具体的财务奖励政策如免税和免税期，其他支持和鼓励外国投资的政府支持包括以下形式：

- 向潜在的投资商提供信息与建议；
- 帮助潜在的投资商取得必要的批准；

- 提供政府担保;
- 制定有利于外国投资的立法;
- 提供公平合理的仲裁来解决可能发生的需第三方参与的争端与矛盾;
- 提供相应的基础设施;
- 为饭店工作人员提供培训或培训奖励与津贴;
- 开展旅游促销。

通过选择性奖励措施,政府可以根据旅游政策引导特定类型、规模和地区的饭店开发。

官僚主义的繁文缛节

政府对饭店业的支持可以通过减少官僚主义的繁文缛节和加快外国饭店项目的审批程序来实现。例如,中国和其他新兴的旅游目的地,如印度和阿联酋,设立了"经济特区""贸易群"或"免税区",减少了这些地方的繁文缛节并为它们提供金融、基础设施和其他方面的激励措施来吸引国际企业。尤其是在中国和迪拜,经济特区的实行已经使这些国家获得了大量的外商直接投资。

旅游政策

从社会的角度看,旅游业虽涉及社会的方方面面,但不被各级政府重视。然而,越来越多的国家与地方政府都开始从经济发展的角度考虑旅游业。它们在利用就业、税收和外商投资提高经济效益的同时,也开始寻求减少社会问题的方法。人们越来越认识到旅游业的发展应当以一种有组织、可持续和合理的方式进行规划和管理,它不仅能提高经济效益,而且能实现社会目标。

政策选择 许多国家都制定了明确的旅游政策,包括所要培育与开发的旅游项目的类型、规模和水平,这些政策对于饭店投资和发展意义重大。在某些国家,政府在缺乏私人资金的情况下甚至亲自充当开发商的角色,他们修建饭店和其他资本密集型项目以促进落后地区或重点地区旅游业的发展。政府为饭店或风景区选址,规定项目性质和发展规模规划,安排财政拨款,然后寻找一位经营者或商业开发商接管或投资此项目,这在发展中国家是不足为奇的。

其他影响饭店投资者或经营者的因素包括:政府关于国内或国外旅游的决策或政策;"等级"或"大众"旅游;国家、省和县政府机构进行旅游决策的中央集权或地方分权;整合或孤立旅游(即旅游区当地居民与游客之间的互动程度)。这些因素往往是交叉重叠的，导致旅游政策覆盖面广泛，以便于保护公共和私人以及国内和国际等不同的利益。不同的政府对旅游与接待业的发展有完全不同的选择。这些变量不仅依赖于经济因素，而且依赖于政治、文化、社会、环境以及地理方面的因素。

了解社会、环境以及经济对旅客的影响对于旅游规划十分重要。许多地区都很重视旅行质量、游客停留时间以及再次来访的游客。关于饭店发展，许多国家都制定方针政策鼓励等级旅游，它们开发全服务型豪华饭店以吸引高收益游客，使旅游投资得到最大回报，同时减少需要经济型饭店的大众旅游。许多目的地缺乏大众旅游所要求的基础设施（包括水、道路、排污系统、电力及机场用于大型喷气式客机降落的跑道）。大众旅游更易于破坏环境，许多国家（如百慕大）把稳定的有控制的增长视为长期发展的关键。其他一些国家则会鼓励发展廉价的小规模饭店，因为这样就不必从国外进口材料、聘请建筑和经营方面的技术工人，同时也为当地员工进入更高管理层提供了更多的机会。

多年来，经济合作与发展组织定期审查国家的旅游政策以深化彼此对当前旅游政策问题的理解，找到国家旅游政策中的缺漏、不足和成功之处，并评估这些政策的经济、社会和环境影响。本章前面提到的其他国际组织也定期在其会议、峰会和论坛上就旅游政策展开辩论和讨论。

国家旅游组织

国家旅游组织（NTOs）通常负责执行国家的旅游政策。开展目的地营销和促销是其共同职责，但不同国家的国家旅游组织有不同的司法权及制定和执行政策的权力。一些国家的国家旅游组织属于内阁或部级机构，权力很大。而另外一些则属于部门级或内阁下属级，还有一些是准政府、准行业的公司，其影响力有限。

世界旅游组织做的一项调查结果表明，世界各地的国家旅游组织所从事的工作如下（按次数从高到低排列）：
- 国家或国际层次的官方旅游代表；
- 研究、调查和统计；
- 国外旅游促销（在其他国家做现场展示）；
- 旅游规划和开发；
- 国际旅游促销（即现场办事处以上机构集中开展的总体营销项目）；

- 调节监督旅游企业;
- 支持;
- 游客接待,信息咨询;
- 旅游职业培训;
- 保留、保护和利用历史、文化和手工艺资源;
- 生态与环境。

以上这些活动大多会对饭店业的发展有直接或间接的影响。

国际饭店集团与发展中国家

国际饭店集团对国家的发展起着重要作用。在很多情况下,这些饭店集团对促进一个国家的旅游增长计划起了催化剂的作用。饭店集团可以提供技术、经营和营销方面的技能以及其他形式的支持。尽管这种支持在旅游业发展的初级阶段是很有帮助的,但是从政府的角度来看,它们对实现国家目标和刺激旅游业发展只能是辅助作用,其中最关键的目标在于转让饭店管理技术和专业知识。

优势与劣势

世界旅游组织和其他团体调查研究了政府对发展中国家引进饭店集团的利弊的看法。在 1985 年对发展中国家与跨国旅游公司(TNCs)打交道的经历所做的调查中,世界旅游组织发现结果是混合的(表 3-5)。跨国旅游公司给发展中国家带来的好处主要是技术服务方面的,如市场可行性研究、计划、工程建设、技术、营销与促销、技术转让以及管理专业知识等。能够加快旅游业发展的步伐是引进国际饭店公司能带来的最大益处。在多数情况下,它们丰富的经验、成熟的生产技术以及解决问题的能力都使他们比国内同行能更快更有效地完成初级阶段的发展。

相反地,跨国旅游公司并不总是能与当地文化或国家的发展阶段协调一致,它们往往不愿意雇用当地人担任高层职务。国际饭店集团经常以高薪聘请外籍人员,以外币支付他们的工资,这样外汇就从东道国"漏损"到了外籍人员的国家。对当地员工的培训并不总是像政府想象的那样得到重视,并且所提供的培训并非总是适合国家需要。发展中国家常常要求外国饭店经营者在签订管理合同之前就答应提供适当的培训。

最大限度地提高旅游业投资回报

前文中提到的世界旅游组织 1985 年的调查也阐述了为最大限度地提高跨国旅游公司参与的效益，发展中国家所采取的主要策略。如表 3-6 所示，大多数发展中国家采取立法和财政手段来达到同等的经济效益份额，保证饭店行为不会与国家的发展相冲突。许多国家也希望能更多地依赖培训和技术转让从而减少对外部的依赖，还有一些国家采取开发不需要国际饭店集团大量介入的替代性市场的策略。实践证明所有这些策略都是成功的。过半被调查的国家都在谈判中听取公正的专家意见，或一次性与几家旅游跨国公司做交易来提高竞争能力。设在其他国家的旅游跨国公司会与其他旅游跨国公司和／或国内公司竞争。

表 3-5　发展中国家与旅游跨国公司打交道的经验

问题	是（%）	部分是（%）	不是（%）
1. 旅游跨国公司在某种程度上影响了对发展中国家有吸引力的旅游形式。	36	55	9
2. 发展中国家同旅游跨国公司打交道时遇到的最大问题是缺乏讨价还价的能力。	50	41	9
3. 发展中国家没有得到足够关于旅游跨国公司及他们介入旅游业的方式的信息。	50	27	23
4. 旅游跨国公司有时不愿意雇用当地人员担任经理和高级职务。	59	32	9
5. 旅游跨国公司介入带来的最大好处是能加快旅游业发展的步伐。	45	32	23
6. 旅游跨国公司为发展中国家所做的最有意义最持久的贡献是技术转让、产品知识、技术和生产技能。	27	64	9
7. 旅游跨国公司采用的工作方法和培训方案并不总是适合接受国的发展阶段。	45	45	9
8. 旅游跨国公司往往重视实现生产目标和期限，不太重视对当地员工的培训。	59	32	9
注：旅游跨国公司（TNCs）被世界旅游组织定义为在一个或多个接受国内利用直接投资或其他主要契约形式为人员的流动提供服务的外国企业。			

资料来源：《旅游跨国公司在旅游业发展中的作用》——世界旅游组织，1985 年

表 3-6　最大限度地提高跨国公司参与效益的战略

战略名称	使用率（%）	成功率（%）
• 采用立法或法规保证旅游跨国公司不使用垄断权或采取与国家的经济发展相矛盾的方式。	73	75
• 采取财政或其他手段保证接受国的旅游业发展能维持相同份额的经济利益。	73	75
• 更多地依靠培训和技术转让，减少对外部的依赖。	68	87

（续）

战略名称	使用率（%）	成功率（%）
• 在同旅游跨国公司的合同谈判中听取公正的专家意见。	55	75
• 同设在不同国家的旅游跨国公司打交道，鼓励它们之间的竞争。	55	75
• 出于各种被迫或自愿控制人口流动的动机，寻求开发不需旅游跨国公司 大量介入的、出售相对简单产品的新的替代市场。	55	83
• 鼓励旅游跨国公司与国内旅游公司之间的竞争。	45	70
• 接受国通过采取多边行动来加强单个国家的讨价还价能力。	41	44

资料来源：《旅游跨国公司在旅游业发展中的作用》——世界旅游组织，1985 年

饭店集团与地方政府之间不可避免的矛盾

发展中国家政府大多喜欢鼓励就地开发的饭店项目。然而，它们同时也认识到世界著名饭店集团能为一个地区的旅游业提供市场机会，大大促进旅游业的增长。因此，除了伴随出现的问题，这些饭店集团也代表着机会。

多年以来，饭店集团在进入发展中国家时往往自行决定，政府只是缺乏足够的选择知识和讨价还价的能力。但在快速信息时代，这种状况正在改变。发展中国家已经习惯并了解了外国公司的经营方式以及它们对当地的经济和社会造成的影响，这些政府已开始重新考虑所有权、资金、价格结构和就业等方面的问题。

政府和饭店集团不同的理解和优先考虑导致了不可避免的矛盾，有时也造成误会和怀疑。饭店作为一个盈利企业必须成为股东或业主才能最大限度地提高利润。但是这种优先目标经常与地方政府的优先目标背道而驰，因为政府负责老百姓的福利以及得到同等机会、商品和服务的权利。政府主要关心就业、外汇、税收和增加本国货币流通等方面的问题。这种在理解、价值观上的差异及不能理解和接受彼此的动机往往使他们不能找到双方都满意的解决方案。

对于许多当地居民来讲，外国公司代表一种外国势力和外部控制。如果不能真正努力培训及提升当地雇员担任领导职务，矛盾就会激化。

发展中国家的外籍经理必须清楚他们与政府官员之间的关系中存在着哪些潜在的矛盾，他们必须准备和训练如何处理由这些矛盾造成的问题。国际饭店的经营者必须使他们的经理了解优先目标的差别以及如何协调相互矛盾的利益冲突。总经理必须具有的跨文化技能就是能够达到并维持与地方政府之间令人满意的理解。

在不久的将来，旅游跨国公司将继续在发展中国家发挥重要作用，向它们提供技术和延伸国际市场。然而，当政府指望最大限度地提高合作利益，减少依赖的负面影响时，关系就会发生变化。要想建立最好的关系，必须相互尊重，理解东道国对促进经济和社会发展的渴望与所采取的方针政策。这种方法可以使饭店集团更多

地享受长期稳定密切合作所带来的好处。

政治稳定

政治稳定是旅游业发展的基石。饭店业至少以两种方式受到政治问题的影响。第一，政治不稳定会阻止饭店投资；第二，政治危机会打消人们去危机发生地的旅行。

对投资决策的影响

国内投资决策主要集中在项目的财政或经济变量上。外资项目的潜在投资者也要寻求政治稳定的国家。事实上，如果一个国家缺乏社会政治稳定性，即使提供了特别的鼓励政策，也很可能使投资具有难以接受的风险性。因此，投资回报被看作是外国投资决策的驱动力，而政治不稳定则被认为是一种阻力。

对旅行者的影响

对游客或游览地的攻击大多会收到广泛的媒体效应，这对那些追求公众效应的人来讲很有吸引力。确实，在过去几十年的时间内，旅游业被当作一种反映政治危机严重程度的指标和测量影响的手段。

严重的暴力行为或恐怖活动，如发生在飞机、轮船、地铁站和其他公共场所的劫机、爆炸及其他恐怖事件会对国际旅行产生深远的影响。人们出于对恐怖主义的恐惧而不愿意到恐怖事件发生国旅行，甚至根本不旅行。恐怖活动或恐怖事件经常发生在现代旅行中。1972年当巴勒斯坦恐怖分子在奥运会期间袭击以色列运动员时，全世界几百万人共同见证了这一事件，因此旅游与恐怖主义的关系在国际上得到极大关注，在接下来的几年，针对旅游者的恐怖主义行动仍时有发生。然而，自从2001年9月11日美国世贸中心和五角大楼发生恐怖袭击之后，世界上的恐怖主义行动逐步升级。由于饭店和其他旅游基础设施的基本要素，如公共汽车和地铁，被视为"软目标"，伦敦、马德里、印度、巴厘岛（印度尼西亚）和埃及的这些场所已经发生了炸弹袭击事件。游客经常成为袭击的对象，因为他们象征着资本主义和炫耀性消费，而这一西方价值观正好是很多原教旨主义恐怖团体所憎恶的。在旅游受到国家支持的情况下，对游客的袭击可能代表了对其政府的袭击。

政治对商务旅行的影响没有对休闲旅行大。因此，主要迎合商务客户的饭店要远胜于那些主要针对假日旅行者的饭店。但是，在高风险目的地，即使是最忠实的商务旅行者也会选择其他方式进行商业交易。

不同国家的旅行者对政治问题有不同的反应。总的来讲，欧洲人不像美国人、澳大利亚人和日本人那样关心内乱或恐怖主义。德国人、瑞士人和荷兰人被认为是最勇敢的旅行者，世界的任何地方③他们几乎都要去。欧洲人认为他们在政治上保持独立，一般不会成为政治伤害的目标。

在接下来的章节中会提到对旅行、旅游和饭店造成负面影响的著名的政治骚乱事件。这些发生在几十年前的例子清楚显示了政治的不稳定性会对旅行和旅游产生多大程度的影响。

地中海国家 1985 ~ 1986 年发生在罗马、维也纳和雅典机场的袭击事件以及 1985 年的环球航空公司 847 航班劫机事件和阿契里·劳拉劫船事件激起了旅行消费者的普遍反应，最显著的是许多人取消了旅行计划。例如，就在环球航空公司劫机事件之后，有 140 万美国游客立即取消了国外旅行预订。1985 年欧洲、阿拉伯和地中海国家的旅游市场因恐怖主义损失了大约 10 亿美元的旅游收入，1986 年去欧洲和中东的美国旅行团减少了 50% ~ 60%，一些地区的饭店入住率下降了 40%。

菲律宾 菲律宾的饭店几十年来一直遭受着政治不稳定的恶劣影响，马科斯政府的军事法、1983 年阿基诺遇刺及共产分子的叛乱事件都是大大降低游客量和饭店入住率的政治因素。在那段时期内，一些饭店不得不停止营业，原先为许多饭店项目进行融资的菲律宾发展银行接管了几家饭店。1986 年，费迪南德·马科斯被迫流亡，从那一年起国内经历了很多改革，但未遂军事政变、穆斯林分裂势力袭击和政治丑闻仍然在国家蔓延并阻碍了其旅行和旅游业的发展。④

非洲 在非洲人的生活中总是存在的政治动荡是限制这个洲的旅游和饭店业发展的最主要因素。内乱的阴云笼罩着许多国家，无止境的敌对战争阻止了非洲很多地区原本有希望的旅游业的发展。虽然非洲发展旅游业有很大潜力并已经有过几个很成功的饭店项目，但由于经济和政治的不稳定、缺乏合适的基础设施、严格的外汇控制及其他问题使外国投资者兴趣很低。

中南美洲 与非洲类似，中南美洲国家之间不断爆发战争来解决经济灾难、政治动乱和内战。历史上持续的紧张局势为旅游业塑造了难以改变的反面形象，事实证明这是发展旅游业或饭店业的主要障碍。但是在一些拉丁国家，情况正在发生变化，因为政府大力进行改革、加强民主选举、降低失控的通货膨胀、发展市场经济，结果许多饭店集团重新对这些国家产生兴趣。例如，选择国际集团签署了一项 5 年内在阿根廷、乌拉圭和巴拉圭增加 25 家饭店的总特许经营协议。许多饭店开发商也正对智利的城市、山区和海滨风景区表现出浓厚的兴趣。⑤

海湾战争 1991 年 1 月 16 日，盟军开始轰炸巴格达，世界旅游业陷入了近代最黯淡的时期。各个国家向它们的居民发出一项又一项的忠告，警告他们如果前往战争波及地区，特别是恐怖分子集中的地区旅行可能发生的危险。日本政府签署了一项声明，建议居民避免不必要的旅行，政治家们劝告日本居民在人们正在战场上送死时不要去旅行。周边国家立刻受到了海湾战争的负面影响，以色列的饭店空空荡荡，有的则给移民居住。埃及、约旦、土耳其和其他一些中东国家也丧失了大部分旅游常客。取消饭店预订的指示从世界各地涌来。泰国的曼谷受到特别大的打击，因为不断有媒体谣传它是伊拉克恐怖分子网络的中心，曼谷一些原来入住率达80% ~ 90% 的饭店报告说它们的客房入住率下降了60%。世界上几乎每个地方的饭店入住率都下降了20% ~ 30%。

海湾战争还引发了一场石油恐慌导致空运成本提高。喷气式飞机燃料的价格飞涨，这就影响了航空运输业，从而导致运费大幅度上涨。旅游费用上涨再加上对恐怖分子活动的恐惧，阻碍了各地的旅行需求（尽管被认为安全的地区比那些被认为不安全的地区损失得少）。⑥

伊拉克战争 从 2003 年 3 月伊拉克地区战争打响时起，尤其是最近的持续冲突（不同的叫法有伊拉克战争、第二次海湾战争或波斯湾战争）为旅游业带来很多消极的全球性影响。首先，由于感知到风险，从西方国家到中东的国际入境游客减少了；其次，由于更为严格的签证政策和战争引发的反美情绪，到美国旅游的人数也减少了；最后，这一地区的旅游开发项目被搁置或取消。当然，最严重的后果是由伊拉克自身承担的，它的很多旅游基础设施被破坏或废弃；旅游者不敢

图 3-1　雅温得希尔顿，喀麦隆（由雅温得希尔顿赠予）

进入这个国家；有望成为对游客的吸引点的历史、宗教、文化场所被摧毁、损坏或掠夺。[⑦]20 世纪 70 年代伊拉克曾吸引了来自世界各地数百万的游客，而现在想恢复到当时的水平似乎还有很长一段路要走。

政治活动的连带影响　政治不稳定造成的不良影响会从一个地区波及另一个地区。以色列突发的恐怖袭击不仅削弱了去往以色列的旅游，其他中东国家也深受其害。另外，世界上一个地区发生政治问题却会使其他比较安全的地区更具竞争力。例如，20 世纪 80 年代中期发生在欧洲的恐怖事件，给欧洲的旅游和饭店业带来了严重影响，但却促进了加勒比海和夏威夷旅游业的发展。

旅行忠告

政治不稳定造成的后果之一就是由政府发布旅行忠告，警告居民避免到有问题的地方旅行。在发生传染病时也会发出这样的警告，它们会对旅游相关产业尤其是饭店、航空公司及旅游经营者带来严重后果。因此，人们不难理解事件发生地的旅游当局会对旅行忠告做出快速反应，试图阻止对行业的损害。

旅行忠告一般都是由一个国家的国务院或同级部门发布，信息通常来自本国驻事件发生国的大使馆或领事馆。

美国国务院为旅游者提供忠告，其形式可能是"旅行警告"。出于安全和治安考虑，美国发布这些忠告建议美国人避免去参观某些国家，此外它还提供了每个国家潜在威胁的详细信息。美国也会发布一些公告来快速传播恐怖主义威胁和其他会给美国人造成明显威胁和危害的相对短期的情形。此外，国务院在世界每个国家发行领事信息表，提供以下几方面的信息：健康状况、犯罪、反常的货币或准入要求、不稳定地区与最近的大使馆或主体国家的领事馆位置。

案例节选：

以色列的特殊案例

同非洲和拉丁美洲一样，内战和不稳定给中东的饭店业和整个的投资气候带来了负面影响。经营饭店所具有的挑战性和复杂性可能在像以色列这样政治环境恶劣的国家是最明显的。尽管旅游业自 1948 年以色列成立以来一直是其经济支柱，但是那里的饭店是在不断受到来自政府、雇员、恐怖主义和宗教机构施加的种种压力的环境下进行经营的。以色列政府在经济发展的各个方面发挥了主要作用，包括旅游和饭店业，政府对其参与和控制日益频繁。

（续）

> 旅游部有 200 名职工，其中大部分从事收集信息和资格审查的工作，所有的建设项目都必须得到该部门的批准。旅游部还为饭店制定了定级制度（将在第 12 章讨论），这一直是政府和饭店经营者争论的焦点。政府在某种程度上控制着房价以及向客人提供的服务类别。关于劳工方面，以色列饭店协会为以色列所有的饭店签署了一项集体劳工协议。由于工资水平较低，所以饭店很难吸引有能力的员工。
>
> 人们出于特殊原因去以色列旅行。以色列是独一无二的。虽然假日旅行和参加集会的人越来越多，但旅行目的主要是特定的观光游览、探亲访友或宗教朝圣。各种形式的宗教朝圣可能是以色列最稳定的旅客来源，从参观耶路撒冷的人数及饭店选择可以看出这一事实。比如，犹太旅行者一般喜欢西耶路撒冷价格较高但提供犹太食品和较好服务的饭店，而基督教徒则偏爱东耶路撒冷价格便宜的旅馆。然而，最成功的是那些能满足这两种需求的饭店。
>
> 以色列有严格的宗教信仰，渗入到社会生活的各个方面，当然包括旅行在内。甚至国家航空公司 E1- A1 在安息日禁止飞机飞行。饭店也必须接受这种宗教信仰的监督，特别是犹太教的伙食规定或提供符合犹太教规的洁净食品。犹太教的饮食规定性质复杂，有严格的监督和规则。尽管法律并不要求提供犹太教食品，但大多数饭店出于商业原因而提供犹太教食品，因为许多到以色列的游客不愿意住在没有犹太教食品的饭店。
>
> 提供犹太教食品所需的费用很高，因为饭店必须有两套完整而独立的厨房设备，包括食物的制备、服务、储存的地方和卫生设备。一套用于做肉食，另一套用于做奶制品。符合犹太教规洁净可食的肉比不符合犹太教规的肉贵很多，并且监督费用很高。有一位饭店经营者曾估计提供犹太教食品的费用要占整个销售收入的 10%。拉比理事会经常发放犹太教饮食许可证，然后又因非犹太教饮食方面的原因予以吊销。许多饭店都按各种规则和规定提供犹太教食品，但却由于不同教派之间争论不休而得不到犹太教饮食许可证。耶路撒冷的拉比们拒绝给那些不过安息日的饭店发犹太教饮食许可证，这些饭店不遵守犹太教规则，在安息日安排犹太人工作，不在安息日停止办理入住和结账手续，不在安息日 24 小时内切断电话总机，在安息日进行有偿服务。
>
> 在以色列经营饭店所面临的最大挑战是由于该地区长期以来的政治问题而很难预测客人的数量。尽管以色列和巴勒斯坦解放组织之间签署了一项和平协议，但旅游市场在一段时间内仍要保持谨慎。虽然饭店业相互合作且共同努力，但是由于政治因素以及其他各种压力，该行业仍处于变动和不确定状态。

旅游业的领袖们批评旅游忠告有时不准确，过分夸大事实，或不可靠。不管旅行忠告是否准确，它们都会为一个地方的旅游业敲响丧钟，因为大量预订会被取消，而且形象大打折扣。因此，旅行分析家们建议公众在决定去还是不去某地旅行之前不必看那些旅行忠告与醒目的关于内乱的大标题。他们劝告说媒体或旅行忠告并不反映真实情况，大多数情况下旅行者不会受到干扰，反而是不方便和官僚主义的繁文缛节会给他们带来更多的不便。考虑到其间重大的利害关系，亚太旅游协会建立了"亚太旅游组织公平旅游咨询保险"（Fair Travel Advisory Issurance），准则为发布旅游忠告的国家提供一些建议和指导（表3-7）。

表3-7 亚太旅游组织公平旅游咨询保险准则

1. 旅游咨询的信息收集与实施系统应该更加透明。
2. 旅游咨询要考虑其对目标旅游目的地产生的经济和社会效果，并与其他目标保持一致，如支持海外发展和减轻贫困，尤其是发展中国家的贫困。
3. 忠告发布国及其关心的各个旅游目的地国家应该为利益相关者提供公开协商机制。
• 在忠告发布国家：建立一个由政府官员、旅游业代表和其他部门（如在英国和澳大利亚的）代表；
• 在旅游目的地国家：发布忠告政府在当地的大使馆（或办事处）应与当地利益相关者审阅旅游忠告的内容。
4. 忠告必须与真正的风险相符。
5. 旅游忠告应得到快速更新，尤其是在反映已经成为公共知识的事件方面，这一点非常重要。
6. 过时的信息应该尽快被去除。
7. 要根据实际情况及时提出或减少警告。任何时态变化都应该立即公开。
8. 所有的旅游目的地国家都应该被同等看待。
9. 旅游目的地国家应尽可能提前知道旅游忠告的变化和发生这些变化的根本原因。

举一个反应过激的例子，1987年斐济发生了两起无流血事件的军事政变（在此之前斐济一直被认为是太平洋岛国中政治稳定的典范），美国国务院警告美国人说"街道上出现了军队，偶尔有暴力事件发生"，建议人们推迟此时去斐济的旅行。而实际上，根本没有什么军队，只是一场发生在斐济土著人和东印第安人之间由最近的一次选举引发的政治分歧而已，最终暴力行为被平息。尽管岛上，特别是风景区，懒散的生活节奏并未受到政变的影响，但旅游业一夜之间骤然下跌。饭店入住率因夸大其词的媒体报道和各个国家发出的旅行忠告而下降了40%。1988年，斐元贬值了33%，国民生产总值下降了11%，旅游收入下跌29%。[⑧]

政治动机

从理论上讲，旅行忠告并不想成为公共政策的工具。它们根据推测发出，以客观事实为依据进行修改。然而，实际上公共政策可以影响旅行忠告的发布。有时政府把旅行警告作为一种便利的经济武器，特别是用来对付旅游业比较发达的国家。例如，美国政府之所以发布关于雅典机场恐怖分子活动猖獗的消息，部分原因是向希腊政府施加压力促使它采取更为安全的措施。尽管忠告只是针对机场，但整个希腊都立刻成了危险之地，希腊政府和私人企业方面到华盛顿积极进行游说要求取消忠告。

出于政治目的而发布忠告是很平常的事情。比如，同一政府对两个不同国家发生的类似的事情往往会产生不同的反应。政府官员否认这种事实，声称同盟国之间对彼此的人民会比对敌对国的人民照顾得更为周到。不管安全程度如何，不同国家往往根据他们与问题国之间的关系制定出不同的标准。例如，在 1991 年春的海湾危机中，美国政府对每一个伊斯兰国家发出忠告，对联合国的决定持保留态度。在危机高峰期，美国国务院向 75 个国家发出忠告或警告，占全世界国家的 40% 以上。

政治风险

世界各地的饭店投资者和经营者很多时候是在政治局势很不稳定的环境下工作，或者不得不竭力克服政治活动的影响。这些政治活动有伊朗和苏联那样的政治体制彻底改变，有菲律宾和英国的产业国有化或私有化，有法国社会主义政府执政后的外汇调整，有墨西哥和印度那样的改变所有制限制，有海湾战争那样的冲突，还有恐怖分子的活动。这些活动都会严重影响外国饭店投资的经营气候和财政状况。这些活动可能使投资商、开发商及经营者谨慎评价政治风险，并把它作为决策的主要因素。

政治风险是指政治活动无法预料的后果，也可以简单地称为政治变动带来的商业风险。潜在的风险因素由两个变量决定：一个是发生的可能性；另一个是由营业中止或人员伤亡造成的用潜在损失计算的影响。[⑤]在某些地区，政治风险同经济或社会风险存在区别，但总体来讲，政治活动大部分都是为了争夺经济和社会定权。

政治风险活动可以被理解成东道国的政治结果，一旦发生就会对投资造成负面影响。政治风险活动数量众多并且无处不在（表 3-8），它们有的很明显（如内乱、外国战争及意识形态变化），有的不太明显（如逐步征收，即逐渐丧失经营所有权和控制权，以及当地产品保护规则等）。尽管有些风险表面上是经济、金融、环境等方面的风险，但它们也是由政治原因造成的。行业不同性质也不相同，它们对这些活动的敏感程度也不一样。

表 3-8 政治风险活动事例

内乱（如游行示威、暴乱、蓄意破坏、恐怖主义、武装叛乱、革命、游击战、内战）

缓慢征收

贬值 / 升值

国内价格控制

禁运和联合抵制

资金流量限制（如关于股息、特许经营费、利息支付、利润和资金收回的限制）

外汇控制（如兑换控制）

外国战争

政府与政府之间的销售政策

雇用与解聘限制（如雇用当地员工要求）

意识形态变化

国际贸易壁垒和限制

劳工关系

劳动力短缺

国产品比率规定

当地所有权份额

非关税壁垒（如法规和补贴）

无条件国有化（如没收，征收）

再投资要求

关税壁垒

税收（如所得税）

  由于国际性饭店是劳动密集型企业，一般拥有大量的员工，并且要求大量的现金转移，很容易受逐步征收、资金流量限制和劳工规定等方面的影响。因此，从实际经营的角度出发，饭店投资商或经营者往往从转移风险、经营风险、资产风险、市场风险、行政 / 法规风险以及所有权风险等方面考虑政治风险：

- 转移风险是指地方政府对资金往来、转付款项及产品、技术和人才转入或转出所在国的限制；
- 经营风险是指直接对当地饭店在生产、销售、财务、人力资源管理和其他业务职能方面的管理经营加以限制；
- 资产风险是指那些对资产安全构成威胁的因素；
- 市场风险可以影响国内市场的增长，国际市场的进入和公平竞争；
- 行政 / 法规风险是指法律环境的变化对一个项目或一项协议造成影响的可能性；
- 所有权风险是指合作、征收和国有化所涉及的股权份额问题。[10]

评估政治风险的困难

由于目前对复杂多样的政治风险活动没有统一的定义和分类，这就使衡量和分析政治风险变得很困难。分析家也常常过分强调戏剧性事件。目前用来分析政治风险的技术包括专家意见和利用判别函数得出具体的统计模型。不同的方法一般都归于下面的某一类：纯定性/非系统性方法；专家意见集成；方案结构；决策树方法；因子分析。这些方法不属于本书讨论的范围。

许多银行和其他大型跨国公司开发出内部政治风险评估模型，也有各种独立的政治风险咨询服务机构为国际业务提供服务。毫无疑问，这些机构采用的模型不同，获得的结果就不同，其中 B.E.R.I.（代表商业环境风险评估公司）、经济学人智库 the Economist Intelligence Unit（经济学人集团的子公司）、欧亚集团、弗若斯特沙利文公司、全球风险评估股份有限公司和政治风险顾问公司尤其受欢迎。

降低风险条件下的脆弱性

为什么许多饭店集团仍然把高风险国家作为投资和经营的潜在对象呢？原因之一是饭店业发展的安全港已经不多。由于国际饭店业之间的竞争越来越激烈，房屋建造过多，最佳位置已很少有或投资费用过高。因此，为了达到增长目标，饭店集团必须找到新的地区。开发商和饭店经营者把潜在的赢利能力、较低的开发成本和现成的廉价劳动力供应作为进入尚在趋于稳定的地区的重要原因。尽管销售额可能不及安全地区那样高，但却可以获得更高利润。许多有风险的地区已经拥有或将要拥有高密度人口中心，建在最佳位置的饭店在一定程度上具有一定优势。

重视发展的饭店集团最终肯定会进入风险区，它们将会小心管理政治风险的脆弱性而不是简单地回避或忽视它。

饭店集团通常利用只有少量股权或无股权参与的合资企业或管理合同形式来降低政治风险的脆弱性，采取这种方法可以减少资金需求和（或）把风险转嫁给合作者。例如，中国的许多饭店项目结构上都是契约性的合资企业。也就是说，政府和外国投资商实际上并不出钱，而是成立一个合资企业然后借钱开发饭店。多数情况下，中国政府提供土地和贷款担保，而外国饭店集团提供技术、管理和营销专业资源。股权式合资企业（政府提供土地、一部分饭店建筑和基础设施，饭店开发商提供资金和联合贷款担保）不太有吸引力，因为在必要时资产无法流动。

随着从特许经营到管理合同到所有权参与方式的逐渐过渡，所承担的义务也逐渐增加，政治风险与饭店集团之间的关系日渐密切。中国正在开展世界旅游组织发起的改革，印度也正推行政府自由化政策，国际股权投资基金逐渐流向这些国家的包括饭店在内的"硬资产"。然而，在中国土地不允许私有，"所有权"实际上是土地使用权（有效租期为40年），到40年年底会发生什么是现在做出投机决策的一个根据，也代表了政治风险的影响。⑩通常国家经济改革初期阶段的政治风险最高，中国澳门最近出台的赌场俱乐部准许运营条例就是非常贴切的例子。由于这些法律和规定没有先例可考，所以它们也代表一种风险。而且中国中央政府仍然有权控制前往中国澳门的内地游客，这又为其增加了一层间接的政治风险。

在大多数情况下，政治风险是饭店集团对可能的问题国项目决定可能承担多少义务时的主要考虑因素。这包括财政介入的程度、与政府协商的让步和/或奖励条件、资金兑换所需的保证书以及管理合同条款。政治风险越高，介入越少的形式就越有吸引力，所要求的担保书就越苛刻，以此降低政治风险的脆弱性。

政治风险保险

政治风险保险为国际饭店集团提供了一种降低脆弱性的方式，这些公司购买保险以降低征收、战争、内乱、货币无法兑换或合同等方面的风险。过去，许多公司认为政治风险保险可买可不买，但是一旦一个国家的政治局势恶化，对其需求就会快速增长。

政治风险政策可以分为两类：投资险和贸易与契约险（表3-9）。例如，合同落空险和信用证险主要是公司害怕政府干预合同执行和信用证支付，为保证贸易和短期合同义务而购买的保险。进行资本密集型投资以及投资回收期较长的饭店集团购买长期性保险如没收险、政治暴力险或货币无法兑换险。与合资伙伴之间配合的默契程度也会影响政治风险政策。

政治风险保险可以从商业机构也可以从政府主办的非商业性保险公司购买。在美国，两家最大的政府机构是受国会控制的美国海外私人投资公司（OPIC）和为不付款信用证做担保的美国外国信用保险协会（FCIA）。商业性保险公司包括美国国际集团（AIG）、Chubb集团、伦敦Lloyd公司和花旗集团国际贸易赔偿公司（CITI）。商业性保险公司可以为所有国家进行任何投资的公司提供保险。对于投资保险，私人保险公司一般为投资提供内乱和征收险，只有政府主办的保险公司才能提供额外的政治险，如战争、革命和叛乱。政府性保险公司一般提供长期险种，而私人保险公司最多只担保三年。[12]

从 2003 年起，海外私人投资公司 (OPIC) 开始提供恐怖主义保险给美国的海外商业。这项保险包括"由非国家或国际武装力量的个人或团体为政治目标而实施的暴力行为"。这项保险的范围在 10 年中有所拓展，无法为私营部门提供保险的国家也包括在内。概括地讲，这项保险可以补偿投保人两方面的损失，即恐怖袭击造成的有形资产的损失和营业收入损失。

多边投资担保代理公司（MIGA）成立于 1988 年，是世界银行集团的成员，也能为外国投资商的饭店投资提供政治风险保险，该公司提供长期的不可撤销保险来避免货币兑换、违约、征收、战争和内乱方面的风险。其纲领是鼓励用于生产的外国私人直接投资流向它的发展中成员国。它可以保证饭店的一切权益，从饭店管理费、金融机构的贷款到股权投资商的利润调回。

表 3-9 政治风险保险

投资险别	贸易与契约险别
政治风险	• 合同落空险：针对不能通过合同条款调节的政府行为，包括合同撤销、合同终止、政府购买方或卖方不履行付款或供货义务、进口国或出口国政府的禁运令或吊销营业执照以及货币无法兑换。
• 政治暴力险：担保由于罢工/暴动/内乱（SRCC）、恐怖主义、蓄意破坏或内战造成的财产和收入损失。政府保险公司也担保由战争、革命和叛乱造成的损失。	• 不公平的、独裁的或违法的交易险：针对由卖方进行的有利于国外买方（通常是政府）的即期投标、预付款或履约保函方面的违法交易。
• 货币无法兑换/封锁险：担保主动和被动封锁的利润、投资回收、负债或费用（但在中国很难买到）。	• 信用证险：担保由于中央银行或同等的可以开具信用证的机构的破产造成的损失。
• 没收/征收/国有化险：担保无条件无偿占有、资产和银行账户的缓慢征收。	• 没收、剥夺权利和政治暴力险：担保国外设备损失。

资料来源：Elizabeth Keck, "Covering All the Bases," the China Business Review, September-October 1989,p.20.

不稳定环境下的管理控制

在公司总部与国外饭店之间建立正常关系的过程中，会遇到关于集权、自治、危机管理、合法授权以及沟通方面的问题。在极不稳定的情况下，饭店集团比较明智的做法是把权利和责任全部交给当地饭店的管理部门，因为它们距离事情发生地比较近，比较了解经营环境的实际情况，所以能够快速做出决策。但是也有一种看法认为越是在政治风险大的地方，越需要总部对那里控制，尽管距离遥远，但可以充分共享公司资源。无论是哪种情况，都需要在高风险地区派遣能力强、经验丰富的职业经理人员以维护投资利益。

危机管理

饭店经理很少培训或准备处理由政治活动造成的危机。政治危机可以产生以下一项或多项问题：

- 经营严重中断；
- 政府干预或规制增多；
- 公共安全受损；
- 失去民心；
- 财政限制；
- 管理无效；
- 丧失员工士气和支持。

在一个遭受政治动乱或恐怖主义活动的国家发生危机时，绝不能对人身安全、电力供应、通信和用水等问题置之不理，饭店经理首先应该考虑保证这些基本服务不间断。制定能最大限度地减少风险、保证饭店正常运营的决策和策略计划应该成为饭店日常工作的一部分。在发生危机时，必须有效地控制媒体。由于人们对危险的理解往往大大超出实际情况，与媒体打交道必须采取坦诚和专业化方式。当然，饭店也可以充分利用这一机会接待好记者、政府官员和其他与危机相关的人，通过成为新闻中心来控制局面。周密的计划和完善的管理可以使一个企业在最不利的经营状况下起死回生甚至更兴旺发达。

危机管理计划

每一家饭店都应该有一套危机或紧急计划作为处理各种危机时的管理指南。这种计划可以使经理快速做出决策，避免或最大限度地减少对客人的伤害及对饭店财产的损坏。虽然危机管理计划并不能使坏事变成好事，但它能使管理部门以一种职业性和关注的态度与雇员、客人和社区进行沟通，维持与公众的友好关系。危机管理中计划应写出原则、方针和目标来指导危机过程中及危机过后的行动。

通常，饭店集团会有一个总的公司计划作为各个分部总经理的指南，但也会根据当地情况进行适当修改。一份好的危机管理计划或紧急计划总是把人身安全放在第一位，然后是财产安全和避免损失。此外，它还应当列出灾难期间继续营业所需要的资源以及向饭店客人、员工、高级管理部门、业主、官方部门、公众和媒体发出通知的合适的沟通渠道。一旦执行，应当每隔6个月对危机或紧急计划审查一次，更新程序、联系人和电话。

本章附录是一家国际集团的危机管理计划的一部分，包括设想的各种紧急情况发生时的常规做法，如火灾、洪水、飓风、台风、龙卷风、风暴、地震、房屋倒塌、爆炸、食物和水污染、炸弹、内乱、罢工、警戒、绑架、勒索、疏散及核紧急事件。补充程序应包括火灾、炸弹威胁、疏散以及在不同地方可能发生的灾难，而不仅仅是意外事故。

一份由管理部门和业主代表与当地政府机构和外部专家共同制订的合理的构思周密的计划便于在紧急情况时快速行动，这种计划本身是一种风险保险。虽然计划并不能防止政治或自然灾害，但能指导人们采取正确行动，有助于防止危机加重。在这种情况下，采取有效的和负责任的行动在危机过后有助于得到公众的肯定。

结论

众所周知，在商界，没有不影响政治的经济计划，也没有不产生经济后果的政治行动。本章讨论了政治是怎样有意无意地影响国际旅行和旅游业的，特别是饭店业。

世界各地的旅行者很容易受到许多政府实行的限制和规定的影响。例如，一个国家可能制定限制性的或非限制性的文书程序来阻止或方便居民旅行，也有阻碍国际旅行的其他限制，如外汇控制、向旅行者征税、实行旅行外汇额度以及对国外购买的商品征收关税的规定。

政治行动可以实行限制饭店开发商、投资商和／或经营者进入市场的壁垒，通过向国内饭店业主提供国外饭店业主不能享受的奖励或补贴法规或政策来保护国内饭店业主的利益，地方政府也可以通过其他很多方式阻止外国投资。然而，今天许多政府都积极寻求外国投资以发展本国旅游业，它们正在努力消除壁垒。

除了政府和行业外，几家世界性或区域性国际机构也为旅游业的国际贸易提供支持。世界旅游组织负责全球范围内的旅游业，致力于（除其他事务外）旅游营销、教育、研究、环境和支持服务；经济合作与发展组织设有旅游委员会专门研究如何减少旅游壁垒；关贸总协定寻求促进世界贸易的自由化，包括旅游贸易；国际货币基金组织监督汇率的稳定，同成员国协商关于进出口支付、外国投资、外汇控制要求等方面的规定；国际饭店与餐馆协会主要从事饭店业方面的事务，在国内、国际进行各种教育和游说活动；世界旅游及旅行理事会创造出一种衡量旅行与旅游的全球经济影响工具，并通过其研究影响全球的旅游政策。

各级政府的支持对旅游开发与饭店业的发展非常重要。政府能够提供奖励，减少官僚主义障碍，制定持续的旅游政策。国家旅游组织负责其目的地的对外宣传和促销工作，这对饭店业将起到极大的促进作用。

通过旅游投资，跨国饭店连锁集团来帮助发展中国家实现其经济目标。它们常常发现在发展中国家投资有利有弊。旅游跨国公司与所在国之间的不同目标会引起冲突，从而导致政府进行各种形式的干预。

谨慎的饭店投资商和经营者在决定投资或签约之前会对国家的经济气候进行检测，它们首先考虑的是目标国的社会和政治稳定性。一个容易引发政治危机或吸引恐怖分子活动的不稳定气候，会伤害游客市场。政府发布旅行忠告警告居民到不稳定或危险地区旅行，这也会减少旅行需求，并改变世界旅游消费方式。

政治风险评价对于那些希望保护其项目财政和经营增长的外国投资者至关重要。许多投资商利用政治风险评价模式、管理咨询服务机构和风险指数来评价其拟进行投资的国家。可以采取预防措施或购买商业性或政府性政治风险保险来减少政治风险的脆弱性。

派遣有能力的受过专业训练的经理人员到高风险国家至关重要，他们能确保投资、财产、经营安全，尤其重要的是人身安全。一份周密的危机管理计划对于不得不在压力下做出关键性决策的经理们大有裨益。

尾注:

① Tony Tse, "China's Outbound Market — From the Government's Perspective," a presentation given at Hong Kong Polytechnic University during the ISHC conference in Hong Kong, October 8, 2007.

② Clare Bentley, "Philippines Fighting for survival," Asian Hotelkeeper & Catering Times, January/February 1985, p.7.

③ www.ih-ra.com/advocacy/issues/list_issues.php (July 2008).

④ Role and Structure of National Tourism Administrations, World Tourism Organization, 1985, p.1.

⑤ The Role of Transnational Tourism Enterprises in the Development of Tourism, World Tourism Organization, 1985, pp.13-14.

⑥ Carolyn K. Imamura and Carolyn Cain, "If They Got Lucky Only Once Impacts of Major Violent Acts on Tourism and Development," Pacific Basin Development Council Research Institute, Honolulu, Hawaii, Winter 1989, p.15.

⑦ Larry Kaplow, "Dreams of Tourism Undermined by Chaos of War," Cox News Service, April 11, 2007.

⑧ Imamura and Cain, p.9.

⑨ Roberto Friedmann and Jonghoon Kim, "Political Risk and International Marketing," Columbia Journal of World Business, Winter 1988, p.64.

⑩ Ibid., pp 66—67.

⑪ The China Hotel Investment Summit 2005, hosted by HVS International and Beijing International Studies University at the Grand Hyatt Shanghai.

⑫ Elizabeth Keck, "Covering All the Bases," The China Business Review, September—October 1989, p.20.

主要术语

外汇管制 (Currency Restrictions)：政府对一个国家公民出国旅游时可从银行购买的外汇额的强制规定。

关贸总协定 (General Agreement on Tariffs and Trade, GATT)：致力于世界贸易自由化的一个国际协议和组织。关贸总协定为国际贸易谈判和解决贸易争端提供了基本框架。

服务业关贸总协定 (General Agreement on Trade in Services, GATS)：作为关贸总协定的一部分，但与关贸总协定以产品为中心相反，致力于实现服务业的自由化并制定服务业的约束性规定。

国际货币基金组织 (International Monetary Fund, IMF)：一个国际性组织，它在全球范围内通过促进汇率稳定和避免可能损害国际经济利益的贸易和支付限制而对汇率控制和金融政策产生影响。

国家旅游组织 (National Tourism Organization, NTO)：国家旅游组织负责制定一个国家的旅游政策。各国国家旅游组织的法律权限和决定及实施政策的权限存在极大差异。

透明度 (Transparency)：获得全部信息的可能性，也指不隐瞒对有效决策具有重要意义的条件和法律条款。

旅行忠告 (Travel Advisories)：由政府发布的不同形式的公告，用于向本国居民说明其他国家的旅游状况和（或）危险，提醒人们不要到受影响地区进行旅行。

旅行外汇额度 (Travel Allowances)：政府对一个国家公民出国旅游时为了旅行所需可从银行购买的外汇额的强制规定。

复习题

1. 在国际环境下经常会有什么样的旅游投资和经营壁垒？
2. 政府饭店法规是如何影响各国的饭店业的？
3. 国际组织是怎样影响国际旅行的？各个国际组织的章程有何联系？
4. 为什么政府旅游饭店业的支持如此重要？政府通过何种方式支持或削弱旅游？
5. 国家旅游组织的重点或目的是什么，与国际旅游组织有何区别？
6. 国际饭店连锁集团在发展中国家起什么作用？饭店集团与地方政府之间可能产生什么样的矛盾？
7. 为什么政治稳定是旅游业的必要因素？政治不稳定是怎样影响旅行和投资决策的？
8. 什么是旅行忠告？有哪些因素会影响其客观性？
9. 为什么政治风险难以评价？公司怎样降低它们的政治风险脆弱性？
10. 危机管理计划是什么？它为什么重要？

附　录

饭店危机管理计划节选

一份在紧急情况下为保护饭店客人、员工和财产安全而制订的计划应当是饭店经营程序的重要组成部分，每个饭店应该让其员工做好一接到紧急通知就执行紧急计划的准备。下列内容可供你为饭店制订紧急计划时参考：

宗旨

紧急计划的宗旨如下：

1. 提供在危机情况下适宜的饭店管理程序，保证可能遭受火灾、自然灾害或其他灾难的饭店内所有人员的生命和财产安全。

2. 保证把准确的信息通知直接受事故影响的饭店客人、员工、公众及其他人。

3. 协助快速估计损失原因，评价受损程度。

4. 协助饭店员工有组织地：（a）分析在发生危机情况时饭店业主和经营者以及与饭店发生业务关系的第三方的潜在责任和义务；（b）立即制定索赔处理程序。

5. 维护饭店在防止损失与保护员工和客人安全方面的正面形象。

6. 在有重大损失时协助饭店进行起诉或应诉。

7. 提供培训员工在饭店发生紧急情况时应采取的行动的手段。

紧急计划

紧急计划的关键部分是紧急情况发生之前的准备工作，下列步骤可以使你为紧急情况做好准备。

1. 员工培训：总经理负责饭店员工紧急程序的培训。应当每半年进行一次培训，以使现有员工了解他们的责任、新员工得到培训、应对策略得到及时更新。预防损失部人员（通常饭店保安部负责此项职能，而不单设预防损失部）可以提供对培训和紧急计划的要求。

表1为员工技能调查表，便于你判定员工的技能。复印此表（饭店内每人一份），要求每个人填写此表并返还有关人士。根据收集到的信息可以判定哪些人可以在紧急情况下提供帮助。

2. 紧急资源：一旦饭店出现紧急情况，往往要求外部公司和机构提供帮助来满足饭店及客人的需要。必须事先准备一份详细的单位名单，列出单位名称、电话号码及所能提供的帮助。在一个单位不能满足紧急需要的情况下，要有备用单位。同每一个你要联系的单位或服务机构确认他们能够对你的要求做出反应并能提供所需的帮助或设备。表2是一份资源清单格式供参考。

另外，你应当保留一份与饭店所有权有关的现任管理人员名单，因为发生紧急情况时应当与他们联系。表3是一份名单样本。

3. 与当地官方机构的关系：饭店管理当局应与饭店发生紧急情况时能做出回应的当地官方机构建立一种工作关系，饭店应当了解能够协调饭店安全工作的政府机构内有关人员的名字。

如果发生重大紧急情况，事后当地政府和国家政府可能会对饭店控制一段时间。在紧急情况发生之前你与当地官方机构的合作会有助于饭店政策和程序的实施。

4. 紧急检查清单：每个部门经理都应有一份他们在紧急情况时应采取的行动的检查清单。表4是每个部门的检查清单样本。在这些清单上应加上饭店地图，标明电源控制室、装配点及其他重要区域或地点。

以这些检查清单为指导，对部门经理通过实地演习进行培训，使他们熟悉在紧急情况发生时或发生后各自应负的责任。部门经理应当把清单上所列的特殊责任授权给下属，并对他们进行培训。

5. 演习和疏散：每个月应当轮班进行全饭店范围内的紧急演习。关于紧急计划其他部分的演习应当每半年进行一次甚至更频繁一些。饭店管理部门应当对员工在这些演习中的表现进行评估，并修正饭店紧急计划。

6. 紧急反应用品箱：紧急反应用品箱应存放在饭店前台，使饭店管理部门能够在紧急情况发生之后跟踪了解员工和客人的安置情况。紧急反应用品箱应包括：

• 客人身份证明牌（表5）；

• 客人身份登记簿（表6）；

• 笔；

• 公文便笺；

• 文件夹。

客人身份证明牌用来识别那些被送到医疗机构的受害者，上面应该记录受害者姓名、房间号及被送往的医疗机构名称。这种证明牌应该一式两份，一份别在受害者的衣服上，另一份由饭店总经理保存，用来说明和识别受害者目前所处的位置。表5是一份客人身份证明牌样本。

表6所示的客人身份登记簿也是用来跟踪发生紧急情况时住在饭店内的所有客人所处的位置。上面应当记录客人名字、入住的房间号以及被送往的地方名称，无论是医疗机构还是临时住所。

7. 急救培训和供应：事先挑选人员进行急救程序和CPR的培训。这种培训应当经常进行，必须准备一个有全套急救用品的急救箱。

8. 运输计划：一旦发生紧急情况，你可能必须监督客人的疏散和重新安置工作。应当事先制订计划，说明如何获得重新安置客人所需的足够的运输工具，能够提供运输工具的机构应当列入资源清单。

9. 住宿计划：如果发生紧急情况时必须把客人从饭店中疏散出去，应当联系可以作为重新安置地点的机构。例如，你可以与附近的饭店签订互相协助的协议。这些机构也应当列入资源清单。

10.紧急计划审查和演习：每个季度应当由饭店预防损失委员会审查一次，并做必要的修改。总经理或高层管理人员负责证明计划已被审查。下面是一份紧急计划审核签署单样本。

紧急计划审查
制订计划的日期：_____   制订人：_____
计划修改：   季度审查：
日期：_____ 修改人：_____   日期：_____ 审查人：_____
日期：_____ 修改人：_____   日期：_____ 审查人：_____
日期：_____ 修改人：_____   日期：_____ 审查人：_____
日期：_____ 修改人：_____   日期：_____ 审查人：_____
防火演习应当每月轮班进行一次，紧急计划演习也应当每隔半年进行一次或更频繁地进行。

紧急计划
第一步

第一步你应当准备抢救受害者、重新安置客人并把紧急情况通知饭店管理部门。

抢救受害者

1.把饭店的情况通知紧急回应机构，如警察局、消防部门和医疗服务机构等；

2.找到受伤的人员并尽可能进行急救，不要移动受害者，除非他们有生命危险或有再次受伤的可能。

3.在紧急救援人员到来时给予配合，做好准备以满足医疗人员的要求，因为如果有大量的受害者，他们可能需要你的帮助。必须有受过 CPR 和急救培训的员工来提供帮助。应当向紧急救援人员提供基本的急救用品、毛巾和毯子用于抢救受害者。

重新安置客人

1.根据专业紧急救援人员的建议，撤离饭店客人并将其安置在远离危险的地方。饭店人员应当协助客人前往事先指定好的安置地点，同时实施为此制订的运输和住宿计划。

如果必须把客人撤离饭店，安排客人给家人打电话。一般由饭店支付电话费。

2. 安排管理人员监督从饭店撤出的客人的安置工作，包括受伤客人的安置。利用紧急反应用品箱（客人身份证明牌和登记簿）提供的用品，记录每一个客人的安置情况。这些记录应当上交总经理。

3. 安排主要员工在安置中心，为客人和员工提供帮助。

4. 说明紧急情况发生时饭店内所有员工和客人的情况。可以向饭店的人事主管索要员工的有关资料，向前台索要客人的记录材料。

5. 必要时可以雇用保安人员加强危险区周围的安全，确保客人物品和公司财产的安全。

制定并协调保证客人人身安全的程序。如果客人已撤离饭店，客人房门上应有"双重门锁"的标记。必须对饭店建筑不断地进行安全巡逻。

有时必须把客人物品搬出客房。归整客人物品（派两名员工）并将其储藏在安全的地方。这个地方的钥匙应由总经理或他指定的专人保管。

通知饭店管理部门

把饭店情况通知饭店的高级管理部门（特许经营或管理合同）、索赔调节机构和预防损失委员会。

第二步

在这一阶段，应当建立一个指挥中心，安排通信设备，建立紧急防护，切断电源，检查结构是否完整，安排同媒体的联系。

饭店指挥中心

如果由于安全原因饭店不能运营，应尽快在撤离饭店后，在靠近事发地点建立一个饭店指挥中心，这样可以继续管理和控制紧急情况，保证饭店业务能够继续进行。该中心应当派人全天24小时值守。在场的最高级别的经理应当留在指挥中心协调饭店的行动计划，负责同当地政府机构和高级管理层的联络。

通信设备

1. 联系电话公司，安装电话。

2. 购买管理人员使用的对讲机。

3. 为通信中心配备足够的饭店人员或临时雇员，保证他们能够解答客人和员工的提问。

4. 必要时，租借或购买移动电话。

5. 记住在紧急情况下，饭店内的电话可能无法使用。可能是付费电话可以使用而饭店内部电话不能使用。还有一种可能是电话可以打出去而外面的电话却打不进来。

6. 将饭店的紧急状况不断地报告给饭店的高级管理层。

7. 提出所需的用人要求，将工作安排通告饭店员工。

紧急防护

配合当地官方机构，快速进行财产清查，保证客人、员工和公司财产的安全。

1. 增加或召集所有的保安人员，建立保证 24 小时安全的时间表，确定巡逻方式，保证饭店周围和建筑物的安全。

2. 若需额外保安服务，可以从外面雇用私人保安公司。

3. 必要时，可以在事发地点设置障碍物，防止进入。

4. 如果饭店已经撤空，开始进行饭店周围、建筑物和其他外部材料的安保工作。如果建筑物结构已被损坏或在一段时间内不能使用，可能需要在饭店周围设置围栏。

5. 为可以进入饭店的所有人员建立一种标记识别系统，便于保安人员识别那些需要进入或接近事发地点的饭店员工和外来人员。饭店员工应佩戴名牌作为识别标志。

6. 建立关于哪些人有权进入事发地点的方针策略，并把这一信息通知安全部门。只有那些符合规定的人可以进入事发地点。保安人员应记下所有进出人员的名字、日期及时间。

公共设施／结构的完整性

1. 要求饭店工程人员关掉饭店电源和高压交流电系统。

2. 同电气公司、煤气公司和供水公司联系，要求他们检查并确认饭店系统的完整性。

3. 必要时，同电气公司联系，安装临时照明设备和应急发电机。

4. 对建筑结构进行外观检查以确定是否有损坏。然后，可能需要结构工程师进行内部深层检查。

同媒体的联系

1. 参看 AH MA 的《住宿业危机联络指南》。

2. 在远离危险地带寻找媒体记者可以聚集的地方。

3. 定期发布信息或举行新闻发布会。

第三步

在这一阶段，你应进行紧急事故调查，让管理部门对所采取的行动进行审查，审查紧急计划以清楚发生哪些意外损失。

紧急事故调查

1. 准备一份关于紧急事故的报告，包括下列各项：

　　a. 发生了什么事？

　　b. 发生在哪里？

　　c. 何时发生？

　　d. 是怎样发生的（假设知道的话）？

　　e. 有多少人受伤、死亡和下落不明？

　　f. 饭店的具体情况怎么样？

应当对事故目击者进行采访，并把他们提供的信息写进报告内。报告应尽快送交饭店高级管理层（特许经营或管理公司）。

在高级管理层接到你递交的报告之后，你应当断定他们对事故会有什么样的反应，使他们确信已调动了所有资源来解决此事故。

如果出事饭店是由公司管理的，高级管理部门可能会选派各种紧急情况处理小组到饭店。特许经营饭店应当与高级管理部门或业主联系，他们可能也希望派遣这样的工作组。饭店管理部门应当为这些工作组的到来做准备。

同时也应当注意大的饭店事故通常会牵涉到政府的各个分支机构（当地、州或联邦政府）。应当为处理事故的机构提供适当的办公地点。

2. 如果当地政府把饭店控制权移交给饭店，饭店应准备通过以下方式接管饭店的安全保卫：

　　a. 关闭饭店或隔离受损区域；

　　b. 对整个饭店或受损区域设置防护栏。

3. 制订事故调查的短期和长期计划，为进行饭店损失调查的单位提供相应的办公场所以及下列配置：

　　a. 会议室；

　　b. 餐饮服务；

　　c. 休息室；

　　d. 文秘和协助人员（具体数量视事故大小而定）；

　　e.通信设备（电话及双向无线电话）；

　　f.分别用于事故和保险的财务系统；

　　g.用于数据和文字处理的计算机；

　　h.饭店的平面图和总体建筑规划；

　　i.员工支持（如他们被安置在什么地方及需要他们何时工作）；

　　j.辅助电话通信设备的传真机。

管理部门的审查

　　1.在事故发生后的头72小时或更长时间内，每天至少召集三次员工会，确保他们正在执行布置的所有任务。

　　在头72小时之后，每天继续至少开一次例会，或根据情况召开多次会议。

　　2.根据具体情况增加或重新分配工作任务或职能。

　　3.只要事故问题未解决，或者很久不能恢复正常营业，就应继续开会并进行讨论。

计划审查

　　在饭店最初危机发生之后，随着额外损失的发现，还会出现一些需要你分散注意力去处理的意外事件。继续评估紧急计划，以处理这些事项。

结论

　　大的灾难会对受害者及其家人和饭店造成损伤。事故意外准备可以大大降低损害，同时也有助于饭店在受损之后进行重建。

　　在发生事故时知道该怎么办及应该找谁是非常重要的，但并非所有的事情都是可以预测的，你不能等到灾难发生时才问自己"我们现在应该怎么办"。

表1

为协助你做好紧急事故准备计划，特提供这份"员工技能调查表"，以供参考。

复印这份表格（业务经营范围内每人一份），要求每人填写此表并返还给有关人士。

你所收集到的资料将有助于你了解哪些人可以在发生紧急情况时提供帮助。在有步骤地实施恢复／回应计划需要组成10人小组的过程中，这是重要的第一步。

员工技能调查表

医疗培训		外语	
急救＿＿＿＿ 能力级别＿＿＿＿＿		语言＿＿＿＿ 水平＿＿＿＿＿	
CPR＿＿＿＿ 能力级别＿＿＿＿＿		语言＿＿＿＿ 水平＿＿＿＿＿	

（续）

搜寻和抢救经验或培训　　　　　　　机械维修能力
军事_____　其他（请说明）_____　汽车维修_____　其他_____
防火训练　　　　　　　　　　　　　建筑施工能力
军事_____　有经验的消防队员_____　电气_____　管道_____
自愿者_____　其他_____　　　　木工_____

自救训练　　　　　　　　　　　　　紧急情况经验
（若有，请说明训练时间）　　　　　（若有，请说明经验类别）

法律执行　　　　　　　　　　　　　临时避难所
军人_____　原警官_____　　　步行到达的供其他人使用的临时住所?
保安_____　其他_____　　　　是_____　　次数_____
地点_____

通信设备　　　　　　　　　　　　　紧急交通工具
业余无线电爱好者_____ CB _____　日常工作用交通工具在事故中会派上用场
电话接线员_____　　　　　　　　四轮大卡车_____　行李车_____　其他_____
　　　　　　　摩托车 / 自行车_____　客货两用车_____
运货车_____

姓名_____　　　　　　　　　　部门_____
住宅电话_____　办公室电话_____　住所_____
您是紧急救援机构的成员吗? 您是否接受过本调查表未涉及的其他特殊训练?

您所提供的信息将有助于我们在发生灾难时创造一个比较有利的环境，谢谢您的帮助和支持。我们时刻关心您的安全。

填完后请送交_____

表 2

	资源检查表　　修改日期_____	
紧急事故联络机构:		
警察局	_____	联系电话_____
消防部门	_____	联系电话_____
医疗急救单位	_____	联系电话_____
救护车	_____	联系电话_____
事故管理协调部门	_____	联系电话_____
医疗机构:		
医院	_____	联系电话_____

（续）

医生 _____ 联系电话_____

牧师 _____ 联系电话_____

管理机构：
负责官员 _____ 联系电话_____
安全机构 _____ 联系电话_____
警报公司 _____ 联系电话_____
计算机服务公司 _____ 联系电话_____

州政府机构：
州执法部门 _____ 联系电话_____
环保部门 _____ 联系电话_____

工程服务机构：
承包商：
总体 _____ 联系电话_____
防护栏 _____ 联系电话_____
关闭 _____ 联系电话_____
电力公司 _____ 联系电话_____
供水机构 _____ 联系电话_____
排污机构 _____ 联系电话_____
电话公司 _____ 联系电话_____
建筑检查部门 _____ 联系电话_____

饮食服务机构：
冷藏设备 _____ 联系电话_____
餐饮 _____ 联系电话_____
食物供应
奶制品 _____ 联系电话_____
生产部门 _____ 联系电话_____
饮料 _____ 联系电话_____
肉制品 _____ 联系电话_____

重新安置服务机构：
饭店 _____ 联系电话_____
学校 _____ 联系电话_____
大学 _____ 联系电话_____
教堂 _____ 联系电话_____
公交公司 _____ 联系电话_____
美国红十字会 _____ 联系电话_____
救援部队 _____ 联系电话_____

表 3

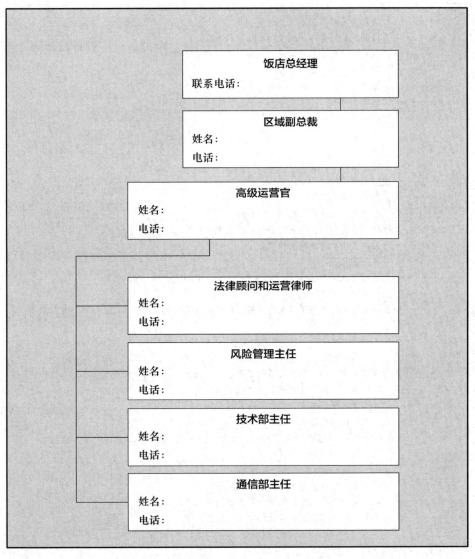

表 4

紧急事故检查清单
总经理 / 值班经理
事故发生时
———— 给紧急反应机构打电话（消防、警察及医疗服务机构）；

（续）

——— 检查对客人和员工造成的伤害；

——— 协助到来的紧急救援人员；

——— 按照紧急救援人员的建议，撤离饭店，重新安置客人；

——— 关闭电源和高压交流电；

——— 隔离出事地区；

——— 说明客人情况；

——— 说明员工情况。

事故发生后

——— 把饭店情况通知管理部门；

——— 成立指挥中心；

——— 保护好饭店财产安全；

——— 把公用电源换成照明和电气用临时电源；

——— 重新配置通信系统（如对讲机和移动电话）；

——— 与公共机构和当地政府的联系；

——— 召集主要员工；

——— 保存好客人记录；

——— 保存好员工记录；

——— 配备专用小交换机把有关情况通知打电话来询问的客人、员工、家属和媒体代表。

前台

事故发生时

——— 把事故情况通知客人和员工（如果事故已经发生，紧急救援机构要求这样做）；

——— 把有特殊需求或有残疾的客人的位置通知官方；

——— 把饭店其他部门的方位告诉紧急救援机构；

——— 说明所有值班的前台人员的情况。

注：在安全的情况下，饭店前台应至少有一人值守，以便回答客人提出的问题。

事故发生后

——— 保护好客人记录、保险箱、电子钥匙和金钱；

——— 把紧急反应用品箱交给饭店负责重新安置客人的人员；

——— 必要时，建立人工记录系统记录客人的安置情况。

工程部

事故发生时

——— 对报警区或事故发生区域做出反应（如果出现火灾，尽量用现有的设备灭火。若火势难以控制，关闭那里的房门，但不要锁上。要为您自己留出安全出口）；

——— 把情况报告前台或电话总机；

——— 准备关闭公用电源和高压交流电源（紧急救援机构将决定是否有必要这样做）；

——— 把电子钥匙交给紧急救援机构；

——— 说明所有当班的工程人员的情况。

（续）

事故发生后

———— 收集饭店所有的印刷品和计划；

———— 配合当地政府机构；

———— 协助临时安置饭店财产和设备；

———— 必要时协助公用电力公司安装现场电力供应。

客房部

事故发生时

行政管家

———— 通知洗衣房员工切断洗衣机、烘干机和电熨斗的电源；

———— 如果需要撤离，要求员工从距离最近的门出去并且在离开时关闭所有的门；

———— 协助需要帮助的客人；

———— 说明客房部所有当班的员工的情况。

一线员工

当听到警报声时，员工应按照部门的紧急事故程序进行以下工作：

———— 将工作车存放在离客房部或客房最近的地方；

———— 利用楼梯撤离饭店大楼；

———— 尽可能向客人指明安全出口的位置，以帮助客人。

事故发生后

———— 把客房用品分类；

———— 设立一个中心发放区向客人提供毛巾、肥皂和客用品(在客人没有撤离饭店的情况下)；

———— 必要时，请外面的清洗公司协助清洗抢救出来的棉织品。

餐饮部

事故发生时

———— 确定事故发生的地点和程度；

———— 建议部门经理准备撤离；

———— 切断所有电器和设备的电源；

———— 如果接到撤离命令，安排所有的顾客和员工镇静有序地撤离；

———— 关闭所有的门；

———— 说明餐饮部所有当班的员工的情况。

事故发生后

———— 现金收据，可能的话把它们放在前台保管；

———— 召集重要员工；

———— 必要时与供货商联系，取消订货；

———— 与废物处理部门联系，安排清理损坏的货物；

———— 与食品辅助服务部门联系，把未损坏的食物冷藏起来；

———— 同销售部协商重新安排特殊活动；

（续）

————— 通知宴会部向饭店指挥中心提供桌子和椅子。

电话总机

事故发生时

————— 通知紧急救援机构（消防、警察和医疗服务机构）并详细说明饭店的情况；发生火灾时，电话线要一直接通消防部门（不要失去联系）；

————— 联系总经理或饭店高级主管、值班工程师、值班经理和保安；

————— 开始记录与事故有关的电话；

————— 向值班经理或总经理询问如何回答员工、客人、家属和媒体代表打进来的咨询电话；

————— 接到撤离通知时，开始给各个客房打电话；

————— 把现场员工和客人提供的信息转发给紧急救援机构和总经理或高级主管；

————— 在保证安全的情况下坚守岗位；

————— 如果接到撤离通知，关掉电灯和设备并在离开时关上房门。直接到距离最近的出口。

事故发生后

————— 协助设立指挥中心的电话系统；

————— 准备用于填写电话记录及转发信息的表格；

————— 准备每天工作 24 小时的时间表，召集电话接线员执行该工作安排表；

————— 询问如何回答客人和媒体提出的问题。

门童

事故发生时

————— 使所有的电梯返回底层，并派一人看守，保证电梯的控制；

————— 保证入口处没有车辆；

————— 关闭但不要锁上辖管区域内所有的门；

————— 取得需要帮助或有残疾的客人的名单，帮助他们撤离；

————— 如果接到撤离通知，帮助客人撤离；

————— 协助控制已经撤离到饭店外面的客人。

事故发生后

————— 联系交通公司，重新安置客人；

————— 使饭店所有的交通工具为安置客人做好准备，如加满燃气等；

————— 协助重新安置客人。

保安部

事故发生时快速到达报警区或事故发生区；

————— 如果发生火灾，尽量用现有的灭火设备灭火，如果火势无法控制，关闭现场所有的门，但不要锁上；

————— 使客人撤离危险区，直到紧急救援部门解除危险；

————— 若需撤离饭店，协助进行撤离工作；

————— 保证饭店客人与财产的安全。

（续）

事故发生后
—————— 必要时，请外面的保安公司提供帮助；
—————— 保护饭店财产免受恶意破坏，但要遵守州或地方法律；
—————— 保证饭店指挥中心和客人临时住所的安全；
—————— 准备一份关于饭店客用保险箱内物品的清单，并把这些物品转移到安全的地方（需与一名饭店管理人员一起进行）；
—————— 尽可能提供所需要的帮助。

紧急反应用品箱

目的：
紧急反应用品箱是为了简化在事后向客人和员工所做的解释。
紧急反应用品箱应该放在中心地带，最好是靠近前台或入住登记处的地方，在发生事故时应该易于拿到。负责使用这些用品的人员应该对上面的内容十分熟悉。在产生恐慌和混乱时，若熟悉上面的内容，使用起来就会更加方便。

用品箱的内容：
由于它的主要用途是在需要撤离大楼时通知客人和员工，因此，上面的内容应该简单明了。那些负责使用用品箱的员工应当每个月对其进行一次盘点，保证其完整性，用品箱内丢失的物品应立即得到补充。
用品箱内包括的材料有：
- 客人身份证明牌（见表 5）；
- 客人身份登记簿（见表 6）；
- 钢笔、铅笔和永久性记号笔；
- 公文便笺；
- 透明胶带；
- 剪刀；
- 夹子；
- 文件夹。

表5

紧急反应用品箱
客人身份证明牌

1.客人姓名：＿＿＿＿＿＿＿＿＿

2.房间号码：＿＿＿＿＿＿＿＿＿

3.安排时间：＿＿＿＿＿＿＿＿＿

4.安置地点：＿＿＿＿＿＿＿＿＿

5.员工名字缩写：＿＿＿＿＿＿＿

牌号：☐ - ☐

1.填写客人姓名。
2.填写客人登记入住的房间号。
3.填写客人被识别的时间。
4.填写客人临时居住的饭店或进行治疗的医院或机构的名称。
5.安置及识别客人的饭店员工名称。

表6

紧急反应用品箱
客人身份登记簿

饭店名称：＿＿＿＿＿＿＿＿＿＿＿＿＿＿＿＿ 日期：＿＿＿＿＿＿＿＿

时间：＿＿＿＿＿＿＿＿＿＿ 报告撰写人：＿＿＿＿＿＿＿＿＿

牌号　　　　　客人姓名　　　　　安置地点

第二部分

国际饭店投资、开发与协议

第 4 章

学习目标

1. 讨论饭店业中的权益投资在性质和运用方面近来的发展。

2. 描述围绕饭店发展财务结构的要点。

3. 明确几个当前的资金来源并解释这些资金来源的要点、利害关系和需要注意的问题。

4. 明确并描述发展中国家饭店融资不同的借贷来源。

5. 明确不同类型的政府投资激励，为每种类型的激励举一个例子，并讨论过度官僚主义的问题。

6. 描述公开上市公司如何筹集股权资本和债务资本，并解释负债与权益比率的重要性。

7. 描述美国、欧洲和亚洲权益投资的一般情况。

8. 解释会计准则和税收法规如何影响饭店融资。

国际饭店融资

饭店业同其他任何房地产投资都不一样，作为一个资本密集、管理密集和劳动力密集的行业，饭店既有很高的投资风险，又有很高的运营风险。由于不同于制造业产品，饭店中未能出售的客房无法储存留待以后销售，因此，饭店业非常容易受到市场变化的影响。

近几年来，因为房地产价格和建设费用逐步上升、项目建设由规模较小的饭店向大型饭店建筑群发展，投资于住宿业项目所需资金剧烈增长。不久以前，饭店还通常由家族或个人所有，由于所有者常常并不了解如何使收益最大化，饭店的管理充其量也就能达到一般水平。逐渐提高的成本和更大投资量的要求导致了全球范围内饭店的所有权状况发生了重大的变化。

今天饭店所有权的形式非常多，这取决于它位于世界的哪个地区，该地区饭店业绝大多数的所有权性质以及全球的房地产与资本市场，且会随着房地产周期而发生转变。在美国，房地产投资信托资金、私募股权基金、私营企业与上市公司及合作企业，还有养老基金可能不同程度地享有饭店所有权。与美国的情况一致，欧洲的饭店所有权主要由国内投资实体享有，包括高净值个人、饭店运营商、私募股权、房地产投资信托资金、个人投资者以及封闭型基金（德国也存在这种情况）。亚太地区的所有权结构涵盖了从澳大利亚的投资基金所有权到亚洲东南部和西南部少数人持股的家族企业的多种形式。中国的私有化趋势使得饭店所有权从国有企业手中转移到地方的房地产投资集团。而在印度，伴随着其自由化进程，饭店所有权从业主运营商向国内、国际饭店开发与投资集团转变。

近年来，住宿业投资中相当大比重部分的资金来源于国外。在全世界，一些特定的国家成了饭店项目长期资金的主要提供者。根据仲量联行饭店咨询公司发布的一项追踪国家饭店投资动态的报告，2006年全球饭店资源对美国、欧洲和亚洲的投资比例分别为 24%、26% 和 16%。[①]在世界经济体系中，金融市场的全球化以比其他领域快得多的步伐前进。金融方面的壁垒已经减少并且还将继续减少，表现在几乎每一个层面：在国与国之间；在证券市场和其他金融市场之间；在企业之间；在金融服务业的各个部门之间（也就是指在保险行业、银行业和证券业之间）；在金融市场的各种文化和系统之间；还表现在以前曾被割裂的各个受到管制的领域之间。20 世纪 70 年代早期以来，资本控制和外汇管制的逐渐取消直接导致了全球范围内私人资本流动的增长，并成为金融全球化背后的持续推动力量。

全球房地产市场及其投资市场的出现以及随之而来的在这些领域的全球竞争改变了住宿业项目融资的方式。投资者和借贷者现在都以全球化视角来考虑问题。人们不断地在世界每一个地方寻找投资机会，假如某个金融市场不再能够提供顾客需要的服务，马上就可以找到一个替代性的融资渠道。

来自任何特定国家的投资基金都会受到以下一些因素的影响，包括这个国家当前的经济状况、通行的会计准则、政府关于外国投资的规章制度、汇率、两国货币相对利率。投资者在接收投资国的利益则取决于该国总体投资气候、这个国家的经济稳定性、东道国税收政策及东道国政府所能提供的激励措施。

考虑到正在形成的新的所有权类型，饭店总经理——是连接饭店公司（运营者）和所有权公司（业主）的关键——必须理解饭店所有者的投资想法。这些想法包括下面一些标准：偿债时间表；投资动机和目标；税收尺度；长期和短期的发展前景。

直到 20 世纪 70 年代中期，饭店和其他房地产的融资过程对于开发商、投资者和借贷者而言，都还是一种有条不紊的标准化程序。现在，由于通胀率和资金利率的不确定性、更广泛地使用外国基金、税收因素以及可以使用的多种多样的融资工具，再加上其他因素，融资过程变得极为复杂。目前，有限责任合伙制、辛迪加、房地产信托投资公司、证券化、债务——权益交换、多方融资来源、发展项目的混合用途、各种复杂精密的融资安排在世界范围的国际性饭店融资中已经很常见。一个新的专业人才团体——资产管理人已经涌现出来，他们帮助饭店业主在这个更加复杂的投资环境中管理投资组合并做出资本结构调整和其他投资决定。其中许多话题都超出了本章的范围。

饭店开发的财务结构

饭店发展项目的财务构成形式同其他类型的房地产项目比较近似，尽管实际的资金来源可能会有差别。例如，在20世纪70年代，美国人寿保险业是饭店业融资的主要提供者。然而，随着对储蓄借贷业管制的放松，到了20世纪80年代，储蓄和借贷机构开始成为饭店业中重要的资金来源。房地产投资信托基金和商业抵押贷款支持证券成为90年代股权的重要来源。在英国及其他欧洲市场，一大部分的饭店融资来源于证券市场。在亚洲，饭店管理公司通常会分担大量的权益投资。而在社会主义国家和一些发展中国家，政府经常在饭店所有权中占有重要的地位。

饭店业是资本密集型产业。现在，在城市中心建设一座平均水平的国际级饭店，每间客房可能要花费20万～50万美元（由总费用除以房间总数得出），还不包括土地成本。尽管在有些城市中心位置土地成本方面的花费是巨大的，一个饭店发展项目所需要资金的主要部分还是投资在了饭店的建筑物上。在一个饭店项目的发展过程中，获得债务或权益融资是最大的困难，因此饭店开发商会小心谨慎地发展同借贷者和权益投资方的关系。

饭店发展所需的资产由债务和权益两部分构成，债务代表在一个预定利率水平上的贷款，权益构成项目中的所有者投资。饭店项目基金中的债务比率因受到多种因素的影响而不同，这些因素包括对饭店业发展前景的感知、该项目的风险、出借人之间的竞争以及其他变量。贷款价值比（LTV），即贷款占购买价格或饭店开发费用的百分比，为50%～90%（在某些情况下）不等。一家在建的拥有400间客房的饭店，按每间客房20万美元计算可能需要花费8000万美元；如果贷款价值比为70%，则5600万美元将构成债务，剩余的2400万美元构成所有者权益。

权益融资

在国际金融市场中，尽管带有高风险概念，饭店投资还是被逐渐接受，被看作是投资组合中一个合适的部分。但是，国际性饭店投资容易受到外汇汇率波动、恐怖活动、政局动荡和自然灾害的影响。这意味着饭店的所有者和管理者可能不能够简单地通过内部控制来达到一个项目的成功。此外，在抵押品赎回权利被取消的时候，饭店建筑用作其他用途的机会极其有限。

但是，同其他类型的房地产投资一样，饭店投资提供了抵抗通货膨胀的长期防御手段。房间价格可以（随着通胀）被提高；加速折旧和抵押利息减免能够将饭店投资的平均收益提高几个百分点，以使这些投资从财务方面看是值得的。此外，拥有一个豪华饭店带来的声望也有利于吸引权益投资。

多半情况下，投资者将世界各地的饭店看作是一种不动产投资而不是一种可行的运营性业务投资。房地产投机买卖曾经是隐藏在大量的国际性饭店项目可用权益投资后面的驱动动机。20 世纪 80 年代期间，房地产热和廉价的外国资本使得饭店开发商们容易获得融资，或多或少在世界上许多地区造成了饭店业无目的的、爆炸性的无控制发展。在世界众多地区的投机、过度建设和出租率下降减少了 20 世纪 90 年代饭店发展可用的资金。但是，在过去 15 年间，新世纪全球饭店投资获得了大量的资本。根据仲量联行发布的 2007 年全球投资前景报告，饭店业的全球投资从 2000 年的 100 亿美元增加到 2006 年的 700 亿美元。推动这一增长的因素包括成熟市场及新兴市场的经济力量、饭店业强劲的经营业绩、通过私募股权基金获得新的权益投资的可能性，以及减少了的国家风险。然而，随着饭店价值和每间可销售房收入达到顶峰，以及美国次级住房贷款危机的影响使得资金成本上升，从而波及饭店投资市场，周期性停滞的迹象开始逐渐显现出来。在将来，饭店投资更有可能根据潜在的收入流量而非长期或短期的房地产资本利得来判断是否值得。

开发商和其他投资者承担的股权基金通常提供了项目启动的启动资金，还必须去寻找项目长期的权益投资者，虽然投资于一个饭店项目的资金回收（通常为 10 ~ 15 年）一般比其他类型投资的回收要慢一些。

饭店发展所需股权基金通常可以通过人寿保险公司、养老基金、房地产投资信托基金或可以通过其合作投资者获得税收收益的房地产辛迪加筹措。其他的股权基金来源还包括住宿业公司、私募股权基金、发展公司、交通运输企业、土地所有者及富有的个人。为了减少投资者的赔偿责任，大部分房地产合伙关系采用了有限责任合伙制（有限责任合伙制是合伙的一种形式，由一个或一个以上有无限责任的普通合伙人和一个或一个以上其责任仅限于承诺提供的资本额的有限责任合伙人组成）。在这种制度安排下，开发商作为普通合伙人并承担完全责任。各个单独的投资者则成为有限责任合伙人，其财务责任通常以其出资额为限。

股票市场也是饭店发展基金的来源之一，但是在不同国家作用不尽相同。饭店投资通常是针对单一饭店的私人交易。这少数几个公开上市公司是饭店运营者导向而非饭店所有者导向的。相反，英国在其股票交易所有超过 60 家与饭店业务有关的公开上市公司。在那里，投资界对饭店市场的介入——不论是机构投资者还是个人投资者——大部分都是通过持有公众公司股票的形式实现的。

投资标准　在某一国家或某一地区，私人部门的饭店权益投资的主要标准通常包括：

- 该国或该地区以往的政治稳定性；
- 该国或该地区以往的经济稳定性和发展；
- 政府对外国投资的支持；
- 有利于外国投资的法律；
- 对国际性商业银行和单个政府部门做出规定的、适用于特定产业部门的贷款配额。

管理咨询公司科尔尼公司追踪了政治、经济和法规的变化可能对全球顶级公司领导人对外直接投资意愿的影响。这项报告是通过外商直接投资信心指数呈现的，这一指数代表了世界最大的1000家公司的首席执行官对外投资意向的态度。表4-1所示为吸引外商投资的前25个地区。

表4-1　吸引外商投资的前25个地区

排名	地区	指数
1	中国内地	2.197
2	印度	1.951
3	美国	1.420
4	英国	1.398
5	波兰	1.363
6	俄罗斯	1.341
7	巴西	1.336
8	澳大利亚	1.276
9	德国	1.267
10	中国香港	1.208
11	匈牙利	1.157
12	捷克共和国	1.136
13	土耳其	1.133
14	法国	1.097
15	日本	1.082
16	墨西哥	1.080
17	西班牙	1.075
18	新加坡	1.072
19	意大利	1.055
20	泰国	1.050
21	加拿大	1.040
22	迪拜	1.039
23	韩国	1.036
24	中亚	1.030
25	罗马尼亚	1.017

资料来源：科尔尼公司，外商直接投资信心指数，全球商业政策委员会，2005年第8卷第2页

对于特定的饭店项目来说，投资标准包括了财务方面的因素，如项目建成后产生足够的基于投资额的利润的能力、投资能够产生的用于偿还债务和使权益投资获得回报的现金流、折现的现金流量收益、投资回收期等。通常，项目的风险越高，回报也越高，所需要的投资回收期也越短。除了显而易见的政治和经济方面的风险以外，国际性饭店项目还依据其他一些风险进行评估，包括：

- 市场因素，饭店如果仅仅依赖于一个或两个市场，或者位于没有得到过业绩表现证明的目的地时，风险更高；
- 可进入性，充足的交通联结以支持进入目的地；
- 预测的项目经济生命周期；
- 项目开发商及项目未来的运营者的声誉及业绩记录。

对国际性饭店项目进行评估非常困难，许多不可控因素，如经济状况发生变化、政府更迭、货币币值重估或波动等都可能在债务能够被全部摊还以前影响到投资项目的价值。

债务融资要素

饭店传统的融资中大约有 70% ~ 80% 的项目总投资来源于抵押贷款。贷款利率既可以是固定的，也可以为浮动的，分期偿还期限一般是 25 ~ 30 年。

对一个新的饭店项目来说，债务融资通常需要承担一笔建设贷款，支持饭店项目的建设直至开业。当获得长期融资的时候，这笔融资可以用来作为建设融资的债务担保，保证建设融资会在 5 ~ 10 年内还清。在某些情况下，可以得到一种迷你型长期贷款（一种将建设贷款和短于平均水平的长期贷款结合在一起的贷款安排）方式。

为了获得债务融资，借款人必须证明饭店运营产生的现金流足够负担偿债所需要的费用。贷方贷出款项的主要动机是获得潜在回报，同时保证投资的安全。贷款利率通常同现行的市场利率和所认识到的项目风险挂钩。

饭店项目债务融资的传统来源一般是商业银行、储蓄和借贷机构、保险公司、养老基金、投资信托公司以及存款互助会（指具有共同利益的人的一种联合组织，例如他们的工作或住处相同，这些人同意定期储蓄以便建立一笔基金，凡成员都可以按比银行、金融公司和其他商业信贷机构较低的利率从基金借款）。这些借贷机构中的部分提供建设贷款，另一些则专门提供长期贷款或抵押融资，还有一些两类贷款都可以提供。

在 20 世纪 70 年代晚期和 20 世纪 80 年代，因为有可以利用的资金，而且下面将要讨论的饭店投资标准十分宽松，许多微利的饭店项目很容易获得融资。结果导致了世界各个不同地区的饭店市场中的过度建设，这一影响延续到了 20 世纪 90 年代早期。在一些市场中，饭店资产的价值急剧跌落，借款人不能履行偿债责任，成为一些金融机构倒闭的原因之一。

自此，贷方重新恢复了对饭店融资的控制，在考虑贷款时采用了更加严格的标准。饭店业在 1995 年前后时来运转，随着其业绩的提高，债务资本开始流入行业。然而，在传统的贷方逐渐将目光重新投向饭店业的同时，表现为商业抵押贷款支持证券（CMBSs）的债务证券化的概念已经深入人心，并形成一种新型的非传统资本来源。在这个全新的借贷环境下，诸如银行和其他贷款机构的传统贷方通过出售个人抵押贷款形成的抵押贷款组合降低自己的放贷规模，这些抵押贷款组合经开发银行转成证券（即商业抵押贷款支持证券）后卖给投资者。直到现在，这种新型债务都在推动着饭店业的发展。

贷款的标准

目前，获得饭店贷款所需要的基准性标准包括以下方面：第一，项目应该有坚实的、现实可行的市场研究。因为有太多的不良饭店贷款，贷方要认真地评价市场可行性研究报告以确保对出租率和平均每日房价的预测是可行的。第二，饭店业主应该有得到证明的业绩记录。贷方把饭店所有者看作是项目成功的一个关键因素。他们会认真地调查业主的信誉是否卓著，是否有能力在贷款期内为潜在的现金需求提供资金。第三，丰富的管理经验是必需的。贷方认识到，为了使饭店顾客盈门并在一个合理的费用水平上运营，一个有娴熟管理技术的管理层是必不可少的。对于贷方来说，管理公司在一个相似饭店中表现出来的经验尤其重要。第四，项目应该得到某种受到全球或全国认可的饭店联营（在本书中，译者统一将原文中的 affiliation 翻译为联营。在商业界中，affiliation 指两个组织有密切的联系或有隶属关系，可以译为联营、隶属、加盟。在饭店业中，不管是采用管理合同还是采用特许经营协议等契约方式，或者加入如最佳西部（Best Western）这样的营销组织，都可以称为 affiliation，译为联营较好）协议。贷方发现拥有中央预订系统和制度化的质量标准能够增强贷款信心。大多数贷方相信同连锁联营可以带来高得多的出租率和房价水平。第五，对权益投资的要求回到了传统的较高的百分比水平。贷方现在希望在达成借贷交易时看到借款人有实际的现金权益投资。目前，项目的资金筹措中权益投资占到了项目总费用的 20% ~ 30%，有些占到了 40%。在某些地区，实际上，

40% 的权益投资是最低的要求。一些贷方还要求运营方在项目中也要有权益投资。第六，项目必须能够产生健康的现金流。现金流是决定贷款额的最终的度量计。大多数贷方寻求 1.25 或更高的偿债率（可用的用于偿债的现金同应偿还债务的比率）。第七，管理费用第二位支付越来越普遍。这意味着借贷机构在管理公司领取管理费用之前首先得到偿付。第八，更多的贷款协议建立在完全追索权的基础上，这意味着在项目无法履行偿付责任的时候，开发商要个人承担法律支付责任。第九，贷款期限越来越短，赎回条款（给予贷方要求赎回其贷款的权力）非常普遍，并且，项目的起始费用常常必须由借款人承担。

表 4-2 列出了金融机构在决定是否为饭店项目提供贷款时所考虑的贷款标准。在提交贷款申请的时候，即使是经验丰富的借款人也要对当前贷方的看法有良好的理解。没有得到业绩证明的开发商将会发现得到贷款几乎是不可能的。

表 4-2　金融机构饭店项目贷款标准

贷款标准	平均值	重要性排名
申请人的财政实力	1.42	1
饭店位置	1.69	2
饭店发展与管理经验	1.76	3
项目是否符合市场需要	1.92	4
基于内部分析的财务预测	2.0	5
经济环境：大都市区域	2.12	6
基于可行性分析的财务预测	2.27	7
管理从属关系	2.42	8
金融机构贷款的盈利能力	2.48	9
所属品牌	2.50	10
市场进入壁垒	2.64	11
担保人的其他业务表现	2.80	12
特定饭店类型的贷款趋势	3.0	13
经济环境：国家层面	3.19	14
饭店业与金融机构的好感度	3.23	15

量表：至关重要	非常重要	重要	有点重要	不重要	无意见
1	2	3	4	5	6

利率

饭店项目的债务可以执行固定利率，也可以执行浮动利率。浮动利率可以同国内金融市场挂钩，如美国的最优惠利率（银行对他们的最佳顾客收取的利率）。然而，最近几年来，更多的浮动利率都同全球基础的利率水平挂钩，这些全球基础的利率包括伦敦银行同业拆借利率（LIBOR，等同于美国的最优惠利率）或欧洲日元利率指数（欧洲日元是一种加权的货币单位，以欧洲的货币和日元为基础定价）。例如，饭店项目的开发商可以用浮动的伦敦银行同业拆借利率 +2.5% 的贷款利率水平（国际金融体系下的商业贷款中，银行贷款利率一般有固定利率和浮动利率两种。其中，浮动利率一般由两个部分组成：一部分是伦敦银行同业拆借利率；另一部分为加息率，加息率的幅度视贷款的金额、期限和借款人的资信状况，有较大的伸缩性。在国际资金市场中，加息率的高低是衡量借款方借款信誉的主要标志之一。此处的 2.5% 的利率水平即为加息率）。有时，欧洲日元利率会低于伦敦银行同业拆借利率或最优惠利率。欧洲日元融资的特点是短期的、日元占首要地位的借款，其利率水平以欧洲日元利率指数的差额来计算。

在过去，欧洲日元融资的对象严格限定为日本人。现在，其他国家的借款人也可以利用这种融资方式。许多饭店开发商和业主认为欧洲日元融资可以降低利率成本。成功地获得欧洲日元融资取决于以下一些标准：贷款—价值比率（要求贷款仅能占到项目总资产的 60% 或更少）；借款人的信誉是否有资格接受贷款；贷款期限（5～7 年）；追索权资格；饭店项目融资的规模；饭店位置和联营的质量以及控制性限制。

公共部门和私人部门投资

世界各地的住宿项目既可以利用公共部门的资金，也可以利用私人部门的资金获得融资，或者可以同时利用上述两类资金。然而，对公共部门资金的利用正在减少且两者之间的界限越来越模糊。公共部门通常包括政府或政府机构、地方当局、诸如国际性的、地区性的及国内的开发银行或这样的金融机构和国际性援助机构。私人部门则包括了提供贷款融资的投资机构和不同类别的权益投资者，从个人到财团都属于私人部门。

在需要大量投资于全新基础设施的大规模目的地发展的情况下，项目通常通过同时获得公共部门和私人部门资金的方式进行融资。但是，两种类型的投资者，往往有不同的目标。私人投资者一般既要寻求可获利性，同时也要在风险最小的情况下寻求有能力满足利率和偿还计划要求的项目。公共部门的投资者则寻求经济发展、就业、外汇收入及增加财政收入等目标。公共部门的投资者通常是全国或地方政府，在过去，他们被认为是高质量的借款人。政府的保证常常意味着很少有附加的抵押就可以借到大额款项。现在，由于许多发展中国家的高负债，上面这种情况已经不多了。此外，大多数政府推动经济朝私有化方向发展，越发减少了政府在饭店所有权中的直接参与。

当前的资金来源：全球视角

饭店投资者和运营者对资本的需求服从于不同的目的，包括：获得建设基金、改变现有饭店的用途、扩张、整修、收购单体饭店资产与投资组合、并购饭店企业、海外扩张与投资（通过对外直接投资，即自建或购买饭店，或者通过拥有部分所有权的管理合同形式）。

能否获得资本取决于资本提供者（银行和其他投资者）与资本使用者（如饭店公司）之间的基本关系（图4-1）。资本的可用性影响了住宿业的结构与规模；行业的当前和预期表现转而又会影响行业的资本可用性。在饭店业发展周期的不同阶段，其资本提供者也会发生变化。当饭店业绩下降，违约拖欠率上升时，传统的投资与借贷机构退出市场并对饭店业失去兴趣，从而造成资金供给紧张、资金成本上升，贷款条件也更加严格。在这种时候，饭店开发商和其他资本使用者往往需要寻找替代的融资手段来为项目筹集资金。

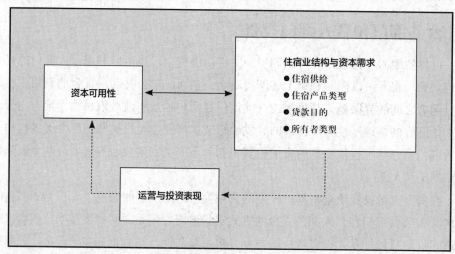

图4-1 资本提供者与资本使用者之间的关系

住宿业中的管理公司和特许经营者，尤其是当他们迫切希望得到饭店的合同的时候，可以帮助饭店开发商寻找潜在的融资来源。由于认识到同饭店项目相联系的较高的风险，投资者或贷方会要求管理公司分担投资（有时称为"购买合同"）或提供一笔贷款。因此，作为某个大型企业集团一部分的那些国际性的住宿业公司由于有从集团内部获得融资的可能，在扩展饭店运营业务时会有更为有利的地位。

抵押经纪人通过在借贷市场中的知识和迅速确认合适而且情愿的贷方的能力，可以为借款人提供有价值的服务。一些在全球各地都拥有分支机构的大型的投资公司，如所罗门兄弟公司、摩根·士丹利公司和高盛公司，在国际住宿产业中的表现都十分活跃。

对于许多对投资也很感兴趣的国际性饭店运营者来说，建立强有力的全球性金融业务联系也是他们的一个目标。为了给一个既定的饭店项目融资，运营者可能要集合多达7～8个合作者加入合作中。此时，由于饭店融资不再是一个简单的提议，而且融资工具数目众多，运营者必须为每一家饭店建立不相同的治理结构。

为饭店安排融资所承担的要比仅仅找到可以利用的资金所承担的多得多。借款人必须对贷方的素质保持敏锐的感受，如同贷方对借款人的素质也要保持敏锐的感受。最好的出资方是那些具有长远投资眼光，能够维护财务承诺的机构。精明的公司还试图构建一个全球性的贷方网络，在任何一个地方的金融市场发生变化时，都不会对现有的或预期的项目产生不利影响。

国外融资

国外融资是支持饭店国际化发展的一个主要因素，在那些信贷环境紧张或货币较"软"的国家尤为如此。在这样一种环境中，饭店业务通常要通过许多合作方共同融资，有时这些合作方来自许多不同的国家。外国银行不仅成为银团贷款中的积极参与者，还为全部饭店项目业务提供直接贷款，包括建设和发展贷款、并购融资及长期融资。通过积极的投标和定价策略，这些银行能够为饭店项目开出比国内商业银行及其他权益投资或信贷融资资金来源渠道更高的价码。

外国投资和信贷群体通常更看中同豪华饭店集团联营的地标性饭店，位于门户城市的饭店及位于地位已经稳固的、被证明有市场潜力的度假地的饭店。拥有一家外国饭店的动机是多种多样的。有时是为拥有一家著名饭店而引以为豪；有时则看重不动产的增值；还有一些则是在不稳定的国内政治或经济状况下为资金找到一个庇护所。

一笔期限为5～10年，钉住伦敦银行同业拆借利率或美国最优惠利率的浮动利率贷款是外国融资中惯常的做法，但是借款人也可以选择锁定某一固定利率水平。

完成同外国融资来源的贷款交易，尤其是同日本人打交道时，通常会花费比国内融资长得多的时间。许多公司因此会利用一些同资金市场有长期、稳固联系的信贷投资中介机构。在某一特定国家，国外来源渠道的饭店项目融资数量将取决于这样一些因素，如国内通货膨胀率、货币兑换利率、外贸收支盈余、相对而言的饭店资产比较收益、资本化率及政府规制等。

21 世纪前几年对全球饭店业来说是一个资本充裕的时期：②

投资与金融前景：美国 2006 年美国住宿业投资再创新高，达到 3450 万美元。美国健康乐观的投资环境主要得益于强劲的经营业绩、低成本资本的可得性以及其他资产类别具有吸引力的发展机会相对较少。正因如此，美国饭店业的投资者期待必要报酬率可以达到 18% 左右。近年来，美国已经出现过几次特大饭店投资交易，包括希尔顿饭店被私募股权公司黑石集团以 260 亿美元收购。由于私募股权公司拥有大量可用的资金，一些公有制饭店公司通过交易转变为私人所有。除了美国的私募股权公司，来自中东、亚洲和德国的国外投资者受到美元疲软带来的较低的资金成本，以及自身多元化战略的激励也把目标锁定在美国的饭店资产。

投资与金融前景：亚太地区 亚太地区的饭店投资环境追随全球经济增长的趋势。投资调查表明投资者对该地区的投资信心提高，84% 的受访者表达了"买入"的意愿。他们的预期内部回报率为 17.8%，预期最初的资本化率为 8.1%。随着世界上各个国家进一步推动投资政策自由化，这一地区的投资来源也呈现多元的特点。但是，随着新加坡成为透明度最高的市场，泰国和越南的投资环境更加具有挑战性，该地区的房地产投资具有广泛的透明性。尽管亚太地区总体上缺乏投资透明度的事实是阻碍外商投资的传统因素，该地区目前的经济繁荣以及充满希望的未来发展吸引了更多的跨国投资，甚至是在中国和印度尼西亚这样低透明的地区。美国和太平洋地区的机会基金和投资基金以及中东地区的投资不断被用于购买亚洲的资产。中国香港和中国台湾的亚洲房地产投资信托基金市场的发展也提高了亚太地区行业的流动性。未来，房地产投资信托基金市场有望成为亚洲饭店的主要资本来源。奢华顶级饭店似乎吸引了全球大多数投资者的投资兴趣，而经济型饭店得到的投资兴趣最少。

投资与金融前景：欧洲 2006 年，欧洲的投资资本达到 270 亿美元，较 2005 年增加 44%。主要的国际饭店连锁将欧洲饭店系列出售给私募股权收购者，从而带来了欧洲市场的重大交易活动。房地产投资信托基金也是欧洲饭店资产的主要购买者。上述投资活动大多发生在西欧，尽管该市场的高进入壁垒使得投资兴趣逐步转向中欧和东欧。从历史上看，欧洲的投资活动主要在国内，但随着市场透明度的提高，跨国投资越来越普遍。投资者主要来自西班牙、爱尔兰、法国与荷兰，美国和中东的投资者也逐渐获得领先地位。欧洲债务市场的竞争使得利率非常具有吸引力，借贷条款也非常灵活。商业银行、抵押贷款银行、投资银行和储蓄银行都在为业务而竞争，其中一些银行开始为土耳其与俄罗斯这样风险更大的市场提供贷款以增加其收益。

发展中国家饭店融资

开发银行

大多数发展中国家缺乏支持饭店发展所必需的内部资金，于是它们寻求国外援助或从下面一些机构中获得融资，如世界银行集团、亚洲开发银行、非洲开发银行、美洲间开发银行或其他一些区域性开发银行。实际上，曾经有一个时期，表示一个发展中国家进入市场经济的象征之一是建立一家豪华饭店，这家饭店由得到国际认可的饭店连锁管理并由国际性或区域性的开发银行负责融资。许多发展中国家也成立了自己的国内开发银行，帮助私人部门获得融资，激发它们的首创精神。例如，菲律宾开发银行，长期以来致力于为国内的饭店项目提供融资。

尽管开发银行也会进行一些权益投资，但它们主要还是提供债务融资。此外，许多这样的银行会连同其他商业银行一道为饭店项目提供银团贷款，提供准入金融市场的机会，否则，那些商业银行对项目可能不会有兴趣。要得到开发银行的融资，项目必须在财务上是可行的。一个开发银行考虑的是它在某个项目上的决策为一个国家带来的经济上的回报率，因此，开发银行通常会为其融资项目设置比商业银行更低的下限内部收益率（下限内部收益率是一个项目能够获得投资必须达到或超过的最低必要报酬率）。

饭店投资受到开发银行复杂的审核。有些开发银行不愿意介入到饭店发展项目中，把旅游业看作是一个非优先考虑的产业，而且认为饭店项目应该完全通过私人部门进行融资。国际饭店协会和世界旅游组织已在这一问题上协调努力，改变这些不利的观点。

世界银行集团 / 国际金融公司　世界银行由 44 个国家在 1944 年共同发起组建，目的是参与第二次世界大战结束后所必须进行的重建和开发工作。然而，随着战后的非殖民地化浪潮，创生了大批新的主权国家。情况很快就开始变得明朗，发展中国家对经济发展的需求将是压倒一切的。因此，处理它们的需求被放到了第一位。

最初的国际银行仅由国际复兴开发银行（International Bank for Reconstruction and Development, IBRD）单独构成，主要向那些按照一般常规条件无法获得融资的生产性项目提供融资。随后，国际金融公司（International Finance Corporation, IFC）、国际开发协会（International Development Association, IDA）和多边投资保证署（Multilateral Investment Guarantee Agency, MIGA）相继成立，致力于复兴开发银行和世界发展的需要。

从一开始，世界银行就不愿意为同旅游业相联系的项目提供融资。但是，在20世纪60年代后期，世界银行成立了一个旅游部，在随后的几年中为一些项目提供了资金。在1978年，世界银行回复到最初的立场，撤销了旅游部。然而，世界银行集团于1958年成立的国际金融公司，受命通过在其发展中国家成员中提升私人部门投资来促进经济增长，一直积极地支持饭店发展。

在为项目融资时，国际金融公司不仅提供贷款，还参与权益投资。如同一个私人的金融机构，国际金融公司根据市场状况制定其资金和服务的价格，并寻求利润回报。然而，它并不要求政府为融资提供担保（与之相反，国际复兴开发银行向私人项目提供的融资一般要求政府担保）。国际金融公司在发展中国家和风险管理方面的丰富业务经验使它在动员来自其他投资者和借贷者的资金及承担债务、证券发行和担保带来的风险方面发挥了重要作用。从1956年成立至2006年，国际金融公司已经从自己的基金中为发展中国家的私人部门调拨了560多亿美元，此外还动员银团为140个发展中国家的3531家公司投资250亿美元。2006年，国际金融公司为其称之为"住宿与旅游服务"的部门调拨了总额达3.07亿美元的贷款和权益参与。国际金融公司还向政府和商业界提供技术援助，并为饭店及其他项目提供全面的咨询服务。表4-3所示为国际金融公司1970～2007年的全球饭店投资额。[③]

要得到国际金融公司的融资，一个饭店项目必须在财务上、商业上和技术上都是可行的。此外，新的饭店必须在目的地开拓新的市场，不能仅仅从现有的饭店分流客人。国际金融公司注重项目能增加潜在需求、外汇收入并依从于同环境相关的要求。

表4-3 1970～2007年国际金融公司在全球的饭店投资额

地区 / 各地区排名的前几位国家	投资总额（亿美元）
南美 / 加勒比海地区 巴西、多米尼加共和国、洪都拉斯、墨西哥、秘鲁	$457
亚洲 印度尼西亚、马尔代夫、巴基斯坦、菲律宾、泰国	$385

（续）

地区 / 各地区排名的前几位国家	投资总额（亿美元）
欧洲 保加利亚、克罗地亚、俄罗斯、土耳其、乌克兰	$311
非洲 肯尼亚、摩洛哥、尼日利亚、坦桑尼亚、赞比亚	$262.5
中东 埃及、约旦、黎巴嫩、约旦河西岸地区、加沙	$111.5
中美洲 哥斯达黎加、尼加拉瓜、巴拿马	$9.35

其他开发银行　亚洲开发银行（Asian Development，ADB）由 67 个成员国构成，将这些国家组织起来促进其发展中成员国家经济社会的发展。亚洲开发银行对旅游业通常采取保守的态度。然而，亚洲开发银行将旅游业发展视为促进基础广泛的经济增长、环境保护以及人力资源发展的有效途径。亚洲开发银行多年来既定的政策是不直接为旅游项目融资。然而，假如旅游业发展构成了某个地区总体发展项目的一个部分的时候，它也会提供非直接的援助。为实现这些战略目标，亚洲开发银行为其发展中成员国提供旅游基础设施建设发展的援助、提供政策建议、为基础设施项目（近来在民用航空部门尤为突出）提供贷款并参与饭店的权益融资。

其他开发银行开始日益介入饭店融资，这些银行包括欧洲投资银行、美洲间开发银行、非洲开发银行、安第斯开发公司和新成立的欧洲复兴开发银行。

其他借贷渠道

发展中国家饭店融资的其他渠道包括：当地资金；基于政府间的或通过政府设立的借贷机构可以用于私人企业的双边或多边援助；以及外国私人资金渠道。由于在大多数发展中国家里储蓄率较低，而且大多数国家需要大量外汇满足饭店项目建设所需的进口费用，使用当地的资金渠道通常不是一种可行的替代资金来源。

通过一些国家和另一些国家或借贷财团之间的协议，双边或多边援助可以应用于向参与协议的发展中国家提供援助。全球许多地区都有这种协议，覆盖范围通常是区域性的，而且这些可能的援助渠道常常被忽视。

外国私人资金来源渠道包括某些商业银行或个人的投资者（常常来自于石油富足的国家）。总体上，发展中国家开始越来越赞许外国直接投资，并采取了务实的态度和立法来鼓励这些投资。同时，发展中国家开始日益依赖外国银行提供各种类型的贷款。问题在于这些贷款也许仅仅只是基于短期（即 3 ~ 5 年）的，然而饭店项目通常需要长达 10 ~ 15 年的偿款期。并且，考虑到饭店项目的高风险，银行和私人投资者常常会在正常的贷款利率或下限内部收益率基础上加上 1 ~ 2 个百分点。

政府投资激励

大多数政府将使用投资激励作为国家或地区旅游业发展战略的一部分。在某些国家，因为很高的发展成本和风险，假如没有激励规定的话，旅游业的发展是无法实施的。因此，投资激励的目标是鼓励发展，否则，这些发展不可能发生。

投资激励可以定义为：引入经过立法的条款吸引投资，通过提供减让优惠（通常是财务方面的）来提高获得令人满意的资金回报的可能性。虽然投资激励通常是具体的，但也存在一些普遍性的激励，例如，政府保证偿还投资资金或确保利润汇出。在某些国家，保护投资安全性的规定同财务方面减让的数量多少一样重要。

政府激励通常采用以下三种类型：减少投资所必需的资金支出；减少项目经营过程中的营业成本；保证投资安全的激励。表 4-4 列举了每一种类型的激励。其他选择性的激励和过度官僚主义的问题也将在这一部分讨论。

表 4-4 经过选择的投资激励范例

减少投资所必需的资金支出方面的激励：

- 优惠的借款利率；
- 利息减免；
- 政府提供融资；
- 提供风险投资准备金；
- 协助进行可行性研究；
- 特殊项目的资金补助；
- 建筑材料进口免关税；
- 低于市场价格出售政府所有的土地；
- 政府土地租用特许；
- 针对外国投资的特殊的外汇汇率；
- 提供基础设施；
- 联合项目（公共部门和私人部门共同参与）。

减少营业成本方面的激励：

- 税收豁免；
- 税收减让；
- 允许加速折旧；

（续）

- 免税期；
- 未分配利润用作追加投资时税收豁免；
- 减让或豁免房地产税；
- 为更新改造或扩建提供贷款 / 补助；
- 免费的咨询服务；
- 培训津贴；
- 政府赞助的培训；
- 对市场营销进行补助；
- 为某些雇员提供工资津贴；
- 豁免间接税；
- 进口供给品时退偿所付关税；
- 低廉的公用设施使用费用。

保证投资安全方面的激励：

- 同资本汇回和汇出利润、红利、利息相联系的保证；
- 政府提供贷款担保；
- 不受限制地使用外汇；
- 关键岗位职员的工作许可；
- 保证不在利润所得上加税；
- 保证不提高进口关税；
- 设置解决投资争议的法定条款。

减除资本支出

由于住宿业项目需要在固定资产方面进行大量预计的投资，减少这些资本支出的激励可以起到立竿见影的效果，有几种类型的激励可以减轻投资的支出。直接资金补助意味着提供一次总付清的大笔资金用于支持项目发展，在大多数国家很少见。然而，在某些情况下它们确实被运用并非常有效地促进了饭店的发展。例如，1968 ~ 1973 年英国的饭店发展激励计划，提供直接资金补助，减少了开发商必需的融资额并增强了他们的借贷能力。这一激励计划帮助英国发展新的饭店或对原有饭店进行了改扩建，总数达到了 1300 家[④]。除了直接补助以外，某些地区的政府还提供权益资金或以免费提供土地来作为对权益投资的参与，并成为饭店的业主之一。

优惠贷款、利息减免补贴和软贷款是更为普遍的激励形式。优惠贷款是政府以低于市场水平的优惠利率提供的贷款。利息减免补贴则是指由政府来支付某一固定利率和商业银行索要的利率之间的差额部分。软贷款则为项目初创时期提供了期限更长或利率更低的贷款，从而，在现金流量较低的项目起始阶段贷款成本被降低了。这些激励可以使饭店项目从现金流和营利性两个方面来说都更有前景。在发展中国家，国际性融资机构常常支持这些形式的激励项目。软贷款被西班牙和葡萄牙政府广泛运用于鼓励饭店投资。由于政府对维持其期初投资充满兴趣，因此政府参与某一项目还可以使该项目能够方便地获得其他可能需要的资金。此外，贷款担保（政府或某些特定的机构准备为商业银行提供给项目的贷款承担赔偿责任）形式的激励也被频繁使用。

其他减少资本支出的政府激励措施还包括：允许免税进口项目发展所需的建筑材料、家具、固定设备、其他设备，低于市场价格出售或租赁土地。例如，多年来，巴哈马政府向外来的开发商出售（或长期租赁）了大量的房地产，并且几乎是免税的：不征收所得税，对资本利得、红利及其他税赋也给予免税。作为交换，开发商被要求负责提供所有的基础设施——道路、水电供应、下水系统、机场等。当然，通常情况下，还是由政府来提供大多数的基础设施。在某个未开发地区，政府所提供的基础设施或基础设施的可用性降低了所需要的投资水平，进而提高了项目潜在的可行性。

减除运营费用

通过减除运营费用激励投资具有两个目的。第一，为项目营利性扫除了障碍，假如不这样做，项目的赢利可能很小的情况下尤为如此；第二，通过提供和其他目的地相比更具吸引力的投资环境来加速当地的发展过程。

政府会提供财政方面的激励，如允许加速折旧、对使用当地材料进行补贴、豁免某些税赋及其他减少饭店营业成本的激励措施。例如，埃及通过将水、电及新道路等公用设施方面的投资的税收评估额延期 5 ~ 15 年的方式向饭店投资者提供激励。政府还可以提供运营补助，如支付部分运营资金短缺额或对工资支出进行补贴。通常在项目起始阶段提供 5 ~ 10 年的免税期也是一种常见的激励方式。全部或部分退偿进口与饭店业有关的供给品或设备部件时支付的关税、对促销支出的税收豁免、提供合适的使用公用设施的价格也能够减少运营费用。在某种程度上，政府积极地推广目的地或支持合作广告计划（此处指多家企业在广告方面进行合作以节约广告费的一种安排），可以减少饭店的营销费用。政府有时还会为饭店的开业前培训或提高员工技能提供培训补助金，或者政府有时会通过提供培训设施及课程来提高劳动力的质量。

保证投资安全

投资安全保证的目标是赢得投资者对一个容易受到政治经济环境影响的产业的信心。这些更为重要的激励形式包括保证不对项目进行国有化、自由使用外汇；保证已投资的资金、红利和利息的汇出；政府提供贷款担保；关键岗位职员的工作许可和设置解决投资争议的法定条款。一些政府还实施了长期的税收法案，其中有当新税种生效时，保证不会回溯至颁布前特定日期生效的规定。此外还有投资税收抵免，亏损展期清算。假如贷款中存在外国货币，政府还会提供外汇汇率担保，将贷款利息汇率和偿债资金支付固定，由政府来承担减轻汇率波动带来的不利影响的责任。

在一些国家，保证投资安全及确保运营环境稳定性的激励措施将表明政府发展旅游业和促进饭店投资的承诺和信心。其他表明政府支持旅游产业发展的行动还包括改善交通网络、扩展为旅游者提供的文化活动、简化严格的签证要求等。

有选择的激励

许多政府使用有选择的激励来保持对饭店建设类型的控制并保证饭店发展同其已制定的旅游业目标相一致。在有选择的或相机决策的激励计划中，激励措施不是自动地适用于所有饭店项目，而是要获得指定的资助当局的许可。尽管由于存在评估程序并需要更多的政府行政管理，相机决策的激励可能要花费更长的时间才能实施，但这种激励计划可以使政府引导资金投向于其首选的发展项目。例如，某些激励仅为国内投资者提供，以促进当地企业发展；另外一些激励则是为了促进在某一重建区域内的旅游业相关项目。再如，某个东道国政府可能偏好豪华的、也可能偏爱经济型的住宿设施；可能更愿意建设大型、也可能更愿意发展小型的膳宿商业单位；可能更愿意在某一个、而不是另外一个位置发展项目。

要想有效果，政府激励必须是恰当的、有力的，并能够提供给那些最需要的接受者。由于在运营的最初 2 ~ 3 年中饭店的现金流受到极大的压力，最受欢迎的激励措施是那些在头几年能减少资金成本或提供减免的措施。从政府一方的观点来看，在个案基础上有选择地提供激励（假如运用得当的话）能够确保每一个项目都能确实得到保证能够实施的恰当的激励组合，而不会送出任何超出必需的激励措施。

然而，仅仅提供激励并不能创造一个积极的投资环境。正如我们前面论及的，吸引投资者的首先是稳定的社会经济环境、蒸蒸日上的经济形势及有前途的市场需求等将影响项目长期可行性的因素。尽管政府可以通过提供激励来减少不确定性的影响，但投资者也已开始警惕那些在政治不稳定时可能会被废除的激励，或由于其他因素而不能长久的激励。

所提供的激励的类型影响着政府实际上可以支持的项目的数量。直接补助花费良多，在给定的有限资金情况下，通过贷款、利息减免优惠、税收豁免或关税退偿等方式可以援助比直接补助方式多得多的项目。而且，从政治上讲，直接补助这种馈赠难以为纳税人接受。

案例节选：

墨西哥的例子

通过运用政府激励和减少官僚主义来支持旅游和饭店业的发展在墨西哥得到了很好的体现。

墨西哥长期以来是一个很受欢迎且容易进入的度假目的地，其景色秀丽的海岸线、温和的海水和丰富的历史遗迹每年都吸引着数以百万计的旅游者。旅游业是墨西哥的第三大创汇部门，直接或间接吸纳了 9% 的劳动力。墨西哥政府已经将旅游业定位为经济发展中一个优先发展的产业，积极地促进入境旅游并寻求外国饭店投资。

作为墨西哥经济自由化和私有化的政府政策的一部分，外国投资者现在可以拥有高达 100% 的饭店所有权。虽然在濒海地区拥有土地仍然受到严格的限制，但是，外国投资者通过和某一家墨西哥银行达成托管协议，就可以克服这些限制并保持对投资的控制。适用于所有类型投资的新法令已经制定，这些法令的目的是为投资者提供法定保证并简化适用于投资事务的行政规定和程序。

饭店发展的其他障碍也被解除以刺激旅游业的发展，旅游业还是可以进行债务—权益互换的部门之一。后续的计划还包括政府同意外国及本国投资者在基础设施项目上投资及参与涉及公共资产出售的项目。政府还建立了项目自动批准程序，在提出申请 45 个工作日后为一个正式回应期限。

为了达到在 1994 年以前每年接待 1000 万名国际旅游者，旅游收入超 50 亿美元的目标，墨西哥政府围绕以下三个基本战略实施了一项积极的发展计划。这三个基本战略是：通过一系列解除管制和政策放宽的行动使旅游业投资中增加的商业活动更为便利；通过国内外私人部门的积极参与，使旅游设施和基础设施得到改善和现代化；以及采取一项得力的国际促销计划使得墨西哥多样化的旅游业优势得到更广泛的认知。

墨西哥政府还引入了"超大型项目"概念，在重要的目的地地区发展综合度假设施。这些针对预先指定地区的特殊项目包括了饭店、小型船坞、高尔夫球场、购物中心、民用住宅及其他的吸引物。政府对基础设施发展提供支持。全国旅游业发展基金（FONATOR）负责通过提供多种财政激励、明确的指导方针和行政援助使私人投资者更便利地参与到这些项目中。在一些项目中，旅游业发展基金作为合资企业的合作方参与进来，在另外一些项目中，则发挥咨询作用。

为了使潜在投资者了解新的商业机会，墨西哥旅游秘书处在美国及其他国家举办了一系列投资交流会，向潜在投资者通报墨西哥饭店发展规划方面的相关问题。

为了鼓励私人部门参与到饭店业中，韩国政府通过政府贷款、税收激励及降低国际性合资项目的税率等方式提供援助，还设立了一个旅游业援助基金为新建饭店、

现有饭店改造及其他旅游业务提供融资。饭店还能得到加速资产折旧许可方面的税收激励。外国投资者同韩国合作者联合对旅游项目进行投资时其投资可以得到部分的税收豁免。近年来，这些政府激励计划已经吸引了许多国际饭店连锁进入韩国。

在大多数情况下，政府官员对使用投资激励的相对成本和好处了解很有限。由于缺乏这方面的知识，他们很难决定能够促进外商直接投资决定的正确的激励组合。以下为政府决定管理投资激励策略时可以参考的标准：

- 应该根据饭店的规模与类型及位置进行选择性的投资激励；
- 激励应与现行的旅游开发计划相关联；
- 激励应与对环境与文化敏感的项目建立联系；
- 土地应出租给外国投资者，而不是出售给他们；
- 应监督激励受惠方以确保他们的投资按计划进行；
- 投资激励法律应包含审核条款，以便对激励的效果进行评估，并在必要的时候进行修改。

过度的官僚主义

在某些国家或地区，激励法的作用可能由于涉及投资过程中过度的官僚主义和缺乏协调而受到削弱。例如，在一个加勒比国家，一个申请者为其饭店项目寻求获得激励需要为5～6个政府机构准备文件。印度则是官僚主义淋漓尽致的一个典型，尽管这个国家正在向更为自由的外国投资法规转变，在一个饭店可以开业接待客人以前，投资者和运营者仍旧必须获得不少于30个不同的政府部门同意。

为了减少过多的繁文缛节，一些国家设置了协调机构来帮助外国投资者。例如，在特立尼达和多巴哥，产业发展公司被指派负责外国投资的协调。该公司成立了一个"一站式"机构（即投资协调委员会）来加速必要的审查和投资者必须从不同的政府各部门和法定机构获得的批准。与此相似，所有的东盟国家都设置了便利国内外投资者的一站式投资服务中心。这些中心内有来自于不同政府机构的代表，并得到授权，解决开设公司或进行投资过程中有关的问题。

公开上市和私人拥有的住宿业公司

大型的住宿业连锁可能是公开上市公司（PLCs），也可能为私人所有。在某个证券交易所挂牌上市的吸引力在于它提供了进入主要的权益市场进行融资的准入渠道。对于大多数饭店公司来说，成为一家上市公司是为增长和扩张提供更多资金最合乎逻辑的途径。

表4-5 领先的公开上市的全球饭店公司

饭店集团	2006 年品牌客房数量	主要行情	2007 年 1 月中旬的市值 *（美元）
洲际饭店集团	556246	伦敦证券交易所	95 亿
温德姆国际饭店集团	543234	纽约证券交易所	66 亿
万豪国际饭店集团	513832	纽约证券交易所	188 亿
希尔顿饭店集团	501478	纽约证券交易所	135 亿
精品国际饭店集团	435000	纽约证券交易所	29 亿
雅高	486512	巴黎证券交易所	180 亿
喜达屋国际饭店集团	265600	纽约证券交易所	138 亿
途易饭店和度假村	82111	法兰克福证券交易所	51 亿

* 市值 = 每股市价 × 已发行股票数量

从公众资金来源筹集股本资本有三种基本的方式。新股发行是某一公司股票的首次发行，其发行价格确立在由公司的证券经纪人计算的某一水平上，这一价格能够产生足够的吸引力使所有股票都得到认购。配股是上市公司向现有股东筹集额外的股本资本时最常用的方式，在配股时，上市公司以配发前股票市价的折扣价格向股东配发认股权。以股份换取资产则是筹集股本的另外一种方式。除了已发行在外的股票以外，大多数公司还保持了大宗未公开发行但可以用来购买增加的资产的法定股本。例如，巴斯公司在 1988 年对假日饭店集团的并购，并购实质是由巴斯承担假日 18.5 亿元的债务，再向假日集团的股东发行 715 万股巴斯的股份，价值为 1.25 亿美元。

表 4-5 显示了公开上市的顶级全球饭店公司的规模和市值。洲际饭店集团 2007 年的市值为 95 亿美元，这表明每股价格按流通股的数目成倍增长。一个公司如果想收购洲际的话，它实际上需要竞购洲际所有以收购价计算的流通股，这通常是超出现行每股价格的额外费用。

除了股本资本以外，上市公司的负债能力也有不同，负债为公司提供了一个重要的资金来源。一个上市公司可以使用债务证券（可转换债券是某公司发行的可定期获得固定利息的债券，到规定的日期，只要债券持有人愿意，可按先前安排的条款，将债券兑换成同一公司的股票。如果股票的红利在将来可能高于债券的利息，或者股票的价格可能上升，使用转换债券有利于债券持有人），如可转换债券，这种债券同股本连接，其利率水平通常低于当前的市场利率水平。公开上市饭店公司和私人饭店公司筹集资本最常用的方法是借贷。公司的债务结构非常重要，如果发生公司清算的时候，债务偿还处于优先地位就说明了这一点。债务通常由公司明确的资产价值做担保（例如饭店资产），这种情况下可以获得较低的贷款利率。无担保贷款不依赖于任何资产价值，通常执行较高的贷款利率以体现借贷者承担的较高风险。在发生清算时，担保贷款要先于无担保贷款优先偿还。

债务和权益之间的关系是非常关键的。一个公司的债务与权益比例是公司健康状况的一个重要的衡量标准，也是影响公司筹措额外资金能力的重要因素。国际投资界通常认为低于总资产 60% 的贷款与价值比率（负债率）是较为适宜的，当贷款与价值比率超过 60% 的时候就会引起担心。

美国的权益投资

美国公开上市的饭店公司主要有两类：一类是仅仅只拥有非常小比例的饭店资产（通常在 5% 左右）的管理公司，但通过合同管理这些饭店；另一类是特许经营公司，它们拥有并销售饭店品牌及其支持性服务，这些服务包括：中央预订、营销、培训和采购。在实践中，大部分美国公司是两种类型的结合体。

美国住宿业公司从拥有饭店所有权向合同管理及特许经营转移部分是由于会计方面的原因引发的。美国财务会计程序要求住宿业公司以反映饭店折旧的账面价值记账，而非市场价值。作为这种从所有权转移的结果，住宿业公司扩张的主要资金来源于从管理合同和特许经营协议中产生的现金流。由于大部分收入来源于所收到的这些费用，饭店公司的收入和利润通常要比它们拥有饭店时所能得到的收入和利润低得多。

不同于英国饭店市场（在那里投资界主要通过拥有上市公司股份的形式参与饭店投资），美国的投资圈子介入饭店市场主要是通过拥有特定饭店资产的权益所有权及通过为饭店项目提供债务融资的方式。在美国，一个由银行、保险公司、储蓄及借贷机构组成的广阔网络同饭店所有权有联系。例如，据估计，美国的谨慎保险公司 (Prudential Insurance) 一度拥有约 2 万间饭店客房，大都会人寿保险公司也曾一度拥有几乎 2.5 万间饭店客房[①]。

由于过度建设，20 世纪 90 年代早期饭店业表现不佳，国际投资者不想直接对饭店房地产进行权益投资。在这种环境下，房地产投资信托基金再次出现，购买主要在饭店房地产进行投资的企业的股票。房地产投资信托基金被誉为"房地产的共有基金"，允许个人投资者和机构投资者购买公开上市公司的能带来收入的房地产投资股票。站在房地产投资信托基金的角度，通过上市带来的传统的公开融资渠道，它们为生成增长和扩张所需的股本提供一种媒介，这一点前面已经讨论过了。而投资者可以通过投资房地产投资信托基金可交易的股份，从饭店房地产获得收益回报和资本利得。1993 年只有两只公开交易的房地产投资信托基金，市值为 1 亿美元，如今房地产投资信托基金代表美国股权和饭店所有权的主要来源，2007 年的市值已经超过 230 亿美元。

在 2003 年前后，投资者开始从公有制的大型饭店房地产组合转向私人所有。从那时起，代表从机构和高净值个人处筹得的非公开交易的共同资本的私募股权公司已经成为饭店房地产的主要收购者，多数情况下是将公有制的公司私有化。活跃在这一舞台上的重要公司有些之前在饭店所有权中并没有体现，如黑石集团、瑟伯勒斯、阿波罗、柯罗尼、贝恩和 KSL。

最近发生的引起极大关注的私募股权公司将公有制企业收为私有的案例，一个是黑石集团以 260 亿美元收购希尔顿公司，另一个是由微软创始人比尔·盖茨和四季创始人伊萨多·夏普部分拥有的 Cascade Investments 公司收购四季。表 4-6 列出了美国领先饭店所有权集团的简要情况。

表 4-6　顶级饭店所有权集团

2005 ～ 2006 年顶级饭店业主		
公司名称	类型	客房数量
黑石集团	私募股权	150000(1)
Host Hotels and Resorts（前东道主万豪公司）	房地产投资信托基金	48785
喜达屋饭店及度假村	上市公司	47000
Hospitality Properties Trust	房地产投资信托基金	42000
费尔科旅业信托公司	房地产投资信托基金	37000*
维斯盟特饭店管理集团	私人所有并经营	30000*
Tharaldson Companies	私人所有、经营、开发	25813*
CNL 饭店及度假村	未上市的房地产投资信托基金	25724
希尔顿饭店公司	上市公司	25688(2)
哥伦比亚苏塞克斯集团	私人所有并经营	27612
John Q Hammons 饭店及度假村	私人所有并经营	14290*
Lodgian Inc	私人所有并经营	12679(3)
数据除特殊标注外，均截至 2005 年 12 月 31 日。 * 为截至 2004 年 12 月 31 日的数据。 （1）为约数，因为客房数目始终处于变化当中。 （2）为截至 2005 年 9 月 30 日的数据。 （3）为截至 2006 年 3 月 31 日的数据。		

欧洲的权益投资

欧洲饭店业 60% 的集中在德国、法国、英国、意大利和西班牙。这些国家也是饭店连锁分布最广的地区，法国拥有饭店连锁的比例最高，为 35%，德国占比最低，也达到了 24%。与美国相比，欧洲的连锁饭店占饭店存量的比重小很多，这主要是因为欧洲 80% 的饭店是以独立经营和个体所有为主的规模较小、等级较低的饭店。[⑧]

尽管欧洲的小型非品牌饭店在所有权和投资者组合方面非常稳定，但欧洲投资级别的饭店（通常是品牌高星级饭店）的所有权已经在发生着变化。以下三个趋势预示了这一转变：

公有变为私有 在 1995 ~ 2000 年的上升时期，饭店经营者渴望进入资本市场，使他们的资产在证券交易所上市。例如，希思尔（Thistle）、贾维斯（Jarvis）和千禧国敦饭店（Millennium & Copthorne）在伦敦证券交易所上市，索米丽雅在马德里证券交易所上市。从 2000 年开始的下降时期使得股票价格下降，很多公司在上市公司私有化过程中被摘牌。例如希思尔被 BIL International 私有化、贾维斯被 Lioncourt Capital 收购、Queens Moat House 被 WhiteHall 购买，高盛投资公司和希尔顿饭店集团被希尔顿公司收购。

资产处置 近年来，欧洲有很多单体饭店和饭店组合出售的案例，这反映了饭店所有权的一大转变。购买这些资产的主要是私募股权公司、刚成立不久的物业公司、高净值的个人和财团（房地产投资和资产管理公司组合而成）。

合资企业 近几年饭店运营者与饭店地产投资者成立的合资企业也对股权和所有权整体产生了重要影响。例如，2005 年，艾美饭店的地产资产被喜达屋资本集团和雷曼兄弟组成的合资企业收购，而它的品牌和管理公司被喜达屋饭店与度假村国际集团收购。

值得注意的是这些所有权变化主要局限于门户城市投资级别的饭店，欧洲二线城市独立经营并私人所有的饭店仍位于欧洲大部分饭店资产所处的阶段。

亚洲的权益投资

在亚洲，一个主要的基本要素是住宿业公司愿意投资于它们所管理的饭店。同它们的非亚洲同行相比，亚洲的饭店集团倾向于对饭店拥有高得多的权益投资比例（有时高达 100%）。在它们的战略中，十分看重土地和饭店资产所有权成分。

从融资方面考虑，亚洲的主要饭店项目可以划分为几个主要类型：

- 亚洲主要城市饭店;
- 亚洲二级城市饭店;
- 亚洲度假饭店, 即地位已经稳固的市场;
- 亚洲度假饭店, 即新兴的市场;
- 亚洲度假饭店, 即开拓中的市场;
- 亚洲共产主义/社会主义国家的饭店。

每一类型饭店面临的融资挑战都不尽相同, 三个关键变量反映出本质发生了偏离。这三个变量是: 饭店投资的成本, 饭店投资所产生的现金流的大小, 以及风险水平。对成本收益及与之相对的风险的平衡是所有投资和融资决策的核心。表4-7总结了在这些不同类型饭店的特点和融资所涉及的问题。

在亚洲, 传统上, 亚洲饭店获得债务融资的过程远比在某些更为发达的西方经济中饭店获得融资要简单得多。通常, 亚洲的土地所有者在其所有的土地上发展一家饭店, 并通过银行获得可能高达建设费用100%的有追索权的贷款。由于以下三个原因, 在借贷者仅仅指望项目的现金流且不作为发起人的时候, 无追索权的融资在亚洲较为少见。第一, 亚洲的资本市场要小得多, 且不太发达, 当地市场中借贷者的总体规模也很小; 第二, 由于经济高速增长, 亚洲对债务融资的需求十分旺盛; 第三, 亚洲企业家是传统的保守主义, 天生地抵制借贷并希望以其个人投资的方式介入饭店发展中。

为同亚洲特殊的市场状况相适应, 一大批创造性的债务融资解决方案在亚洲得到发展。大部分同与住宿业项目相结合的房地产开发相联系。例如, 中国香港、新加坡和其他亚洲城市的许多饭店, 会吸引大量的高档购物商店, 通过零售业的租金获得大量的收入。对亚洲的度假饭店来说, 通过预售度假饭店附属的别墅能极大地提高饭店融资的能力。随着亚洲国内金融系统不断成熟以及地区经济更加繁荣, 更为宽松的融资环境和更为先进的饭店融资手段将会出现。

一些使得亚洲饭店资产被严格控制的历史障碍正逐渐减少或改变, 这些障碍包括

- 亚洲银行对到期未能偿还贷款实行丧失抵押品赎回权的法律很有限, 尽管这一情况正在发生变化, 为刺激投资兴趣, 银行还需要采取进一步的变革;
- 房地产金融机构和诸如法律、授权及产权保险等服务在亚洲开始兴起, 从而有助于获取更为复杂的资金渠道;
- 有限的交易使得在亚洲做出定价决策所依据的评估信息更偏向于技巧性而不是科学性, 但是房地产市场也开始更具有流动性, 因而也更加透明;

- 后亚洲金融危机环境中的"需求冲击"一度抑制了国际投资活动，如今亚洲大部分市场表现强劲，每间可售房收入平稳增长，吸引了更大范围内全球投资者的兴趣。

在一些因素的作用下，亚洲的资产和债务组合开始改变，这些因素包括投资障碍的减少，亚洲巨大上升潜力的预期、西欧和美洲传统蓝筹市场的饱和、寻求高产出的全球市场的大量资本，以及亚洲新的旅游目的地的发展，例如以博彩娱乐为着力点的中国澳门。基于2007年的饭店开发项目，亚洲的主要房地产市场是中国、泰国和印度。中国的在建客房数量超过17万间，超过亚洲目前开发总量的70%，从而奠定了其领先位置。⑧

亚洲一些新型资本来源包括美国投资基金、通过房地产投资信托基金和商业抵押担保证券实现证券化的引入、中东投资者和相关基金的"石油美元"、物业公司、高净值的个人，以及机构投资者。

表4-7 亚洲城市饭店市场、度假区域及社会主义／共产主义国家的饭店融资

亚洲城市饭店市场中的饭店融资		
类型1: 主要城市		类型2:
热点城市	东南亚的新热点	二级城市
举例 —东京	—曼谷	—高雄
—首尔	—吉隆坡	—浦山
—中国香港	—雅加达	—新山（柔佛巴鲁）
—中国台北	—马尼拉	—泗水（苏腊巴亚）
—新加坡		
特点 —非常高的土地成本	—较低的土地成本	—比首都更低的土地成本
—合适位置经常严重不足	—更多可以利用的位置	—更多的饭店发展可用位置
—营业费用迅速上升	—市场更容易发生变化	—更低的建设成本
—但餐饮收入可能很高	—但长期的竞争更激烈	—更高的国内客源依赖性
—且长期运营中竞争有限	—因此要求能够实现长期预期的房价水平	—因此房间价格结构性偏低
—因此可以达到的长期运营的高房价、高出租率和相应的毛利	—出租率水平低于东北亚	
融资涉及的问题 —权益: 由于高昂的土地成本，一家饭店常常不是某一位置最高及最好的投资选择	—权益: 饭店的位置、发起人地位及概念都非常关键	—权益: 针对实际的市场需求（定量的和定性的）建设饭店十分重要
—债务: 发展成本较低的回报喻示了较低的债务杠杆	—债务: 比起先进的东北亚成本有更高的回报	
资金来源／结构 —权益: 主要是国内来源，常常是土地所有者发展饭店，因此成本较低	—权益: 跨国权益资金来源普遍，通常采用合资形式	—权益: 除了少数例外，仅依靠国内资金来源占支配地位

（续）

	—债务：项目融资较少利用，更多的是使用担保贷款	—债务：比东北亚国家更多地采用项目融资，但现在正在减少	—债务：国外债务融资非常少见

亚洲的度假地区域中的饭店融资

	#1: 地位已经稳固的市场	#2: 新兴的市场	#3: 开拓中的市场
举例	巴厘岛	苏梅岛，清迈	象岛（Ko Chang）
	普吉岛	凌家卫岛	长滩岛（Boracay）
	槟城	龙目岛，巴塔姆	马尔代夫
	冲绳	济州岛	塔纳托拉雅（Tana Toraja）
特点	—上涨的土地价格	—较低的土地价格	—政治风险（有时）
	—基础设施良好	—基础设施较为缺乏	—更为低廉的土地价格
	—20世纪80年代后期以来上升的房价和出租率	—市场营销非常关键	—严重的基础设施不足
	—过度开发带来的负面后果	—饭店之间的互相依赖性	—新奇的吸引力
融资涉及的问题	—权益：土地成本是关键	—权益：高风险要求有高的权益投资回报控制率	—权益：更高的风险要求有更高的权益投资回报控制率
	—债务：稳固的市场使债务融资更为容易	—债务：地位不太稳固的市场使借贷者更加谨慎	—债务：借贷者不会对现有项目融资，除非有极大的支持
资金来源/结构	—权益：国际合资企业占主导地位	—权益：国内外合资企业形式比较普遍（亚洲、日本和美国的权益投资）	—权益：国内外合资企业形式较为普遍，有时获得权益投资比筹集贷款更容易
	—债务：项目经常使用有追偿权的国外融资	—债务：当地金融机构和一些国际金融机构	—权益：当地银行，强有力的信用支持是必要的

亚洲共产主义/社会主义国家的饭店融资

	城市饭店		风景区/度假地饭店
举例	北京、上海、广州		海南岛
	胡志明市、河内		大叻
	仰光		丹老群岛
	金边		吴歌窟
特点	—在大多数国家，政治风险是压倒一切的因素		
	—基础设施将是一个大问题		
	—一些城市市场（如北京和上海）现在已经严重地过度建设		
	—受到外国投资法律或惯例的要求限制，发展的企业寿命一般相对较短（20年，25年或50年）		
融资涉及的问题	—权益：权益投资回报高度变化，有一些"情绪化"投资		
	—债务：没有外部信贷支持的话，依靠"基于项目"的单纯债务融资是不可能的		
资金来源/结构	—权益：资金可用性取决于市场，就中国而言，现在基本不存在可以利用的资金；对越南，则有很多好奇的投资者，但基本还没有制订投资计划		
	—债务：在某些市场（缅甸和越南）债务融资仍必须受到考查		

注：表格来自于所罗门兄弟公司的戴维·巴斯曼（David Bussman）所做的一份报告，于1991年首次发布。尽管报告中的资料来源于所罗门兄弟公司认为可靠的渠道，所罗门兄弟公司并不保证其准确性，而且，这些信息可能是不完全的或经过精简的。本报告中的所有观点和估计代表了这一日期所罗门兄弟公司所做判断，如有变化，不另行通知。本报告仅用于资料目的，不作为对任何证券买卖的建议或要求。

会计准则

在为饭店项目融资及组建饭店公司的时候，相关国家的会计准则对此将有很大的影响。对在几个国家经营的跨国饭店来说，会计准则和标准的差异会造成国家之间的财务报表总体上缺乏可比性。例如，下面的案例就表明了会计规则上的差异：

- 荷兰的会计标准用现值评估重置资产，而日本法律禁止重新估价，规定采用历史成本法；
- 英国要求融资租赁资本化，而法国没有实行此项规定；
- 德国的会计标准将折旧视为债务，而英国公司是从资产中扣除。[10]

正如本章前面指出的，跨界投资的增长和资本市场全球化的总体趋势带来跨国财务报告的需求。投资在伦敦证券交易所上市的英国饭店公司股票的美国的机构或者个人即是跨界投资者的例子。美国投资者对财务报告的需求不同于证券交易所的要求，而且可能产生两种不同的盈利能力和评估结果。

在英国，允许每年在资产负债表中重新评估增值了的饭店资产的价值，以反映饭店资产的当前市场价值。在某个资产价值迅速升值的时期（如20世纪80年代），资产负债表中饭店公司的资产价值迅猛升高。尽管其他条件相同，但它使英国的饭店公司负债率得以降低，使公司在借贷能力方面获得了巨大的优势。这可能是世界最大的饭店公司洲际饭店集团仍然保持在英国的法人身份，并在伦敦证券交易所上市的原因之一。

在其业务组合中有大量资产的饭店公司在进行资产重新评估时可以从两个方面获益。第一，在借贷水平没有发生变化的条件下，其资产负债率降低，这意味着公司的偿债能力得到增强；第二，对于公开上市的公司来说，评估后公司的股票价值上升，公司的净资产也增加了，这会导致股票价格上涨。从理论上说，一旦某个英国饭店公司的饭店资产升值到了一定的程度，公司可以将部分股权出售给股东，在为新的项目筹集资金的同时又保持在原有饭店中的股权地位，而且不用提高负债水平。

当饭店资产价值下跌的时候（如20世纪90年代初期），资产负债表中对资产的重新评估价值也会下降，导致公司资产的减少。20世纪90年代早期有几家英国饭店公司宣布处于破产监管状态。现在，人们在评估饭店价值和饭店公司股票价值的时候，或多或少地回到了对现金流量的考虑上。

与之相反，美国及其他许多国家的法律或会计准则要求饭店公司在资产负债表中记录折旧后的完全保有不动产（自由继承地产）的价值。尽管所允许的折旧方法有所不同，但是，这种做法最终的影响是公司的偿债能力受到限制，更少选择资本杠杆（或举债）经营。总体上看，美国的税收立法也远比其他国家复杂得多，因此，为了使利润最大化，公司的会计必须在财务会计惯例和当前流行的税收会计规则之间进行权衡、选择。

会计准则的调和

当财务信息必须为来自其他国家的投资者和公司转换为用另一种相对形式表达的时候，调和不同的会计准则是一项挑战性的工作。尤其是对合资企业而言，如何以某种方式协调不同的法律、文化及会计惯例来解决关于内部控制和财务控制、税收计算、利润测算及对合资企业投资的价值评估等方面问题的时候，存在大量潜在的问题。

尽管国家之间很少有相同的会计系统和标准，然而根据它们的资本市场的发展和财务报告的要求，可以划分出三组拥有相似标准国家：

- 英国—美国—荷兰组，这些国家拥有大型和成熟的市场，这些市场是资本的主要来源，因而适合为个人投资者提供相关信息；
- 欧洲--日本组，这些国家与银行关系非常密切，并将其作为主要的资本来源，这也影响着它们的财务报告；
- 南美组，这些国家的会计标准受到持久的通货膨胀的影响。

这些分组仍然没有将原来属于苏联的国家或者很多政权更迭频繁，实行独裁统治的国家加以分类。中国自 1978 年经济改革开始，已经吸引了强烈的国际投资兴趣。它的会计系统是在旧的共产主义体制下作为合规报告过程产生的旧体制的遗留物；它适合政府的成果和税收目标，而不是盈利能力。在刚刚转变的政权投资者面临的其他相关问题是缺少合格的会计人员以及在市场经济起基础作用的交易中富有经验的财务经理和审计员。[⑫]

税收法规

许多西方开发商通常会对一些较不发达的国家却采用了复杂的所得税课征感到惊讶，例如，在中国，尽管仅仅从 1978 年开始才向外国投资者开放，但其使用的折旧概念已经非常成熟。饭店业界会发现，税收课征方法传播速度快得惊人。

在各个不同的国家，饭店投资者将要面对的一系列税赋是：全国性所得税；地方的、市政的或省政的附加税；销售税；房地产转移税；房地产税及床位税。此外，另外一个在西欧国家很普遍但在美国不征收的税种是增值税，增值税是一种对产品或服务生产每一阶段都进行课税的税种，也普遍适用于房地产的销售。

每个国家的税率都有所不同，影响着饭店公司的总体获利性。日本、德国及北欧国家的税率相对较高。瑞士、塞浦路斯、荷兰和中国香港的税率较低并且有其他有利的税收条件。

在某些情况下，假如两个国家之间没有互惠条款的话，投资者的利润将会受到东道国和母国的双重课税。法国、意大利、牙买加和英国都与美国有税收互惠条款。按照这些条款，对于某些适用的项目，每一方都同意降低自己对所得税的课税税率。在没有这些互惠条款的情况下，除非东道国政府单方面同意抵免或宽减在本国的纳税额，例如在某些条件下西班牙和葡萄牙政府所实行的税收减免，否则投资者或开发商将有可能为其所得缴两次税。中国香港地区对本地公司在外埠所获利润并不征收任何税赋，即使这些利润被汇回香港也是如此。在香港，资本利得或分配的利润，如红利也不被征税[13]。

近年来，不同的国家如何实施税收的法律有了许多变化，这些变化对于国际化运营的饭店有重要的影响。美国 1986 年的税收改革法案导致了美国税法全面的变化并引发了全球税法的改革。世界范围内的趋势是税率朝着降低的方向发展。但是由于国际平均税率通常在收入的 20% ~ 60% 间变化，对于多国公司来说，了解不同国家的税收立法的影响非常关键。没有一个有效的税收规划，收入很容易被不必要地两次或多次课税。税收法律、有无同其他国家的税收互惠条款及跨国交易的难易程度也会影响到饭店公司选择不同的位置进行运营管理、参与权益投资的水平及从哪里得到贷款融资。

美国的税收体系是世界上最为复杂的税收体系之一。在国际市场运营的美国饭店公司所承受的海外收入的纳税负担常常比它们的外国竞争者要高。对于美国公司在海外收入的税收，美国税收法律的设计没有考虑到这一领域目前的真实运转情况，因为这些法律是基于 20 世纪 50 年代和 20 世纪 60 年代的税收政策制定的，那时美国经济在世界上具有支配性地位。这些税收法律也没有考虑到全球化的现实，从购买一家得到社会认可的海外公司（在其他国家，商誉是不能带来税收减免的）到实行海外收入税收激励（在大多数国家，饭店将得到根据国外税收基础假设而建立的税收减免）。美国饭店公司会遇到的另外一个问题是美国税收法律不断变化，制约了进行长期规划的能力。所有这些因素阻碍了美国公司在海外拓展业务。

海外收入税收减免（指考虑到公司在某个海外国家已经缴税而对其在国内的税收给予的减免）目前广为采用，但开始变得日益复杂。在存在税收延期和免税优惠的情况、现行税率和实际税率之间有差别的时候更是如此。在某个国家所支付的税赋并不能保证在另外一个国家得到相应的税收减免。经常性的情况是，假如在已经缴纳税赋的那个国家，税率比给予税收减免的那个国家高，后者所给予的税收减免将仅仅限于公司在本国原来应该受到课税的较低税率水平。

海外收入税收减免法律和其他税收法律的变化对美国饭店公司在海外的运营起了负面作用。在税法改革以前，拥有海外资产的美国饭店公司可以将其海外的所有收入合并为一个大的类别，并且得到一个总的税收减免。而现在，美国国内税务局要求按照收入的来源不同制作详细的分类细账，将收入划分为小得多的类别。这样做使得从某个类别中获得海外收入税收减免来补偿积攒在另外一个类别中的海外纳税税单变得困难。更多的类别意味着保全外国收入的余地更小，会执行更高的现行税率。美国公司无法得到海外收入税收减免的另外一个原因是在世界上其他许多地区的税率上升的时候，美国的税率在下降。同美国的情况形成对比的是，一些国家的公司在国外获得的任何收入都只需向母国缴纳少许税赋，有的甚至根本不用上税。

统一会计制度

由于《饭店统一会计制度》得到了普遍的使用，因此可以从饭店业中收集资料来分析地区性的、全国性及国际性的饭店发展趋势。这样的信息对于饭店公司、潜在投资者和借贷者来说是非常有用的。在全球不同国家的服务于不同市场的饭店中，饭店收入的构成——客房销售、餐饮销售和其他一些较小的营业部门的销售——有很大的不同。同样地，饭店的成本和费用——人员工资、食品和酒水、未分配的管理费用、营销费用、饭店的运转维护费用和能源费用也会不同。在《饭店统一会计制度》中，所有的账目被划分为近似的类别，报表形式或多或少是相似的，这使得在不同地点的饭店之间进行有效的比较成为可能。

结论

金融市场和金融体系的全球化对饭店的投资性质产生了重大的影响。当前的投资趋势中更大量的投资资金需求、紧缩的资金供给和保守的借贷政策及一些其他问题促成了饭店融资和所有权的混合形式中的创新方法。在过去，国际饭店项目所需的投资资金大部分从常规渠道筹集，今天，这些资金更可能是来自国外的、非传统的融资渠道。饭店发展的金融市场环境已经开始变得越发复杂。

通过承担股权投资资金或风险投资，开发商和其他投资者通常提供了住宿业项目启动的启动资金。此后，还必须为项目的发展寻找长期的权益投资者和债务融资。然而，在进行权益投资以前，潜在的投资者通常将针对不同的国家和地区来制定明确的标准，控制投资的健康性和安全性。

在考虑批准贷款时，借贷机构已采用了更加严格的标准。借贷者通常会评估建立在开发商市场可行性研究基础上的饭店项目风险、开发商在以前的项目中的成功表现、被挑选来运营饭店的管理公司的管理技术和声誉以及同样重要的其他一些因素。

借贷者和借款人可以就贷款商谈采用固定利率或浮动利率。固定利率一般由金融市场确定，在整个贷款期内有效，仅仅在再融资的时候才发生变化。浮动利率则通常附加到某个"主要的"指数，如伦敦银行同业拆借利率或欧洲日元利率。

在海外进行融资开始更加常见。在风险较高的情形下或在某些风险较高的国家，融资结构可以采用合资企业的形式，也就是以一家老资格的西方或亚洲的建设公司为首，以一家当地的组织、一个饭店运营公司或提供融资的银行为合作伙伴，共同进行开发工作。另外一种做法是，许多财团可以在银团贷款中发挥积极作用，并可以由政府作保。此外，还可以从世界银行或区域性开发银行获得融资。一些发展中国家还建立了自己的开发银行，为它们希望发展的项目提供融资，这些项目有时包括饭店。

在许多发展中国家，政府提供激励措施来促进发展那些假如没有鼓励就不可能得到发展的项目。这些激励措施通常包括：减少投资所必需的资金支出、减少项目经营过程中的营业成本和（或）保证投资安全的激励。为了减少繁文缛节的延误，一些国家成立了协调机构或一站式服务机构来帮助外国投资者得到项目发展所必需的批文。

住宿业连锁可能是公开上市公司（PLCs），也可能为私人所有。公开上市公司更有可能进入主要的权益市场获得融资。通过那些和权益联系的证券，它们还有更高的能力得到低成本的资金。

在不同的国家和地区，住宿业的投资趋势有所不同。在美国，饭店的所有权和运营权通常是分离的。然而，最近几年，饭店业主和借贷者开始要求管理公司进行权益投资或解决债务融资，以换取管理合同。不同于美国住宿业，欧洲住宿产业还是一个高度零散的产业，饭店的规模通常较小并且由个人所有和经营。然而，近来有许多在国际资本市场有更高进入能力的大型饭店公司已经在欧洲大陆出现。相反，亚洲的饭店业发展较晚，但当地企业非常迅速地成了市场支配者。亚洲投资者通常更愿意完全拥有它们的饭店，为新饭店融资一般是使用内部的现金或其他的自我融资方案。

在不同的国家，会计准则和税收法规都将对饭店的融资和运营产生重大的影响。通过提供一个规定好的样式，《饭店统一会计制度》为所有饭店的会计科目建立了一个标准，使得在不同地点的饭店之间进行有效的比较成为可能。

尾注：

① Jones Lang LaSalle Hotels, Hotel Investment Outlook 2007.

② Much of the information in the following sections was adapted from Hotel Investment Outlook 2007 and the Hotel Investment Sentiment Survey, published by Jones Lang LaSalle Hotels, an investment advisory firm; Emerging Trends in Real Estate Asia-Pacific, 2007, Urban Institution; and Emerging Trends in Real Estate Europe, 2007, Urban Land Institute.

③ International Finance Corporation, 2006 Annual Report. www.ifc.org/annualreport.nsf/-Content/AR2006_English.

④ Stephen Wanhill,"Which Investment Incentives for Tourism?" Tourism Management, September 1983, p.6.

⑤ Adapted from Salih Kusuluvan and Kurtulus Karamustafa, "Multinational Hotel Development in Developing Countries: An Exploratory Analysis of Critical Policy Issues," International Journal of Tourism Research, No.3, May/June 2001, pp. 179-197.

⑥ Paul Slattery, "Models for Financing Tourism Facilities" Travel and Tourism Analyst, No. 4,1990, p. 53.

⑦ Ibid., p. 60.

⑧ The International Hotel Industry, Travel and Tourism Intelligence, 2003 (London:Mintel International Group Ltd., 2003).

⑨ Patrick Ford, "Lodging Development Trends China," presentation at the ISHC Annual Conference, Hong Kong, October 7–10, 2007.

⑩ Charles W. L. Hill, International Business: Competing in the Global Marketplace (New York: McGraw-Hill/Irwin, 2005), pp. 650 ~ 651.

⑪ Gerhard G. Mueller, Helen Gernon, and Gary K. Meek, Accounting: An International Perspective (Homewood, Ill.: Irwin, 1991).

⑫ L.E.Graham and A.H.Carley, "When East Meets West," Financial Executive, July-August 1995, pp. 40-45.

⑬ Michael Dodd, "Shelter in a Tax Haven," Accountancy, November 1990, p.70.

主要术语

赎回条款 (Call Provision)：允许一个企业在特定时期以规定价格从持有者手中回购其债券或优先股的一种条款。

开发银行 (Development Bank)：旨在对开发项目进行融资的银行。尽管有些可能进行权益投资，但开发银行主要提供债务融资。

欧洲日元 (Euroyen)：基于欧元与日元的加权货币值。

欧洲日元利率指数 (Euroyen rate index)：用于确立贷款利率的一种多国指数。

海外收入税收减免 (Foreign Tax Credit)：考虑到公司在某个海外国家已经缴税而对其在国内的税收给予的减免。

下限内部收益率 (Hurdle Rate)：在采用内部收益率资本预算模型时，一个项目必须达到或超过的内部收益率最低水平。

利息减免补贴 (Interest Relief Subsidies)：由政府承担固定利率和商业银行利率之间差额的政府投资激励。

伦敦银行同业拆借利率 (LIBOR)：用于确定贷款利率的一种多国指数。

优惠贷款 (Preferential Loans)：政府提供低于市场利率的优惠贷款的政府投资激励形式。

最优惠利率 (Prime Rate)：美国银行给予其最佳客户的利率。

房地产信托投资公司（REITs）：允许私人通过集中管理而不必缴纳公司层营业税来投资饭店的一种手段。

软贷款 (Soft Loan)：在贷款初期给予较长贷款期限和低利率，从而减少企业在早期现金流量紧张时的融资成本。

复习题

1. 哪些因素影响到投资者海外投资的利益？这些因素中哪些因素同投资接受国的联系比同投资来源国的关系更紧密？

2. 为什么饭店通常被认为是高风险的国际投资？

3. 在一个国家或一个地区，私人部门投资可能的投资标准是什么？对于一个特定的饭店项目来说，这些标准又是什么？

4. 得到饭店贷款融资的基准性标准是什么？

5. 公共部门（政府）和私人部门投资者的目标有何不同？

6. 什么因素导致日本投资者在国际饭店市场中采取了扩张性的行动？

7. 发展中国家饭店融资最常用的方法是什么？

8. 什么类型的政府投资激励被普遍运用以促进饭店发展？

9. 将一家饭店公司在股票交易所挂牌上市的主要吸引力是什么？一家公开上市的饭店公司会如何筹集股本资本？

10. 美国的会计准则如何阻碍了拥有饭店的所有权？英国的会计准则如何鼓励了拥有饭店所有权？这些会计准则对一家公司的借贷能力有何影响？

第5章

概　要

学习目标

1. 解释运用于国际性饭店运营的短语"全球化思维、本土化运营",并讨论国际品牌的"全球本土化"。

2. 概述与跨国组织、全球性组织及多国组织这三种类型的组织相联系的业务挑战及针对挑战做出的组织的响应和培训计划的响应。

3. 确定有业务扩张打算的连锁饭店可以采用的三种扩张战略;列举国际化扩张的好处和动机,并明确国际扩张的目标区域。

4. 明确扩张时面临的潜在障碍及做出扩张决策时要考虑哪些重要因素。

5. 总结国际性连锁饭店的分布类型,明确这些不同类型之间的差异是什么因素决定的。

6. 解释为什么外国连锁饭店在美国拥有饭店是有利的,并描述这些连锁饭店经常使用的市场营销方法。

7. 给出公司型连锁饭店、自愿联合体、集团企业的概念的定义。

8. 描述饭店公司可以选择的联营方式;解释选择联营时的考虑因素,包括错误地选择了联营方时的成本。

9. 概述伴随着跨国运营产生的问题及影响,为这样的运营提出计划和控制措施方面的建议。

5

国际化决策

饭店业是一个"笑迎天下客"的行业。随着全球贸易和旅游业的不断扩展，接待业中的国际联系可能变得更为重要。尽管一个国际性饭店的运营同运营一家国内饭店非常相似，但在某些方面还是有所不同，这取决于每一个东道国不同的环境。想要在世界范围内取得成功，饭店公司的管理需要尊重其他民族和文化，支持公司的海外运营并对政治经济环境保持密切的关注。

在全球和本地之间进行权衡

多年来，进入国际市场的公司都采纳了那种被认为是通用方法的途径。这些公司都已经在本国市场中成功地销售着公司产品，在公司将这些产品推向国际市场的时候，没有试图迎合——甚至没有考虑到对产品进行改进，以反映外国市场中的独特之处。对于许多跨国公司来说，这种战略很有效，因为这个世界较为简单；各国之间相互隔绝；在许多情况下本土的消费者很容易被满足；并且，在这些国家来自于其他经营者的竞争很小。因此，除了在本国市场销售的产品以外，没有必要再设计其他的产品。随着国际市场竞争日益激烈，20 世纪 80 年代这种思维让位于对全球化的重视：公司必须是一个服务于全球市场的、执行全球战略的全球性企业。这些公司认识到需要对全球市场进行认真的审视，设计出具有广泛吸引力的标准产品，并在世界各地出售这些产品。自 20 世纪 90 年代起口号就变为了"全球化思维、本土化运营"，成功的组织是那些能够在一个全球化视角和本土需求及要求之间找到良好均衡的公司。

"全球化思维、本土化运营"的口号还可以用来管理资源。彼得·德鲁克用"跨国"这一术语来描述那些以一体化网络、中心总部控制、分散化运营联合体为特征的组织①。在这样一个组织中，管理者能够按照当地的风俗和习惯来管理组织的资源，而不是采取那种"一个模式适用全部"的方法。德鲁克预言这种资源管理的柔性方法将成为全球经济中最根本的竞争力，甚至会使拥有某个优秀产品带来的优势黯然失色[2]。然而，这样一个组织在协调和控制方面更为困难，需要在领导职能、人力资源管理和协作方面创造出新的方法。

全球本土化

全球本土化这一术语整合了"全球化思维、本土化运营"口号的双重含义。不同的饭店公司采取了不同的策略以实现"全球本土化"或生产本土版本的全球产品。大部分进行国际扩张的饭店公司可以归为两种类型：一种是为确保市场的明晰定位、突出管理重点以及实现规模经济而只提供一种品牌的产品；另一种是采取多品牌方式，为特定市场或生活方式细分群体设计不同类型的饭店产品。

进行全球扩张的饭店公司面临的挑战之一是决定在其他地方可以多大程度保留本国的品牌标准。严格强调品牌标准要求连锁中的所有饭店拥有一致的可标识的外观，并严格按照公司品牌标准经营以确保品牌的完整性，假日饭店数年来即采取这种战略。然而这种经营方式面临着品牌进一步深入与其产生地文化不同的主体文化带来的压力。随着中国和印度等国家西方品牌的增加，饭店公司开始反思自己严格依照品牌标准的做法，并采取了考虑到文化与民族要求差异的更为灵活的方式。

假日快捷饭店即是一个非常贴切的例子，作为标准化最为严格的饭店品牌之一，它也学习在国外变得越来越灵活。例如，它对客房卫生间有这样一条规定："每间客房必须提供一个动力花洒，而且水压必须足以产生每分钟9升的流量。"然而，连锁需要调整其在法国和西班牙的饭店在这方面的标准，因为这两个国家的客人更喜欢浴缸而不是喷头。客房规格的本土化调整取决于对土地成本、预计的房间规模以及当地的餐饮偏好的综合考虑。一些向欧洲扩张的品牌，甚至连万怡这样的典型精选服务品牌，缩小了客房规模以为餐饮与会议争取更多的空间。[3]

法国全球饭店公司雅高集团采取了一种不同的方式来满足全球本土化的需要，它创造了两类品牌并围绕品牌的核心价值制定其各自的发展战略。雅高的标准化品牌，如富妙乐（Formule 1）、宜必思（Ibis）和诺富特（Novotel），保持高度标准化的特征并拥有统一的外观。然而，雅高在创造这些品牌时也开发了享有适应当地细分市场的充分灵活性的品牌美居（Mercure）。雅高继续将美居细分为一些附属品牌，以适应不同细分市场的品位和偏好。驿站美居饭店（Relais Mercure）是雅高旗下的二星级品牌，而美居大饭店（Grand Hotel Mercure）则是四星级品牌。

其他饭店品牌，例如喜达屋饭店度假村集团，通过收购某地区的现有品牌进入国际市场，并保持该品牌明显区别于公司的其他品牌。例如，喜达屋对艾美饭店的收购使它利用既有品牌的认知度获得在欧洲的发展。类似地，洲际饭店集团与全日空航空公司 (All Nippon Airways) 的饭店部门建立的合资企业使它进入日本，并凭借公认的品牌名称满足当地市场的需求。

跨国组织、全球性组织和多国组织

发展一个全球化饭店企业需要具有全球化的愿景、战略和组织结构。跨国组织、全球性组织和多国组织是国际商业界中组织的三种一般形式。每一种形式的设计都是用来完成不同的核心战略。一个跨国组织在全球范围内运营，但允许每一个饭店凭借自己的能力依照本土市场的需要来发展；全球性饭店运营者将这个世界看作一个单一的市场，需要的是标准化的、可靠的、从一个国家到另一个国家都是完全一样的品牌化饭店；多国运营者则使用成功的旗舰饭店为其他国家新的饭店提供发展概念，也就是说，它们将国内的经验用于国际化扩张。很明显，一个组织必须以能够恰当而迅速地对核心战略做出响应，并按照这种要求进行设计和发展。员工及如何对员工进行培训是使组织和企业良好运转的关键。表 5-1 总结了与三种类型的组织相联系的业务挑战及针对挑战做出的组织的响应和培训计划的响应。

表 5-1 跨国组织、全球性组织及多国组织面临的业务挑战及其所做响应

	跨国组织	全球性组织	多国组织
业务挑战	在全球范围内运营，同时具有本土响应性； 用全球资源来发展本土市场； 在总部和国外运营业务之间采用相互学习和共同的目标。	在全球范围内运营，发展标准化、质量全球一致的同一性的产品； 为全球市场按比例配置全球资源，全球业务运营采用国内运营方法。	将国内市场业务扩展为国际性业务； 为国际市场按比例配置国内资源； 国际业务运营学习国内运营方式。
组织的响应	全球化战略、本土化运营，多位置发展，模块化的生产，团队工作，共同承担责任，非正式的组织关系。	全球化战略、集权化运营；低成本生产，标准化发展，同质化决策方式，单一的全球发展战略。	在国际范围建立组织机构，发展国际性营销战略和资源； 将国内战略移植到国际业务运营中。
培训计划的响应	挖掘员工的创新能力，强调于愿景、使命和战略，在整个组织内实行授权。	发展全方位的运营有效性，强调一致性和技术发展，使全球的业务在同一声音下进行沟通。	发展运营效率并寻求增长，强调于尽可能快的国际性运营并同国内发展配合一致，协助国际业务采用国内组织的运营方式。

资料来源：改编自 Benton Randolf，"仅仅决定何时国际化是不够的"，《培训》杂志，1990 年 8 月号。得到《培训》杂志的许可使用。1990 年版权。雷克·伍德出版社，明尼阿波利斯，明尼苏达州。版权所有。不得用于商业目的。

跨国组织认识到没有任何人、肯定也没有任何公司或其地区性总部能够解决所有问题。因此，在所有国家、所有层级的管理者和雇员要同本土资源供应者和政府管理者一道寻求某种方式来共同工作，尊重由于本土完全不同的环境而产生的对立的看法。这种做法的结果是会有更多的团队工作和责任的共同承担，并产生一种更加扁平的、非正式的组织结构。在这种组织中，员工们被鼓励拥有一个共同的愿景、使命及战略，但同时他们也被鼓励勇于创新，以本土化的形式贯彻使命①。国际性饭店公司的发展方向在很大程度上倾向于跨国组织所采用的方法。一些更为成功的连锁饭店——雅高、希尔顿国际、凯悦国际、洲际饭店及其他品牌——长期以来采取了许多蕴含于"全球化思维、本土化运营"战略中的思维。然而，全球性组织和多国组织的结构中的许多思想也可以恰如其分地用来描述假日、喜来登及其他一些成功的国内连锁饭店早期的运营，这些连锁后来都成了国际性连锁饭店。

采取全球方式而不是跨国或多国方式的公司将整个世界作为它们的市场并且只提供单一的、能够吸引尽可能多顾客的产品。在产品生产和公司经营理念方面，全球性公司把重点放在了达到一个全球性标准上。其决策倾向于由位于某个地点的中央总部做出，设计权力和培训的目的在于实现企业组织跨国界时的顺利转化，并能够有利于整个组织以同一种方式进行运营。

同多国组织战略相联系的挑战一般针对市场渗透方面。这些组织对挑战的响应通常是将国内市场的战略移植到国际市场。人力资源开发强调使外国员工具备和国内的同事一样的能力。

国际化扩张的情况

扩张意识强的连锁饭店有三种常规选择：在国内的现有市场中扩张；在补缺市场中创造新的产品；以及在国外发展新的市场。最有进取精神的连锁饭店在不同的时期有选择地或者同时采用所有这三种扩张战略。

对于美国连锁饭店来说，大部分早期在国外的住宿业业务扩张发生于美国的近邻国家——加拿大和墨西哥，但今天美国风格的饭店业已经成功地输出到了全世界。欧洲和亚洲的连锁饭店最初在它们各自的区域内扩张，但随后也将北美作为增长的新机会并在美洲引入了新的饭店运营风格。

我们所生活的世界正在迅速地变成一个全球性市场，对于那些想在不断扩大的全球性接待业市场中探寻发展机会的住宿业连锁、管理公司和开发商来说，这一现实十分有利。由于受到世界上大部分地区高涨繁荣的经济和长期稳定的政治局势的刺激，在许多海外市场，饭店需求持续增长。此外，在新兴工业化国家（NICs）中正在形成的中产阶级开始意识到远距离假日旅行的乐趣，并且，如同美国的中产阶级一样，他们也希望在饭店膳宿设施方面有更多的选择。由此，许多在市场细分方面经验丰富的美国连锁正试图主宰海外市场中的某些补缺市场。

在很大程度上，因为在社会、经济和文化方面都存在差异，美国连锁饭店进行的国际性扩张都是深思熟虑和小心谨慎选择的结果。大部分美国连锁将早期的国际化努力集中在大城市，因为这些大城市里的饭店资产所带来的财务风险最低，最有可能够吸引到投资方面的支持。它们所采取的主要战略是首先在能够吸引商务旅行者的大城市中树立起饭店品牌，然后开始向二级市场中心和度假地扩张。因为饭店公司建立强有力的企业识别特征非常重要，膳宿产品的标准化和服务质量的一致性成为扩张的关键因素。饭店公司需要尽一切努力坚持国内外一致的质量标准。

国际性扩张的主要原因是进行战略性增长和获取利润。成为一家国际性连锁饭店的优势还在于强大的国外市场业务提高了品牌认同并能够促进连锁饭店在国内的业务发展。尽管许多连锁饭店出于增加市场渗透的目的进行国际化扩张，其他的连锁饭店则是为了跟上其消费者出境活动的步伐进行扩张。一个连锁饭店运营地点越多，越能在其现有的和潜在的市场中为顾客所熟悉并建立起顾客忠诚。品牌形象为那些需要可靠饭店服务的商务旅行者提供了测量放心度的一种工具，也为那些关切国外环境中安全和舒适问题的有顾虑的出国旅游者提供了这样的工具。

某些连锁饭店仅仅对业务扩张带来的运营利润感兴趣，另外一些则主张国际性扩张更主要的目的是为公司的资产负债表中增加房地产权益或者是为了进行多元化以减少仅仅在某一个市场中经营的风险。还有其他一些动机，例如考虑公司在饭店业中的地位和声誉。公司的全球化程度越高，其影响力越大，越加可以不依赖于任何一个或多个国家的环境变化。许多公司还认识到需要利用世界上不同地区不同的业务生命周期来防止国内市场或其他主要市场的衰退给公司造成不利影响。此外，对于某些连锁饭店来说，进行国际扩张的刺激因素是能够从一些发达国家或发展中国家提供的投资激励措施中得到获益的机会，这些国家的政府希望推进对旅游设施的投资。

在一个国际化发展战略中，清晰的目标和全面的发展计划是十分关键的要素。进行国际化扩张的公司应该知道它们想在哪里扩张、如何实现在预定位置的扩张以及以什么样的步伐进行扩张。很大程度上出于地理分布考虑，许多美国连锁饭店已经将它们的海外发展战略模式化。取决于公司认识到哪里存在市场机会或在哪里已经建立起竞争优势，公司会挑选出开发商、业主和投资者进入这些市场。

目标区域

当饭店公司为国际扩张选址时，它们应该仔细考察以下几个方面：东道国或地区的规模和增长率、该国或地区旅游业的发展机会、基础设施的可用性及质量、实现公司核心竞争力或竞争优势最大化的能力以及该国或地区政治、社会和经济方面的稳定性。[5]

近年来，对大多数有扩张想法的连锁饭店来说，除了传统的经济增长区域欧洲和加勒比海外，目标区域已经变成中东或所谓的"金砖四国"（巴西、俄罗斯、印度和中国）。这些区域的扩张是通过盟主特许经营协定、合资企业、营销联盟或合作品牌联盟，以及对现有投资组合的直接收购形成的有机增长组合。快速扩张的主要动力很大程度上源于达到"临界规模"的要求，这些连锁饭店在这一规模水平上实现规模经济的最优化。

下面简单选取了几个世界一流饭店公司的全球扩张计划：

雅高　雅高将其全球扩张的努力集中在金砖四国。通过与包括迪拜的玛尔（Emaar）与印度的 InterGlobe 在内的多个合资企业伙伴合作，雅高雄心勃勃地要增加其预算、经济实力及终端品牌，尤其是在印度地区（这些类型的饭店代表了公司的核心竞争力）。

精选国际　精选国际的饭店分布在大约 40 个国家，但它主要活跃在加拿大、澳大利亚、斯堪的纳维亚、法国和英国（尽管它在日本和印度的影响力也很大）。公司大部分国际扩张是通过其核心品牌 Comfort Inn and Quality 获得的。精选国际进入一个国家或地区的模式主要是通过盟主特许经营协定。

希尔顿　希尔顿的增长重心主要是在印度和中国。由于希尔顿很多品牌的知名度在美国以外的地区不是很高，所以每个品牌都要冠以"希尔顿"标志，如希尔顿逸林、希尔顿恒庭饭店等。在印度，希尔顿通过与当地一家土地开发公司签订合资协议发展希尔顿花园饭店和常住饭店板块（惠庭套房饭店）。定位于中国日益增长的国内市场，希尔顿与德意志银行房地产部门和一家私募股权公司成立了一家合资企业以在全中国发展希尔顿花园饭店。

凯悦　凯悦已经将中国、前东欧国家、中东和加勒比海地区确定为目标增长区域。凯悦主要是一个品牌管理公司，它与每个国家的国内投资者和开发商都建立了合作关系。

洲际饭店集团（IHG） 洲际饭店集团凭借在 100 个国家的 3700 多家饭店资产，客房总量超过 55 万间，目前已成为全球最大的饭店公司。其七大品牌覆盖饭店七个板块并定位于七个不同的顾客市场（表 5-2）。公司的国际发展主要是通过特许加盟和管理合同，中国是其首要发展重心。

表 5-2 洲际集团的饭店品牌

品牌	饭店市场
洲际饭店与度假村	奢华／全面服务
皇冠假日酒店及度假村	高级／全面服务
桥套房酒店	高级／常住型
英迪格酒店	高档精品
假日酒店与度假村	中端／含餐饮
智选假日	中端／不含餐饮
坎德尔伍德套房酒店	中端／常住型

万豪 根据公司的既定计划，万豪希望未来三年通过海外扩张获得 60% 的增长，其中 45% 将来自欧洲、非洲和中东地区，45% 来自亚洲，剩下的 10% 来自加勒比海和拉丁美洲。公司打算利用该地区对奢侈品的不断增长的需求发展丽思卡尔顿品牌。此外，万豪将发展其最强大的品牌——万怡饭店作为全球战略的一部分。

潜在的问题及其他重要因素

在国际市场中，使业务增长和市场份额增加的机会非常可观。但是，全球化扩张也并非毫无障碍。当以国内市场的标准来衡量的时候，国际市场中的业务扩张很少能够实现迅速的获利和成功。政治不稳定性、民族主义、文化差异及缺少足够的供应商可能会导致一些问题不断产生，包括资源的可获得性、对质量和一致性标准的承诺、无法控制的费用开支等，这些问题常常困扰着外国运营者。在全球化扩张中，由于政治和法律方面的障碍和不同的风俗习惯，国际性连锁饭店确实会遇到国内运营者几乎从未经历过的多种多样的问题。

从饭店公司的角度看，财务会计及控制、质量控制、提供及时支持、保证充足的资源供应、应付相抵触的或不利的政府法规、汇回特许经营费或利润等方面可能都存在问题。其他问题还包括：时差、交通运输的后勤保障、增加的风险及不确定性、在新的国外市场中对产品或营销战略进行改进，所有这些问题都是在做出向海外发展的决策时要考虑的因素。

扩张的时机选择非常关键。无论某一扩张的时机选择是依据公司的业务发展时间表，还是和国际上的产业发展趋势或和能否获得某个有吸引力的机会相联系。在做出扩张决策时将国内优势考虑进去对于一个公司来说至关重要。为了获得成功，一项重要的决策是对公司的国内战略进行衡量：哪些国内战略可以直接移植到海外市场？哪些应该进行调整才能在国外运用？哪些在国内实行的战略则根本不能在海外市场运用[6]？其他在全球化决策时发挥作用的因素还包括：公司总部是否有足够的管理后备力量来满足扩张的需要？是否能够发现足够多的合适位置使公司所做努力不会白费？文化、语言和政治方面的障碍能不能被克服？在海外的业务能不能得到有效的控制？

除了政治风险和上述提到的风险外，饭店进军外国市场还容易受到与外汇相关的金融风险。与外汇相关的两个最常见的风险是：

外汇交易风险 这一风险源于外汇汇率变动对利润和现金流的潜在的不利影响。当利润汇回本国时这种影响最为直接。如果业务开展地区的货币疲软，则兑换的汇回本国的利润也会变少。

外币折算风险 这一风险指当国外贸易经营的财务报表（尤其是资产负债表）从当地货币折算成母公司的货币并与母公司的财务报表保持统一时的损失与收益。例如，当年终资产价值需要被折算以整合到母公司的财务报表时，如果饭店资产所在的国家货币贬值，折算得到的值就会反映较低的资产基数，并被记为汇兑损失。

地域分布格局

在过去的几十年间，饭店业通过并购在行业内创造出新的"权力精英"连锁饭店。世界十大连锁饭店中有八家是美国品牌；英国的洲际饭店集团在十家中排名第一，而法国的雅高降到了前十名的中部位置。如果把名单放宽到连锁饭店前 20 名，则中国（锦江国际饭店集团），德国（途易饭店与度假村集团），荷兰（金郁金香饭店 /THL 郁金香有限公司），和西班牙（索米丽雅集团与 NH 饭店公司）榜上有名。虽然亚太地区的连锁饭店不断扩大的业务将会使它们的相对市场份额增加，但目前，美国、英国和法国三个国家的连锁饭店加起来仍然占到了全球连锁饭店客房总数的绝大多数。

地域分布类型

国际连锁饭店在母国以外的分布各不相同。英国饭店主要集中在欧洲，在非洲和加勒比地区也有一些业务；法国连锁已经遍布欧洲，除欧洲以外主要出现于非洲的法语国家。相较而言，美国饭店公司在亚洲、拉丁美洲和加拿大占有优势；日本饭店则大多分布于亚洲（尤其是东南亚），最近也开始进入大洋洲（尤其是澳大利亚和关岛）。发展中国家的跨国连锁饭店则倾向于专门在其他发展中国家而不是发达国家拓展饭店业务，而那些在西方市场占据一席之地的小型知名亚洲饭店品牌，例如文华东方、香格里拉和泰姬在市场开拓方面正在发生一些变化。

许多政治的、经济的、文化的和语言方面的因素，再加上地缘因素，能够解释为什么连锁饭店的分布类型会有区别。为什么英国饭店出现在加勒比地区而法国饭店出现在非洲法语国家，很大程度上可以从前宗主国——前殖民地关系中找到答案。在其他条件等同的情况下，大多数假日旅游者为了节约时间和旅行费用而倾向于寻找距离本国尽可能近的外国度假地，这可以用来解释为什么欧洲某个国家连锁饭店会大量分布于欧洲其他国家，而美国饭店公司则广泛地参与到拉丁美洲的饭店发展中，澳大利亚的连锁饭店的国际化扩张则主要集中于南太平洋地区。然而，从 20 世纪 70 年代以来，由于在客运航线结构、空中运输类型、商务和度假旅行发展及国内市场的成熟等方面发生的全球性变化，这些传统的"母国"纽带已经被削弱。

饭店类型的变化

在不同的地区，占优势地位的饭店类型不尽相同，它反映出一国及全球交通运输的发展状况。在美国，第二次世界大战以后，现代饭店业建立于高速公路发展的基础上，以为驾车者提供服务为主要特征。随后，开始有了为航空旅行者服务的饭店，以及针对注重价值、停留时间较长的商务旅行者的中型饭店和全套房饭店。在欧洲和部分亚洲国家，早期的饭店建设都靠近火车站。在今天，欧洲的经济型饭店反映出了家庭旅行者和开车办事的地区商务客人的需要。在亚洲，在主要的城市之间乘飞机旅行是一种标准的旅行方式，因此，高档的全服务类型的饭店占有主要地位，反映出这些市场的发展趋势。在亚洲，前些年丰富的劳动力带来了较低的劳动力成本，而且这个地区有高水平个性化服务的传统，这些促进了豪华标准的饭店在这一地区的发展。

美国的外国连锁饭店

如同美国连锁饭店正在国际市场上不断扩张，外国连锁饭店也开始确立在北美的稳固地位。近几十年来，美国饭店业中的国际性投资显著增加，在美国许多地区，同国际性商业伙伴的业务谈判变得非常普遍。例如，20世纪80年代，在洛杉矶中心商务区所有主要饭店中，日本人投资的饭店比例超过了75%；在夏威夷所有的主要海滨度假地，大都为日本人所有。

同美国连锁饭店一样，大部分的外国连锁饭店进入美国市场的原因也是希望在其发源国之外的市场中拓展业务。而且，世界上有国际性航空联系的那些最重要的门户城市中有一部分就在美国，在建立一家全球性饭店公司的时候，不正视这样的事实十分困难。此外，美国稳定的政治形势也给予了外国连锁饭店很大的安全保障，而且，很多外国投资者将在美国投资房地产看作一种划算的交易。美元的贬值趋势进一步刺激了持有相对坚挺的货币并渴望进行收购的那些外国投资者的兴趣。

同过去的美国连锁饭店不同，为了得到一份管理合同或协商建立一家合资企业，尤其在能够同那些声誉卓著的美国饭店公司签订管理合同或协商成立合资企业的时候，外国的连锁一般愿意提供权益投资。

大部分外国连锁饭店试图提供一种在某些方面有鲜明特色的饭店产品。这些公司会决定何种特色或标准可以移入美国，通常是某种层次的服务——例如，法国式服务或日本式服务的独特文化风情——外国连锁饭店认为这些服务是美国饭店所不能提供的。更主要的是，这些努力是针对那些高档市场中成熟老练的、寻求一种"与众不同"的经历或可靠服务的旅行者。外国连锁饭店在市场营销方面非常积极，采取了挨家挨户登门拜访交谈的美国式营销手段，以学习了解美国人的消费偏好。作为其营销计划的一部分，他们还常常雇用美国咨询顾问来收集这些消费心理数据。

产业结构

国际饭店业中的饭店公司通常可以分为以下三种类型。

- 公司型连锁饭店：有自己的品牌或品牌谱的饭店组织，其饭店可以由连锁或一家集团企业管理。
- 自愿联合体：独立所有及运营的饭店主要出于营销的原因联合到一起而形成的

饭店组织。

• 集团企业：管理着公司品牌饭店或独立的、无品牌饭店的公司。

表 5-3 列出了最大的 20 家国际性公司型连锁饭店企业。到 1992 年年底，这些连锁饭店控制了 17000 家饭店的 200 多万间客房。2006 年最大的 20 家连锁饭店企业控制了 37000 家饭店的 450 多万间客房；其中最大的 7 家连锁饭店企业占有的客房数量超过了 330 万间，揭示了这些连锁饭店企业的合并发展趋势。

表 5-3 最大的 20 家公司型连锁饭店 （单位：间）

排名 2006	公司型连锁 总部所在地	客房数量 2006 年	饭店数量 2006 年
1	Inter-continental Hotels Group（洲际饭店集团） Windsor, England（温莎，英格兰）	556246	3741
2	Wyndham Hotel Group（温德姆饭店集团） Parsippany, New Jersey（帕西帕尼，新泽西州）	543234	6473
3	Marriott International.（万豪国际集团） Washington, D.C.（华盛顿特区）	513832	2832
4	Hilton Hotels Corp.（希尔顿饭店公司） Beverly Hills, California（贝弗利山，加利福尼亚）	501478	2935
5	Accor（雅高） Paris, France（巴黎，法国）	486512	4121
6	Choice Hotels International, Inc.（精品国际饭店） Sliver Spring, Maryland（斯利佛泉，马里兰）	435000	5376
7	Best Western International（最佳西方国际集团） Phoenix, Arizona（凤凰城，亚利桑那）	315401	4164
8	Starwood Hotels & Resorts.（喜达屋饭店及度假村） White Plains, New York（怀特普莱恩斯，纽约）	265600	871
9	Carlson Hospitality Worldwide（卡尔森环球饭店集团） Minneapolis, Minnesota（明尼阿波利斯，明尼苏达）	145331	945
10	Global Hyatt Corp.（全球凯悦公司） Chicago, Illinois（芝加哥，伊利诺斯）	140416	749
11	TUI AG/TUI Hotels & Resorts（国际旅游联盟 / 饭店与度假村集团） Hannover, Germany（汉诺威，德国）	82111	279
12	Sol Melia SA（索米丽亚集团） Palma de Mallorca, Spain（帕尔玛，马略卡，西班牙）	80856	407
13	Extended Stay Hotels（长住型旅馆） Spartanburg, South Carolina（斯帕坦堡，南卡罗莱纳州）	75860	681
14	LQ Management LLC（LQ 管理公司） Irving, Texas（欧文镇，得克萨斯州）	64856	582
15	Westmont Hospitality Group（维斯盟特饭店集团） Houston, Texas（休斯敦市，得克萨斯州）	63380	384

（续）

排名 2006	公司型连锁 总部所在地	客房数量 2006 年	饭店数量 2006 年
16	Société du Louvre（罗浮宫饭店公司） Torcy, France（托尔西，法国）	59616	840
17	Jin Jiang International Hotels（锦江国际酒店） Shanghai, China（上海，中国）	53552	277
18	Golden Tulip Hospitality/THL（金郁金香饭店集团） Amersfoort, Netherlands（阿默斯福特，荷兰）	51182	512
19	Interstate Hotels & Resorts（洲际饭店与度假村集团） Arlington, Virginia（阿灵顿，弗吉尼亚州）	50199	223
20	NH Hotels SA（NH 饭店 SA 公司） Madrid, Spain（马德里，西班牙）	47799	330

资料来源：改编自"饭店 300 强"《饭店》杂志第 38 页，2007 年 7 月

　　自愿联合体，通常被称为代表性公司或联营公司。国际饭店业中占优势地位的自愿联合体组织是美国的最佳西方，还有法国的罗基斯（Logis）——一个由许多家庭所有并经营的小型饭店组成的联合体。

　　通过合并和收购，集团企业正在迅速地改变着国际饭店产业。洲际收购了假日集团后成为世界最大的饭店公司。

所有权和联营类型

　　走向国际的决策一经做出，饭店公司必须决定是采用管理合同、特许经营、租赁经营还是技术服务协议的方式拓展业务，还必须决定公司希望采取哪种类型的权益参与形式。目前，在没有任何权益投入的情况下参与饭店的开发变得日益困难。

管理合同

　　当 20 世纪 50 年代后期人们开始乘坐喷气式客机旅行时，更多的美国人开始到国外旅行，那些对吸引美国游客很充满兴趣的外国政府开始鼓励美国连锁饭店到它们的国家发展饭店。由于不会引致正常的房地产项目开发所必需的对巨额资金的需求，饭店公司主要成了签订契约性协议的运营者或特许经营授予方，致力于品牌发展、标准化建设和创造客源——大部分来自美国——当时世界上最富有和最庞大的出境旅游市场。最初，管理合同仅限于同国际性饭店项目相联系。在国外，管理合同概念给予了本土在权益投资和红利分派方面相当大的参与度并减少了投资的风险，对于外国而言，尤其是对那些外汇短缺的发展中国家来说，管理合同方式还减少了

饭店公司经营利润收入汇出的问题。

国际连锁饭店的联营关系 表5-4所示为主要的国际连锁饭店联营关系的一个代表性样本。一般而言，最大的连锁饭店并不拥有承载它们的饭店的房地产的所有权，相反，它们把注意力集中在品牌的管理和饭店的运营上。通过管理合同协议和特许加盟，这些连锁饭店得以加速扩张并捕捉到每一个新生的市场机会。从股票估值的角度看，相对稳定的管理和特许费用从更加变化无常的房地产市场独立出来对连锁饭店也是非常有利的。连锁饭店的母国在很大程度上造成了它们在与管理合同/特许经营相对的所有权上的差异。例如，与美国的连锁饭店相比，欧洲的连锁饭店有很大一部分客房是属于某种形式的所有或租赁协议。然而，坐落于黄金地段的饭店的相对比重也有助于解释这一差异。

表5-4 2006年国际饭店公司的联营方式

饭店品牌	租赁及所有 *	管理合同	特许经营	其他
洲际	1.5%	22.0%	76.5%	
万豪	2.0%	50.0%	48.0%	
希尔顿	20.0%	19.0%	61.0%	
雅高	61.0%	20.0%	19.0%	
喜达屋	17.0%	47.0%	35.0%	1.0%

* 百分比是基于系统中的客房数目得到

连锁饭店公司通常偏向于在进入壁垒较高的引人注目的门户城市掌握饭店的所有权并进行管理，因为这些位置普遍上升的地产价值会增加公司的总体回报和估值。还有一些连锁饭店公司，例如万豪，在公司重组之后在它们的饭店中实际上不享有所有者权益。万豪集团拆分成拥有房地产的实体公司万豪服务（host Marriott）和管理及特许经营公司万豪国际（Marriott International）。希尔顿饭店集团2006年完成对希尔顿国际的收购之后，其拥有和租赁的饭店比重大幅增加，因为主要分布在欧洲的希尔顿国际的绝大多数资产都是所有性质的。财产法、地理分布以及能够进入饭店所有权低端市场的投资者的缺乏是法国的雅高集团主要采取所有和租赁方式管理饭店的原因。然而，由于雅高现在开始转向扩张模式，它已经出售了相当大比重的饭店并且继续向前迈进，计划主要通过管理合同和特许经营路线快速扩张以赶上它的美国对手。喜达屋国际饭店集团坚持提供高端饭店产品且主要是作为一个管理公司存在。这家公司仍然有17%的饭店是所有或租赁的（表5-4），然而这些饭店可能是它的前身———家房地产投资信托公司的遗留物。

当饭店公司扩张到新的区域时，它希望大多数的组织结构仍然是管理公司和特许经营公司，而不是资产所有形式。

权益参与

除非不可避免，否则大部分饭店运营者不愿意在第三世界国家的饭店中参与权益投资。某些发展中国家的政府（例如西非某些国家）也反对外国投资者进行权益投资。许多国家中的政策制定者们发现，即使这样一些投资是为本国的经济发展目标及优先发展顺序服务的，但要他们接受外国人拥有本国产业所有权的观念也很困难。20 世纪 70 年代，保护主义政策非常盛行，发展中国家的政府希望通过这些政策限制本国经济对外汇的花费，并促使外国技术向本地合作者转移。

20 世纪 80 年代，随着发展中国家和发达国家之间差距的扩大及开始形成对全球经济一体化的共识，事情开始朝另外一个方向发展。发展中国家的政府开始对本地企业中所允许外国人拥有的所有权的水平采取更加宽松的态度，在许多情况下，为了吸引外国投资，这些政府还积极寻求减少限制性的法规并消除繁文缛节造成的障碍。例如，印度最近允许外国饭店运营者在新建的企业中持有相当高比例的权益。而在以前，印度政府还曾经一度将外国饭店公司的参与仅仅限制在采取技术服务协议的合作方式，随后允许采取特许经营协议方式，再后是扩展到同意使用管理合同。今天，外国投资受到印度政府的欢迎，并为吸引投资提供了各种各样的激励措施。

毫不奇怪，在世界上不同地区，财政、税收、会计和投资方面的惯例和政策都有不同。在美国，由于会计方面的原因，大多数情况下，房地产的所有权是和饭店的管理权相分离的。然而，在英国，由于可以对房地产价值进行重估（也就是，可以反映房地产的升值）并将升值部分在资产负债表中体现为资本利得，拥有所有权（包括英国公司所有的国际性连锁饭店的所有权）能够提供显而易见的优势。在日本，日本银行一度很宽松的借贷政策和日本人特有的追求更长投资回报期限的长期投资理念，鼓励了日本饭店公司在有潜在的更高长期回报的高风险房地产项目中拥有所有权。这种投资理念在 1991 年日本的"泡沫经济"破裂之后发生了改变。

许多饭店公司，尤其是那些美国饭店公司，没有参与到饭店的融资过程中。因为这些公司是作为运营及提供服务的公司，而非房地产公司来定位和发展的。对于美国的公众持有的饭店运营公司来说，在大部分饭店中的权益投资会对公司的运营报表产生负面的影响。

除非饭店运营者是有强大营销能力的著名公司，在某些情况下甚至只有饭店运营者同意为饭店项目提供部分权益投资，否则，一些国际性融资机构不会为饭店项目建设提供贷款。另外，在当前全球经济快速增长的大环境下，新兴市场带来了很多机遇，很多连锁饭店已经采取了"轻资产"的发展战略。它们在实现饭店房地产所有权多元化的同时继续保留它们的管理合同和品牌，这使得它们更加灵活，并以一种更高的速率扩张。

运营者提供贷款 一旦运营者在饭店项目中持有一部分权益，饭店业主就必须接受运营者在所有权决策方面的参与。那些希望饭店公司分担现金投入但又不愿意同饭店公司分享所有权决策的业主通常会同公司协商，要求运营者提供贷款，这些贷款在任意一方决定终止合同的情况下支付本息。贷款期限一般为 8 ~ 10 年，并附带一个延长的分期偿还期限。运营者提供的权益投资或贷款通常用于这样一些项目，如运营资本、偿还债务、运营所需存货、家具 / 设备、保证金和 / 或开业前费用。

选择联营的考虑因素

从投资的角度来看，无论是对业主还是对借贷者来说，一家饭店在管理方面同连锁饭店企业进行联营是决定饭店能否成功及由此带来的饭店总体风险情况的重要因素。一方面，饭店同一个国际性的预订和营销系统相联合可以让饭店获得某种保证，将能够以合适的方式进行销售；另一方面，联营使饭店为能够保持某一特定质量标准提供了保证。

假如当地饭店产业的格局已经确立，那么选择一个运营者进行联营时的早期几个步骤之一是分析竞争形势，包括要确定哪些连锁已经在市场中存在？哪些连锁还没有进入这一市场？哪种类型的饭店将最适合本土的市场？现有市场中哪种饭店服务需求还没有被满足？这一过程有助于在特定的细分市场（会议饭店、商务饭店或观光饭店）中缩小对可以合作的及适宜的饭店公司（经济、中档或豪华）的选择范围。

从业主的立场来看，在给定的市场中并在确保饭店盈利的客房价格结构下，确定哪一家饭店公司在带来客房销售收入方面最有经验是非常重要的。从运营者的观点来看，必须考虑到饭店在规模、设计规范、建设质量、餐饮设施的多寡、位置、安全要求、保安及所采用的技术系统等各个方面是否满足公司的标准。要考虑的另外一点是新的连锁饭店往往愿意强化宣传单个饭店的形象识别特征，而那些已经具有稳固地位的连锁饭店则提供了强有力的品牌认同价值。

选择与错误的运营者进行联营浪费的成本是高昂的，这种错误带来的成本包括了：

- 收入损失或营业亏损;
- 终止合同造成的损失;
- 获得一个新的联营协议产生的成本;
- 购买带有新的饭店形象识别的物品项目如标牌、标识或某些公司商标刻绣等带来的费用;
- 同新的饭店公司签约后,在联营启动阶段的磨合期产生的营业损失。

在多国环境中运营

多国饭店运营者会遇到单纯的国内运营者没有经历过的无数问题。最显而易见的一些问题是由于地理距离、时差和可靠性不稳定的通信系统造成的。在美国国内,任何一个地方的饭店高级行政管理人员通过航空客运到达几乎所有的下属饭店所花费的时间也不会超过 8 小时,即使是那些处于偏远州县或公共运输极不发达的乡村地点的饭店。而由于时区变化、在世界其他许多地区的旅行还需要两个或多个航空公司联运才能完成,更不用提护照和签证要求方面带来的麻烦,因此,国际旅行总是要花费更多时间而且更不方便。当使用电话既不方便又不可靠的时候,通信成为一个严峻的问题,这正是许多第三世界国家中的现实情况。这些因素使得连锁饭店公司总部和成员饭店之间的协调更为复杂并受到限制。

如果说交通和通信方面问题至少还可以设法应付的话,要处理其他一些与生俱来的问题则困难得多。例如在某些国家,法律法规会随着政府的更迭发生变化,这时,建立一种合适的财务体系,以便使东道国的相关法规能与连锁饭店企业为国外饭店制订的利润计划之间保持一致就成了一项艰巨的任务。同样地,满足那些向饭店派驻代表并默许没有在合同中做出规定的几乎每一项开支的业主的要求也很困难。此外还存在着如何对待本土雇员和国外雇员之间在国别政策、工资差别、工作许可等方面存在的问题。

打算为特定的外国饭店经营单位进行规划的国际连锁饭店应该对将要运营的饭店所处的环境进行认真的研究。同时也应该建立一套柔性管理系统以应对该饭店所处的新环境带来的机遇和挑战。

关于环境

与国内的运营不同,那些在海外运营的公司对影响公司的行政管理、法律和政治决策方面的因素只有很小的影响力，甚至没有任何影响力。政治环境方面的问题可能会限制单个饭店解决特定问题的自由，如进口货物或供给品可能会被看作是同国内产品的竞争。极端的例子是在政局剧变的情况下可能导致饭店资产被收归国有，如同 1986 年菲律宾的马科斯统治突然倒台后所发生的那样。但是，政局变动也不一定会影响到饭店的运营环境，此时采取过度的反应被证明是有害的。例如，在刚刚看到政局变化的蛛丝马迹的时候，饭店运营者就过早地遣散员工并停止所有的营业活动就是一种过度反应。

由于在发生政治危机时要想知道应该做什么总是很困难，运营者需要预先做好偶发事件应对计划。饭店公司还应该对单个饭店所处的社会—文化环境进行评价。宗教信仰、道德观念、工作伦理等方面的差异成为饭店和当地社会之间建立有效关系的障碍。由于饭店管理者必须不断地和本土社会成员——如员工、供应商、商界领袖、市民团体、政府官员及消费者相互作用、相互影响，因此，饭店的成功取决于管理者克服这些障碍的能力。由于态度、情感和行为取决于文化性因素，为了生存和使业务不断向前发展，管理者必须首先理解他们所工作的东道国的文化。

集中化管理和分散化管理

在一个以稳定性和可预见性为特征的环境中，公司常常采用某种集权式或集中化管理系统来对尽可能多的变量实施控制。然而，在确定性较小的外国环境里，各种变量数不胜数且极为复杂，以至于饭店所在地点以外的国家中的任何人难以容易地理解或管理这些变量，坐在公司总部里的高级行政管理人员不可能对本土的事情及周围的环境有详尽的认识。即使在最理想的状态下，总部和饭店之间的距离也可能会导致偶然性的通信延滞并延误决策过程，这会降低饭店管理者以即时的方式对本土环境变化做出响应的灵活性和能力。因此，许多国际性连锁饭店选择了分散化管理模式，这种管理模式有内部的检查和平衡机制来确保公司的运营标准得到满足。其他一些公司则给予饭店管理者完全的自由度来运营各个饭店，只要不违反公司的政策就可以。

企业运营的许多方面确实可以从分散化管理中获益。但是，像财务和资本流动决策、人力资源的总体协调、培训计划的制订、供应品中非易腐品的供应采办等方面的问题，通过公司总部可以得到最好的解决。外汇管理在今天自由浮动汇率为主的市场中是一个关键职能，应该由连锁的公司层面而非单个饭店的层面实施。

管理者们经常会碰到一些非常敏感的情况，如雇用和解雇员工的程序、薪酬和工资政策、假期政策、如何对待东道国国民等。在为管理者制定处理这些问题的方针政策的时候，公司总部如果有一支国际化的员工队伍的话会非常有帮助。这些方针政策还应该包括在货币流入、流出及积累，报告提交，税收支付等方面给出的指导。方针政策应该向管理者提供程序性的参数，但同时也要给管理者足够的空间在这些参数的范围内做出运营决策。

运营计划和控制

某个饭店的计划制订必须考虑到每一个国家或地点的环境中的特有变量，针对这些变量对运营层面进行修改使两者相适应。基于过去的经验和合适的建议，应该将不确定性转换为可以量化的风险，然后可以确定、评估并减少所承担的风险的程度。由于既没有可靠的信息，又没有丰富的经验可资利用以形成可行的运营计划，在首次进入一个新国家市场的时候，制订这种计划会十分困难，一系列的问题就只能留给派驻在外的饭店总经理做出个人判断。

为国外饭店设立的目标和绩效测评方法应该以某些结果为基础，这些结果不应该超出派驻饭店的管理者所能控制的范围。有些形式的多维度绩效评价方法——例如，可能会包括同本土社会的和谐关系及培训本土人使其能够胜任高级管理岗位的数量——在为评价国外饭店而设置的各项标准中，比起常常用于国内饭店运营的将纯收入和投资回报相结合的评价标准更为合适。对国外饭店的评价还应该反映出国外饭店运营时在目标设置和财务控制领域的复杂性。设立的目标应该具有灵活性，能够响应业务环境发生的变化和管理合同中处于"灰色区"（指介于两个对立面之间的范畴，诸如不可被划分为全对或全错的原则性问题、介于合法和非法之间的事物或在争端中不介入任何一方的国家等）中的所有者一方的意愿。

在公司层面，应该有一个柔性的计划体系，能够不断调整以适应运营环境中的动态变化，如可能发生的政治或社会剧变、员工方面的动荡或罢工、顾客流入的中断、交通通信方面的问题、各项供应停止、对货币流入及流出的限制等，还包括无论何种原因可能导致的失去管理合同。

为了保持必需的灵活性程度，计划和控制系统应该包括以下特征：第一，饭店的预算制定应该以饭店的特殊要求为基础，取决于运营业务是管理一个新开业饭店、一个继续经营的饭店还是一个重新定位的饭店。一个刚刚进入市场的新饭店会需要设置一个与那些成熟饭店不同的运营计划和目标。一个经过了彻底的更新和升级的饭店同那些继续经营的饭店相比，需要更多的资源用于市场营销和人员培训。第二，确定的预算应该可以满足多重及不断变化的目标要求。环境的变化要求目标体系不断更新，并且随着目标的变化，成本结构和水平也应该相应发生变化。第三，计划和控制系统应该既包括定量的（财务方面的）变量也包括定性的变量，如出租率水平，市场份额，所有者、顾客和本土社会（尤其是本土政府）的满意程度，竞争地位，员工的士气，销售额，饭店洁净程度以及最重要的一点——品牌标准。单一性的关键性绩效标准过于狭窄以至于无法测评目标、约束条件和活动之间的相互作用及相互影响。

从总体上看，不论是集中式的还是分散式的，运营的计划和控制必须使公司员工对于公司发展方向、所有者目标和消费者需求具备清晰的认识。

结论

连锁饭店企业之间全球化扩张的动机各不相同，但是主要的目的看来是为了增加市场份额和扩大对连锁品牌的认同。而且，由于许多东道国为外国投资者提供了商业便利条件和激励措施，国际性的多样化发展趋势减少了对任何单个市场的过度依赖，并常常可以为连锁饭店企业带来更多的利润。

然而，连锁饭店的国际性发展并不是一帆风顺的。在海外的企业很少有马上就能获利的情况。并且，除了语言和政治方面的障碍以外，还会经常碰到与文化差异、熟练员工短缺等有关的问题，此外，一个国际性饭店持续运营所必需的资源供应在本土也经常捉襟见肘。在不同的东道国，在决定如何遵从那些有冲突的和对公司不利的政府法规及协调不同的会计和内部控制体系时还可能遇到困难。最后，在国内运行良好的战略在其他国家的环境下并不一定行得通。

总部位于美国的跨国连锁饭店一度在世界上占有主导地位。今天，欧洲和正在成长中的亚洲连锁饭店占了国际性连锁饭店的半壁江山。跨国扩张的模式似乎遵从着某种逻辑，那些地位已经稳固并将目光投向国境之外的连锁饭店一般会在邻近国家或同本国有共同联系的国家中寻找机会，例如同属一个联邦的国家或以前的殖民地国家。另外，那些年轻的公司更有可能会对任何地方、任何时候出现的机会做出反应。一个有着稳定的投资及商业环境的安全的投资避风港总是具有很强的吸引力。

国际性饭店公司可以大致分为三类：有自己品牌的公司型连锁饭店企业；为了营销目的而将饭店集合到一起的自愿联合体；管理着品牌饭店或无品牌饭店的集团

企业。对于饭店业主来说，从投资、管理及营销等不同方面考虑，上述每一种组织结构都有其优势和劣势。进入国外市场的饭店公司必须决定是采用管理合同、特许经营协议、租赁合同还是技术服务协议的运营方式，还要决定是否参与到饭店的权益投资中。在考虑哪一种联营方式是最佳选择的时候，为其贷款寻求安全性的业主或借贷者必须考虑哪些国际性运营者能够提供最有价值的管理服务、质量标准、全球营销计划和最优良的预订技术及品牌认同。

在不同的东道国，政府可能会、也可能不会鼓励跨国运营者参与权益投资。欠发达国家的政府对可能导致的外汇流出非常警惕，因此对允许外国公司拥有所有权特别担忧。然而，饭店运营者常常会发现，如果要想在某些资本短缺或风险很高的东道国扩张，必须购买一部分的饭店所有权。运营者提供贷款是饭店公司向东道国业主提供融资帮助的另外一种方式，这种贷款往往是业主将管理合同给予运营者的一种交换。

在管理国外饭店的时候，跨国饭店运营者必须克服许多困难。遥远的距离、不发达的通信和公用事业系统或很不方便的交通可进入性等，是在许多发展中国家中运营饭店时马上会碰到的问题。在其他许多相似的问题中，跨国运营者必须尽力争取的还有：在东道国的法规规定下保持足够的财务控制，应付驻饭店现场业主的干涉，在解决派驻饭店员工和本土员工之间雇用及培训方面的种种问题时要有灵敏的反应。

因为东道国会有许多全国性、省际或地区性法规方面的要求和文化传统方面的问题，这些问题会对饭店产生影响。因此，大胆进入国际领域的连锁饭店必须分析将要运营的每一个饭店所处的环境。在不同地点的饭店，管理者常常要做出由各个地点的特殊性所决定的运营决策，以响应本土市场和商业环境的要求。在这种情况下，必须考虑是采用集中化还是分散化管理模式：饭店所在位置离总部越远，越有可能存在通信延滞，从而也越迫切需要独立自主的决策授权。

"全球化思维、本土化运营"是国际饭店业的营销和管理格言。今天的跨国饭店公司发现抱着单一产品或单一市场心态进行国际业务扩张将日益困难。要想为分散于世界各地的饭店业务建立一个一体化网络，必须向管理者提供全面的、合适的运营计划和控制系统，这一系统还应该能够使管理者对全球公司发展方向、本土所有者一方的目标、变化的顾客需求及最为重要的连锁内各个饭店之间团队精神具有清晰的认识。

尾注:

① Benton Randolf,"When Going Global Isn't Enough,"Training, August, 1990, p.48.

② Ibid.

③ "International Growth Strategies of Major Hotel Chains, 2007,"Mintel Reports'

④ randolf, p.48

⑤ John Dunning and Sumit Kundu,"The Internationalization of the Hotel Industry—Some Findings from a Field Study,"Management International Review, 35, no.2(1995):101

主要术语

集中化管理 (Centralized Management): 由饭店集团总部或母公司尽可能多地控制下属组织的一种管理体系。

集团企业 (Conglomerates): 管理多个品牌公司或非品牌独立饭店的公司。

公司型连锁饭店 (Corporate Hotel Chains): 拥有一个或多个自有品牌的饭店组织,可能由连锁饭店或集团管理。

分散化管理 (Decentralized Management): 给予经理不同程度自主权的一种基层型管理体系,需要内部检查和平衡来保证达到企业标准。

消费心理数据 (Psychographic Data): 有关消费者生活方式、兴趣、喜好和旅游倾向的信息。

自愿联合体 (Voluntary Associations): 拥有产权和经营权的独立饭店主要出于市场营销目的联合在一起,又成为代表公司、代表或联盟。

复习题

1. 在国际商业领域中,组织采用的三种一般形式是什么?它们之间有何区别?

2. 在国内和国际扩张时,一个连锁饭店分别会采用哪种战略或哪些战略?

3. 为什么连锁饭店使其产品标准化并提供一致的服务质量非常重要?

4. 国际性扩张的有利因素和不利因素是什么?

5. 哪些因素可以用来解释国际性连锁饭店所具有不同的地域分布类型?

6. 当在美国建立饭店的时候,哪种市场是被外国连锁饭店作为关键的目标市场?

7. 什么是公司型连锁饭店、自愿联合体和集团企业?

8. 运营者提供贷款的目的是什么?

9. 在跨国连锁饭店中,运营方面的主要问题和考虑因素是什么?

第**6**章

概　要

开发团队
　开发商
　饭店运营者和其他咨询者
　饭店开发的五个阶段
饭店开发的区位确定
　商业环境分析
　市场潜力
　预测销售额
　风险及收益分析
对基础设施的要求
　水
　电
　通信
　污水排放
　交通
　提供保健服务
　劳动力
　安全
在一个已经形成的发展计划下工作
确定位置
　土地可用性
　分区制
初步的地点和建设分析
市场可行性研究
　信息收集
批准过程
　环境影响报告
　影响费估算
　与当地的相关利益群体共事
设计方面的考虑因素
　建筑主题
　设计趋势
　自然环境
　城市饭店的设计
　古老的结构
在跨文化环境中设计和建设

理解外国的商业惯例
建筑要求
　行政管理方面的控制
　消防安全
　安全
　卫生
　电力和燃气
可持续发展的全球行动
结论

学习目标

1. 明确开发团队中的作用及其责任，并解释当地代表的加入和技术支持的重要性。
2. 描述饭店发展的五个阶段，并列举决定在哪里发展一家国际性饭店时采用的四个步骤的程序。
3. 掌握国际性饭店开发商常常必须满足的关于基础设施和人力资源方面的问题，以及进行处理的不同的方式，描述一个国家的旅游业发展总体计划的典型内容和目的。
4. 解释土地可用性和不同国家的土地使用和所有权情况如何影响饭店对特定位置的选择。
5. 描述初步的选址和建设分析、市场可行性研究的功能，列举选址及起草上述两个报告应该收集的信息资料，并明确市场信息资料的可能来源。
6. 描述饭店批准程序、环境影响报告、影响费用估算，以及与当地的相关利益合作的需要对饭店项目开发的影响。
7. 界定并描述在发展一个国际性饭店的时候必须解决的大量设计方面的考虑事项，概括在跨文化环境中建立饭店的潜在问题。
8. 列举并描述可能强加于某个国际性饭店的开发商的不同类型的建筑方面的要求。
9. 定义"可持续发展"，描述推动影响国际饭店项目的环保事宜的组织运动和全球运动。

6

国际饭店开发

　　有许多因素致使国内的饭店项目开发商和运营者将目光投向本国疆界之外，在外国寻求发展机会。其中的一些关键因素包括：潜在的新市场、资金的可用性、较为廉价和丰富的劳动力、全球旅游业的兴起和发展，以及东道国政府承诺的税收优惠和刺激，此外还包括其他一些因素。以美国为例，经过几十年相当数量的饭店建设，导致了严重的饭店客房过度供给，这转而造成饭店出租率的持续低迷，以及对开发新的补缺市场及细分市场中新的品牌的要求。然而，在世界其他地方，尤其是经济蓬勃发展的亚太地区，境遇大相径庭。此外，在西欧的一般市场中正在进行饭店项目的重建；东欧开始向西方开放旅游及发展市场；拉丁美洲的经济也在不断增长。那些一度认为外国投资是对本国主权的一种挑战的政府开始为吸引外国在不动产开发项目中的投资而展开竞争。

　　从表面上看，发展一个外国饭店同发展一个国内饭店的过程十分相似，但是，外表可能是带有欺骗性的。即使在两个相邻的国家，如美国和加拿大、墨西哥，文化、经济、技术及政治各方面的条件都不一样。这样的差异会给饭店开发商带来难以应付的挑战，但我们可以通过耐心和敏感的反应解决这些问题。对于饭店开发商来说，按照一国的社会——经济状况、政治体制沿袭、权力结构、旅行和贸易发展的趋势及其他因素来理解他们所要与之打交道的东道国国家和市场是十分重要的。

　　显然，开发商也必须理解当地的房地产经济状况。外国投资者常常会被要求采用不同于他们应用于国内企业的标准，而且对投资回报的要求从一个国家到另一个国家都会不同，取决于在建设成本、运营收入和成本（尤其是劳动力成本）及外汇兑换等方面的比较优势。在对目标国家没有业务经验的情况下，饭店开发商很难知晓当地的房地产价值、政府的发展和投资政策及政治状况。因此，许多外国饭店开发商通过和一个有良好联系的当地合作者签订某种协议的形式进入某国市场。是否会制定要求外国开发商寻找一个当地的合作方这样的规定，则完全取决于东道国政府。

客房、餐厅和支持设施、运营标准、客用品等饭店产品在外国市场中可能会有极大的差异。因此，应该寻求当地的技术和法律建议，为建筑师、设计师、工程师及开发团队中的其他专业人员提供指引。不了解当地风俗和信仰的外来开发商可能会因忽视细节而饱尝苦果。在亚洲、非洲、拉丁美洲、加勒比海地区和太平洋群岛等地不同的国家，求助于当地的宗教人士来确保地方公众接受饭店项目并避免不幸结局的做法并不鲜见。

同国内的饭店项目一样，大多数海外饭店项目同样有着大量的资金要求。营业资本、开业前费用开支以及运营资金短缺都要求必须有充实的融资，都必须提前进行计划。对于开发商而言，随时了解本国和东道国贸易方面的、尤其是同在国外获得的收入有关的外汇和税收方面的问题非常重要。汇率的套期交易（即采取行动防止受到所使用货币价值的涨跌的影响）可以在很大程度上影响饭店的现金流。外汇市场的涨落可以通过从一家地方银行和一家国际性银行或从银行和其他借贷者组成的银团（财团）进行融资，从而将外汇兑换的需要降至最小的安排方式予以平抑。许多国家严格控制流出国内的外汇数量，给外国投资设置了另一个障碍。对于饭店开发商来说，一个外国项目可能会有相当大的风险，而且必定更加复杂，因此，能够到期将投资利润汇回本国就显得非常重要。

开发团队

在国际性饭店开发过程中有一些关键性的参与者，包括了开发商、债权人、东道国政府、规划者、土地所有人、人类学者、环境保护专家、建筑师、内部设计师、建筑承包商、饭店运营者及其他方面的专家。虽然参与者的名称不会有太大的差异，但是，其构成则可能会由于国别的不同而不一样。例如，在一些太平洋岛国，土地所有人可能是整个社区；由于国家的不同，来自政府的顾问可能代表旅游部门，也可能代表经济发展部门、金融部门、交通部门或其他的政府部门。

开发商是开发团队中的核心角色，协调由来自不同领域的专家构成的群体。这些群体作为一个团队共同工作，解决经济、社会、环境、建筑、工程以及技术等方面的各种问题。

在一个国际性项目中，所有团队成员都熟悉关于发展过程的各种规章制度非常关键，从项目初步的概念化形成到实际的建筑计划的起草，再到实体的布局陈设，这些规制将实实在在地影响每一个方面的决策。在许多国家，在项目的每一个阶段，诸如从饭店的建设到通过政府部门（劳动部）实施员工的雇用等，都必须强调"政治方向"。

开发商

开发商是项目的决定者，负责构想饭店项目、启动饭店发展程序、寻找投资资本并整合配置实现构想所需要的各种资源。开发商要同某一环境中他们能够施加影响的物质如土地、法律、资本、劳动力等打交道，但是永远不会获得完全的控制，因为供给、需求、成本、政治、经济和法律因素从来就不可能完全准确地加以预测，在国外开发项目要承担比在国内发展更高的风险。开发商需要做出的估量或预测越多，风险就越高。

作为对假设高风险的交换，开发商通常需要得到高的投资回报率。这种回报来自于将饭店出售或由他人进行交钥匙经营。在许多得到证明的新兴工业化国家市场中，开发商以某种形式将饭店出售是必然的事情。实际上，在大多数情况下，除非饭店开发商计划保有所有权，否则将饭店项目的管理被置于次要地位，它主要还是被看作一个房地产项目，认识到这一点非常重要。

饭店运营者和其他咨询者

饭店运营者——通常是全国范围或国际性的专业管理公司——由于充足的理由在项目早期就被列入开发团队中。一个已经被市场所认可的著名的饭店连锁可以帮助开发商确保获得融资并使饭店项目更便于在市场上进行销售。运营者还能为尚处于概念化阶段的项目总体计划、市场可行性研究、技术方面的布局及详细建筑说明、对饭店位置和社区的评价，以及针对确保饭店项目的长期生存能力的运营因素等方面提供重要的建议。

一个开发公司除非大到足以雇用一支专业人员队伍，否则必须邀请到各种各样的、对开发项目所在国家都有专门知识的咨询者，包括律师、土地规划人员、建筑师、工程师、经济学家、社会科学家及其他方面的专家。一些专家，例如在某一环境敏感区域所需的地质学家或野生动植物专家，将在项目开发过程中某个有限的阶段发挥特殊的作用，而其他一些专家，如律师、规划人员和建筑师则将参与到贯穿整个项目开发的全过程中。

开发团队的构成和饭店运营者所扮演的角色会随着项目的不同而不同，同样地，项目团队中每一个成员的责任也会随项目的不同而发生变化。

饭店开发的五个阶段

在相当长的工作关系中，发展过程将投资者／所有者、开发商和饭店运营公司联系到一起，发展一个满足市场需要同时满足三方需求的饭店项目。以下五个按时间顺序排列的阶段构成了一个典型饭店项目的发展过程。

第一，概念化、规划、项目启动：

• 阐明项目目标；

• 确定发展的相关问题；

• 遵从当地和东道国的规制；

• 确定是否存在土地使用方面的限制；

• 决定饭店的结构（提供服务的数量、房间数量）；

• 形成项目流程图；

• 形成发展总体规划预备方案。

第二，可行性分析：

• 挑选一个合格的咨询者开展研究工作；

• 确定和选择研究中应该涵盖的要素；

• 利用可行性研究的成果。

第三，履行开发义务：

• 集合土地／获得某一位置；

• 确保公众机构就饭店发展和项目融资支持达成一致；

• 选择并和一家饭店运营者签订特许经营权、联营和／或管理支持契约；

• 获得在该位置开发项目的权利；

• 制定全面的土地使用计划；

• 挑选项目建筑师和工程师；

• 修改提炼项目开发成本、时间表及设计草图；

• 得到必要的政府许可及其批文；

• 确定所有权结构并获得融资。

第四，设计、布局和建设：

• 形成建筑设计和实物布局概念并完成设计和布局；

• 空间配置；

- 规划能源和技术系统；
- 建设基础设施；
- 将建筑、景观美化和内部设计进行结合。

第五，管理 / 运营：

- 启动销售和营销活动；
- 招募和培训员工；
- 组成各个部门；
- 维护保养设施设备。[1]

饭店开发的区位确定

在选择一个国家作为发展国际性饭店项目的目标国时，政治稳定性一直是主要的考虑因素。除此之外，开发商通常使用一个四步骤程序来确定在国外某个国家的发展机会——分析商业环境、决定市场潜力、预测销售量及估计和权衡预期的收益及风险[2]。

商业环境分析

分析商业环境需要对目标国家政治、经济、社会及文化等各方面进行详尽的研究。本国和东道国之间语言和文化的相似性会使规划、发展、管理和控制一个国外饭店更容易一些。此外，尽管今天更为频繁和迅速的航空运输及不断改善的通信系统使得距离的重要性开始降低，但是在地理上接近客源市场（预期的顾客来源）对于饭店的选址也是一个重要的选择标准。

可能的开发商需要理解东道国对于旅游业和国际性饭店公司的态度。有些国家对旅游业怀有一定程度的敌意，认为这个产业是服侍人的或带有奴役性质的。在有些情形下，外国饭店会被认为比其他任何形式的外国投资造成了更多的资金漏损到投资者所在的国家。当然，随着经济和政治时运的变化，政府的态度也会发生改变。这从 20 世纪 80 年代后期以来墨西哥政府开放其市场、消灭官僚主义、放松对外国投资的限制得到证明。这种态度方面的转变促成了马里奥特公司和墨西哥共同建立了一家合资企业，在 5 年期间投资 5 亿美元兴建 5 个饭店项目。中国、印度和中东地区的法律法规在过去 20 年里也发生了类似的变化，这些变化创造出合资企业以发展这些国家的饭店。

跨国界的商业活动受到政府许多控制机制的影响，包括旅行和贸易壁垒。处理国际性商业往来中也会经常遇到法律方面的问题。有关旅行管制（如果有的话）、出于工作原因的旅行、进出口关税、政府对正常的商业交易的许可等方面的程序和限制应该尽早调查清楚。

由于会涉及很多变量，一国的商业环境分析应该借助于完整的清单形式进行（表6-1）。必须为每一个变量的得分和权重赋值，为决策者提供用于不同国别项目比较的数字形式的评分。每一个公司必须根据自己的投资理念、目标和政策来决定实际的评分尺度和权重。

表6-1 国家商业环境分析

标准	得分	权重	加权后得分
政治稳定性			
政府的态度			
收益的汇回			
所有权限制			
投资激励			
—减少资本支出			
—减少运营支出			
—保证投资安全			
税收			
外汇兑换利率			
经济增长前景			
通货膨胀率			
当地市场规模			
国际旅游者到达数量			
饭店出租率			
其他的饭店项目			
饭店业立法			
交通可进入性			
地理上接近于投资国			
通用语言			
旅游运营者的活动			
吸引物			
外籍员工政策			
劳动力可用性			
劳动力成本			
劳动力输入（进口）政策			

（续）

标准	得分	权重	加权后得分
必需的建筑材料的可获得性			
必需的运营供应品 / 食物的可获得性			
供应品成本			
进口税			
进口限制			
加总得分			

市场潜力

除了政治稳定性问题（这会使投资和项目处于突发的风险中）以外，市场可行性对于所有者来说是饭店项目中第二重要的考虑因素，所有者必须看到来自饭店运营的长期获利潜力及投资回报。对于开发商来说，房地产市场、开发一个项目的成本及该项目在完成时的出售潜力是评价该收购项目的主要标准。这些动机也将影响所有者的最终利益。不管哪一种情况，市场的潜力越大，开发商或业主越能忍受各种不利因素从头至尾支持这一项目。

初步的需求或市场分析由市场确定、对当前和预期的市场状况的分析、对出租率和房价潜力的估计组成。这些分析接下来将用于预测收入。自然的、气候的、文化的、商业的等其他方面具有吸引力的因素同样也要加以明确，基础设施、上层建筑物（指物质形态的建筑物，如终点站的建筑物，构成了基础设施的一部分，但通常是由私人所有）和交通的可进入性也是如此。

主要的出境客源产生国的经济环境及其与目标国有关的发展趋势也需要进行分析。其他需要注意的因素还包括当地饭店业发展和竞争的程度、本国到访人数及旅行方式的近期变化。有助于确定潜在市场及估计总体需求的信息来源包括政府的出版物、旅行刊物及其他的二手信息来源，还包括同旅游业及贸易或其他专业协会代表、政府官员及旅游业中的富有经验的其他人士的会晤。

预测销售额

一个初步的销售额预测应该在较早的阶段做出以确定项目在经济上的可行性。影响预测的因素包括市场发展趋势、在同一产品类别中进行竞争的饭店数量、竞争者的优势、潜在的市场份额、季节性、预期的平均房价和出租率、规划进行的销售和市场营销计划。在国际市场中预测销售额时，难以做到科学般精确，尤其当考虑汇率、通货膨胀率及政治等这样一些因素的时候。销售额的预测必须同现金流预算联合起来考虑，以确定是否有足够的收入来满足偿债的要求。假如收入不足的话，在进行预测时应该采取其他必需的决策。

风险及收益分析

当初步的项目营利性被估算出来以后，开发商必须在进入外国市场的潜在赢利和涉及的风险之间进行权衡。由于此处没有简单的数学工具可以利用，这种估价是很难做出的。某些外国所有者——常常是那些不依靠常规融资手段的所有者——往往靠情绪而不是经济因素判断做出是否建设一个饭店的决策。

即使市场和商业上的营利性预测都表明项目很有希望，还是会有一些其他因素使项目具有风险。其中一些因素，如已经在前面讨论过的政治稳定性和政府方面的要求，还有一些与每一个国家人们如何进行商业活动有关的无形因素也要进行深入研究。在一个国家被认为是不道德的行为可能恰恰是另外一个国家的生活方式之一；在美国被认为是非法的、不公平的竞争行为在其他一些国家会被做出不同的诠释，还会在政府知晓的情况下实行。那些痴迷于本国文化的开发商们将会为学习其他地方这些隐蔽的商业做法付出高昂的学费。

对基础设施的要求

基础设施通常由支持项目开发所必需的公共服务和公用事业系统构成。大多数国际旅行者和许多饭店开发商倾向于将基础设施的各个组成部分认为是理所当然应该得到的，如果他们这样认为，那就大错特错了。除了最为发展的城市环境以外，开发商将会发现至少某个方面的基础设施是不充足的。开发商应该认真评价每一种同饭店要求及其他规划项目要求相联系的基础设施的构成在短期和长期内的能力。

基础设施项目，通常被称为公共产品，除了在非常偏远的地区以外，几乎无一例外属于公共部门的责任范围。政府提供的基础设施可以作为吸引饭店投资的一个重要激励因素。随着时间的流逝，基础设施会逐渐变得不足或陈旧，需要进行补充或改善，以满足新的旅游交通需求。假如东道国政府不愿或不能够提供持续的融资用于基础设施的维护和保养，目的地将逐渐衰退并失去其吸引力，接下来会危害在饭店和其他企业的私人投资。

近期由城市土地研究所和安永联合赞助的关于全球基础设施的报告呈现了全球交通基础设施的综合概况。[①]该报告表明亚洲地区的新兴经济体——尤其是中国、日本、韩国和新加坡——将相当比例的国内生产总值（中国是 90%）投入到基础设施建设，包括道路、机场和下一代大众交通网络。澳大利亚、英国、加拿大和西欧在应对基础设施的需求和利用私人融资为改善基础设施筹资方面的表现优于美国。尽管美国每年在基础设施上的花费超过 1120 亿美元，然而这一数字还不到其国内生产总值的 1%。这项报告得出美国将很快面临基础设施危机的结论。美国土木工程师学会给出的报告单将美国基础设施各个方面的成绩单评定为中等偏下（表 6-2）。保持足够的基础设施即使对高度发达的国家而言也是至关重要的。

表 6-2　美国基础设施报告单

道路	D	电网	D
桥	C	饮用水	D-
运输线	D+	废水	D-
铁路	C-	大坝	D
航空	D+		
A= 非常好；B= 好；C= 中等；D= 差；E= 非常差			

尽管基础设施通常被认为是一个公共部门的责任，但饭店开发商们在发展中国家常常遇到一个普遍性问题，那就是公共部门缺乏规划或不能提供充足的基础设施。在这种情况下，开发商必须同政府部门紧密合作，确保项目将会得到基础设施的支持或政府部门已经准备好引导私人投资于基础设施。开发商和政府部门很有可能会设计出一份协议规划，规定由政府部门和开发商在基础设施投资方面分担责任，同时开发商也会要求政府部门给予私人投资相应的激励。

水

较大的饭店项目不可能在一个没有高容量供水系统的地区发展，尤其是在相对不发达的地区或早已存在对供水激烈竞争的地区。地方的决策者和政府官员们常常会为饭店运营为什么需要如此大量的供水予以支持感到难以理解。饭店平均的水消费量为每间住客客房每天超过 750 升，度假饭店可能需要消耗两倍的用水量。一个位于没有充足的降水保持其自然灌溉的 18 洞高尔夫球场每天的用水量可能会高达 380 万升[①]。为了保证顾客满意，一家饭店必须能够为其运营保持必要的用水量。反复无常的用水供应给客人带来了极大的不便，会迅速导致造成业务上的损失。

大多数饭店从当地公用事业部门购买用水。事实上这种类型的供水水源可能是地下蓄水层（通过水井或泉眼获得）、湖泊、溪水、河流或水库。供水部门通常通过凝结、沉降等手段去除水中的固态悬浮物，并 / 或通过氯化处理的方式对水源进行过滤和消毒。然后通过地下管道将水输送到饭店。

饭店的另外一个选择是就地生产所需的用水。然而就地生产合格的纯净用水对于单独一个饭店来说过于昂贵，只有当公共供水部门不能提供用水的时候才可能成为不得已的解决方式。在非常干旱的地区或被海洋包围的海岛，可以依靠的选择非常少。根据不同的环境条件，可以采用海水淡化（通常需要地下水作为补充）、通过海轮运送淡水或通过蓄水池或水塔收集地表雨水的方式提供用水。海水淡化是通过将盐分从海水中去除，使之成为适合于人们使用的淡水的过程，非常复杂而且昂贵。当就地生产淡水是必不可少的时候（尤其是不得不使用昂贵的海水淡化方法时），水的二次利用——有时也叫作可再利用废水（中水）——应该被考虑用于浇灌或其他的非饮用用途。

无论是就地生产还是通过当地的供水部门获得用水，水的质量和数量同样重要。水的质量是指细菌学意义上水的清洁度、水的化学和物理属性、客人对水质（颜色、气味、味道、清澈度）的感觉，还包括水质对运营中的设备的效能和使用寿命的影响。对于一个国际性饭店来说，使用纯净的水极其重要。一些人至今不愿到某些国家度假就是因为害怕饮用那些地区不纯净的水。国际标准的饭店因此经常发现安装自己的净化水系统是必需的。

电

电力供应必须是充足且方便得到的。一个度假村饭店每间客房每天通常要消耗 3.25 ~ 3.75 千瓦时的电力[⑤]。一个位于市区、没有多少娱乐休闲设施的饭店消耗量略少一些，但如果饭店的后台支持系统用电强度高的话这一数字也少不了多少。除了充足的电力供应以外，必须有能够满足最大负荷设计要求的系统以保证服务的连续性。在发展中国家，通常需要备用发电设备。

在可能的情况下，应该向国际客人提供某些设备（如变压器和交互式插座），让客人可以使用他们携带的个人电器。这样做既保证了安全，又能使客人感到方便。

通信

可靠的长途和地方电话、电传、传真和互联网服务的可获得性对饭店而言至关重要。在不同的国家，电话网络、电话电缆及电话线路的充足性可能会有一些问题。然而，优良的电话服务对于饭店日常运营是必需的，同时也是顾客所期望的。即使是在有足够的手机覆盖面大到可以使顾客使用自己的电话的发达国家，这一点也是适用的。

对于国际商务旅行者来说，花费 6 小时才能接通一个打给家里或办公室的国际电话是不能接受的。

污水排放

污水排放设施的处理能力和质量是需要关注的重要问题。在发展中国家或偏远地区，污水排放问题可能需要比在发达国家或城市地区进行更多的考虑和规划，在后一类地区，假如拥有处理能力，饭店只需将管道同现有的排放系统相连即可。而在前一类情况下，饭店开发商可能需要负责安装污水排放处理系统，这将增加发展成本。在两种情况下，都必须认识到饭店对污水排放的要求是很高的。例如，在一个度假村区域内，对污水排放能力的典型要求是每间客房每天 850 ~ 1050 升[6]。在商业区或工业区，每平方公里已开发土地每天的排放能力要求通常为 1088 升左右。

在某一地区安装的系统和设备的类型可能会因为地理位置和地质条件的不同而有差别，但是，建设任何类型的系统都需要专门技术和大量的花费。

交通

在发展中国家和偏远地区，不能总是理所当然地认为公路和街道是已经存在的。饭店开发商可能会需要修建通往饭店的公路。泊车，是另外一个需要考虑的重要的发展问题，尤其在市区范围内。

在任何一个国际性地点，航空可进入性都是一个考虑因素。不仅仅要考虑到从相关市场区域抵达的航班是否开通或数量的多少，还必须考虑到对运输能力起决定作用的机场的地面设施（如候机楼和跑道）。目前，在许多工业化国家和地区，主要机场都在以接近满负荷运力运行。在可行性研究清单中，饭店开发商不应该忽视与之密切相关的机场设施和地面基础设施的问题。

交通运输系统对于饭店的重要性在中国发展实践中可以得到很好的证明。在 1978 年实行改革开放政策以后的 10 年间，满怀热情的饭店开发商们建设了数以百计的新的豪华饭店。但是游客的增长（及饭店出租率）一开始就由于缺少飞机、火车和足够的公路来运送旅客而受到了阻碍。早期到达中国的游客经常会谈及自行车是这个国家可用的唯一可靠的交通形式。为了解决这一问题，中国政府将发展大规模的、可靠的交通运输和公路网络系统置于优先考虑的位置，这些系统将不仅仅为旅游业提供服务，更为重要的是它们也支持了国内经济的优先发展。

提供保健服务

如有需要，饭店客人必须能够得到保健设施服务或紧急医疗。在大多数情况下，满足这些需要不会有太大问题。但是，假如饭店开发商选择了一个偏远隔绝的目的地时，会很快发现当地保健设施就是对于当地需求来说也是不充足的，更达不到处理外国游客或饭店员工紧急情况的要求。在这种情况下，饭店要考虑设置自己的诊所并能配备随叫随到的当地医护人员。饭店运营者至少还要有偶发事件应急计划，处理紧急医疗情况并有办法将客人和员工运送到某个可以接收处理的治疗机构。有时，这意味着通过直升机或私人飞机将病人送到下一个紧邻的国家。运营者还必须了解关于向地方当局和适当的外国使领馆报告死亡事件的法律要求和程序。

劳动力

尽管劳动力不是基础设施的一部分，它也是开发一个外国饭店项目要考虑的主要因素。饭店的员工配备，尤其是国际级饭店的员工配备需要相当多的劳动力。根据所服务的市场，许多员工被要求可以用多种语言，至少是双语进行服务。虽然饭店可以向初级的员工提供自己的开业培训（此处假设有可用的劳动力），但是，假如管理者可以依靠从已经建成的接待业项目中招募受到过培训的员工的话，必然会更好一些。假如项目所在地区已经建立了发展良好的饭店产业并且不存在劳动力短缺问题的话，可资利用的充足的熟练饭店员工储备对于开发商和饭店运营者来说将会是一个优势。

如果存在劳动力短缺，并且假设法律许可，饭店运营者可能会从其他国家输入饭店员工，这对住房及其他方面服务的供应能够提出了要求，故而增加了项目的负担。对于一个国际性饭店中的关键职位，普遍的做法是从国外派遣人员。在饭店开发项目过程中，要考虑到派遣经理人员及其家属的需要。

饭店开发商还关注能够得到建设所需的熟练工人和技术人员。在某些情况下，熟练工人和技术人员要从国外输入来建设饭店。在饭店开业后，其中一些工人将留下作为"客居工作人员"充实到饭店人工队伍中。例如，中东地区在20世纪70年代期间建成的饭店普遍从土耳其、约旦、埃及、韩国和其他劳动力丰富的国家输入劳工。近年来，迪拜从印度和孟加拉国输入了大量劳工用于其饭店建设。

安全

饭店的安全在任何地方都是必须保证的。在一些国家，安全是需要优先考虑的问题。在确定计划目标时，开发商、所有者和运营者应该确定当地的警方有合格的人员、设备和技术来满足饭店在建设期间和开业以后基本的安全要求。必须在项目肇始阶段就建立同地方当局的合作关系。一旦饭店开业，饭店保安部门应该保持这种合作联系。

在一个已经形成的发展计划下工作

许多国家都制订了旅游业发展总体计划用于引导度假地和与旅游业有关的设施、包括饭店和休闲娱乐设施的发展。理论上，这种计划规定了用于指导发展的政策、程序和规章制度的基础。但在不同的目的地，旅游业发展计划的时效性、正确性和有效性都有很大的不同。在一些地区或国家，发展计划要得到政府部门的接受和认同，并定期进行更新，常常受到开发商和规划人员的咨询。而在另外一些地方，从实践的观点看发展计划和将进行的项目几乎不会有什么关联。

受其自身规定的经济和社会目标及地方志向的指导，旅游发展总体计划通常要进行以下几个部分的工作。首先，要探明目的地的经济条件、政府支持、公众支持、环境条件和投资气候；其次，这一地区当前与旅游业发展相关的各个方面的大致情况，包括饭店、吸引物、餐馆、夜生活及客源市场发展趋势；然后，计划将会提到基础设施要素，包括交通和公用设施，并分析机会、制约因素和发展旅游业必需的条件；最终，计划结束部分将对实施工作进行陈述，如怎样通过公共支出、旅游业发展的规章制度、为饭店开发商提供的激励来实现规划目标等。通常，计划还附有一个贯彻实施的时间表，这一时间表常常用于描述或标示计划，例如，一个五年期计划。

确定位置

除了明显的土地使用和所有权因素以外，为一个外国饭店项目挑选一个合适位置的标准同在国内饭店开发使用的标准没有什么大的差别。一般的标准包括地点（通过不同的市场分析及发展成本—收益前景分析得出）、视野、环境适宜性及地形。环境影响报告（EIS）一度只在美国国内运用，现在已经在全世界范围内成为项目开发所必备的先决条件。

土地可用性

在土地可以被使用之前，首先要获得土地。规定了土地所有权和土地购进的法律和惯例随国家的不同有很大的区别。例如，希腊、墨西哥、意大利和保加利亚等国家在具有战略重要性的地区，如边境地区和海岸线限制外国拥有土地所有权。相反，在一些加勒比国家，政府官员和内阁完全不加限制地允许外国人拥有土地。在土地稀缺的太平洋岛国，相当高比例的土地是公共拥有的，这意味着土地通常为一个部落、村寨或家族所有。这些土地的使用权是代代相传的，而且，土地构成了村寨或部落成员之间社会文化、经济及信仰联系中不可分割的一个部分。非公共拥有的土地被认为是"可让渡的"（让渡是一个法律术语，指可以用于出售的），大多数为政府所有。对于潜在的开发商来说，在这些岛国获得土地成了一个主要的制约因素。例如，即使可以考虑同某一个当地村民成立一个合资企业，在土地能够被使用之前也还必须得到其他所有村民的一致同意。得到对此类项目的融资会有一些不可避免的障碍，由于土地不能被作为抵押品使用且通过取消赎回抵押品权利的方式得到土地是不可能的，银行常常会在是否为这些项目提供抵押贷款时犹豫不决。

租赁　在世界上某些地区，外国人不能拥有土地的所有权，但是他们可以通过足够长时间的土地租赁使用以确保开发商的投资回报。例如，中国、格林纳达和泰国尽管不能保证无限期地使用土地，但是可以为外国人提供长达 30 ～ 60 年的土地租赁。土地租赁的条件对于开发商，运营者或对两者来说可能是昂贵的，租赁合同可能要求租赁者支付固定费用再加上通过不同公式计算的不同来源收入的收益分成。

土地购买　当某一个特定的位置得到确定以后，必须获得对土地适当的权利。通常可以通过在购买或租赁之间进行选择的方式完成。期权使开发商可以在进行实际购买之前对计划进行完善、得到融资和项目许可并满足其他方面的要求。土地所有者有时将土地作为权益投资来与开发商开展合资经营，他们也可能通过抵押土地得到贷款的方式参与到融资过程中。在某些情况下，有时需要将较小的多块土地集中起来用于饭店发展，由于众多的土地所有者会在动机和目标方面出现相当大的分歧，谈判过程因此变得十分复杂并且很花时间。在城市中，可能会牵扯到一些所有者、租赁者和 / 或承租人，每一方都有不同的既得利益和权利。在边远地区，土地的法定所有权有时难以确定，有可能会造成今后某方声称对土地拥有所有权的风险。

城市土地短缺　在全世界范围内城市地区遇到的一个普遍问题是用于建设饭店的位置的全面短缺，显而易见，好的位置难以找到。在需求十分旺盛的情况下，想在拥挤的城市中找到一个合适的甚至是可用的位置都几乎是不可能的。除此之外唯一的选择就是购买一个已经存在的饭店，再对其进行更新、整修或干脆拆除后重建。例如，在伦敦，由于持续强劲发展的旅游业和与欧洲经济共同体的一体化联系的商务旅行的增长，造成了饭店客房短缺。但是，在这个城市中已几乎没有可以利用的位置，而且，高昂的地价使得新发展一个饭店的成本高到了令开发商不敢问津的程度。作为另外一种选择，开发商开始寻找城市中传统上较少被认为属于饭店发展区域的地点或伦敦以外适宜饭店开发的位置。香港的湾仔区以一个新建的会议中心为中点，周围涌现出大量的现代饭店。这并非人们有意进行的选址而是由于土地短缺造成的无奈之举。还有其他通过土地复垦创造出新位置的例子——如澳门的金光大道和迪拜的棕榈岛。

土地成本　在开始阶段购买土地的成本是决定项目可行性至关重要的因素，因为它是以后饭店平均房价的一个主要决定因素。在地点上的花费通常包括了获得土地的租赁拥有权或永久产权、转租，以及其他产权和进入权利等方面的成本。土地成本一般占到了总投资的5% ~ 15%，但是，在某些精华地点，如海岛或城市中心区地带，花费可能会高得多（例如，在土地稀缺的东京，发展一个新饭店时，土地成本在总成本中的比例可能会达到一个惊人的数字——80%），当然，在一些欠发达地区，土地成本也会低很多。还应该注意到，在饭店建筑上的投资水平普遍是同该地点的价值相联系的：该地点越昂贵，在建筑上的花费也会越高。在第一流的地点可以赢得更高房价的能力证明这种更高的花费是有道理的。

由于饭店产业已经发展为一个重要的国际性产业，饭店开发项目的平均成本也发生了变化。目前，一般可以在三类地点饭店开发：欠发达地区、度假地和发达地区。欠发达地区的人口稀少、公用事业和基础及交通设施都十分有限；度假地与欠发达地区相似，但是用于基础设施、休闲娱乐设施等度假地发展的成本可以在多个度假地饭店项目中按比例进行分派。发达地区通常是城市区域，拥有可以利用的交通、人口和基础设施。

因为技术和竞争因素，度假地和发达地区的平均发展成本要更高一些。获得发展位置的成本、建设成本、家具和室内陈设品花费占到了发展总成本的70% ~ 80%。在发达地区和某些度假地，一个重要的成本因素是必须有能够容纳停车的建筑，而在能够提供地面泊车的欠发达地区通常则不需要。

如家具、固定设备、运营所需设备等其他方面的因素不会由于发展地点的不同而有较大的差异，这些成本受到饭店质量和每间客房地面面积的影响。此外，由于高度竞争的饭店营销环境，开业前费用对于所有位置的饭店来说都差不多。

开发费用、融资费用、管理成本和运营资本受到各种其他因素交织起来的影响。由于受到发展批准程序的影响，在发达地区和过度发展地区运营资本要更高，根据土地融资费用和管理费用的大小而有不同。

表6-3提供了一个分别在欠发达地区、度假地和发达地区发展一家三星级、300间客房、按客房分摊的建筑面积为每间客房55平方米的饭店时，将不同的预算分配进行比较的样本。

表6-3　不同地点类型饭店项目开发预算比较

饭店发展预算 *	欠发达地区	度假发展地	发达地区
	占总预算 的百分比	占总预算 的百分比	占总预算 的百分比
土地	5.00%	10.00%	15.00%
地点/基础设施	6.00%	8.00%	8.00%
饭店建设	50.00%	55.00%	50.00%
家具和室内陈设品、固定设备和其他设备	15.00%	10.00%	10.00%
运营设备	4.00%	2.00%	2.00%
存货	4.00%	2.00%	2.00%
开业前费用	3.00%	2.00%	2.00%
各种费用	5.00%	5.00%	4.00%
融资费用	8.00%	6.00%	7.00%
总预算	100.00%	100.00%	100.00%
每间客房费用			
运营资本（土地和各种费用的15%）	1.50%	2.25%	2.85%

* 假设饭店有300间客房，3星级标准，按客房分摊的建筑面积为每间客房55平方米了

资料来源：Wimberly Allison Tong & Goo, Inc., Architects and Planners, Honolulu, Hawaii, December 1993.

分区制

同土地使用紧密联系的问题是城市规划分区制。在世界上许多地区，分区法规是饭店项目开发主要的管制力量之一，分区制同时也是一种使用最通行、最受争议的发展力量之一。一些一度对分区持放任自由态度的亚洲城市现在对此也采取了同欧洲城市的限制政策相似的坚决的态度。

分区制本质上是指将某个地区分为不同的区域，在每一个区域只允许某种明确

规定的发展类型。分区法规清楚说明了在每一个地区类型土地使用和发展方面的限制并确定了分区过程的程序性要求。它对建筑物的面积、高度、密度限制、建筑物后缩进的规定、建筑密度比率、楼面面积比率、泊车要求、建筑物标志限制以及其他的因素都有详细的规定。

分区规划者们希望在美学、地形和商业性的现实之间找到某种平衡。例如，将滨海的土地划为少数私人的住宅用地，同时又将创税高的饭店设置到离海岸远的地区是不合理的。同样地，在海滨土地上进行高密度的开发并导致在一个阳光度假地的休闲漫步和开放空间遭到破坏也是很不科学的。

分区制应该以文化方面的考虑为基础，保护有历史意义的区域；也要以环境方面的考虑为基础，保护海岸线、山岳、国家公园或有突出的美丽自然景观的区域。分区政策同时也体现了经济或文化方面的背景，分区制可以加以利用以创造更多的当地就业，带来更多的地区收入，或推进有助于社会的在基础设施改善方面的投资。

在决定进行建筑草图设计之前，开发商需要参考分区文本和分区图以确切决定在某一特定的地点可以做什么。在向某一特定地点投入大量资源之前，开发商应该意识到该地区或该国家关于分区制的通行的做法。不过，开发商常常寻求分区差异——即同意饭店所有者在满足标准要求过度艰难的情况下放松对规定的限制——只要能够找到适宜的理由。

由于混合了多种因素，如典型的分区过程有多种机构参与、缺乏统一的标准可以改变分区制的要求而使分区的程序具有很大的不确定性。在许多国家，分区的过程充满了障碍，其中许多是政治和法律方面的。通常开发商会雇用当地的顾问和专家尽可能快地得到批准。

一旦饭店位置确定以后，应该形成一个概念化的饭店项目总体发展规划。这是饭店设计和决策中最具有创造性的方面。在初步的可行性分析和市场研究中，饭店的类型、目标顾客、当地社会的习惯、竞争对手以及其他需要关注的方面都必须提及。在总体发展规划中，这些变量必须被转化为包含了建筑师和咨询顾问及开发商、所有者和未来的运营者意见的有形物质产品。

在贯穿整个饭店的规划和发展的过程中，初步的项目开发总体规划应该根据地点和建设的分析、市场可行性研究、建筑和工程方面的规定、财务方面的考虑因素、政府法规和其他起作用的因素进行修改和提炼。

初步的地点和建设分析

一个初步的地点和建设分析在发展的早期阶段将是有用的，在开发商为某个在经济上也许不可行的地点投入昂贵的设计文件和草图而花费过多之前，这种划算的工具可以事先对这个地点进行评价。下面列出了用于指导在这样一个分析中应该收集的信息的清单。

1. 项目的范围（即：房间的数目，每间客房的平方米数，公共区域大小）。

2. 分区法规和规范的要求：

• 建筑物后缩进的要求（与街道、海岸区域及其他区域的距离）；

• 高度限制；

• 泊车要求；

• 保留空旷区域（控制建筑密度）；

• 必要的差异要求；

• 楼面面积比率；

• 建筑设计要求；

• 建筑材料要求；

• 安全和健康标准。

3. 法律和环境限制：

• 通行权（某人通过另一人所有土地的权利）；

• 洪水侵蚀界限（在一个容易发洪水地区设置的缓冲区）；

• 噪声限制（针对项目所产生的噪声）；

• 饭店项目对其紧邻环境影响的阴影（有时称为足印或土地印记）影响研究（即，项目的总规模同环境的规模的比较）。

4. 公用设施。

5. 大地构造报告，包括了地形学、土壤状况、矿物成分、地下水位及土地其他方面的技术资料。[7]

根据这些信息，可以起草项目的初步设计。开发商可以估计一个大致的建设预算并确定项目在经济上长期的可行性。由于此时项目开发规划的其他方面只是总体性的，因此财务方面的预测仅仅是一个近似值。假如初步的对市场一般看法和财务预测得出在特定的平均房价水平上有一个可以接受的出租率水平，那么接下来还要对项目潜在的不同来源的融资进行测算。假设未来的债权人可以被项目接受，此时开发商应该进行调查，选择一个饭店运营者或一份特许经营协议。下一步工作是进行详细的市场可行性研究。

市场可行性研究

一个详细的市场可行性研究提供了重要的数据以确定从经济方面考虑一个初步的总体发展规划是否是合理的。由于可行性研究通常用于评价风险，它成了潜在投资者和债权人要求的必备条件。市场可行性研究通常由独立的第三方执行，对项目和市场进行评价。在挑选一家可行性咨询公司的时候，应该考虑以下三个因素：指派到该项目的单个咨询者的国际性经验；公司的声誉；公司运用于项目分析的数据库的质量。一些国际知名的会计公司和饭店咨询公司在许多国家都有分支机构，非常乐意承担饭店可行性研究。

一个国际性饭店项目的可行性研究通常应该提供：

• 对项目潜在需求的详细分析（分解为不同的细分市场）；

• 对供给因素的分析，例如区域内现有的和预计进入的饭店；

• 从饭店建成开业之日起，通常期限为 10 年的详细的财务预测。

当某些资料无法得到的时候，在准备市场可行性研究报告时需要做出一些假设。但是，当需要做出的假设是关于政治稳定性、经济因素（汇率、定价、税收、进口税及其他方面因素）、基础设施的可靠性的时候，那么将这些所有因素汇集到一起以对投资风险和回报进行全面综合的审视对于市场可行性研究来说是非常重要的。表 6-4 提供了一个澳大利亚饭店的可行性研究目录表样本。一旦可行性研究结束，咨询者将确定所研究的饭店是否能够提供足够的投资回报来满足项目参与者的预期。接下来咨询者将提出采取行动建议——可以继续进行项目开发，或者应该对项目进行修订以同市场预测保持一致。

可行性分析对于确定饭店的定位也很有帮助，通过确定消费者寻求的利益及确定将计划中的项目同其竞争者区分开来所需的特性，可以帮助饭店确定有利的定位。

表 6-4 可行性研究内容样本

可行性研究

黄金海岸饭店，澳大利亚

目录

第一部分

第二部分

第三部分

第四部分

第五部分

第六部分

（续）

第七部分

对本案饭店项目的需求评价

第八部分

对设施的建议

第九部分

预计的年度运营结果报表

信息收集

可靠的和经过证实的信息——不管是以前的还是当前的——对于完成一项准确的可行性研究至关重要。良好的信息来源包括不同层次的政府机构、当地的饭店和餐馆协会、旅游办事处、当地的会议招徕机构、饭店会计公司或咨询公司在当地的分支机构、学术机构、当地的交通运输企业、当地商会或类似组织、银行家以及杰出的商界人士。当各种资料和专业建议被收集以后，有经验的分析者会从中勾勒出关于市场及其发展模式的变动轨迹。然而，在小的发展中国家和乡村地区，与战略有关的信息十分匮乏，此外，在发展中国家里，常常可以看到统计数据的质量、时效性和资料的积累存在很大的局限性。

当良好的定量数据不能够获得的时候，开发商或咨询者可能需要更多地依赖于定性的信息（通常通过个人来源和非正式渠道收集）或收集自己的原始数据。对于某些开发商来说，缺少资料构成了一种进入壁垒。然而，作为新市场的最先进入者的优势，看来超过了在一个欠发达的目标目的地情报收集的成本。

批准过程

为批准过程规划一个全面的战略非常重要。在这个世界的某些区域，批准过程非常麻烦并且耗费时日，有时会使饭店项目拖延一年甚至更长的时间。这个过程代表了一个由各种许可证、授权和行政程序构成的复杂的结合体。对于不熟悉官僚体制种种要求的初次涉足项目投资的开发商来说，学习过程可能会遇到大量的挫折。正如在第4章中提到的，在印度启动一个饭店项目需要得到30多种许可证书或证明。在吸引外国投资者在饭店领域投资所做的种种努力中，一些政府通过消除机构重叠设置及官僚主义对外国投资的种种要求和阻碍使批准过程变得流畅。还有一些政府在投资者通过批准程序时提供政府协助，并进行指导。

环境影响报告

很少有哪个国家的环境法律像美国的那样严格，但是，在西欧有同美国类似的法律和标准。其他的国家也开始考虑公众要求采取更为严格的环境标准的压力。取决于我们所讨论的不同的国家，并非所有的开发项目都要求提供环境影响报告（EIS）。在某些情况下，只有项目位于海岸地区、保护区、历史文化遗址，或其他被政府指定的需要特殊保护的地区，这样的报告才是必需的。

通常，环境影响报告是一份书面报告，它描述了当特定的项目被执行的时候，在近期和远期内对环境会产生什么样的影响。根据特定的政府所要求的准备范围，土地规划者、市场分析师、社会问题专家、交通问题专家、环境学家及许多其他的专家都可能参与到分析过程中。根据具体的项目，报告的内容可能会包括空气和水体污染、对海洋生命或地区生态系统其他方面的影响、预计会增加的交通拥挤、经济和社会的收益和成本、对周围地区土地利用的长期影响以及对人口增长、基础设施和噪声水平的影响。

在有些地区，环境影响报告的形成过程非常麻烦，可能需要花费几个月的时间来通过最后的批准。在计算项目预算和起草发展计划的时候必须考虑到这一因素。

影响费估算

开发商还需要熟悉相应的影响费的估算。影响费是政府加征的一种费用，当政府预计到发展将会导致公共支出的时候会加征影响费，政府也将影响费作为一种交换，使某资产可以用来发展该项目而放弃了将资产用作其他会带来更高公共利益的替代用途。大多数地方政府将影响费看作是一种要求开发商付费的合理而正当的方法，以弥补提供足够的基础设施的支出。

通常，政府在对由于新发展而导致的（基础设施）改善上资金的花费进行合理和一致考虑的基础上，来确定费用数量的估算。政府会设计一个财务和管理方面的框架，在对每一个项目的使用程度进行预计的基础上，来公平地按比例分配发展基础设施的支出。例如，饭店产生的对水、电力和污水处理等方面的需求比一个商业写字楼相对要高。但是一个饭店产生的对于教育和公共健康方面的需求又要低于住宅、公寓等开发项目。由此，根据一个事先确定的公式，支出被进行了分配。在要求支付影响费的地区，开发商需要在他们的资金预算中估计加征的费用。

与当地的相关利益群体共事

在发展过程中当地的利益有时通过某个单个的公民在引起公众注意的场合的言论或某个独立于任何较大的组织的个人的行动反映出来。当地的利益也可以通过有着非常广泛的关注对象和议程的各式各样的更为正式的组织反映出来。这些组织采取的形式可能是街坊团体或一些平民团体——例如历史社团或环境组织——他们通常只关注某一类特定的议题。对于大众如何认识一个开发项目以及该项目会对当地利益产生什么样的影响，在国外的饭店开发商在发展过程的早期阶段就应该得出清晰的认识，这些知识有助于开发商预计潜在的障碍。

最近在印度喜马拉雅较低的传统性和宗教色彩浓厚的地带出现了一个特例，讲述数百万美元度假开发项目中当地利益如何影响饭店项目。这个山区当地的人们有各种不同的男神和女神以及当地的神。这些神通过地区内不同形式的物质结构，包括树木、岩石和地方祠堂彰显自己的存在。作为开发前规划的一部分，开发商需要委任公司的服务以创建一个"宗教地图"来认清这些地区，从而避免不经意间亵渎它们而招致当地群众的愤怒。除了开发商需要得到的当地政府的批准，他们也需要得到地方诸神的许可。为了实现这一点，开发商需要与当地的祭司合作，因为祭司可以通过精心准备的宗教仪式与神进行沟通。

设计方面的考虑因素

草拟详细的饭店建筑设计方案应该建立在对地点特征、分区法规及建设条例进行全面彻底的分析的基础上。当地的规划要求会规定高度、规模、密度及其他建筑方面的限制。高度限制一般用来保护著名的、有历史意义或纪念意义建筑物的突出性，也用来补充现有建筑的规模和比例，或者用来避免地平线景色轮廓被改变。高度限制运用于许多欧洲国家，例如，除了少数显著的例外，城市中心的饭店高度一般控制在 5 ～ 10 层以内。这和美国及日本城市中心的情形形成了鲜明的对比，这些地区的饭店会骤然升高到超过 30 层。在一些国家，在乡村和海滨地区，建筑物高度限制可能会严格到（如不能超过椰子树的高度）饭店的设计只能采取少层数、村落型的发展类型。

外部建筑材料的选择也会受到限制，以体现地区的特色。在很多地区（例如西欧），在饭店建筑过程中外部建材全部进口是不能被接受的，这些限制希望设计师在设计中按照某个特定的比例研究使用来自欧洲的当地可用建筑材料来源。类似的进口限制也被应用于对内部设计和家具等陈设品的规定，在希望节约稀缺外汇的发展中国家尤为如此。

建筑主题

饭店的设计和布局应该以结构、实体、社会、文化及心理方面的因素为基础来加以考虑。结构方面的考虑因素同如何最佳使用土地及选择建筑材料和形式有关；

实体方面的考虑因素适用于所设计的结构的功能问题，集中于饭店运营的功能效率。最容易被忽视的特征往往是东道国和潜在顾客在社会、心理和文化价值方面的因素。

如果有来自旅游管理部门对国际性饭店的批评的话，那就是所有的饭店看起来都是雷同的。尽管饭店在功能方面的设计相差无几，但是，假如问及为什么每一个饭店的外观设计都不能反映出东道国或东道地区社会独特的个性和文化，就不能找到借口。这一点在一些有历史意义的地标性地区（在大多数情况下，这是法律所规定的）尤其受到批评。景观美化、户外标志应该和其他的外部材料和建筑特色融为一体。建筑物内部的颜色、结构和安排应该与建筑设计相得益彰。用餐区域、大堂和客房的主题都应该强化设计中预期的氛围。

在同一个区域内聚集的饭店建筑风格和外观的统一，尤其是都采用了能反映这一地区传统和文化的那种样式的时候，有助于在预期的访问者心中形成一种目的地形象。例如，在法属波利尼西亚群岛，许多饭店都采用了以茅草覆顶的小棚作为膳宿接待设施，这几乎成了这一地区旅游业的同义词；再如，在 Tacxo，所有的建筑设计都遵从一种墨西哥殖民时代主题，而印度尼西亚巴厘岛的度假村被要求采用巴厘寺庙的建筑形式；在一些人口拥挤的城市，如中国香港和新加坡，重点则放在使高层饭店能够有观赏城市或海港的全景式视野，伊斯兰风格的建筑，无论是清真寺、私人住宅还是饭店，都坚持规定的形式、功能和空间布局。建筑物的结构是遵循伊斯兰教宗教仪规、穆斯林的观念和默祷来安排的，环绕中心的周围通常采用庭院花园布置。

在其他极端情况下，如果旅游目的地没有旅游形象，可以用建筑设计创造一个形象。最近一些例子中，与当地环境形成鲜明对比的设计元素反而提升了目的地的利益，这得益于随之产生的"冲击价值"。例如，阿联酋的旅游目的地迪拜近来建造了并将继续建造一些世界上最独创的、为人津津乐道的饭店。

建筑主题除了有促进形成独特的目的地形象的价值以外，还可以在使东道地区社会接受这些旅游设施方面扮演重要的角色。

设计趋势

除了使饭店更加舒适和有效率以外，建筑师和设计师（的设计）倾向于朝绚丽夺目和精致细微两个方面倾斜。世界各地的饭店运营者们认识到一个饭店的外观及运行有助于使饭店摆脱日益激烈的竞争旋涡。当建筑师们不断地尝试不同的建筑形式的时候，有一个主要的趋势，就是衡量文化和历史影响的重要性及如何将它们同设计融为一体。在过去，有些设计师对要求进行一些有文化性的设计的反应是搬造某种对东道国凭空想象的拙劣的模仿。现在，建筑师们进行深入的研究，注意挖掘历史遗产，并以一种创造性的、具有时代性的方式运用这些遗产要素。通过材料、形状、式样——如屋顶轮廓线、对窗户的处理、传统的图案、当地的建筑材料等，本土化的设计基础被精致地运用于具有时代特色的建筑形式中。

在一些地区，饭店建筑师利用接待客人方面传统的形式来发展、设计国际性饭店。例如，在韩国，韩国人主要使用一种叫作"yogwan"的传统风格的住宿设施，提供了简洁但舒适的膳宿条件。Yogwan——类似于典型的日本式旅馆，提供了一间有加热的地板和席子的房间用于睡眠。为了迎合外国旅行者的需要，近年来，许多yogwan开始采用国际标准，增加了一些设施，如客房内卫生间和西式床具。与之相反，日本的许多现代饭店采取了完全不同的做法，形成了一个以日式旅馆风格为特色的膳宿市场层，这些特色包括传统的榻榻米席子、低矮的家具、障子（障子是指传统的日本房屋内用作墙壁、间壁或滑动门的纸糊木框）、日式蒲团，但是用私人浴室代替了传统的公共浴室。实际上，当代的日式饭店被比作本田汽车，它基本的技术是美国的，但是其许多精妙的改进却是日本式的。诸如对yogwan和日式饭店进行适应性改造的方法使得有可能从古老和新颖中吸取精华，向客人提供一种结合了西式的舒适和东道国传统的接待方式的体验。

由于某种美学和行为标准在每一种文化中都根深蒂固，饭店设计问题可能会非常敏感并很容易犯错误。例如，在一些国家，某种颜色可能喻示了幸福或死亡，某种风格的文艺复兴艺术表现手法可能会是一种冒犯。再如，对于餐厅来说，设计师应该了解德国人喜欢灯光明亮的餐厅，在一个美国餐厅通常可以使用柔和的灯光，但是照搬到德国却不会有好的效果。在中国，餐厅需要准备接待同时到达的大群宾客，因为在这个国家的风俗如此。

通常，国际性饭店中的照明设计受到东道国生活方式模式的影响。由于饭店周围的环境、客人甚至饭店的功能每天都在变化并且有季节性周期，许多设计师在设计照明系统时包括了可调节装置。一按按钮，照明会被切换到某个预先设置好的强度，或者可以设计为能够自动地根据不同的设置变亮或变暗。

自然环境

在非城市的地区一个重要的趋势是使饭店设计同自然环境相适应。巴厘的度假村，如 Nusa Dua 海滩饭店和 Nusa Indah 饭店等不仅遵循传统的巴厘建筑形式，而且其设计和景观美化同当地葱绿的热带环境浑然天成。宽敞的接待区域被设置在一个形同寺庙的亭形建筑内，面向大海的一面是开放式的，提供了一个没有任何障碍物的视野平面。客房分别设置在大堂的两翼，都是低矮的低层建筑，根据地形层状排列。每一个度假村不仅无损于其环境反而提高了自然环境的吸引力。

地中海俱乐部在世界上几乎每一个度假地区都获得了发展，已经建立了一个有一贯风格的、以低矮的少层建筑形式概念及重视当地文化的民族文化传统主题为特色的饭店王国。这些度假村的设计师在设计时突出强化了地中海俱乐部创始人强调俱乐部生活方式中的自然环境和户外活动导向的理念。

城市饭店的设计

城市饭店变得越来越豪华并注重形式，通常有富丽堂皇的门廊和入口。这样的例子在世界各地的城市中随处可见。像伦敦古老的多尔彻斯特饭店那样历史悠久的饭店正在去除现代化的布置回到其充满魅力的原本状态。再比如，中国香港凯悦或香港洲际这样的现代饭店，有高高的天花板及大理石圆柱构成的高大宽敞的大堂及蜿蜒向上的楼梯，以创造当今的上等雅致的典范。尽管有一些专家看到了将大堂变小，成为一个有少许座位的过渡性区域的发展趋势，但是在一些国家，如埃及，人们仍然习惯并期望那种有饭店安排的座位的开阔的大堂。近年来的饭店发展的另一个趋势是客房和浴室面积加大，通常更方便残障人士使用（这在美国是法律的一项规定）。此外，拥有电子通信系统的商务中心、行政楼层、更大的舞厅和功能区域及多用途餐厅开始成为今天国际级大都市饭店的标准。其他城市饭店的设计特征则受到近年来建成的时尚精品饭店的"都市流行"设计的影响。

古老的结构

地方政府常常鼓励将古老的建筑用作饭店用途，尤其是那些有历史价值或建筑价值的建筑。在欧洲，许多古老的车马店和旅馆今天仍然为访客提供膳宿服务，一些古老的磨坊、货栈、城堡庄园或从前的宫殿都更新改造变成了饭店。在西班牙，由政府经营的饭店是实行促进文化保护的政府政策的好例子。还可以找出在受法律保护的长期存在的历史建筑物外或其中建设饭店的例子，我们举出四个这种饭店发展类型的实例，如澳大利亚悉尼的一家洲际饭店就建设在一个原来用作国库的建筑物的内部结构框架里；布达佩斯的希尔顿饭店的框架是一个 12 世纪巴洛克风格的教堂；伦敦豪华的雷恩斯巴罗饭店 (Lanesborough Hotel) 建筑在 19 世纪的圣乔治医院的古老结构内；而现代饭店 Devi Garh 则是在印度一个古代堡垒的框架中发展起来的。

在跨文化环境中设计和建设

对于一个国内饭店开发项目来说，即使从事商业活动的人们有着同样的文化背景、说同样的语言，饭店的实际建设过程也可能面临诸多困难。大量相互之间独立的参与者有时有不同的相互冲突的目标和多种不同的时间安排，这些都需要进行协调。发展一个国际性饭店项目就更为复杂，因为各方来自不同的文化背景，有不同的商业活动惯例，还因为常常只有通过翻译才能进行交流沟通。产生误解和不同意见的可能性更高。除非所有各方都愿意共同工作来克服文化障碍，否则会给饭店项目带来灾难性的损失。

理解外国的商业惯例

有经验的国际性饭店开发商们清楚地认识到当介入国际性饭店建设的时候，会碰到一些情况并不总是符合他们理所当然的想法——从引用金钱方面的数字（将美元和其他货币对比）到讨论项目时间表的时候都有这种可能。在一些国家，无论是口头的还是书面的，一份合同是一种不能打破的约束，但在另外一些国家，即使一份书面合同也仅仅是一个协商未来交往的平台。在外国建设一个饭店的时候，耐心是一个主要的必要条件，尤其在人员或货物需要出境或入境的时候。在有些情况下，明知货物已经到达，但是使货物从船上卸载及通关所花费的时间可能比生产这些货物并将其从出口国船运到港口花费的时间还多。

在某些地区，由于当地资源有限，家具和材料必须进口。但是，即使在这种情况下，开发商或业主也必须向政府机构证明为什么当地的产品不能符合饭店项目的要求。除了进口之外，其他的选择还有设计出在当地生产的产品并频繁访问生产厂家以确保质量标准被满足，还必须同当地的生产者紧密合作来提高他们自己的产品的质量。

建筑要求

几乎每个地区都通过法规规定了控制建筑物安全并保护住客及公众的标准，以避免出现设计、建筑或运营方面的缺陷。当计划中的饭店在土地使用、高度、地点范围、密度等方面满足了分区制的要求后，必须遵守建筑和消防安全方面的条例进行详规设计。由于大多数国家的条例都具有高度的特指性并会根据火灾和建筑方面的故障进行更新，因此从一个国家到另一个国家，条例存在重大的区别。

　　建筑师和工程师必须研究特定位置的规范、法令和标准并且完全遵守所有的必须要求。对于某些个别的饭店来说，还必须满足饭店运营公司规定的要求，有时，这些要求甚至比政府法规还要苛刻。

行政管理方面的控制

　　虽然每一个国家或东道国社会的要求和法令都有所不同，国际性饭店开发商都可能会遇到七种基本的行政控制。这七种控制是针对：

- 饭店业主、建筑师和承包人的责任，要遵守保证饭店建设过程安全的标准及恰当的卫生条款，如建筑条例、建筑和卫生法规。
- 详细规定的或隐含的饭店运营者的义务，使建筑物处于安全的状况下。
- 保护在建筑物内工作的员工的健康、安全和福利的条款。
- 同消防、逃生方法、食品卫生和特殊用途的许可（例如，销售酒精饮料、集会、娱乐）相联系的特定要求。
- 不同类型饭店定级、分类、财政补贴和／或抵押权方面的条件。
- 保险要求和在保险合同中规定的条件。
- 根据工程设计方面的法令和法规规定而制定的电气设备和机械设备安装过程的安全标准®。

消防安全

　　一场饭店大火隔一夜就有可能成为国际性新闻，全世界的人们会立刻获悉这种悲剧性事件。火灾预防是一种法律和道德的共同要求。火灾防护和提供安全的逃生方法是开发商、建筑师、承包人和运营者要一起分担的责任。在一些国家，对违反消防条令的罚金是严厉的，尤其是造成较高人员伤亡的时候。消防安全包括三个主要方面：

　　建筑方面的防护　包括对构成建筑物的各个组成部分的抗火性要求，对易燃性的材料和会导致表层火焰迅速蔓延的家具外表涂层的使用限制。目前有一种国际趋势，就是在相似的建筑标准的基础上统一这方面的法律规定。

　　积极性防护　包括自动火焰或烟感探测装置、警报系统，以及不同类型的灭火设备。

　　住客的逃生方法　包括当火灾发生的时候，住客到达安全出口的行进距离；对逃生线路的识别和保护；从建筑物中的撤离。

在大多数国家，饭店建筑的规划和设计受到上述方面的强制性要求的影响。

安全

安全方面的要求包括对财产的保护和控制、保护住客和来访的客人、监控人员和货物的出入以及其他的责任。由于在世界上许多地区犯罪率和恐怖活动的增加，安全成了规划和管理的一个重要方面。

安全要求可以被分为以下几个需要控制的领域：

• 财产的安全，要防止未经许可的进出；

• 单个的客房或公寓控制性进入；

• 提供保险库、保险箱及贵重物品的安全存储；

• 监控人员（包括员工）的出入；

• 行李的处理及检查；

• 饭店周围的安全。

卫生

尽管在很多国家总的来说卫生设备严重不足，在商业性的饭店中不能达到规定标准的卫生水平可能被认为是对法律的违背。在一些国家，这种过错可能导致饭店被关闭，停止营业；也可能导致饭店的商业执照被吊销。在饭店中，受卫生法规控制的领域包括，食品采购、储存和生产；员工的膳宿条件（包括是否过度拥挤、是否存在设施不足）；水的供应；环境卫生和排水系统（包括污水处理）；垃圾的存放和处理；还包括一般性的对饭店建筑的清洁和保养。建筑师必须考虑所有的卫生要求，尤其是在设计饭店后台区域的时候。

电力和燃气

电力设备要符合全国性法令、法规在质量、性能、防护要求方面的标准。当地的法规和地方公用电力公司的要求中也可能规定一些标准。一般来说，通往饭店的干线电力供应都是频率周期为 50 ～ 60 赫兹的三相交流电，电压则会根据国家的不同发生变化。

紧急电力系统实际上在任何一个发展中国家都是必需品，必须遵从当地的消防安全法令法规。电力储备的程度通常取决于当地公用电力供应的可靠性。发电机的总输出电力通常是饭店用电量正常峰值的 30% 左右，提供照明、电话、火警、灭火设施、污水水泵和自来水水泵、客用电梯和部分厨房服务、冰箱和冷库等区域所需要的电力。

饭店可以使用管道供应的天然气（甲烷气体）或城市煤气，也可以使用当地存储、供应的压力容器装液化气（丙烷或丁烷）。在饭店中，气体为锅炉燃烧、热交换、存储、水的即时加热系统、烹饪设备、焚烧装置等提供燃料。对燃气装置的要求包括了燃气计量表、控制、安全、防护、透气、通风风门及暖气管道装置等方面，所有这些都受到当地的法令和法规的约束和控制。

可持续发展的全球行动

过去这几年来，可持续发展已经成为饭店开发与经营最重要的问题之一。1987 年，《布伦特兰报告》将"可持续发展"定义为"既满足现代人的需要，又不危及下一代满足其需要的能力的发展"。[9]可持续发展围绕三个方面展开：经济发展、社会发展和环境保护。之所以强调可持续发展的紧迫性，部分是因为全球变暖与气候变化、拥有环境伦理观的新一代消费者的形成、饭店公司希望从对环境敏感的"绿色"趋势中获得市场资本，污染水平上升以及过度开发区域的过度拥挤状况造成的负面影响，还有好莱坞对全球变暖可能带来的灾难性影响的写照。

考虑到这些发展和影响，各种为提高在减少饭店环境影响道路上的教育和沟通水平的全球行动方兴未艾。全球饭店公司将保持对环境的敏感性作为企业社会责任声明的一部分，并采取了一些环境方面的行动。其他"绿色"行动由政府、非营利性组织和多边发展机构发起，这些机构和组织包括以下几个：

世界旅游组织。这一全球机构已经制定了适用于所有旅游部门的可持续旅游发展方针和管理实践。世界旅游组织的可持续发展原则寻求实现旅游发展三个方面的平衡：环境、经济和社会文化。

国际金融公司。国际金融公司作为世界银行集团的一个组成部分将目标定位在包括旅游项目的投资业务，这些投资有助于实现环境和社会的可持续发展。2003 年，几家国际银行依据国际金融公司的环境社会标准制定了"赤道原则"作为金融行业的一条银行融资基准，银行需要确保其资助的项目以对社会负责和环境友好的方式发展。目前，来自 23 个国家的 60 家国际银行已经采用了"赤道原则"；这些银行经营范围覆盖 100 多个国家，且参与了大约 80% 的全球融资项目。

美国绿色建筑委员会。美国绿色建筑委员会（USGBC）是一个由 12000 多家建筑业相关的机构组成的非营利性组织，这些机构致力于推广可持续性建筑实践。美国绿色建筑委员会是能源与环境设计先锋奖绿色建筑评估体系的开拓者，能源与环境设计先锋奖认证项目提供高效能的"绿色"建筑在设计、施工和运营方面国家认可的基准要求。能源与环境设计先锋奖的评分项目包括可持续的选址、用水效率、能源与环境、物质与资源、室内环境质量、创新性和设计过程等。

能源与环境设计先锋奖认证提供独立第三方对建筑项目达到"绿色"建筑和经营方面的最高测量标准的证明。所有被认证的项目都会被授予能源与环境设计先锋奖徽章，这一国家认可的象征物表明一个建筑是对环境负责的，具有可营利性，而且是生活与工作的健康之所。

获得能源与环境设计先锋奖认证既可以为公司带来环境上的好处，也可以产生经济上的利益。通过能源与环境设计先锋奖认证的建筑满足：

- 降低运营费用，增加资产价值；
- 减少垃圾填埋；
- 保护能源与水资源；
- 对居住者更加健康与安全；
- 减少有害温室气体排放；
- 拥有获取数百个城市退税、分区津贴以及其他激励的资格；
- 证明所有者对环境管理和社会责任的承诺。

按照可持续性建设实践开发的建筑（包括饭店在内）吸引了投资者的兴趣。随着这些投资的经济利益更加量化，投资者对经过认证的"绿色"建筑的兴趣有望实现更大的增长。

国际商业论坛。国际商业论坛是由100多家全球企业赞助设立的非营利性组织，也是威尔士亲王组织的慈善机构团体的一员。论坛努力支持和促进可持续发展运动，对发展中国家的帮助尤为明显。它最新出版的《走向绿色：实现饭店可持续发展的最低标准》为饭店经理人创造更加具有持续性的经营提供了实际有效的指南。这本指南概括了可持续发展与经营的六条标准：政策与框架，员工培训与服务意识，环境管理，采购，个人与团体，以及目的地保护。

公司可持续发展计划。一些全球饭店公司率先在组织内部设立可持续发展项目。其中有些项目非常全面，正如喜达屋资本集团最新发起的"1"。"1"提出的是一个完全为可持续发展和"绿色"建筑实践的豪华饭店概念。

随着"绿色"意识或教育，以及可持续发展的回报变得越来越普遍，各个城市和国家也希望它们的发展计划包含更多的"绿色"原则。世界城市论坛最近发布的一项报告表明"21 世纪真正可持续化发展的城市是那些通过解决生活质量问题和保护环境来保持经济的强劲增长和竞争力"。阿联酋的阿布扎比已经开始着手一项大工程，即"创造世界上第一个实现全球变暖的罪魁祸首——二氧化碳零排放的大都市"，各国政府为公司创造的激励措施中都体现了可持续发展的做法。例如，哥斯达黎加旅游学院根据旅游公司遵循可持续性发展标准的程度为其颁发证书。更加宜居的城市和国家可以吸引就业、投资和未来发展是所有这些激励的前提。

结论

一个新饭店的成功受到许多因素的影响。因此，组成一个囊括当地合作者或咨询者的开发团队，对于学习东道国的政府规则、全面的商业环境、文化习俗大有裨益。其他的团队成员则可以提供建筑设计、雇用当地员工、得到建设许可等方面的指导。由于饭店的开发商——构想开发项目、启动发展程序并安排建设融资的个人或公司——通常并不是在饭店建成后的饭店运营者，因此，在项目规划的早期阶段就吸纳某个饭店运营者进入开发团队很重要。

在考虑将某个国家作为一个可能的饭店开发项目的目标时，开发商通常采取一种四步骤方法。首先，对商业环境进行研究，包括东道国的政治、经济、社会及文化等方面；其次，对饭店项目的市场潜力进行全面彻底的调查研究；再次，准备一份决定了项目在经济上可行性的初步的销售预测；最后，衡量项目潜在的收益和风险。

对现有的和所需的基础设施进行估计是必需的。开发商不能想当然地认为基础设施构不成什么问题。一个新的饭店可能会增加已经超负荷的系统的负担，甚至会出现所需要的系统根本不存在的问题。

许多国家和地区性部门都制订了旅游业发展总体计划，这些计划影响着饭店的发展。旅游业发展总体计划提出了经济、社会和政治方面的目标，通常还包括了环境考虑等方面的内容。总体计划提出了所有旅游业发展活动，包括饭店建设的政策、程序和规则的基础。

当对某个项目的初步期望符合要求，接下来必须确定一个合适的饭店地点。而现在购买或租赁适合的土地不再是一个简单的问题，尤其是在发达国家里。此外，有关土地所有权和分区制管理政策的重要法规及规定对于外来的开发商也不总是透明的。

饭店地点选择以后，接下来要进行初步的地点和建设分析。这种分析应该考虑计划中的项目的规模、分区制度及法规的要求、法律和环境方面的限制、公用设施及地质构造资料。根据这些信息，可以开始起草初步的设计并寻找潜在的借贷者。在决定一个项目是否存在经济合理性时，一个详细的市场可行性研究非常关键。

假如项目预期是令人满意的，开发商必须寻求官方的同意以开始后续工作。这个过程包括得到各种各样的同意和许可，或许还包括提供环境和社会影响报告并支付影响费。

饭店的设计必须考虑当地的规划要求和建筑及分区方面的法规。在一个正在发展新饭店的地区，饭店的建筑经常会成为争议的对象。负责的开发商、所有者和运营者都试图达成一种能同当地环境和东道地区文化相辅相成，同时又具有商业可行性的设计。

今天，许多国际性饭店以合资企业的形式发展。实践证明，当不同文化背景的商业伙伴进行合作的时候，这种事业几乎无一例外地成为一种挑战。耐心、相互理解、最重要的是尊重来自不同背景的合作伙伴的不同意见，这些对于创造一种和谐的工作气氛和一个成功的企业来说至关重要。

可持续发展已经成为饭店发展与经营的一个非常重要的问题。各种通过提高教育和沟通的水平来减少饭店环境影响的全球运动正在进行。近年来，政府、非营利性组织，多边发展机构已经发起了很多环境方面的运动。很多饭店公司自身也努力成为更加环境友好型的企业。如今，按照可持续建设实践发展的饭店吸引了投资者的兴趣。随着这些投资的经济利益更加量化，投资者对"绿色"项目的兴趣在未来几年有望获得更大的增长。

尾注:

① Chuck Y. Gee, Resort Development and Management, 2d ed. (East Lansing, Mich.: Educational Institute of the American Hotel & Motel Association, 1988), pp.90-121.

② Frank Go, Sung Soo Pyo, Muzaffer Uysal, and Brian J. Mihalik, "Decision Criteria for Transnational Hotel Expansion," Tourism Management, December 1990, pp.299-302.

③ Urban Land Institude and Ernst & Yong, Infrastructure 2007: A Global Perspective.

④ Charles Kaiser, Jr., and Larry Helber, Tourism Planning and Development (Boston: CBI, 1978), p.165.

⑤ Ibid., p.165.

⑥ Ibid., p.167.

⑦ Joseph Rabun, "A Step by Step Approach to Hotel Development, Part □: How to Analyze Site and Building Factors," Lodging, January 1988, P.38.

⑧ Fred Lawson, Hotels, Motels and Condominiums: Design, Planning and Maintenance (London: Architectural Press, 1976), p. 190.

⑨ http://en.wikipedia.org/wiki/Brundtland_Commission.

⑩ World Cities Forum 2007: A Report (Washington, D.C.: Urban Land Institude, 2007).

⑪ Stanley Reed,"Guess Who's Building a Green City", BusinessWeek, December 24, 2007.

主要术语

环境影响报告 (Environmental Impact Statement,EIS)： 用于说明一个项目对环境产生短期及长期影响的书面报告。

影响费 (Impact Fee)： 向私人开发商征收的用于补偿政府在项目开发时对基础设施或服务的投资成本的费用；也指向开发中可能对环境或社会产生的不得不由社会公众承担的消极影响而征收的费用。

市场可行性研究 (Market Feasibility Study)： 提供规划饭店全面财务信息的经济分析，包括投资回报率。从更广义角度来看，它决定一个饭店项目是否具有市场潜力，以及如果项目实施将会带来什么样的财务结果等。

前期地点和建筑分析 (Preliminary Site and Building Analysis)： 在开发商进行详细设计和制作图纸之前对地点所做的评估，以避免因选择地点不具经济可行性而出现的浪费。

分区制 (Zoning)： 将某一区域进行划分，并规定在该区只能进行特定用途开发。分区制法令对各类型区域的土地使用开发做全面说明，并明确分区制所要求的程序。

分区制变动 (Zoning Variances)： 当分区规划标准要求对于饭店业主过于苛刻时适当放宽限制。

复习题

1. 国际饭店开发团队应该由哪些人组成？

2. 饭店开发的五个阶段是什么？

3. 决定在外国的投资机会时通常要考虑哪些因素？

4. 开发商应该把基础设施当成理所当然的吗？为什么？饭店开发商可能有哪些类型的基础设施需求？

5. 一个国家的旅游总体规划服务于哪些功能？

6. 国际饭店选择特定区位时通常采用哪些标准？

7. 前期地点与建筑分析指的是什么？它为什么重要？

8. 为什么说为审批流程制定策略非常重要？饭店可能需要什么样的审批？

9. 为什么饭店设计是一个尤为敏感的问题？做出设计决定时应该考虑哪些因素？

10. 国际开发商可能面临的七类基本行政规制是什么？

11. 什么是"可持续发展"，有哪些组织与运动支持这一概念？

第 7 章

学习目标

1. 列举几种在评价饭店管理公司或特许经营联营方时使用的标准。

2. 明确管理合同并概述典型的管理合同服务。

3. 掌握管理费用结构的基本要素。

4. 掌握管理合同中关于合同期限、延期选择及终止等内容可能的条文。

5. 掌握管理合同中合同双方关于控制、预算及保险的各自典型责任。

6. 明确关于什么法律用于指导或适用于管理合同，以便谈判中双方关注的问题得到有效解决。

7. 了解在管理合同规定下可能引起的员工雇用方面的问题。

8. 了解限制性契约概念，掌握管理合同双方对于这些限制可能会处于什么样的谈判地位。

9. 掌握在管理合同中仲裁条款的重要性及其运用。

10. 了解合资企业概念及其优势及劣势。

11. 了解特许经营概念及其优势、劣势及典型协议的内容。

12. 掌握在特许经营协议中协议期限、终止权力及饭店名号可能会如何处理。

国际性饭店合同及协议

　　一个国际性饭店运营的核心是管理或特许经营契约。在选择一个联营方前，饭店业主应该全面研究特许经营协议和管理合同的成本——收益之间的联系。对许多投资者来说，特许经营提供了一条进入中小规模饭店业务的风险较低的途径，一套好的特许经营协议在财务上也是客观可行的。对于饭店业主来说，管理合同在费用、偿付、利润分享等方面总是比特许经营协议要花费更多一些，但是，一个合格的国际性运营公司提供的服务也广泛得多。

　　一些国际饭店连锁愿意管理合同，另外一些则乐意进行特许经营。例如，假日（Holiday Inn）和华美达（Ramada）更多的是进行特许经营，而洲际（Inter-Continental）、威斯汀（Westin）、凯悦（Hyatt）、希尔顿（Hilton）、喜来登（Sheraton）及四季（Four Season）更愿意获得管理合同。后一类饭店连锁的经营哲学是反对在没有获得日常管理控制的情况下出让该连锁名号的使用权。从此前的发展历史来看，特许经营在中档和低档饭店市场中（假日、品质客栈）更为常见，这是由于在这样的细分市场中所需资金量容易控制且饭店能够以所有者兼经营者的方式进行运营。

挑选饭店公司

　　对国际性运营者的挑选必须建立在众多重要考虑因素的基础上，第一个筛选方法非常简单：已经在给定的市场中存在的饭店公司或品牌通常不应引起注意。此后，以下的标准适用于所有就管理饭店进行投标或谈判的合格的运营者：

- 在相关市场中的经验，在范围确定的市场区域内拥有相应的市场营销和促销人员为饭店服务；
- 可用的合格且有经验的人员；

- 对相关的文化及风俗习惯的敏感性；
- 公平交易的声誉及一致性；
- 在运营和会计方面的高标准；
- 得到证明的在财务上获得成功的运营记录；
- 财务实力；
- 在培训员工及本土化管理方面的成功记录；
- 通过权益投资、贷款或接受基于业绩的管理费用来分担风险的意愿；
- 费用及协议条款。[①]

许多这样的标准同样也用于选择一个特许经营附属关系。对管理合同和特许经营协议两者来说，还必须考虑饭店公司在市场中的地位，以及近来发生的并购会产生什么样的变化并最终对公司的有效性产生影响。对于各个单独存在的饭店而言，假如预期的管理专家队伍和／或营销支持发生突然的、剧烈的变化，会对饭店产生较大的冲击。如果饭店公司是一个大型企业集团的子公司，对母公司和子公司的声誉、稳定性和财务实力都应该进行评估。

管理合同

饭店管理合同本质上是饭店管理公司和饭店业主之间的一个协议。其中，饭店管理公司负有运营饭店并管理饭店业务的责任，饭店业主（可以是个人、企业、财团、金融机构、保险公司或政府）不做出经营决策，但是要承担筹集营运资本、营业费用及偿还贷款的责任。饭店管理公司所提供的服务将由饭店业主以一定的费用进行支付，而业主通常得到扣除所有支出以后剩余的净收入。表7-1列举了包括在一个典型饭店管理合同中应涵盖的主要谈判条款。这些条款包括了针对业主和运营者双方的条文、责任、义务、权利和罚则，还包括可适用的主管法律以在诉讼或仲裁时解决争端。

表7-1 饭店管理合同中典型的谈判要点

财务条款	运营条款
• 管理费用：基本的、奖励的、付款方式	• 运营计划
• 业主财务目标	• 定价计划表
• 提供更新改造费用和维修维护费用的责任	• 提供的服务
• 更换家具、设施设备的资金的储备	• 采办
• 预算和计划的起草	• 服务合同的谈判

（续）

- 运营资本的平衡
- 权益投资贡献和债务
- 保险和风险防范
- 损坏、毁坏、强制征用或没收
- 财产税
- 固定承付款项的谈判
- 开业预算

行政管理条款

- 账目、记录和报表
- 所使用的会计体系、汇报频率
- 饭店人员
- 法律和许可要求
- 技术服务

- 质量标准 / 检查
- 开业管理服务

市场营销条款

- 市场营销、广告和促销
- 预订系统及服务

一般条款

- 代理关系
- 合同期限
- 业主出售或转让的权利
- 赔偿
- 使用饭店管理公司的名号
- 必需的批准
- 业绩要求
- 违约和合同终止
- 东道国指导法律和仲裁

管理合同在发展中国家极为普遍，这些国家倚重旅游业发展经济并获得外汇收入，而饭店构成了旅游业中就业和收入的主要来源。正因如此，同一个具有良好声誉的品牌和已经形成预订系统的国际连锁饭店进行联营能够提供很多优势。除了这些连锁饭店拥有显而易见的运营和培训技术以外，连锁运营者以其吸引高档客人、保持客房较高的平均房价和出租率的能力受到推崇。同一个合格的运营者签订契约还可以向业主提供一种法定保护以防护来自于政治、官僚及个人的压力。

自 20 世纪 70 年代这些管理实践实施以来，管理合同经历了一次重大的变革。在那之前，饭店管理公司的权力常被赋予至高无上的地位。然而，这种关系向更加平衡的伙伴关系转换。这种转变的主要原因实际上是多种因素共同作用的结果：饭店管理集团之间的竞争日益激烈，所有权团体的合并和复杂化；由投资经理人、资产经理人和业主代表加入之后形成的所有权代表的强大阵容；建立围绕饭店资产价值的长期合作（没有终止条款）越来越得到重视；以及通过起诉运营者作为代理商应该对业主承担的信托责任来使问题得到澄清。

管理合同提供的服务

一个国际饭店连锁在管理合同中提供的服务可以采取一揽子提供或单项提供（在技术服务协议中）的方式。典型的管理合同服务包括：

- 可行性报告和市场营销调查；

- 提供在规划、设计、建筑和内部装修方面的建议和技术支持；
- 提供设备的挑选、布局和安装等方面的建议；
- 签订契约、采办和建设方面的协调；
- 起始阶段的运营及开业；
- 市场营销、广告和促销；
- 员工招聘及培训；
- 秘书工作、簿记工作、控制和汇报职能；
- 技术咨询；
- 采购；
- 中央预订和国际预订服务；
- 运营饭店的管理人员；
- 总部督导和控制。[②]

管理费用结构

大部分管理费用的构成是：基本费用（通常是总收入的一定百分比）合同商定的利润或现金流挂钩的激励费用。近年来，基本费用固定在总收入的 3% ~ 4%。运营者通常更愿意接受仅仅基于基本费用的管理费用支付方式，但是，由于这种安排方式没有为运营者提供增加利润的激励，因此不受饭店业主的欢迎，通常只出现在饭店业主具有最小的讨价还价能力的情况下。既有基本费用又有激励费用的管理费用支付方式则为运营者提供了产生利润的激励，因为利润决定了激励费用的数量。管理费用的结构应该创造出足够的刺激使运营者为饭店业主产生更多的回报，同时使业主为成功的运营结果对运营者提供相应的酬劳。

饭店业主关注同管理费用联系的三个主要方面的问题：费用包括那些具体的运营者服务；基本费用中多大比例代表了运营者的成本回收，又有多少比例代表了运营者的利润；什么样的费用结构组合可以建立足够的激励使运营者（的经营业绩）保证了债务偿还并达到业主权益投资的必要回报。连锁运营者主张他们通常需要得到总收入的 2% ~ 2.5% 作为其公司一般管理费用的资金保证，这部分资金通常不会在合同条款中得到直接偿付。例如，同被管理饭店相联系的市场营销和广告费用可以得到偿付，但是对饭店公司的营销和宣传（通常也会使被管理的饭店受益）被认为是运营者的费用。同理，与被管理的饭店直接相关的培训费用可以得到偿付，但是饭店公司自身的常规人员培训——即使有些时候受训者会被派到连锁的饭店中工作——将不会得到偿付。

一个公平的、可担负的及能够提供有效管理激励的费用结构的谈判需要运营者、饭店业主和饭店债权人各方的灵活性。由于每一家饭店都会受到不同的市场、运营及财务因素的影响，管理费用结构必须根据饭店的特点和业主方的目标做出调整，在有些时候需得到债权人的同意。表 7-2 总结了业主方和运营方在谈判管理费用和管理合同中其他要素时应该遵循的基本战略。

表7-2 管理合同谈判中业主和运营者的战略

关键条款	业主方	运营方
1. 合同期限	获得尽可能短的合同期限，同时获得是否延期的选择权	获得尽可能长的合同期限，同时获得是否延期的选择权
2. 管理费用	将费用完全设置在偿还债务并确保最低限度的权益投资回报后的净收入的某一百分比上，并尽可能降低这一比例	完全根据饭店总收入的某一比例确定管理费用，并尽可能提高这一比例
3. 对汇报的要求	要求全面的书面财务汇报、经常性的预算更新和双方会议	尽可能将对业主的关于运营结果和预算的汇报降至最少
4. 批准	形成使业主有权对饭店运营的所有方面进行批准的合同结构	形成使运营者具有所有的不需业主做出任何批准的决定权的合同结构
5. 合同终止	确保业主在发出书面通知后立即终止管理合同的权力	无论在何种情况下运营者都具有在到期前终止合同的权力
6. 运营者对饭店的投资	规定运营者通过购买获得管理权力（注入资本或提供融资服务），或做出业绩保证来获得管理合同	规定运营者不必对饭店进行投资
7. 运营者的总部费用	使运营者所有的总部费用都从管理费用中进行偿付，饭店不必承担任何费用	规定双方按一定的比例承担运营者所有的总部费用，并由饭店承担所有的直接费用
8. 所有权的转移	确保饭店业主可以在任何时候将饭店所有权转让给任何人	确保业主未经运营者同意不得转让所有权，且运营方具有优先购买权
9. 专有权	确定业主有发展或拥有运营方所管理的任何饭店的权力	确定运营者享有管理运营者（原文如此，疑为笔误，按上下文逻辑和国外饭店业中的实际情况，此处应为业主而非运营者）所发展或拥有的任何饭店的权力
10. 保险和依法征用收益	将运营者排除在分享任何保险或依法征用收益之外	规定运营者有资格获得一定比例的保险或依法征用的收益
11. 饭店人员	确保所有饭店员工均为运营方的雇员	确保所有饭店员工均为业主方雇员
12. 更换所需的资金储备	同意在"需要原则"基础上提供资金用于更换家具、设施设备等	获得某种权力，建立由业主承担的尽可能大的更换所需的资金储备
13. 限制条款	规定运营者不得在本项目所在的同一市场拥有、管理或特许经营其他饭店	拒绝针对运营者做出的禁止在本项目所在的同一市场拥有、管理或特许经营其他饭店的限制
14. 赔偿	确保运营者将为其针对业主的行为造成的损失进行赔偿	确保业主将为其针对运营者的行为造成的损失进行赔偿

改编自：Stephen Rushmore, Hotel Investments: A Guide for Lenders and Owners (Boston: Warren, Gorham & Lamont, 1990).

税收对管理费用的影响 在进行管理费用结构谈判时要考虑的一个重要因素是东道国和管理输出国的所得税对基本费用和激励费用的影响，同时还要考虑东道国的外汇管制对饭店连锁集团所实现的净收入的影响。

运营者系统费用 除了管理费用之外，运营者还会要求饭店业主支付某些运营者系统费用，包括系统的营销、广告、销售、会计、培训、采办、预订等方面的费用，以及运营方公司人员到饭店指导检查运营情况时发生的旅行、住宿和膳食费用。这些费用会在管理费用之外再加约占总收入 1%～3% 的费用。因此，在谈判过程中，业主必须明确哪些服务已经包括或未包括在管理费用之中。

技术支持费用和协议 由于在饭店膳宿设施的设计和规划方面起到了积极的咨询作用，运营者有时要求业主支付技术支持费用。这种咨询服务可能包括了可行性研究、建筑风格、内部装修、机械设备安装、餐饮设施的布局、建设过程的督导，以及对其他一些专门领域如能源系统、娱乐设施、安全及财务方面的监督。技术支持的范围差异很大，有些情况下，这些服务包括在管理合同的一揽子协议中。技术支持的费用根据运营者所完成的具体的服务和项目的复杂性确定。在提供全方位服务的情况下，费用可能是项目总投资的 2%，或者是某一固定的数额。

技术服务协议通常与管理合同分开，分别进行谈判。有一种特殊的技术服务协议称为交钥匙协议，根据这种类型的协议，签订协议的饭店公司将一座可以全面运转的饭店交给业主，业主则可以针对管理问题做出不同的选择。

开业费用 业主向运营者支付开业费用，后者则制订开业计划及预算、督导开业活动，包括招聘、培训员工、安装运营系统、市场营销、采办供应品及存货、以业主的名义进行租赁和服务合同谈判。开业预算一般为项目总成本的 1.5%～1.9%，开业费用则根据饭店项目的规模、位置、提供服务的类型、开业阶段的时间长度而有所不同[3]。

合同期限及延期选择

管理合同的期限是每个相关方主要关注的问题。运营者希望得到期限长的合同以保证他们在人员、投入到管理中的物力和财力、市场营销、设计方面的技术知识及各种不同的预付成本等方面的投资得到回报，此外，还得加上投入到管理合同谈判中的时间成本——完成这样一桩生意可能会花费几年时间且在达成协议前会遇到极大的困难。长期合同确实为三方都提供了一种稳定性，但是，从业主的观点看，长期合同限制了公司的灵活性和终止合同的权利。大多数业主倾向于签订较短期限的合同从而可以有权解除同那些有缺陷的运营者的契约关系。

对于国际性饭店来说，大部分合同的期限在 10 ~ 30 年之间。连锁运营者在谈判中通常能够获得比独立的运营者更长的合同首期和延期条款，因为连锁运营者提供了已经得到消费者认同的品牌，对饭店自身的形象确立起到极大的推动作用。连锁运营者估计他们至少需要平均 8 ~ 10 年的时间收回他们花费的项目开业前成本并在项目中投入时间和精力成本④。近年来，由于业主对于饭店的运营更加有经验，并且由于高额的债务负担而更加谨慎，首期合同的期限开始缩短。另外一个有关的原因是由于运营者之间更为激烈的竞争，使得他们愿意接受短期的管理合同。

在利润、声誉以及其他有风险的重要因素的影响下，延期选择成为管理合同中的一个重要问题。尽管延期选择通常取决于运营者，但是，有相当谈判力量的业主，通过行使和运营者谈判业绩条款的权利，有时可以在延期选择权问题上使天平向有利于己方的方向倾斜。

合同终止

管理合同中将概述业主和运营者受到准许的明确的终止权利。这些权利变化很大，取决于合同签订的最初目的及谈判双方相对的讨价还价力量。

有三种合同终止条款对于业主和运营者双方来说都是可以适用的：在一方发出违约通知后 30 天另一方仍不能履行或遵守合约时；一方提出破产申请或将饭店产权转让给债权人时；一方造成饭店的营业执照被中止或吊销。当然，合同也可以通过双方的协商而终止。

近来，几个关键性的终止条款在合同中变得非常普遍。它们包括：业主在不说明原因的情况下终止合同的权利；在饭店被出售的情况下可以终止合同；运营者业绩与终止条款。业主在不说明原因的情况下终止合同的权利仅仅在一个预先确定的期限——通常是 3 ~ 5 年——到期后才能生效。在合同到期前出售饭店则给运营者带来了一系列需要考虑的问题：运营者可能会选择购买饭店、运营者对购买方进行批准的权利，以及在饭店出售后继续管理合同的问题。

在早些时候的国际性饭店管理合同的版本中，由于这些合同主要是由连锁企业起草，对运营者的业绩做出规定的条款不很普遍。现在一般的管理合同都包括了运营者业绩条款，在一个 10 年期预期财务形式上由业主和运营者联合起草。这些条款规定了在运营者没有完成双方达成一致的经营目标的时候，业主有权终止合同。为了使这些条款具有可实施性和公平性，应该具有足够的合理性和灵活性使业绩目标是可以实现的。这些条款一般都具有一个起始豁免期并指定一个几年的差额时间框架（一段使运营者产生双方认可的总运营利润的能力得到估量的时间），保护运营者受到某一一次性的糟糕业绩表现年份的影响。假如出现业绩差额的原因是不利经济形势或超出运营者控制能力的市场状况，通常运营者业绩条款中规定的差额时间框架可以延长。当然，还必须指定一套机制作为标准来判断这些不利的状况。

运营权的控制

合同的每一方关于饭店运营的控制权是饭店管理合同谈判中引起最普遍争议的问题之一。一方面，运营方通常希望得到饭店运营完全的控制权，以将任何可能对饭店合理的管理规范造成破坏的干扰降到最低限度。业主则通常感到应该参与到关键性的管理决策中以保护他们的权益投资利益，因为业主承担了投资、还贷及其他财务责任的风险。另一方面，运营者的声誉和信誉——他们最重要的资产——同样也处于风险之中。总体来说，运营者被授予了对日常运营进行控制的权利，而业主则通过其驻店代表保留了对大政方针控制的权利，以保护投资并批准资本支出及其他大额采购支出。

预算及支出限制

预算计划是业主控制、监控饭店运营最重要的工具。在谈判过程中，业主将试图限制运营者在编制预算及制订支出计划方面自行决定的权力。在饭店运营中一般包括了三种预算：营业预算；用于更换支出的计划储备金和用于饭店改扩建的计划资金。因为具有不同的使用目的和不同的批准机制，每一类预算应该被单独审核。

就营业预算来说，业主希望行使业主批准权利、建立支出限制和合适的账目款项划拨制度。

业主关注更换支出的预算，包括每年应该被划入储备基金的资金的数量、要求通报并充分说明更换支出的理由、业主批准权、基金积累和提供的机制、对基金产生的利息的处理方式以及在合同中止时的账户结余等。

随着时间的流逝，饭店家具和装修会不可避免地开始陈旧破损，除非保持周期性的更换，饭店将变得破旧不堪并失去市场竞争力。因此，即使饭店正处于经营亏损中，建立一笔基金用于更换设备设施并对饭店进行保养维护对于业主和运营者来说都是有益的。

饭店改扩建的资本支出预算用于对饭店建筑进行的改扩建，而不是对现有的财产目录上的项目进行更换。前者强调投资潜力，而后者是和饭店的日常经营支出相关。业主一般希望提前从运营者得到关于此类支出的知会及要求运营者有充分的理由，并拥有批准或否决支出项目的权利及对已批准的支出进行监控的权利。此外，在各种预算中就支出的分类（这将在很大程度上影响用于计算激励费用的基础资金数量）进行的磋商将是合同期限内一个永无休止的问题，除非合同各方在合同谈判过程中将这些分类进行明确界定。以一个项目为例（例如在饭店中新建一个餐厅），项目进行过程中可能包括了大量昂贵的技术报告和咨询工作。运营方当然希望将这些支出作为资本支出计划中的一个部分并进行折旧。而业主可能会争论到这些费用属于运营者正常的计划责任范围，应该被当作费用冲销（这样的话会减少利润从而减少运营者的激励费用）。

保险

通常，饭店应该保持两种类型的保险：财产险和经营险。一般由业主支付财产险保费而由运营者支付经营险保费。在运营者有总括保险单（在此处既指同时涉及上述两种风险的保单，也指大的连锁经营者同保险公司签订协议，由后者承保其位于不同地点的多家饭店）或有其他连锁可以利用的低成本优势的选择时，可以由运营者签订两种保险的契约。

一些国家要求主要的财产保险应该由当地的保险公司承保，国际性保险公司可以承担附加保险责任。此外，业主可能会要求运营者同著名保险公司签订扩大承保责任范围的保单。在世界上一些地区获得覆盖了诸如战争、暴乱、国内骚乱等风险的保单遇到了困难，因此，一些管理合同中放松了对运营者关于保险问题的义务的限制，其获得并保持保单覆盖范围的程度有所降低，只包括了那些在东道国可以得到的保险或可在得到国际认可的保险中心以合理的保费获得的保险[⑧]。

指导法律或适用法律

大部分国际性饭店管理合同遵从国际通行的标准惯例签订，即合同的签订受到东道国法律法规而不是其他司法权的管辖，从东道国一方来看，应该注意保证本国法律不会"冻结"或在合同生效前其有效性受到限制。与此相似，东道国法律的可适用性应该不会受到"这些国际法原则被文明国家普遍接受"诸如此类的一致性要求或类似的模糊陈述的限制[⑨]。适用于指导合同签订的东道国法律和法规缺乏透明性会使对此的不满难以消除。

人事

作为定例，所有工资和人员费用都被认为是饭店的支出并从业主的账户中支付，尽管其中部分人员是运营方的雇员。另外，业主则通常会将这一问题带到谈判桌上进行磋商。业主通常要求具有批准选择饭店总经理和高级管理人员或将其解雇的权力。但是，作为惯例，运营者由于担心"本地政治因素"或其他的介入干涉正常有效的饭店运营，一般不会放弃这种控制权利。有时饭店业主会被邀请参与面试总经理或高级管理人员候选人并就此提出建议，但原则上运营方拥有最终的决定权。给予业主参与选择高级管理人员这一过程的特殊待遇可以让业主确信管理方将对地方意愿、道德观念和风俗习惯保持关注并做出敏感的反应。

在一些发展中国家，管理合同主要被作为培训本国管理者的手段，以便最终接管饭店的管理权。当国内具有管理所必需的可资利用的专家时，政府会认为，业主可以简单地选择较为便宜的特许经营方式。培训和管理位置本土化的程度既取决于运营者采取的政策和做法，更可能取决于业主在多大程度上把这些事务作为合同中规定的（运营者承担的）义务。

限制性契约

某一限制性契约明确规定运营者不能在某一确定的时间内在业主饭店周边的特定地理区域内拥有、管理其他饭店或以其他方式与另外的饭店进行联营。为了保护自己的投资，业主通常希望这个地理区域尽可能大，以获得运营者提供的服务带来的独家专有的利益并避免运营方由此产生的利益冲突。然而，运营者却希望得到一份不会对其管理其他饭店的能力做出不必要限制的契约，尤其是管理那些在新成长或新变化的市场中为新的细分市场提供服务的替代性饭店。

仲裁条款

在大多数的管理合同中都包含了仲裁条款。对于业主来说，在谈判较长期限的合同的时候——这会使业主终止合同的能力受到限制——仲裁条款尤其重要。

仲裁条款必须清晰地阐明是否合同中所有的条款都适用于该种仲裁还是仅限于处理特殊的争端。在国际合同中，仲裁程序一般按照东道国当地的仲裁法规，除非东道国政府要求争端必须按照被普遍接受的司法程序或其他法律补救办法予以解决。合同也可规定仲裁按照第三方，如国际商务仲裁委员会或美国仲裁协会的规定进行。

然而，也有一些例外情况，例如至少有一个非洲国家就禁止在管理合同中采用国际仲裁程序。

大多数运营者发现，假如他们拥有不受限制的权利，可以在几个供指定的仲裁者中——比如说3个——指定其中的一个作为仲裁人，并且指定的程序被认为是没有偏向性，那么在东道国法律的管辖下接受仲裁会更容易一些。仲裁最好在东道国进行，在别的地方进行仲裁不可避免地会带来费用的增加并可能会遇到一些程序方面的不确定性。必须注意，要保证仲裁裁定根据联合国关于国际仲裁裁定执行方面会议的规定是可以实施的。一些国际性饭店连锁运营者坚持某些关于财务问题的特定争端——如通货膨胀指数——应该按照独立的审计机构做出的有约束力的裁定来解决[①]。

全球趋势与问题

根据一项2005年在美洲、欧洲和亚太地区展开的关于管理合同的调查，由于国际运营商已经渗透到全球各地（表7-3），管理合同的期限变得越来越统一。总体而言，这一趋势表明条款的期限在12～15年。在亚洲或美洲的管理合同中可能会有续约的选项。美洲、亚太和欧洲的平均基本管理费用分别为2.8%、1.4%和2.2%。总体而言，这三个地区的基本管理费用结构是非常相似的。

此外，这三个被调查地区的奖励费却差异很大。在美洲，最常见的安排是将奖励费建立在净营业利润基础上，而不是传统的总营业利润或业主偏爱的投资回报上。亚洲的奖励费主要依据总营业收入。将近一半的被调查的协议中，合同采用基于总营业收入的按比例增减，激励运营者超出设定的总营业收入，以获得更高的奖励费。欧洲管理合同中的管理费则不那么整齐划一，使用总营业收入门槛，或业主优先回报，或总营业收入目标值。

美洲和欧洲的业绩条款很常见，而且在亚洲管理合同中出现得也越来越多。业绩条款最常见的基础包括一定比例的总营业收入或一定比例的每间可用房收入在市场竞争环境[②]中的渗透程度。

表7-3　全球饭店管理趋势

条款	美洲	亚太	欧洲
平均合同期限	13年	12年	15年
有续约选项的协议的比例	92%	75%	48%
基本费用（百分比收入）	2.8%	1.4%	2.2%
拥有明确固定资产条款的协议	100%	96.4%	96.6%
无理由终止的协议	9%	25%	17.2%
因出售而终止的协议	32%	82.1%	55.2%

Source: Global Hotel Management Agreement Trends, Jones Lang Lasalle Hotels, 2005.《全球饭店管理趋势》，仲量联行酒店集团，2005.

合资企业

当地公司和外国公司常常发现通过成立合资企业的方式将双方不同的优势结合，可以在市场中更加成功地进行竞争。例如，在中国，过去 35 年中发展的一些饭店最初就是外国合作者同中国旅行社或中国国际旅行社成立的合资企业（此处中方合作伙伴不应为中国旅行社或中国国际旅行社，而是其上级主管单位国务院侨务办公室和国家旅游局的分支机构——在北京为北京市旅游局。但随着国家经济体制改革和政企分开，这一业主产权关系已经发生变化），后者通常具有 51% 的控制权。此外，多方协议也非常普遍，一般一家香港银行或投资公司进行融资，一家饭店公司接受管理合同并提供一些运营资金，中国政府则提供土地和劳动力。

但是，合资企业，尤其是以政府为合作方的合资企业也存在严重的缺陷，包括失去迅速对市场需求和劳动力需求做出反应的灵活性、失去对雇用和解雇员工及决定劳资一揽子利益的控制，同时也失去了对饭店管理其他方面自行处理的权利。

合资企业的成功取决于在多大程度上有着不同经营方式和不同优先考虑目标的合作各方能够一同工作。合资企业通常有着复杂的结构安排和困难的谈判过程，其中包括了以下问题：各方为合资企业所做贡献价值的确定；所有权百分比；利润产出的时间安排及分配；对风险和损失的分担；业务决策如何做出。

融资安排的条款和条件同样必须进行谈判，包括重订契约出租安排和对超出的费用及现金流转亏缺的筹资。因为任何企业都不能保证一定成功，必须考虑对各方都公平的合资企业契约的终止条款。

合资企业契约中的所有条款（包括债务协议、担保协议、管理合同及技术支持协议）都必须同时进行谈判，因为这些条款之间是相互联系的。

特许经营协议

饭店特许经营本质上是饭店连锁（授予方）和饭店业主（受许方）之间的一种协议。根据协议，连锁饭店企业允许饭店业主使用连锁的名号和服务，作为回报，饭店业主向连锁饭店企业支付特许经营费和使用费（使用费为特许经营费中的一种形式）。饭店业主可以自己管理饭店，也可以同另外一家饭店管理公司签订合同，由其运营饭店。

尽管形式或多或少有些不同，饭店业中最早的特许经营协议之一出现在 1907 年，当时，恺撒·里兹先生同意纽约、蒙特利尔、波士顿、里斯本和巴塞罗那的一些饭店使用其著名的里兹品牌。现代饭店特许经营开始于 20 世纪 50 年代，当时，连锁饭店企业认识到饭店名号、形象、商誉、已经形成的常客、运营模式和预订系统等具有实实在在的价值。因此，连锁饭店企业开始把特许经营作为其资本扩张的一条低成本、高利润的途径。

优势和劣势

由于相对较小的风险，对于饭店公司来说，特许经营是进行国际化扩张的一种有吸引力的工具。同管理合同相比，特许经营协议使得饭店公司在相对较短的时间内达到在海外市场的广泛分布，有助于提高国际消费者的品牌认同及顾客忠诚。然而，只有在饭店受到有效管理并且顾客对此具有积极感受的时候，通过特许经营扩张才会成功。从饭店公司的角度看，特许经营协议的劣势在于以下几个方面：公司失去了对饭店日常运营的控制，同饭店业主打交道时的潜在困难，失去控制的潜在风险，可能存在的对服务、质量、饭店整洁度等方面的控制问题以及对定价缺少控制权。在最坏的情况下，事实证明饭店公司难以让一家丧失名誉的受许饭店解除使用公司的名号，这会对公司的形象和声誉造成损害。

从饭店业主的角度来看，通过得到一个大的组织（此处指作为授予方的饭店公司）的支持，特许经营协议能够带来大量的好处。饭店可以从连锁企业的广告、进入授予方的国际预订推荐系统、集团采购安排、定期的检查和业务建议等方面获得利益。授予方通常会提供运营系统手册和程序供管理者使用，此外，还会经常提供员工培训手册和音像带资料或直接提供培训。被证明行之有效的运营方式和产品销售方式是特许经营协议中业主购买的最为重要的东西。这产生了特许经营的另外一个主要优势：降低了商业投资的风险以帮助业主获得融资。

从受许方的观点看，特许经营协议的一些劣势是：假如选择了错误的授予方，会带来过量的成本，以及授予方饭店公司在饭店中不承担财务风险。而且，授予方不能向业主提供经营成功的保证，因为运营控制权大部分是在业主的掌握中。此外，当饭店被出售时，转让特许经营的困难和／或费用也是一个潜在的问题。限制授予方在同一市场区域内接受新加盟者数量的限制性条款在特许经营协议中也经常不存在。还有，坚持各种各样的连锁范围的标准（例如，休息室和餐厅统一的运营时间、24小时必须有门童应接服务的强制性规定以及其他一些诸如客房服务或免费泊车等必需的服务或设施）可能会带来很大的负担，但这些标准在受许方饭店所在地没有多大的意义。[⑧]特许经营协议一般还要求饭店业主采纳授予方的设计或布局方案，并对家具、设施设备、标志系统和计算机系统的质量和设计做出极其详尽、具体的规范说明。

协议内容

授予方和受许方构建一个公平的协议是创造一个成功的特许经营企业的关键基石。和管理合同一样，不是所有的特许经营协议都是相同的，也不都是一成不变的。因此，在对协议进行评估和理解时，必须广泛征求法律和财务专家的建议。

特许经营协议有不同的类型。其中，业务模式特许经营允许饭店业主使用授予方的设计、系统、程序，以及最重要的全球预订系统和集团广告、促销及采购项目。授予方会经常性地对饭店地点选择、可行性研究、选择建筑师等方面提出建议，通常还会持续提供市场营销和经营方面的建议。

授予方还会提供建筑规划和详细的工程计划书并对建设阶段和饭店开发过程中的其他阶段进行监督，包括开业前的宣传和促销。反过来，业主有义务遵守授予方对运营和质量控制所做的要求以维护公司商誉。检查督导人员会被派到受许方饭店保证标准得到执行，假如受许方没有执行标准的话，授予方可以终止特许经营协议。如同在管理合同中，特许经营协议也应该详细说明地区限定权利，为饭店提供在一个明确规定的地理区域内独家使用特许经营名号的权利。这一问题可以通过谈判解决。

特许经营费用

当业主对一个饭店特许经营方案进行评估的时候，关键的考虑因素之一是特许经营费用的数额及结构。在特许经营协议中通常包括初始加盟费用和延续特许费用或使用费，再加上必须一直支付的预订和营销费用。例如，初始费用大约为每间客房 250 ～ 350 美元（一般最少要求有 100 间客房）；必须连续支付的使用费大约为客房总收入的 1% ～ 6%，广告费用大约为客房总收入的 1% ～ 3.5%，预订费用则可能是客房总收入的 1% 的标准支付或每一次预订支付一个固定费用。在欧洲，受许方饭店通常支付低得多的特许经营费用。尽管一些饭店公司声称它们提出的特许经营费用没有谈判余地，在业主实力较强的情况下这些费用事实上还是可以谈判的。通常在一些问题上也还有谈判的空间，例如，使用商标标识的费用、房间内用品、宣传品、标志系统及其他授予方在特许经营一揽子协议中提供的其他需要付费的项目。

清楚明白费用结构以及这些费用所包含的各项服务对业主而言是非常重要的。

协议期限和协议的终止

特许经营协议的期限通常为 10～20 年。大多数债权人希望特许经营协议能够延长到饭店的整个抵押期内。业主和运营者双方都应该对协议中的终止条款有清晰的理解。业主是否能将饭店出售或租赁并将许可协议转让给第三方？假如能，代价是什么？假如业主想退出协议，应该偿付多少终止费用、执行什么样的法律程序？在特许经营协议中通常明确规定，当业主不支付费用、不能满足质量标准或违反了任何协议条款的时候，授予方有终止协议的权利。一些协议中还包括一个非约束终止时段，在这一期间内，受许方和授予方都可以取消协议而不必有任何原因并且不会受到任何惩罚。

饭店名号

饭店的名号是业主要考虑的重要问题。在特许经营协议和饭店管理合同中，一些连锁饭店企业或出于不同的营销目的的考虑坚持要使用它们的名号或将其加到业主饭店的名号中。有时一些业主会拒绝使用连锁的名号，以强调其自身名号作为某种独此一家的第一流饭店的重要性。而使用连锁饭店企业的商标和标识常常是利用连锁饭店企业进行联营的一个重要好处，像这样的商标和品牌本身就是颇有价值的资产。当特许经营协议终止，饭店不能继续使用该连锁品牌的时候，饭店可能会失去一部分转向其他著名品牌的顾客和市场份额。

结论

直到目前为止，很少有国外（或国内）的饭店业主有经验、技术和意愿来运营自身拥有的饭店产业。住宿业资产既定的高风险本质，使得饭店的债权人一般会把要求业主同著名的、名声好的国际饭店运营者签订契约作为获得贷款的条件之一。然而，挑选一个合适的国际运营者并确定契约的最佳形式——是长期租赁，还是管理合同，或是特许经营协议——不是一项简单的工作。假如没有合适的财务和法律方面的建议，这一工作不可能完成。

在管理合同中，饭店运营者完全和彻底地扮演饭店业主的代理商及账户代理人的角色。饭店的资产，包括饭店名号和雇员，属于业主；由于诉讼和法庭裁决引发的债务和损失由业主负责，而饭店运营产生的利润或损失最终也同样由业主而非运营者获得。运营者提供技术知识、市场营销服务及对饭店合格的管理，有时也提供一部分运营资本或贷款。一个著名的饭店运营者还为更高的平均房价及出租率提供了更大的保证。作为对运营者提供管理及营销服务的回报，管理者会被支付通常是运营总利润（原文如此，但根据前面的论述，此处应该是运营总收入而非总利润）一定百分比的基本费，再加上基于利润或现金流或基于由此产生的某些变化量的激励费用。

在特许经营协议中，业主可以加入某个合作性联盟或某个国际饭店连锁，获得特许经营类型的安排——包括了品牌及认同、预订和促销服务、采办服务、运营援助、建立在对饭店定期检查基础上的质量保证以及对饭店筹划和开业的技术支持。特许经营的授予方获得业主支付的初始加盟费及使用费（每年总收入的一定百分比）、广告费和预订费。

管理合同和特许经营协议中的内容和实际的条文是冗长的且各式各样的，并会存在大量的法律纠纷及其派生影响。诸如确定费用和费用计算的基础、可偿付和不可偿付的支出、技术支持费用、业绩要求、合同期限和延期选择、合同终止权利、对运营的控制、预算批准权利、支出限制、保险、损害、人事政策及费用、限制性契约、仲裁条款等都是那些需要业主和运营者之间进行认真、全面、深入谈判的众多条款的一部分。

在许多东道国，当地的公司和外国公司经常将它们不同的优势相结合，形成一家合作性企业，一般被称为合资企业，这是一种发展国际性饭店项目便捷的方式。为了发展和运营一个合资企业，参与多边协议的各方应该清楚地陈述在合资企业中各自的关于费用的分摊额、所有权权益、权利和特别权利、责任和义务、利润或亏损的分享或分担的条款。

正如没有一家有名的国际饭店公司会自动地接受所有饭店提出的联营建议，业主在挑选饭店公司的时候也必须十分慎重，要保证其以前的业绩证明同饭店的管理要求及市场标准相匹配。如果要将饭店业务做得成功，业主和运营者之间要保持良好的关系，必须相互信任，假如业主和运营者来自不同的国家，必须尊重两者间文化差异，对合同中的条款双方应该有一致的理解。当一份饭店合同首先开始讨论责任、义务及其他考虑因素的时候，可能会由于双方糟糕的关系导致这一过程的迅速终止，尽管此时一切程序都是合法的。

尾注:

① Developing Countries, United Nations Centre on Transnational Corporations, New York, 1990, p.4.

② Ibid., p.11.

③ James Eyster, "Sharing Risks and Decision-Making : Recent Trends in the Negotiation of Management Contracts," Cornell Hotel and Restaurant Administration Quarterly, May.1988, p.49.

④ James Eyster, "Recent Trends in the Negotiation of Management Contracts: Terms and Termination," Cornell Hotel and Restaurant Administration Quarterly, August 1988, p.82.

⑤ Negotiating International Hotel Chain Management Agreements: p.45.

⑥ Ibid., p.53.

⑦ Eyster, "Recent Trends," p.90

⑧ Global Hotel Management Agreement Trends, Jones Lang LaSalle Hotels, 2005.

主要术语

业务模式特许经营 (Business Format Franchise): 特许经营的一种形式，它允许受让方使用出让方的设计、体系、程序，还有对饭店受让方而言最重要的全球预订系统，以及集团广告、促销和采购项目。

限制性契约 (Restrictive Covenant): 管理合同中明确在一定时期内饭店周围的某特定地理区域内经营者不能拥有、管理或附属于其他企业的条款。

差额时间框架 (Shortfall Time Frame): 一段使运营者产生双方认可的总运营利润的能力得到估量的时间，一般为几年，保护运营者不会受到某——次性的糟糕业绩表现年份的影响。

技术支持费用 (Technical Assistance Fees): 经营者提供饭店设计和计划咨询时收取的费用。

技术服务协议 (Technical Service Agreement): 业主与经营者之间签署的关于在高度专业化领域提供技术服务的协议，通常与管理合同谈判分开。

交钥匙协议 (Turnkey Agreement): 饭店公司将完全运营的饭店移交给业主的一种特殊技术服务协议，随后业主可以任意选择饭店管理的运营方式。

复习题

1. 什么样的标准适用于进行管理饭店投标或谈判时选择合格的运营者?

2. 为什么管理合同在发展中国家十分流行?

3. 典型的饭店管理合同包括了哪些服务?

4. 大多数饭店管理合同费用结构的主要组成部分是什么? 饭店业主和运营者更愿意采用哪一种类型的付费方式? 为什么?

5. 近年来, 管理合同的初期期限是变长还是变短了? 为什么?

6. 在饭店管理合同中, 对业主和运营者都一直适用的合同终止条款是什么? 近年来哪一种合同终止条款更加普遍?

7. 为什么保持对运营权的控制通常是饭店管理合同谈判中引起争议的问题?

8. 业主控制和监督饭店运营的最重要的工具是什么? 业主如何运用这一工具?

9. 合资企业的优势和劣势是什么?

10. 从业主的角度来看, 特许经营的优势和劣势是什么?

第三部分

人力资源与文化差异

第8章

学习目标

1. 明确"文化"一词概念，及饭店业主了解不同文化的重要性。

2. 对比文化差异在工作场所的正面效应与负面效应，并分清管理多元文化的重要因素。

3. 掌握日本、欧洲与美国的饭店企业在对公司忠诚、员工待遇、高层经理薪金、晋升及经理权限等方面的差异。

4. 掌握文化理念有重大不同的各种抽象关系与行为。

5. 了解遵循商业社交礼仪对饭店业主的重要性，且举例说明在问候、馈赠礼物、出示名片、姓名与头衔，以及用餐等社交礼仪上的不同。

6. 辨别跨文化的谈判中的复杂因素，并且说明拉丁美洲、欧洲和日本各国谈判方式的差别。

7. 掌握文化敏感培训的目的，并了解它的益处。

8. 了解关于工作的重要性、领导和权力概念方面的管理文化理念的重大区别。

9. 掌握影响组织关系发展的两个因素，并根据霍夫斯蒂德的理论鉴别在不同的社会里，人们如何接受当权者。

了解文化差异

什么是文化？从广义上来说，文化是指居住在同一国度或同一地区的人们所共同拥有的一种精神状态。它是特定时间、特定场合里某一群体共同的价值观、信仰、行为和期望的总和。它包括一个群体的历史、习俗、传统、习惯、服装、常规、宗教、语言、艺术、建筑、工艺品、音乐、文学以及共同的观点和感情。

了解与自己文化或与主流文化不同的文化的重要性在饭店业方面至少体现在5种情况下：

- 在与外国的同事进行沟通、处理业务以及谈判的情况下；
- 在为国外饭店企业工作的情况下；
- 负责管理海外饭店人力资源的情况下，其中的雇员或者来自本土，或者是从另外一个国家雇来；
- 在国内饭店业中管理外国员工或有不同文化背景的员工的情况下；
- 在接待国际客人的情况下。

随着人口分布和全球商业趋势的变化，对于上文提到的五种情况，饭店经理在工作中一个也遇不上的情况是微乎其微的。同样，饭店业的员工也越来越发现他们会经常回答异国客人的一些问题，而且他们的经理也往往是和他们有着不同的民族文化背景的人。随着经济、交流、商业、旅游和贸易全球化的快速发展，未来饭店经理能否取得成功在极大程度上取决于他们在多元文化世界中的适应能力和经营能力。

在本章里，我们将探讨文化问题如何影响与外国同事一起工作和谈判的问题以及如何影响对国际型企业的经营管理问题。本章中所涉及的许多文化例证都仅是出于举例的需要而做出的一般结论。在具体情况下，某些例证并不适用。

与外国同事一起工作

随着大量的饭店企业在全世界范围内投资兴建，对饭店国际化欣然接受的员工会经常从一家饭店调进另一家饭店，或从一个国家调到另一个国家。一份报告显示，一般中等规模的公司每年有 20 ～ 49 人的国际人事调动。[①]

以往在外国工作的美国经理或欧洲经理容易按西方的工作心理及管理方式处理问题，而不考虑当地居民如何看待他们、接纳他们。后来，打入国外的日本人和其他国家的人也有类似的做法。

今天，国际合作越来越成为必要。为了在全球经济中站稳脚跟，公司必须适应并认真对待每一设有连锁分店的国家的价值观、权衡轻重的标准以及做生意的不同方式。

世界上确实存在着"美国式"的工作方式，但同时也存在着其他类型的工作方式。对于这一点，有些美国经理仍然无法理解。这种不理解，部分原因在于美国的教育制度不能像外国教育制度那样重视对异国文化与语言的学习。大多数研究表明，美国学生与其他国家的学生相比，在对外国文化的理解程度上，他们的表现欠佳。而相反，欧洲人对于其他国家的文化与语言的了解则要深刻得多。有人认为在欧洲同时精通几国语言的人要远远多于世界上的其他任何地方，这种说法确实不算夸张。

在缺乏初级工的国家里，引进国外劳动力的做法并不罕见。例如，在过去 20 年里，许多中东国家都采取了这种做法。由于饭店业属劳动密集型产业，某些地区的饭店业如果不输进外国劳动力，就无法继续运营。近年来，由于全球化在饭店业的快速推进，使用国际劳工填补职位空缺的问题也变得越来越普遍。美国当前正面临严重的劳动力短缺，部分由于是对异邦工人计划签证限制和紧缩的移民政策造成的。在中国，饭店业的增长已经导致了从印度尼西亚、印度和菲律宾引进工人的需求的增加。俄罗斯某些在印度的景点旅游的增长已经使印度饭店业的经理人雇用一些来自俄罗斯或是苏联的一部分劳动力。

外国人成了劳动力中的一个重要因素，以至于经理们必须了解这些"异邦工人"的文化特质会如何影响东道国的当地员工，同时还必须考虑这些"异邦工人"及其家庭的食、宿、子女上学以及被当地社区接纳的问题。

美国劳动力

在美国，原来劳动力中的少数民族员工在今后 10 年里将成为新加入劳动力大军的主体。美国劳动部统计，截至 2016 年，白人男性劳工比例下降到了 64.6%。或许更令人惊奇的是，到 2050 年，英裔美国人将演变为美国的一个少数民族。新加入劳动力大军的大多数人将会是非洲人、拉丁美洲人、亚洲人、中东人以及美国本土印第安人，许多人都会是新移民。这些移民中许多人既说不好英语，又不认识英文，这在管理沟通与管理程序的处理上都是不容忽视的事实。

随着劳动力人口组成的改变，管理劳动力的观念也必须随之改变。饭店经理必须考虑到这些不同群体的想法和性格。对于过去把美国比作一个大熔炉的说法又有了新的翻版。近来一种更为普遍的类似说法认为美国是一份经过翻动搅拌的沙拉，每一块都有其独特的味道，但是整份沙拉所用的调料却是相同的。今天的外国人群体都在刻意保持自己的个性，而经理必须学会在这种多元文化下进行管理。

成功发展跨文化技能——与两种或者多种文化背景的同事一道工作以及在多种文化背景的人中工作的能力，是保证美国住宿业经济持续成功的要素。如果认为少数民族团体会与作为主流群体的美国人的行为举止如出一辙，将会损害饭店的生产和服务。跨文化管理承认不同的价值观体系，然而这并不意味着各文化群体可以脱离组织而自行管理。

文化差异的影响

具有较强跨文化技能的经理把文化差异看作一种有价值的资源，而不是一种破坏性资源，他们认为少数民族群体在工作岗位上发挥作用是一种财富。这些经理鼓励所有的员工去更好地认识并了解同事间的这种文化差异。同时，他们营造了一种氛围，在这种氛围里，来自不同文化背景的人可以充分展示自己的才华。然而，在实践中对于这种文化差异的管理难免会出现冲突。这些冲突看起来似乎是如何适当处理企业目标与个人需求之间矛盾和如何协调企业与个人要求的问题。

例如，多伦多饭店业关于文化差异的一项研究发现，人们认为文化差异既有正面影响，又有负面作用。正面影响主要体现在组织方面：新的移民群体提供了潜在劳动力的广博资源；工作环境受到丰富多彩的文化的渲染而得到改善；饭店可以更好地满足不同顾客群体的需求；以及拥有多元文化背景的饭店打开了新的市场领域。负面作用一般归因于个人因素，常常体现在部门将少数民族群体集中后所产生的困难上，尤其是来自语言和文化差异方面的困难。[②]

饭店经理——尤其是人力资源部经理——必须学会如何雇用、留住具有多元文化背景的劳动力，并与他们一道工作。经理必须了解员工的长处、局限及其文化的独特性。他们还必须教导这些员工如何表达他们的意图以及优先考虑的事情。

对于某些雇员群体，应该考虑为他们安排语言培训以及文化适应技能的学习，并且应该努力提供与员工工作之外的生活有关的各种信息，诸如日常护理、咨询服务、医疗服务等。

经理与主管必须知道不同文化背景的员工如何看待工作，他们能够提供什么，如何满足他们的具体要求，什么是他们努力工作的动力，他们如何交往，他们最看重什么，他们的想法是什么，如何想，等等。员工们会根据管理阶层对待他们的态度来决定是否对公司效忠。经理们面临的挑战是要考虑这些不同文化的所有观点，并在同时树立起为实现饭店或具体营业部门具体目标和目的的团体观念。

案例节选

你们是一个高度多元化的世界的公民

如果我们把世界人口缩减到100人组成的"全球村"，并保持所有既存人口的比率保持不变，那么将会出现：

61 人来自亚洲

21 人来自中国

17 人来自印度

13 人来自非洲

12 人来自欧洲

5 人来自美国

1 人来自澳大利亚和新西兰

22 个讲中国方言的人中有 18 个人讲普通话

9 个说英语的人

8 个说北印度语的

50 位女性

50 位男性

32 个基督徒

68 个非基督徒，其中 15 人无宗教信仰

19 个穆斯林

6 个佛教徒

1 个犹太教徒

30 个人丰衣足食

88 个人因年长而难以阅读，其中 17 个人完全不能阅读

1 个老师

资料来源：节选自 Business for Diplomatic Action 编写的手册，可以参考网站 www.worldcitizenguide.org.

外资饭店企业

20 世纪 80 年代，越来越多的外国公司收购美国连锁饭店集团，并且出现了越来越多有国外饭店发展商的合资企业，这就使得国内外投资商、顾问和经理之间的互相合作成为必要。处于此类情况下的经理面临的挑战，是学会如何与外国老板共事以及如何适应国外的工作体系。

例如，效力于一家日本公司需要对个人生活以及职业价值取向进行调整。日本人对公司忠诚与奉献的观念常常意味着家庭与个人生活要为工作让位。在某些情况下，经理基本上没有什么工作之外的生活可言，甚至即使是一线员工也应该把公司利益放在首位。日本公司会最大限度地避免在市场情况不景气时对一线员工的例常裁员，而经理在避免自己辖制内的员工被裁减方面往往会做出更大的努力。

在美国的日本公司和欧洲公司与当地的美国公司相比，能够给员工提供更多的机会来熟练掌握工作技能，因为他们在培训上的花费要远远高出美国公司。然而外国公司的高级经理一般比美国公司高级经理的薪金相对要低，尤其是将长远激励加以考虑时。

管理职权与晋升　从经理晋升这一方面来看，欧洲公司聘用的美国人担当中级和中高级管理人员要远远超出亚洲公司聘用的美国人，与亚洲老板相比，欧洲老板愿意赋予有资格的经理更多的权力。美国人要想在日本公司晋级往往要经过一个缓慢而艰难的过程，晋级过程常常会在一个较低的水平上停滞不前；他们的权力微乎其微，权限范围也模棱两可。这种权力上的微乎其微以及权限上的不清不楚已经得到被公司文化所同化的、训练有素的日本经理的认同。即使美国人在日本公司处于相对较高的职位时，他们的实际控制权也十分有限，也难以进入内部决策圈——如果他们不会说日语，情况尤其如此。

在美国的某些日本饭店对经理采取双重的雇用体系。从国内本部派出担任驻国外饭店企业的公司代表的日方经理将成为公司的终身雇员，而美方经理通常被区别对待。日本人认为美国经理不会像日本经理那样忠于并献身于公司，一旦找到更好的工作，他们往往会另谋高就。除了雇用合同中所列条款外，日本公司一般不为非日本群体提供其他工作保证。

但是欧洲人的情况则不同，欧洲与美国的文化政治传统如出一辙。第二次世界大战后，欧洲公司大量借用美国商学院所教授的技术。因此，美国和欧洲公司都倾向于强调短期业绩，并在制定决策时倾向于重视经理的观点而忽视其他员工的想法。

如果说像在英国或法国这样的国家里有官僚管理的传统体系，那么在美国的英国饭店或法国饭店的营业体系一般会采取职能型组织形式。中层经理有权制定决策，但是绝对不能超过严格限定的责任范围。超过了权限范围，则需得到上一级管理部门的批准。

但并不是所有在美国的外资饭店及外方管理的饭店都具有个性鲜明的外国特征。有些外国饭店愿意不受国内总部约束而享受相当程度的自治，这些饭店会采取一些适用的美国式的工作方式。例如，一家最大饭店库存位于北美的英国公司，在其美国的饭店中就有美国企业的人力资源文化，而不是英国的。即使如此，简单地认为采纳美国的工作方式即等于接受美国的工作观念也是不对的，这是美国经理常犯的一个错误，它会导致误解、冲突与不满。

文化理念

处理来自不同国家的人员时产生误解的一个根源主要体现在由文化影响所形成的价值观问题和处理问题的轻重缓急上。一些比较常见的问题主要在于不同文化、不同国家的人如何理解时间、个人空间、物质财富、家庭角色和关系、性别问题、以及工作的相对重要性、个人成就、竞争性与个性。其他重要问题还包括文化思维模式、语言、宗教、社会行为、工作行为、管理关系的不同及其他不同的特性。

不熟悉东道国的工作习惯、社会习俗和道德规范会动摇一个公司的位置，并使其管理无法得到大家的认可，在市场竞争中也无法取得最后的胜利。尽管道德规范的准则因国而异，但是遵从道德规范的原则却永远不会改变。那些深谙文化的人更有可能在商业往来中发展有益的、长远的工作关系以及积极的人际关系。下面部分将对形成人们思维、沟通、行为与价值观的文化理念进行分析以提供一些基本知识。

时间

美国人对时间尤为重视，他们认为时间即是金钱。在其他的某些国家里，尤其是在一些历史悠久的国家里，认为时间是"永恒的"——人们常常按照世代的观念来考虑时间。这些国家认为人们之间的关系和缓慢的生活节奏更有价值。例如在亚洲或拉丁美洲的许多国家里，人们愿意花时间去培养相互之间的关系。在拥有律师少于美国的国家里，成功的商业交易就是伙伴关系长期发展的结果。在那里，如果你不能信任你的商业伙伴，那么合同是没有意义的。在一些太平洋岛屿国家以及其他许多国家，一个人花在家庭上的时间和社区上的时间要比物质上所取得的成就重要得多。在那里，金钱只不过是用来购买享乐人生时间的工具。

对于双方的交易是维持长期关系还是采取短期行为也因国家不同而各异。美国人一般只注重短期行为，并且以利润为导向。相反，我们通常可以注意到，对于商业发展和投资回报，日本人看重的是长期效应，如15～30年，或者更长的时间。此外，中国政府在1997年从英政府手中收回香港时制定了50年方针。也就是说，"一国两制"的方针保证香港的现行生活方式保持50年不变。

案例节选

国家群

一些国家在文化特质上比其他国家更相似，这可能是由诸如共同的语言、宗教、地理位置、民族和经济发展水平等因素造成的。以下列出的几组国家就是根据这些特质划分的。当饭店业务在一个群体内部扩张和增长时，他们会希望需要做出的文化适应比走出这个群体进入到另一个群体时更少一些。

非拉丁裔美国白人	阿拉伯人	远东
澳大利亚	阿布扎比酋长国	印度尼西亚
加拿大	巴林岛	马来西亚
爱尔兰	科威特	菲律宾
新西兰	阿曼	新加坡
南非	沙特阿拉伯	
英国	阿拉伯联合酋长国	
美国		泰国
		越南

日耳曼人	拉美	拉丁欧洲人
奥地利	阿根廷	比利时
德国	智利	法国
瑞士	哥伦比亚	意大利
	墨西哥	葡萄牙
	秘鲁	西班牙
	委内瑞拉	

近东	北欧	单独的民族
希腊	丹麦	巴西
伊朗	芬兰	印度
土耳其	挪威	以色列
	瑞典	日本

资料来源：节选自约翰·丹尼尔与李·拉德鲍编著的《国际商务：环境与运作》第6版（阅读：艾迪生—卫斯理，1991）；以及 Simcha Ronen and Oded Shenkar. 基于态度维度集群的国家：回顾与综合.《管理学会评论》，19，第3版，1985年：第449页。

文化思维模式

美国人通常认为以往历史已被抛在后面，而在他们眼前的是未来。因此，美国人喜欢高瞻远瞩，把未来计划放在首位。相反，另外一些国家的人们——尤其是那些文明古国的人们，认为以往辉煌的历史仍在他们的面前，他们几乎没有什么未来的概念，宁愿从实际的观点来看待此时此刻的情况。理念上的这些差异，影响着思维模式与商业间的关系。

阿拉伯人常以迂回的方式进行谈话与思索，而美国人常以直接或直线的方式进行谈话与思索。如果不了解这些差异，就会使沟通产生误解，让人感到谈话激进、粗鲁或具有较强的攻击性，从而产生负面的后果。其他思维习惯与理解也会影响行为模式和交流方式。如果经理们不愿意花时间、花精力对这些习惯进行了解，就可能出现意想不到的后果。

交流

交流因国而异。以正直问题为例。诚实以及忠实于自己的感情是美国人的价值观，并且是衡量一个人是否正直的标准。相反，对日本人来说正直的标准是谈话时闪烁其词、举止和谐以及顺应他人的心情。在日本，和谐的概念使得交流方式分为"tatemae"和"hone"。"tatemae"是公共交流，它支配着谈话的大部分内容，包括循规蹈矩、外表假象甚至还有言不由衷，对于保持社会的和谐是必不可少的。"honne"则是一个人的真实感受，在商业界几乎不会提及。

从日本人的观点来看，交流的最高境界是两个人不用言语也能够真正理解对方。日本人谈话时往往闪烁其词、旁敲侧击。因为他们在交谈中不必表明立场，因而双方都感到十分安全。如果没有人需要表明立场，那么就不会出现对立的场面，和谐的局面也因而会得到保持。谈话的双方可以自我调整，文雅地交谈，并为他们所能接受的东西做出共同的努力。

美国人的交流方式是辩证的。它是直接的、分析的，需用言语明确表达且常常是对立的，美国人认为这才是解决矛盾的方式。[③]然而如果将这种交流方式不恰当地应用到外国，可能会对人际关系造成无法弥补的损失。因此，了解与外国人交流的细微之处对国际饭店经理与谈判者来说是不可或缺的。

言语交流　所有国家都使用言语和非言语的交流体系，而且每一个国家的词汇都反映着一种文化的主要价值观和该文化的基本组成。去其他国家旅行时，人们应该入乡随俗，尊重别国语言的组成和作用，并注意其他微妙的文化内涵。即使在同一种语言内，语调、用法或者表达方式上的不同都会引发问题。澳大利亚一家商店招牌上的扼要声明就说明了这一情况："本店说英语，能听懂美国人的话。"参加美国会议的英国人经常声称他们有时无法理解美国人说的每一句话，因为美国人非常喜欢在谈话里用到俚语或俗语。

美国人必须记住，在非英语国家里，生意人会说的那些英语都是从教科书中学来的，因此，通常最好使用简单、标准的词语。此外，至少学习东道国语言的一些基础知识也是明智之举。

非言语交流　非言语性暗示和手势是来自不同国家的人们之间交流的主要手段，同时也是产生大量误解的原因所在。建立前途光明的国际贸易合作关系有时就是因为在敏感的谈判中使用了不恰当的非言语性暗示而与机会失之交臂。

在英国，触摸鼻子的一侧是要求保密，而在意大利，同样的手势表示的是警告。在印度，脚被认为是人身体上最脏的部分，因此用脚"指指点点"是侮辱性的表示。同样地，在中国台湾，用脚去接触或移动其他东西也是不礼貌的。从指点某处到摆手的每一种手势以及其他肢体信号都因为国家各异而有不同的意思，甚至对于大使馆的外交礼仪官员来说，这些含义也是令人困惑、难以理解的。如果说近代美国总统因为有时在外访时不经意地做出了不恰当的手势而要受到谴责，那么不能像总统那样有外交礼仪顾问在旁出谋划策的饭店经理犯错误的可能性就更大了。

言语交流与非言语交流的相对重要性也因国而异。关于国际贸易中交叉文化的一项研究将世界文化分为两大类：高情景文化与低情景文化。交流的非言语因素比言语因素发挥了更显著作用的文化就被称为高情景文化。高情景文化的例子有汉语、韩语、日语、越南语和中东各国的语言文化。在这些国家里，用语言表达意思时伴随使用的非言语性动作或肢体语言被认为比实际说的话更为重要。协商合同依靠得更多的是非言语性理解而不是措辞。低情景文化往往更重视口头与书面的语言表达。英格兰、北美、瑞士、法国和德国等国的文化都属于这方面的实例。在这些国家里，商业合同是通过协商采用简洁、恰当的言辞表明的条款来拟定的。[④]

然而，这些差异也可能由于外派经理的跨文化调整和来自低情景国家的经理对西方领导方式的适应而变得模糊。例如，一项关于跨文化领导的研究表明中国香港地区的跨国建筑公司中的西方外派经理和中国香港经理的领导方式并没有太大区别。

个人空间与接触

对于两个人在面对面的交谈中、在排队时以及在公共场所内应该保持的距离，各国文化都有不成文的规定。两个人之间的关系影响着他们之间应该保持的距离，不同国家对于个人之间的距离有不同的规定，如果来自不同国家的两个人中的一人违反了对方国家的空间法则、侵占了别人的空间，那么这另外的一个人可能就会觉得受到了冒犯。阿拉伯人和非洲人较近的谈话距离常常令美国人感到无所适从，而美国式较远的谈话距离也令阿拉伯人和非洲人无法接受。

有些美国人不喜欢被人碰触手臂或肩膀，但这只不过是个人习惯，而不是文化规定。在南亚或中东的许多国家里，一位男士用手去碰触一位女士，或者在传统晚宴上吃手抓饭时用的是左手（左手通常被认为是不洁的），都是十分不恰当的举止。在其他一些国家里，例如泰国，年轻人通常把握手作为表达友谊的标准礼仪，但是一个人绝对不可以碰触另一个人的头，因为头是一个人最神圣的"神殿"。在与来自其他国家的同事一起工作时，必须学会那个国家的文化对个人空间和碰触做出的规定，这样他们就不会冒犯当地的同事或令他们感到不适。

物质财富

美国的商业出版社每年都会刊出最大公司排名、获得最高年薪者和最富有者的排名等。倾注在这些成就上的注意力以及当前广告的导向都促使美国人把成功等同于物质财富。"越多越好"或"越大越好"的观念并不被全世界的人们所认可。有些国家的人不重视或几乎不重视物质财富，他们认为炫耀财富是一种低俗、贪婪、失礼的行为。从这些国家里来的人不能适应那些重视财富者们的价值观。饭店老板为了管理和谈判的需要必须了解其他国家关于物质财富的价值观。

家庭角色与家庭关系

在许多国家里，如亚洲各国、拉丁各国以及阿拉伯国家，家庭角色和家庭关系十分传统，同时又具有明确的和较强的个人特性。家庭内的每一位成员都有自己特定的角色，并有责任维持自己的角色。家庭成员之间的关系用不同的称呼来表明。为了表示尊敬，家庭成员之间以各人的辈分称谓来称呼对方，而不直接呼名道姓。家庭责任往往凌驾于工作责任之上，并且家庭所有成员通常都回家共进一日三餐。尽管在夫妻双方都外出工作的新兴工业国家里，家庭习惯会有一定程度的改变，然而家庭责任和家族传统绝大部分仍然保持不变。为了维持与雇员和同事间开放的交流与良好的工作关系，就必须尊重家庭角色与家庭关系。

宗教

在某些国家里，宗教是影响人们生活的首要因素。事实上，人们提到这样的一些国家时，通常以其主要宗教来指代。例如天主教国家、伊斯兰教国家、印度教国家等。在伊斯兰教国家里，阿拉伯人的生活总是围绕着祈祷和做礼拜，平常不论大事小事都以宗教的名义来判断是否合理。生意上较大的失败或混乱常被解释为"安拉的旨意"。

在宗教主导着商业行为与社会规范的国家里，管理饭店或处理业务时重要的是懂得入乡随俗、尊重别国的风俗习惯，例如对祈祷的要求以及对饮食的限制。不论在印度尼西亚、海湾国家还是在中国，伊斯兰教的忠实信仰者每天在工作期间会做五次祈祷。即使这样做会给饭店的日常工作带来不便，也要尊重这一习俗。

个人成就

成就是美国传统商人所信奉的另一个人生价值。商业首脑的成功与声望一般是由其机构的规模、薪金的总额以及他们在机构领导层中的位置来衡量的。在其他国家里，例如在太平洋岛国，相互关系的性质以及和家人共度的时光被认为是成功和声望的象征。商业成功虽然会受到羡慕，然而世袭的官位与政治权力却能得到更多的敬意。例如，太平洋岛国的人们认为与外人谈话时对自己的成就夸夸其谈并感到骄傲是一种人格上的缺陷。

竞争性与个性

竞争性与个性是大多数美国人所偏爱的价值观，但是表现出个性与竞争性的行为在众多亚洲人的眼中是有攻击性的，因此并不受到鼓励。相反，团体精神与协同一致却备受推崇。因此，当这些相反的价值观出现在互相交流或公共场合时，往往会产生误解或者沟通上的错误。在追求商业目标时，个人的干劲往往表现出对他人缺乏应有的关心。这种缺乏关心可以使同事与之疏远，或者为那些来自不同国家、在做事方面有着不同时间观念的人不屑一顾。由于许多国家都重视谦虚、团体精神、集体主义和耐心，因此，美国人在交流、广告、肢体语言、地位象征等方面所表现出的竞争性行为有时是不恰当的。

商业社交礼仪

社交礼仪——处理商业、业务用餐和娱乐活动中一系列不成文的规定，它存在于各国文化之中。饭店老板之所以要了解并遵循这种社交礼仪有以下几个方面的原因：表示尊敬、避免难堪、增进了解以及避免在谈判时处于弱势。

问候

问候的形式因文化而异。传统的问候方式有握手、鞠躬、拥抱、摩擦鼻子、吻、双手合拢做祈祷状或者其他各种各样的形式。不了解一个国家通用的问候方式就会使会见出现尴尬的场面，并且给第一印象带来无法弥补的遗憾。即使同是握手，也有各种差异，法属加拿大人握手时要用力、法国人与比利时人握手时通常轻而快、芬兰人握手时习惯用双手。在一些国家里，为了尊重女性的隐私，男士一般不与女士握手。

日本人的鞠躬象征着尊敬与谦逊，它是一种十分重要的习俗，需要人人来遵循。鞠躬的程度各有不同，每种都具有相当重要的意义。日本人与美国人会面时通常既握手又鞠躬，这样每种文化都可以向对方表示出敬意。

泰国人的传统问候方式是"wai"，与印度人的"namaste"极为类似，都是把双手合拢做祈祷状，放在下巴的下面，然后轻轻地鞠躬。手举得越高，象征的敬意越高。在泰国不用"wai"的问候方式回礼就像是在美国拒绝和别人握手一样。在从阿根廷到委内瑞拉的大多数拉美国家里，"abrazo"，即拥抱，就像是其他地方的握手一样司空见惯。商业伙伴会见时不是握手而是拥抱。

馈赠礼物

美国商业界人士通常不会赠送昂贵的礼物，因为他们把昂贵的礼物认作是贿赂。在一些国家里，生意伙伴之间有赠送礼物的习惯。不赠送礼物通常被认为是没有礼貌的，是生意场上不可原谅的错误。在一些情况下，没有必要赠送礼物，而在另外一些情况下，则绝对不能赠送礼物。

了解赠送礼物的适当时间——是在初次拜访之时还是在初访之后、赠送礼物的适当场合与适当方式——是在公众场合还是在私下，以及赠送什么样的礼物都是十分重要的。例如，中国台湾省赠送（或接受）礼物时，一定要用双手。只用一只手表示犹豫不决或者没有诚意。一般来说，其他国家的商业馈赠与美国相比要更普遍、更复杂，因为选择何种礼物以及采取何种馈赠程序都有一定的礼仪。例如在日本，礼物的馈赠象征着生意关系的深浅与紧密程度。礼物通常用柔和颜色的纸或布来包装，并且在第一次会面的时候互相交换。

在大多数国家里，赠送鲜花都是十分常见的，也不会有引发误会的危险。然而，鲜花的种类与颜色所体现的文化意义却存在着差异：在意大利和法国，菊花是用于葬礼的传统花，在巴西和墨西哥，紫色的花代表着死亡。

对于拉丁美洲人和中国人来说，赠送刀意味着友谊的绝交。而对于中东人来说，赠送手帕意味着分别或者流泪。[⑥]在伊斯兰国家里，赠送酒以及赠送女人的照片或女人的雕像等物品常被认为是没有礼貌的，因为这些正是他们所信奉的宗教禁止的东西。但是自来水笔却是商业上馈赠的佳品，因为自来水笔适合书写流畅的阿拉伯字母。给饭店中的国际客人赠送礼物时也应该精心挑选，以便做到既恰到好处又具有纪念价值。

当接到邀请去外国商业伙伴的家中做客时，为男主人或女主人准备一件礼物是放之四海而皆准的一种礼貌行为，但是有两种情况例外：一是在沙特阿拉伯，前来拜访的男性客人为主人的妻子准备礼物是不合适的；二是在扎伊尔，在关系尚未确立之前是不可以赠送礼物的。一束鲜花或一瓶葡萄酒是澳大利亚人偏爱的礼物，但是在伊斯兰国家里，绝对不能赠送任何酒水。美国产品受到前共产主义国家人民的青睐，而书是以色列人的偏爱。

名片

世界各地尤其是亚洲的饭店老板和经理都会在办公室进行介绍时、礼貌性的商业拜访时或参加贸易展览会时交换名片。遵守各国交换名片的习惯是商业礼仪的关键环节。西方人习惯于接过名片后立即将它放进口袋，然而这种做法在日本人的眼中是没有礼貌的一种表现。日本人对待名片就像对待人一样，态度要谦恭有礼，因此，日本人的做法是在接过名片之后仔细、认真地看着名片，留意上面的头衔与机构名称，并点头示意对所有信息已有所了解。在许多亚洲国家里，参加商业会议时，与会者要把刚刚交换好的名片摆放在桌面上。在大多数东亚国家里，递送名片时必须用双手，并且将名片送至对方刚好可以看清的位置。在名片上，一个人的头衔必须写清楚，不能有任何模糊之处。在英语不普及的国家里，通常要在名片的背面用当地语言写清名片的内容。

姓名与头衔

美国人对姓名与头衔并不太注意。然而，在国际业务关系中，恰当地运用姓名与头衔是十分重要的。美国人有时候很快就会省略了姓氏而直接用名字来亲切地称呼对方，因为对他们来说，亲切的称呼既不那么刻板又显得十分友好。在其他许多国家里，这种做法却通常被认为是冒昧无礼的。另外，在不少国家里，包括法国和英国，除非是对方建议用名字来称呼，否则最好使用头衔。在意大利，只有等意大利人先行使用昵称之后，方可直接称呼对方的名字。在德国做生意，使用昵称的情况几乎是罕见的。常见的做法是在姓氏前冠以头衔。有时也会用"博士先生"这样的头衔来表示声望、地位和身份。在菲律宾，职业是一个人的正式头衔，例如某某工程师或某某建筑师。

在东欧、北欧和中国，不论认识了多久的人都会用姓来称呼对方。而在冰岛、以色列和斐济，人们通常刚刚见面即以名相称。在泰国，人们也以名字相称呼，只有在十分正式的场合或书面交流中才使用姓名。在以名相称时，他们经常会加上尊称"Khun"。

用餐礼仪

饭店内如果有餐饮部，饭店业主就应该熟悉各国不同的用餐及娱乐礼仪。指导商业用餐及娱乐的不成文规定繁多，其中有商业用餐应该选择的时间、应该选择的饭菜的种类、必须避免的饭菜的种类、谁应该先吃甚至应该用哪只手来吃以及用餐时交谈应该选择的话题，不一而足。

在西方国家里，吃饭时发出声响以及打嗝儿是令人无法容忍的，但是在另外一些国家里，这样做是用餐满意的表示。在大多数文化中，饭菜上来之后，礼貌的做法是品尝每样饭菜，但是不要把饭菜吃光。因为如果吃光了，主人会认为饭菜供应得不够。

在许多国家里，正餐都是中午吃，而晚餐通常吃得较少。早饭聚餐严格说来是美国人的工作习惯，美国人有时会把早餐当成"体力餐"。对于这一习惯，即使是欧洲人也感到难以理解。在英国，商业用餐更多的是选在晚上而不是中午。英格兰人的娱乐活动通常选在餐厅进行，并且会邀请对方的伴侣一同前往，而苏格兰人则往往把同事邀请回家。在法国，人们通常不会把商业伙伴邀请回家，娱乐活动也选在餐馆。在希腊，商业往来中的娱乐活动通常在晚上，并且会将地点选在当地的一间小酒馆里，双方的伴侣也会一起出席娱乐聚会。在德国，谈生意要在饭前进行，吃饭期间通常不会去谈生意，同时，德国人不会把自己的伴侣也牵涉到生意中去。德国人吃任何食物都不可以用手去抓，即使吃三明治和水果，也会使用刀和叉。

在西班牙，业务用餐通常是在中午，因此又称商业午餐。它是经过精心准备的，通常会有 3 ~ 6 道主菜。饭后喝白兰地、咖啡，抽雪茄烟，之后就可以结束用餐。用餐时通常不谈生意，但是餐后喝白兰地、抽雪茄烟时就可以将谈话从个人方面转到生意上来。在马德里或是布宜诺斯艾利斯，生意上的娱乐聚会往往持续 3 小时左右。

中国人对商业宴请情有独钟。谈生意要在正餐之前进行。当主人起身做最后的敬酒时，宴会就结束了。在中国人的宴会上，礼貌的做法是向自己左右及对面的人敬酒。

对日本人来说，邀请吃午餐意味着有问题要一起讨论，而邀请吃晚餐通常是为了庆祝。在日本人的晚餐聚会上座位如果安排得合适，就会使参加聚会的人心满意足，但是如果座位安排得不合适，则会使聚会被搞砸。招待日本客人时，一定要分清代表团里每一位成员的身份、地位。这样，在安排座位时应该尽量做到身份、地位最高的日本客人挨着或者对着到场的美国最高行政官员就座，身份地位其次的客人与其次的行政官员相对或相挨就座，以此类推。此外，应该注意的是不要把日本客人的座位安排在餐厅的中心，因为在公共场合就餐时，他们喜欢安静，从不张扬。在吃饭的时候谈论生意对日本人来说是不合适的，因为日本人举办商业宴会的目的仅仅是为了让商业伙伴相互认识了解，这是他们谈判策略的一部分。

谈判中的文化因素

民族优越感——认为自己国家的文化价值观及文化习惯比其他国家的文化更优越、更高级的看法，是谈判中产生误会与误解的根源。傲慢无礼、自高自大、不懂变通是民族优越观念的表现。民族优越观念的一个常见形式就是墨守成规、故步自封——一个文化群体对另一群体的文化持有过于简单的、错误的观点或看法。生意人必须学会抛开自己固有的"文化包袱"——自己的价值观、信仰、想法和态度，从而避免做出刻板的判断。在处理涉外商业与谈判中，互相尊重是至关重要的。

文化间的谈判方式

跨文化的谈判比国内各企业间的谈判难度大、复杂度高，因为文化差异与谈判方式的差异会引起更多的误会。在一些国家里，做生意往往采取十分直接的方式；而在另一些国家里，做生意的方式却是微妙而难以捉摸的。在注重个人关系的国家里，做生意需要有可以信赖的长期伙伴关系。许多经理犯的错误都是在没有做出进一步交往的情况下就贸然开始谈生意。有些经理不是慢慢培养伙伴关系，而是"采取强硬的态度"，强制形成伙伴关系。在世界上许多国家里，需要注意的生意之外的东西要远远多于生意本身，其中包括社会活动、友谊、礼仪规矩、优雅举止、耐心以及社交礼仪。在相互了解之前就谈生意未免操之过急，这会是一个严重的错误。

例如，在拉丁美洲的大多数国家里，博闻广识的企业经理会和商业伙伴聊一聊国家，对商业伙伴的家庭成员表示一下关心，与伙伴的家庭成员共进午餐或晚餐，并且抽出时间来发展个人间的友好关系。牢靠稳固的个人关系通常会创造出商业机会，这在商业领域是至理名言。

就拉美人士而言，轻松的氛围对于建立在友谊基础上的商业关系是必不可少的。但比利时人却刚好相反，他们喜欢立即切入主题来谈生意。比利时人对待商业会议的方法往往是保守、高效、不夹杂个人的感情因素。类似地，争强好胜的荷兰人与德国人也偏爱单刀直入谈生意的方式。德国商人以技术为导向，纪律严明、做事井井有条。因此，与德国经理谈生意，态度最好直接而实际。大多数德国人对生意都持有保守的态度，他们只信任技术中那些准确可靠的东西，以及有多年严格的实际经验的稳固业绩。他们通常不注重与商业伙伴发展个人之间的友谊关系，而是十分注重个人隐私，并努力做到商业活动中不掺杂个人因素在内。同荷兰人谈判，几乎很少有机会能发生冲突或争执，而法国人则刚好相反，他们喜欢争论。在法国，充分地争论是做生意不可或缺的一部分。法国人喜欢炫耀自己的智力，并把挑战商业对手的智力当作一大乐事。这一文化特性在法国人的管理模式中得到了延续。在法国公司，智力与正规教育是获得资格晋升以及进入管理阶层的重要因素。

在希腊，国民生产总值中近 70% 是来自政府部门，因此，政府部门在经济中发挥着超乎寻常的巨大作用，故而在希腊做生意一般来说必须通过政府渠道。由于令人望而却步的官僚制度的影响，要想确定良好的信誉，就必须到希腊国内进行进一步的交往与联系。这些联系可以确保谈判取得成功。在希腊，即使已经签订合同也不意味着谈判结束，希腊人认为合同只不过是协议得以展开的文件。[7]

意大利的生意人谈判时通常精明能干、充满自信。在一些意大利人的眼中，美国人只对赚钱感兴趣。因此，如果美国的谈判商能够表现出对意大利艺术与文化的兴趣，就可能会博得意大利经理的好感，从而消除彼此的戒备，令气氛其乐融融。

意大利人判断一个公司的好坏不是根据那个公司的名声，而是看那个公司的代表与经理是否有高超的专业技术及优雅得体的举止。

英国人以其做生意"循规蹈矩"而享誉国际，他们既不会有失礼的举动，也不会把自己的想法强加于人。众所周知，英国人既彬彬有礼，又保守固执，他们不喜欢不加掩饰的野心及十足的进攻性，对于强行推销的手段深恶痛绝。英国经理自信心十足，但是他们从不夸耀自己的收入或职位。他们的谈话方式比大多数美国人都更微妙、更间接，因此要求听话一方具有敏锐的判断力。英国人是优秀的谈判家，但是他们一般不喜欢讨价还价，因此采取清楚明白、合情合理的方法是最行之有效的。⑧

独特的日本商业文化是世界上最复杂的文化之一，因此，和日本人谈判是一种不同寻常的挑战。因为对日本人来说，信任是至关重要的，所以在被介绍给有可能成为商业伙伴的日本人时，最重要的是做介绍的中间人必须是值得信赖的。谈判一经开始，公司选用的谈判代表必须始终保持不变，否则，就要进行新一轮的认识了解过程。和日本人做生意只通过写信或打电话等"冷淡性拜访"一般是行不通的。日本人的习惯是通过双方共同的熟人或中间人安排聚会以便令大家互相了解。

日本人会见外国人时，一定会千方百计、煞费苦心地了解他们。在第一次会见中，日本人可能会对生意只字不提。尽管如此，这却是建立工作伙伴关系的开端。日本人在开始真正的商业谈判之前会与对方进行更多的接触，以便有进一步的了解，这就需要有相当的耐心与毅力。日本人在谈判中对外商应采取何种行之有效的策略方面可谓炉火纯青，他们往往会使用各种策略以找到最佳选择。他们常常提出许多试探性的问题来检测谈判代表的知识与诚意。⑨

美国人喜欢开放式的交流。他们的问题比较直接，通常在谈话时直入主题，并且直视对方。这种方式在处于调查了解的初始阶段以间接迂回方式著称的日本人眼中，无疑是傲慢无礼的表现。日本人的处世态度是由日本武士的传统发展而来。在日本武士传统中，每一人每一物都按等级制度而拥有自己的等级。因此，对于外人，日本人首先想了解的是那个人在公司中处于何种职位，以便他们可以恰当地处理双方的关系。

日本人在谈判过程中，需要有中间人居中调停、解决冲突、避免异议。这样做可以保住面子，因为日本人一般不愿意自己亲自做出让步。在棘手的谈判中，日本人在紧要关头或发生冲突时往往会休息片刻以便能"三思而行"，或者将问题留给中间人解决。这样做可以促进谈判双方达成一致意见，并且在不丢面子的情况下做出让步。日本谈判商会尽量努力做到有礼貌地打破僵局，他们从不说"不"。在日本人的字典中根本就不存在"不"这个字。日本商人通常不会用言语表示拒绝,但是他们却希望对方能体会出他们不赞同的想法。在做决定方面,日本人很难做到雷厉风行,因为他们做决定的禀议系统是基于一种原理,这种原理认为应该由群体做出决策,并且应该是全体成员的一致意见。由于全体成员一般不会在某一次会晤中全部出席,谈判进程往往会因此而推迟。

大体说来,在谈判中必须保持一致、给谈判对方留面子以及表现出个人道德观念与商业道德观念。此外,还必须详尽而全面地准备日方想要知道的每件事的详尽资料、实际情况及详细数据。双方关系的建立是同日本人谈判取得成功的关键,它需要的是耐心、奉献精神与长远眼光。事实上,在日本,商业活动中较为正式的部分,尤其是商业会晤,通常只是仪式上的一种形式,而非实质。

协议达成后如果有问题出现,日本公司会要求重新举行谈判并修改合同的情况并不少见。⑨美国饭店经理因为习惯于严格遵守合同、按照合同办事,可能会感到难以适应日本人的做法(这一做法得到日本法院仲裁的保护)。日本人认为,一旦"条件发生了变化",合同就不再有效。⑩一般来说,国际法律承认各国在自己国界内对业务活动的处理所进行的调整的权力。在与日本人合作时,口头承诺也必须受到同样的重视。口头承诺是一种责任,因为一个人必须一诺千金。在早些年里与日本公司谈判饭店方面的交易中,美国开发商常常在还没有十足把握时即匆匆做出口头承诺——他们认为这些口头承诺都将服从最后的书面合同,但是他们发现对方已将这些口头承诺当成了双方的一致意见。

改善谈判过程

为了在不同文化间的关系中使错误与误解降到最低限度,谈判商应该调查并分析对方国家的各种文化,以便他们可以了解所表达出来的想法、举止与行为后面隐藏的原因。

处理国际业务时,最重要的是灵活变通性。懂得随机应变的人在回答问题前会认真听取外国同事或雇员的意见,在产生疑惑时会设法澄清。这也是一般常识。在谈判过程中,如果出现文化误解会导致严重的后果。有些饭店专家主张在处理来自不同国家的公司之间的业务时,使用"关键人物"(对两种文化都有丰富经验的人)。例如,在美国的天天饭店集团与印度投资商合办的合资企业里,被派来负责这一项目的是一位在印度和美国都接受过教育,并对这两个国家都有经验的饭店管理专家。作为"关键人物",他能够把对印度环境与美国方式的理解融合到饭店管理中去。⑫

对将要奔赴国外工作或担任经理的饭店员工进行文化敏感培训，对于饭店企业来说是物有所值的一种投资。之所以进行这类培训，其原因在于，一个人尽管具备基本的智力与良好的意愿，也不可能保证他们的智力与意愿在自己的主流文化之外能有效地发挥作用。但是，后天的学习可以使人掌握跨文化交流的技巧，从而在其他国家及其他环境中成功地经营。

跨文化敏感培训试图加强一个人对自己行为举止的洞察力、提高对别人行为举止的敏感性以及增进对促进或抑制群体作用的发挥这一过程的了解。它被用来发展个人心态上的应变性，从而使他或她了解并最终接受陌生的行为模式及价值观体系。对于到国外做生意或定居的人来说，具有文化鉴赏力是一笔巨大的财富。为学习将要赴任国的国家、文化知识所做出的努力会大大影响驻外饭店经理的工作效率以及全家对旅居他国体验的乐趣。如果他们试着与周围的人和物融洽相处，并且对当地的艺术、历史、政治、运动等有一定的了解及鉴赏力，他们将会更出色地完成任务。对他人的理解越深刻，这些饭店代表给人的印象就会越深刻，也越容易被接受。文化敏感性可以使文化冲击的程度降至最低，而使跨文化的机会增至最高。

发展文化敏感的第一步，就是要更为自觉地了解自己的文化。一个人对于自己文化的认知通常是出自内隐的、直觉的理解，而学习别国文化则需要有基于自己文化标准的外显而理性的解释。理解另外一个国家行为举止的内在逻辑需要在特定价值观的背景下来看待这一行为，这种特定价值观是居于该文化核心位置的价值观，即关于人民、角色、想法、制度、习惯性行为及社会关系的相对重要性的信仰。如果一个人能够了解自己国家文化行为的内在逻辑，那么理解另外一种文化也就更容易。

文化悟性可以通过自我了解练习来获得。对于从来没有检查过自己的种族划分或文化偏见的受训者，或者对于自己是谁这一问题从来没有深层了解的受训者，这样的练习会是一种痛苦的经历，但同时也会是积极的体验。如果我们不能认识到每个人都是他或她自己形成的价值观的奴隶、而这一价值观又影响着他们了解世界的方式，那么我们就无法接受他人的价值观与自己的价值观之间的差异。

管理的文化理念

每一种文化对于老板和雇员的得体角度都有自己的看法。因为人们的行为举止是经由每一国家的文化标准以及统治者与被统治者之间的权力距离塑造而成，因此老板与员工根本没有什么与生俱来的行为模式。在许多国家里，企业与政府中的权力是与生俱来的，重要的职位往往由显赫的家族所占据。因此，在这样的国家里，与其说是身居要职就可以拥有无上的权力，还不如说是家族势力就意味着权力。例如，在南太平洋的偏远度假胜地里，首领家族里的各成员都身居显要职位，以便赢得对其他雇员的影响力。

在某些国家里，经理凭借职位、年龄或社会地位来博得别人的尊敬。驻外的美国经理经常感到他们有必要设法赢得雇员们的尊敬，然而他们却错了，因为那些员工们早已把尊敬上司当作理所当然的事了。

工作观

在一些国家里，工作的价值在生命的长河中只具有相对的重要性。例如，在沙特阿拉伯，驻外经理常常发现当地人并不像西方工业国家中的人那样把工作当作毕生唯一的追求。在那里，努力工作被当作是没有男子汉气概的一种表现。时至今日，有些阿拉伯人仍然会把小指的指甲留一寸长或者更长，以表明他们不进行手工劳动。在中东的一些国家里，亲情被认为是首要的——亲情高于工作、重于老板。然而，美国人崇拜的是"白手起家"的人，感到最为骄傲的是，凭借自己的努力而不是别人的帮助或裙带关系所取得的成就。阿拉伯人对这种观念却感到难以理解，他们认为帮助自己的亲戚是天经地义的，也是一个人的首要责任。因此，在自己的侄子与一个陌生人之间，阿拉伯人会毫不犹豫地雇用自己的侄子，是否有资格根本不在考虑之列。美国人认为这种任人唯亲的做法是不负责任的，而阿拉伯人却把它当作自己的神圣职责。

某些国家的文化规范有时候会对他们的市民对饭店工作和职业的感知产生负面的影响。例如，在印度，大多数中产阶级家庭不会让他们的孩子到饭店的餐饮部做上菜的服务员，因为很多中产阶级家庭都会请跟服务员起一样作用的佣人。在中国，一些饭店员工的家长不喜欢某些饭店的制服——尤其是为行李员设计的需要戴一顶圆帽的制服，这让家长感觉是有损人格的。以娱乐作为提供给顾客的核心服务体验的跨国饭店公司发现在游戏、自发的幽默和玩笑需要刻意为之的国家让员工适应一个欢乐的工作氛围是非常具有挑战性的。在亚洲文化里，孩子仍然跟家里保持着紧密的联系，很多时候是和父母住在一起，即使他们已经成人了，所以很难把员工对工作的看法与其父母的感知分离开。

有家长式作风的领导

在西方民主国家之外的许多国家里，经理被当作家长式的专制角色，他们被认为是位高权重的商业领导，而如果肯花时间培养社会关系就可以提高他或她的工作效率。要想成功，经理应该与每一位员工都有个人方面的交往，了解他们的个人背景情况。这样做可以赢得员工的忠心与信任，但是却需要有人与人之间交往的娴熟技巧以及把时间精力花在员工身上的意愿。在专制文化中工作的饭店经理需要对员工表现出关切之情，这种关切之情可以通过参加员工的生日聚会和足球赛、经常到工作区去走一走、知道每位员工叫什么名字并打打招呼以及和员工聊聊天等方式来表现。有能力的经理能够与员工保持友好的但又不能太亲密的个人关系，他们能够受到员工的拥护但又不会把自己混同于一般职员（把经理降低到和员工同等水平往往会使经理失去别人对他的尊敬）。在一些国家里，这种能力被当成是一门艺术。

亚洲文化与宗教通常要强调集体主义、团结一致以及集体参与。人们把经理看作是公仆，他的任务不是经管，而是调动员工的主动性，创造员工为公司利益而携手合作的环境。在这里，个人主义要让位于集体利益。一个人的困难就是大家的困难。因此，必须保持各团体之间的均衡与一致。日本人把对公司的忠诚凌驾于所有其他忠诚之上就是这方面的例证。反过来，日本公司也会为自己的员工提供看似无限的服务：住房、娱乐、就学、日托甚至婚介方面的帮助。在一些东亚国家，儒家思想极大地影响着管理工作。和谐与亲切的家长作风是其指导原则，企业单位按照家庭的方式来经营。

管理与权力的理念

尽管人们都认为赢得员工的尊敬取决于经理表现出来的实力与能力，然而对于实力与能力的理解各国却有不同的诠释。在墨西哥和菲律宾，男性气概是十分重要的。在管理方式上过于民主或优柔寡断的饭店经理一定不如有能力的独裁者更具影响力。

美国的企业领导是公司的形象、企业的代表，而拉丁美洲的领导却因为个人的原因而受到崇拜，他们往往身兼数职，例如家族首领、企业领导、智囊领袖、艺术品的保护人。法国与意大利的工业领导同时也是社会领导。在德国，优雅、果断以及广学博识可以使经理声名鹊起，其权力可以表现在理财、从政、企业家精神、管理和专业知识等方面。在这五个方面中，专业知识是赢得最高敬意的一个方面。德国公司的许多首脑人物都具备博士学位，而人们也常以"博士先生"来称呼他们。[13]

成功的标志在不同的国家中也各不相同。拉美人与阿拉伯人喜欢在外表与着装上下功夫，美国人看重的是宽大的办公室、昂贵的汽车与豪华的住宅。然而，对权力或财富的卖弄炫耀在大多数德国人的眼中则显得没有修养。

权力距离与个人主义

饭店经理需要在文化内涵的具体环境下理解老板与雇员各自的角色。领导者与追随者之间的权力距离（即当权人物或处于领导职位的人与无权无势的非决策者之间的社会距离）以及在不同的社会里个人得到的自由的限度都影响着组织机构中领导与民众之间关系发展的方式和当权者被接受的方式。经理必须遵循东道国准则，并使自己的领导方式与之相适应。这样做，可以提高组织的效率和员工的生产力。

在 20 世纪 80 年代初期，管理分析家吉尔特·霍夫斯蒂德研究了 53 个国家和地区的民族文化，评判出关于工作价值观方面的国际性差别。他确立了四个各不相同并且相互独立的标准，将这些标准分类为：权力距离的大小；个人主义与集体主义的对立；不确定性规避强弱；男性主义与女性主义。[⑧]我们将讨论前两种标准，因为它们与跨文化管理的理论与实践息息相关。

在评定权力距离方面，基本要素之一就是社会如何对待人们在体能与智能方面与生俱来的差异，以及个体在经济、社会和政治权力方面上的不平等。一些社会环境会让这些不平等发展为权力与财富的不平等，让权力与财富逐渐变为世袭的，而与体力和智力方面的能力或人人均等的权力不再相关。另一些社会环境则尽可能消灭权力与财富方面的不平等。然而，因为强权使得这些不平等永久存在，所以还没有哪一个社会达到了彻底的平等。但是，在追求平等的理想境界中有些国家已经遥遥领先。

在组织机构内部，权力距离与集权和领导专制的程度有关。霍夫斯蒂德认为，集权与专制领导的倾向植根于社会成员的"思想程序编制"中，这种观念不仅深植于当权者心目中，居于权力等级底层的广大民众对这一观念也是根深蒂固的。这种倾向始终保持不变，因为其结果满足了无权无势的人们依靠别人的心理需求。换句话说，这两种群体——当权者与普通大众——的价值体系通常是互补的。

关于个人主义与集体主义方面，人与人之间在社会中的关系是关键。在一些社会中，人与人之间的联系十分松散。每个人都应该为了自身的利益而孤军奋战。由于这种社会使得个人发展的自由空间无限扩大，才使这样的做法成为可能。在另外一些社会里，人与人之间的关系十分密切，每个人都必须维护集体成员的利益，他们没有任何超出集体之外的想法和信仰。反过来，集体也会保护和照顾自己的每个成员。

为了分析权力距离以及个人主义与集体主义的相对性（图 8-1），霍夫斯蒂德把各个国家放在二维的坐标中：权力距离分值被设为横坐标（0 代表距离的程度低，而 100 代表程度高）；个人主义分值被设为纵坐标（0 代表强烈的集体主义，而 100 则代表强烈的个人主义）。图 8-1 表明，尽管许多国家都具有相似的特性，但总体来说，它们却有天壤之别。对于这些显著的差别，如果驻外经理不能将自己的领导方式和控制方式做出必要的调整，经理们就会在判断上严重失误。群体就是做出这类调整的工具。

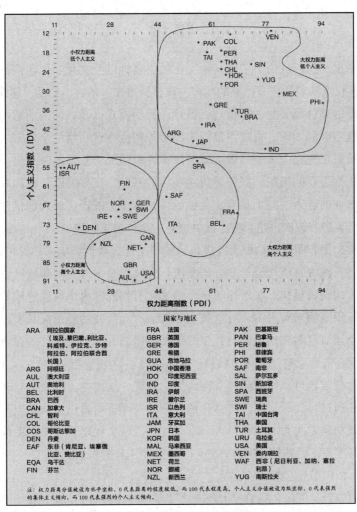

	国家与地区				
ARA	阿拉伯国家（埃及、黎巴嫩、利比亚、科威特、伊拉克、沙特阿拉伯、阿拉伯联合酋长国）	FRA	法国	PAK	巴基斯坦
		GBR	英国	PAN	巴拿马
		GER	德国	PER	秘鲁
		GRE	希腊	PHI	菲律宾
		GUA	危地马拉	POR	葡萄牙
ARG	阿根廷	HOK	中国香港	SAF	南非
AUL	澳大利亚	IDO	印度尼西亚	SAL	萨尔瓦多
AUT	奥地利	IND	印度	SIN	新加坡
BEL	比利时	IRA	伊朗	SPA	西班牙
BRA	巴西	IRE	爱尔兰	SWE	瑞典
CAN	加拿大	ISR	以色列	SWI	瑞士
CHL	智利	ITA	意大利	TAI	中国台湾
COL	哥伦比亚	JAM	牙买加	THA	泰国
COS	哥斯达黎加	JPN	日本	TUR	土耳其
DEN	丹麦	KOR	韩国	URU	乌拉圭
EAF	东非（肯尼亚、埃塞俄比亚、赞比亚）	MAL	马来西亚	USA	美国
		MEX	墨西哥	VEN	委内瑞拉
EQA	乌干达	NET	荷兰	WAF	西非（尼日利亚、加纳、塞拉利昂）
FIN	芬兰	NOR	挪威		
		NZL	新西兰	YUG	南斯拉夫

注：权力距离分值被设为水平坐标，0 代表距离的程度较低，而 100 代表程度高。个人主义分值被设为纵坐标，0 代表强烈的集体主义倾向，而 100 代表强烈的个人主义倾向。

图 8-1　53 个国家地区关于工作价值观中的差异

资料来源：吉尔特·霍夫斯蒂德，《文化的重要性》：关于工作价值观中的国际差异（加利福尼亚州贝弗利希尔斯：塞奇出版社 1984 年出版），第 159 页。获权翻印。

驻国外的饭店业经理不但要了解不同文化环境和地理环境的理论与实践方面的异同，还要根据所在国的文化标准、权力距离以及人们的个人主义或集体主义观念的不同而能够对每一种情况做出相应的决策。不在这方面付诸努力就会在文化交流上造成误解与争论，或者被指责为不懂得尊重与欣赏别国的文化与理念的民族优越感。最糟糕的是，有民族优越感的经理无法保证雇员之间的鼎力合作与团体的共同努力，而这种努力在达到国际级饭店所要求的高标准服务中是至关重要的。

结 论

在本章里，我们讨论了了解其他文化的必要性以及文化如何塑造社会中人们的行为，这不仅反映着社会看得见的传统、风俗、习惯、语言、艺术、建筑、服装等，而且更重要的是体现了它的价值观、信仰、行为模式以及共同的情感与观念体系。如果没有这方面的知识，很难想象饭店经理如何能在这一新的全球市场中成功地经营，因为从真正意义上来说，饭店既是商业性很强的企业，同时又是一定社会中社会性和文化性极强的组织。服务是成功饭店的基础，良好的服务意味着对来自世界各地各行各业的客人的需求具有文化敏感性。有能力的饭店经理深谙此道，他们不仅考虑自己客户的想法，还会考虑提供服务的全体员工的观点。

掌握了文化方面知识的饭店经理也会懂得文化会如何影响人们看待时间的方式、思维模式、交流（言语交流与非言语交流）方式以及个人空间和接触概念以及其他特质和行为的独特模式。在前往与自己的文化有别的国家里做生意或建立工作关系时，这些见识是相当有用的。对这类文化知识一无所知的经理或具有民族优越感的经理或许会因自己对当地风俗与礼仪的无知而得到外国商业伙伴的谅解，但是得到谅解的经理在做生意时往往居于弱势，从而不得不付出一定的代价。

文化敏感培训可以帮助经理掌握跨文化技能，从而在异国文化与环境中成功经营。首先要通过自我认知练习与文化偏见测验来增进对自己文化的更全面了解。由于经理们无法确定将来的工作是否会发生变化，跨文化培训可以帮助他们随时为新的机遇做好准备，尤其是去国内外的外资企业中工作的机遇。

最后，饭店经理必须了解在特定文化背景下老板所扮演的角色与员工各自应发挥的作用。领导者与平民之间的权力距离以及在不同社会里个人自由被允许的程度，都影响着组织关系发展的方式和当权者被接受的方式。熟知文化的经理将会遵循所在环境的准则，并使自己的领导方式与之相适应，以便优化组织效率、提高员工的生产力。

尾注:

① Timm T. Runnion, "Expatriate Programs: From Preparation to Success," Workspan, July 2005, pp. 20-22.

② Julia Christensen-Hughes, "Cultural Diversity: The Lesson of Toronto's Hotels," Cornell Hotel And Restaurant Administration Quarterly, April 1992, p. 80.

③ Patricia Galagan, "East Meet West," Training and Development Journal, October 1990, p. 45.

④ Edward G. Hall, Beyond Culture(Garden City, N.Y.: Anchor Press/Doubleday, 1976).

⑤ Johnny Wong, Philco N. K. Wong, and Li Heng, "An Investigation of Leadership Styles and Relationship Cultures of Chinese and Expatriate Managers in Multinational Construction Companies in Hong Kong," Construction Management and Economics, January 2007, p. 95.

⑥ Roger Axtell, "How to Avoid Bloopers and Blunders," The Meeting Manager, January 1988, p.27.

⑦ "Culture Clash: Negotiating a European Joint-Venture Agreement Takes More Than Money," Industry Week, October 2,1989, p. 18.

⑧ Ibid., p. 20.

⑨ Edward Hall and Mildred Reed Hall, "Selling to a Japanese," Sales and Marketing Management, July 1987, P.58.

⑩ Ron Fenolio, "Japanese Demand Respect for Cultural Practices," Hotel and Motel Management, July 20, 1987, p. 67.

⑪Thomas Patrick Cullen, "Global Gamesmanship: How the Expatriate Administration Quarterly, November 1981, p. 21.

⑫Chekitan Dev and Samir kuckreja, "Tourism in India: Growth and Opportunity," Cornell Hotel and Restaurant Administration Quarterly, August 1989, p. 75.

⑬Lennie Copeland and Lewis Griggs, "Getting the Best from Foreign Employees," Management Review, June 1986, p. 20.

⑭This section is based on Geert Hofstede, Culture's Consequences: International Differences in Work-Related Values(Beverly Hills, Calif.: Sage Publications, 1984), pp. 153-159.

主要术语

集体主义 (Collectivism): 存在于社会中的个体之间联系非常紧密的状态。每个人都应该服从群体成员的利益而对群体之外没有别的意见或信仰。作为交换，群体也会保护它的成员并为他们提供所需资源。

文化 (Culture): 是指居住在同一国度或同一地区的人们所共同拥有的一种精神状

态。它是特定时间、特定场合里某一群体共同的价值观、信仰、行为和期望的总和。它包括一个群体的历史、习俗、传统、习惯、服装、常规、宗教、语言、艺术、建筑、工艺品、音乐、文学以及共同的观点和感情。

民族优越感 (Ethnocentrism): 认为一种文化优于其他文化的信仰或态度，它是对多元文化之间相互了解的最大障碍之一。

留面子 (Face Saving): 保持某人尊严或自尊的行为。

个人主义 (Individualism): 存在于一个社会的一种状况，通常个体之间的联系非常松散，每个人都仅仅关注自己的利益。即社会允许的个人自由使这种行为成为可能。

权力距离 (Power Distance): 指拥有权力或处于领导地位的人与那些没有权力或决策责任者之间的社会距离。通俗地讲，即那些在社会上具有影响力、威望和权力的人与不具备上述要素的人之间的距离。

社交礼仪 (Protocol): 进行商务、宴请和接待时的一系列不成文的规定，它存在于各国文化之中。

典型化 (Stereotyping): 种族中心主义的一种普遍形式。在这种形式下，一个文化群体对另一群体的文化持有过于简单的、错误的观点或看法。

复习题

1. 什么是文化？

2. 把美国比作是被翻动搅拌的沙拉的说法有什么重要性？

3. 文化多元性在工作场所有什么积极作用，又有什么消极作用？

4. 一般来说，在公司忠诚、员工待遇、高层经理的年薪以及美国人晋升方面，日本的饭店企业与美国的饭店企业有什么不同？

5. 在哪一类抽象的关系与行为中文化理念会出现重大的不同？

6. 为什么说饭店老板遵循商业社交礼仪是十分重要的？

7. 在与不同文化背景的人进行谈判时会出现什么复杂情况？

8. 不同的管理文化理念有哪些显著差别？

第 9 章

学习目标

1. 试解释相比那些由本国人担任的职位，饭店公司如何决定哪些职位应该由外籍经理担任。

2. 说明外籍经理的职位履行是如何挑选的，以及他们应该承担什么样的职责。

3. 解释合同和行前培训如何能确保外籍经理在这个领域的成功。

4. 掌握应对诸如健康问题、行前准备、文化冲击和过度文化涵化的挑战的方法。

5. 了解外派经理成功期满回国，如何完成从外派经理到跨国经理人的转变。

9

国际化饭店高层经理的选择与准备

　　对一个国际级饭店的评判标准最终取决于它的服务水平和员工的专业化素质。为了确保服务的标准化，达到理想的专业化水平，跨国饭店企业需要在连锁饭店集团内部将高素质的、经验丰富且适应性强的经理从一个饭店调到另一个饭店。这个岗位调动与交替轮换的过程造就了一个由于在其他国家工作而被称作"外籍经理"的饭店高层管理者群体。

　　调动过程从很多方面来说都是一个代价昂贵的事情——有时候对于外籍经理个人来说是个艰苦环境的选择，而对于公司来说也是一个花费很大的决定。但是，如果这将给公司带来组织上的发展与成长，那么这个过程就是必需的。岗位轮换为饭店经理们提供了接受培训、积累经验和事业发展的机会，也使饭店企业能够在它所需要的地方聘用有才干的经理人才进行管理。

　　最好的外籍经理必须能够理解当地员工发展和培训的重要性。抛开在全世界范围内重新委派调动饭店经理的问题和成本不谈，跨国连锁饭店集团即使采取了新的政策在本国培养发展本土化的饭店高层经理，也不会放弃连锁饭店集团的这个政策。

饭店外籍经理的职位

　　在连锁饭店集团，尤其是豪华等级的连锁饭店集团内，有能力的外籍经理一般会被任命在那些需要技术或者全面管理技能的重要岗位上。在为外籍经理发放工作签证时，引入人才的国家会毫无例外地要求证明外籍经理具备本国经理无法比拟的素质才干（如培训、教育和/或工作经验）。如果工作签证被批准了，那么外籍经理就会接到一份工作任期合同，这份合同会根据引入人才国家的本国劳动力状况和国家劳工限制情况决定是否予以延期。虽然在世界各地对于相似的职位有很多不同的称呼，但一些较为典型的饭店外籍经理的职位通常有如下头衔：

第一，饭店总经理/常务董事。虽然在实际工作中饭店总经理是一个通才，他（她）在国际化的环境下也会被要求做专业化的工作；他们的国际化饭店管理经验和在某一具体职能领域如餐饮、饭店运营、财务或市场营销等方面的工作经验也不可或缺。

第二，行政助理经理/饭店经理/副总经理。这个职位一般由将被升任为国际饭店联号集团某子公司总经理的人员担任。这个职位要求有在客务部、餐饮部、市场营销部或内部控制机构平均 3～5 年的部门领导层的管理工作经验。

第三，餐饮部经理/餐饮部总监。具有五年或五年以上的餐厅管理、宴会和餐饮销售相关工作经验的餐饮部经理通常在任何地方都很受欢迎。那些具有跨部门性质的工作经验的人员——如在特色餐厅、烧烤、咖啡厅、酒吧和酒廊——具有一定优势，因为大多数国际性饭店都会提供多种多样的餐饮服务。一般来说，国际性饭店比国内饭店的餐饮业务量要大得多。

第四，行政总厨。各个饭店对厨师的需求量总是很大——欧洲的、亚洲的、越来越多的美洲厨师——具有大批量、高质量的餐饮制作工作经验的厨师。具有国际声誉的厨师在饭店备受重视，因为他们的声誉会提升饭店形象，在亚洲和欧洲尤其如此。

第五，工程师。饭店建筑设施管理、保养和维修是饭店经常性的问题。发展中国家很少有合适的专门当地工程师队伍对饭店建筑设备（空调、冰箱、动力设备、锅炉、电子控制中心等）进行专业的控制、保养和修理，因为绝大部分饭店设备设施都是从国外进口的。因此，在这一点上，政府很少拒绝饭店引进外籍工程师工作的申请。

其他需求量很大的职位有行政管家、特色餐厅经理、财务部总监和市场营销经理，对职位的需求取决于饭店的规格和所有者的意志。

本土化与聘用外籍经理

为境外饭店选择经理

在一些情况下，饭店企业除了聘用外籍经理之外没有别的选择。发展中国家的本地员工培训机会很少，所以他们担任管理职位的准备非常不足。另外，饭店所有者有时倾向于聘用外籍人员来担任高级经理。瑞士、德国和其他欧洲国家的经理总是被普遍认为能给饭店带来特殊的尊贵标志，即使饭店有一位非常称职的当地经理，饭店所有者也很可能认为这位经理不具备饭店所要求的个人声望。

许多国家设立相关劳动法来限制饭店聘用外籍经理的数量。饭店企业经常与政府签订关于聘用本地经理和对其进行培训的协议。例如，马来西亚政府要求饭店企业聘用本国人，即所谓"大地之子"（指国内特定民族的成员）来代替外籍经理担任的职位。中国的劳动力政策要求将饭店培训作为外国饭店投资的几个重要标准之一。虽然这些政策都致力于鼓励管理职位本土化，但大多数饭店企业仍然觉得对于外籍经理的聘用限制很容易逾越。

大多数国际化连锁饭店集团对本集团管辖内的饭店总经理和其他重要人员的任命都有具体政策。一个具备国际化饭店管理能力的经理的成长是一个长期的过程，它包括经常性的调动、职位轮换、个人事业发展跟踪计划等。这是一个代价昂贵的过程，但公司为了能够使它在全球管理的饭店达到标准统一，这个过程又是必需的。将一个经过多年工作经验积累而事业正蒸蒸日上的外籍经理派驻到另一个国家，在另一个条件下工作，这个决定不是轻易做出的，也不会因为不同利益集团的争论而加以改变。人才引入国和饭店所有者同样认识到优秀的管理者对于饭店企业成功的重要性，并只会在某个潜在候选人的可信度很低的情况下予以干涉。

外籍经理经常扮演饭店企业重要信息渠道的角色。在很多情况下，饭店经理的角色很像一位大使。他必须能够胜任的代表人才引入国饭店企业利益的能力，做一个饭店所有者、投资人、员工、社区、当地政府和饭店企业之间的协调人。他必须能够在紧急情况下根据饭店企业政策进行自主管理，这个能力要求管理者对饭店企业的经营哲学、经营规范、方式、系统和方针都要有多年的理解和融合。要建立饭店企业和集团总部之间可行的、相互依赖的关系，这要求总部对它在海外任职的经理要充满高度的信心。在这些条件下，外派经理是最为胜任、最容易被选中派驻国外的。

此外，本地经理在处理饭店企业与当地供应商、企业、社区和政府部门的关系问题上具备优势。一般来说，饭店企业更愿意在本国聘用能胜任的本地经理担任低层管理者职位。许多饭店企业还为最为出色的本地经理提供业务培训，从而使他们最终能够胜任高级经理职位。为了帮助这些本地管理者了解连锁饭店集团的系统，集团经常会派他们到美国或其他地方代替某些经验丰富的经理工作一段时间。

很多饭店企业发现，即使它们计划聘用本国人担任高级管理职位，在新饭店开业前筹备和组织过程中聘用外籍经理作技术支持也是非常必要的。如果一个人没有接触过连锁饭店集团的运作系统、工作程序和标准，他／她就不可能成功地做出新饭店开业时期的成百上千的决策。在一些情况下，外籍管理层负责饭店开业前和开业头几年的运营，然后当外籍经理的工作合同到期后，本地员工将被提升至更高级的管理职位上。由于饭店开业前的工作技能与开业后的经营管理能力不同，这种方法不失为一个有效的策略。

技能转让

今天许多国家都将技能转让作为优先的劳动政策条款。它明确地表明外籍技术人员和管理人员将帮助本地人员成长，并最终由本地人员取代外籍员工的位置负责饭店工作。为了使技能成功地转让，必须对本地饭店员工进行不断的培训和帮助。技能转让对某些饭店职位较为容易，因为其他职位可能需要非常正规的培训和教育。

举例来说，在中国内地兴建所有外资饭店的最终目的是让中国员工进行管理经营。大部分的高层管理职位目前由香港特别行政区人员担任，而中层管理和日常经营由中国内地的人员负责。许多饭店已经开展了管理人员晋升计划，最终会用中国内地人员取代香港经理的位置。这个计划的受训人员都是从低层管理者中仔细挑选出来的，他们普遍都要接受为期四个月的针对饭店各个部门工作的整体培训课程，然后再根据个人的兴趣在不同的部门管理方向进行重点培养。2008 年的夏季奥运会成为饭店，尤其是豪华饭店，培训中国员工的又一个推动因素。饭店公司为了接待奥运会期间的客人开始数以百计地建造饭店。喜达屋在 2005 年开始增加它旗下"领导力大学"中中国人的人数。这些中国员工在新加坡的豪华饭店中进行了为期 15 个月的生活、工作和学习。[①]

连锁饭店集团对于当地人力资源的培养所投入的努力各不相同。许多饭店对当地社区努力扩大就业的目标持同情态度，努力将当地员工培养提升至更高的职位，而一些饭店则完全是在当地社会的压力下才不情愿地实施这个计划。

即使是在宽松的条件下，当地培训的饭店人员也通常会由于缺乏经验和没有国际化工作背景而受到限制。一个很明显的例子就是专业化程度很高的餐饮管理。几乎没有什么西方国家的经理能真正掌握亚洲餐饮烹饪和服务的微妙的文化关联和技巧，同样，全面掌握欧洲的烹饪和服务对于亚洲经理具有同样的难度。这些当地培训的人员的局限性也许意味着对个人的事业流动性非常有限，那些单纯依靠提供高级管理队伍和服务输出的饭店经营者也将面临较少的事业发展机会。

另外，一些连锁饭店集团利用聘用外籍经理的方式试图阻隔当地政府、官僚机构和饭店所有者对饭店事务的干涉。连锁饭店集团还认为国际化的饭店在本质上需要外籍人员的加入来保持集团的国际特性。

工作签证与移民限制

东道国的工作签证和移民限制也会影响到饭店聘用非本地员工的数量。虽然所有国家的政府都颁布了劳动力输入的限制条款——不论是工作原因还是移民——劳动力缺乏的国家总是对外籍员工项目、互惠协议、免签证协议或其他有利于发展全球化劳动力的方式持开放态度。成立于1993年的欧盟已经废除所有限制其公民在五国境内任何地方生活和工作的权利。这个联盟对其范围内的所有工作人员进行移民和国境开放政策，使得聘用外籍经理和第三国员工变得更加容易。亚洲奉行的自由市场也对欧洲统一市场概念起到作用，成为对这些地区熟练劳动力缺乏状况的一个可行的解决方案。

许多国家利用限制性的移民政策和工作政策来达到某些政府目标。虽然限制性政策也许可以起到重要作用，但过度严格的移民和工作政策可能导致的一个负面影响是它会使当地的饭店业丧失竞争力，从而反过来减少外国投资。

亚洲的外籍经理

亚洲饭店业的状况是关于本土化和聘用外籍经理问题的一个有趣案例。在亚洲的大多数首都城市，欧洲经理，包括德国、瑞士、奥地利、英国、法国的饭店经理占据了国际化饭店的管理职位，当然还有美国经理。饭店一直被认为是一个"外国"领域，当地人一般不考虑将饭店管理作为事业。饭店企业认为首先是欧洲经理，其次是美国经理，有更好的国际性饭店管理工作背景。当国际饭店联号集团第一次扩展到亚洲时，经营者们带来了外国的技术人员和管理人员，并且聘用本地员工担任普通员工。

长期以来，许多饭店认为本地员工应该担任中层管理职位，外籍经理仍被派驻来担任总经理、市场营销部总监、餐饮部总监、副总经理/住店经理和行政总厨等职位。在对提升更多的本地员工担任高级经理职位问题上的失败成了东南亚国家旅游业政策制定者们研究的一个问题。这些政策制定者们在探究本地经理提升高级职位失败的原因是什么，是否因为缺乏培训机会、集团对本地的发展缺乏重视还是就是歧视问题。但是，另一个因素也成为争论的一个方面，即当地饭店所有者的意志左右了聘用决定。许多饭店所有者更愿意或者坚持聘用来自国外的"专家"，因为他们觉得外籍经理会带来国际管理经验并给饭店带来更大的声望。

为了确保更多的本地人员担任管理职位，许多亚洲国家的政府规定了严格的饭店经理比例和培训计划的法案。菲律宾政府就是一个这样的例子。为了解决菲律宾饭店业的本地经理短缺问题及促进本地经理事业的发展和流动性，菲律宾政府开始限制每家饭店中外籍经理的数量。旅游部、劳动与就业部以及移民局制定了一份三方协议，自 2008 年生效实施。这项协议规定，外籍经理最多只能担任 4 个管理职位，而且只能在被正式委任的饭店和度假村。饭店公司可以在新的饭店和度假村的前期准备阶段再引进几位外籍经理，并可延续到开业后 6 个月。他们也可以为一些诸如美食节这样的特殊场合或事件引进外籍经理，但是这些合同必须限期在 3 个月内。

聘用外国劳动力的难易程度是影响一个国家竞争地位的因素之一。有着较为宽松的聘用外国劳动力政策的国家有科威特、爱尔兰、新加坡、阿拉伯联合酋长国、芬兰、葡萄牙和英国。聘用外国劳动力政策最严格的国家包括很多非洲的国家，例如纳米比亚、南非、马拉维、博茨瓦纳和其他地区，例如孟加拉国、尼泊尔、韩国、菲律宾、俄罗斯联邦、波兰和奥地利。[②]

非法雇用外国工人的法律和处罚在很多与欠发达国家接壤的发达国家变得越来越严格。美国已经通过法案，对被抓到雇用非法外国工人（主要来自墨西哥）的雇主实行严格的制裁。在新加坡，《就业与外国劳动力法》也对雇用非法工人的雇主施以重罚。欧盟也面临着联盟内部经济上差异更大的国家的非法工人问题。

聘用外籍经理的成本

聘用外籍饭店经理是十分昂贵的。虽然有时候是因为确实没有其他好的选择，但决定聘用外籍经理就意味着要支付一笔额外费用，即使这个职位既不是不受欢迎，又不是一个很难做的工作。而且，由于聘用合同的时间长短和个人以前的经验不同，饭店企业有可能无法从一个签订三年合同的外籍经理处得到饭店经营效益的最大化。外籍经理可能在上任的前半年或一年要熟悉了解当地情况和协议，而即将卸任的后半年却又要忙着准备下一个委任工作了。

一般来说，一个外籍经理，不论他或她的国籍是什么，其给饭店造成的成本都会是同样职位的本地经理的三倍。第三国人员的成本较低。当然，劳动力成本结构在本地和外国劳动力方面各国各不相同。它大致反映了生活水平差异、福利成本和每个市场的劳动力供求状况。例如，在管理技能相对短缺的亚洲和中东，总经理的薪金和福利较高，而管理技能丰富的美国和加拿大则低于世界其他国家[③]。

其他不同地区之间、本地和外籍人员使用之间导致成本差异的主要因素有以下四点：津贴数额或所要求的薪资差额待遇调动费用（一个著名的国际饭店经营者聘用一名已婚外籍经理的成本一般第一年要增加 18% ~ 35%，聘用单身外籍经理的成本要增加 11% ~ 24%），对外派他国工作所造成的不便与艰苦环境提供的补助，以及税收偿付的成本。

津贴 / 补助　津贴或补助是跨国连锁饭店集团给予外籍雇员等同于本国消费水平的额外工资差异。津贴 / 补助通常是给外籍雇员的一个净值（税后值）。由于补助通常被认为是应征税的收入，它们会给饭店企业带来薪金成本。津贴或补助包括：

- 艰苦环境奖励金；
- 生活水平调整费用；
- 住房补助，它由于饭店位置、外籍经理的职位、收入水平和家庭人口多少而各不相同；
- 物质和服务补助（也随饭店位置、职位、收入水平和家庭大小变化），确保外籍雇员不受汇率波动和"市场一揽子"价格差异的影响；
- 交通补助，补偿增加的汽车和其他交通费用；
- 年度探亲假和带薪假期津贴；
- 教育费用偿付金，确保外籍雇员的未成年子女接受合理的教育水平。

税收偿付　通常跨国连锁饭店集团付给外派经理一个薪金净值，包括所有增加的成本和税收义务。取决于连锁饭店集团，这种方式也许只针对两三个高层经理或者针对所有的外派经理。许多饭店企业负担了所有雇员的在一定固定金额之上的与企业相关的收入所得税。由于企业支付的津贴、补助和税收偿付金被认为是员工的应纳税收入，一个乘数效应就发生了，企业的总纳税负担会大大增加。对那些被外派到高生活水平和高纳税比率国家——如德国和日本——的收入丰厚的外籍经理而言，税收带来的影响尤其巨大。

外派雇员在自己本国的税收义务一般不会对饭店企业造成额外的偿付负担。例如，来自欧洲的外籍经理只在他们的居住国交付企业相关收入所得税。相比较而言，美国公民无论他们居住在什么地方，必须每年提交一份纳税申报单。根据不同情况，一个美国公民可能由于符合条件而被免除高达 85700 美元的纳税款。例如，一个受雇于东京某家饭店、挣日元薪金而且靠薪金生活的美国公民就可能符合免税条件，这取决于他在那里工作的年限。如果一位美国籍的外派经理向外国政府缴纳收入所得税，他就会有资格在美国纳税申报中享受外国课税扣除，这取决于他的应纳税收入并要根据"其他最低纳税条例"的规定执行。④

从纯经济的角度看，在拥有合格的本地经理人员的情况下，聘用当地经理人员而非外籍经理是比较明智的选择。要使聘用外籍经理的成本最小化，就要尽可能地减少外籍雇员的调动频率。由于在同一级别内，单身外派雇员总是比已婚外派雇员的成本花费小，一些饭店企业尝试将更多的单身雇员派驻国外。但是，如果处理不好，这会造成歧视问题。其他用来减少聘用非本地雇员的税收负担的策略还包括：将外籍雇员的应纳税收入从当前时期转移到将来应纳税收入较低的未来时间；将应纳税收入从较高的税收管辖权转移到较低的税收管辖权范围；减少应纳税的外国津贴的数额从而减少公司的总纳税开支。

国际社会保障 现在许多国家与其他国家签订双边协议，为在境外经营的公司和境外工作的员工消除双重社会保障税。例如，美国在 2007 年时就已和 24 个国家有这类协议，而在欧洲，这种协议已经实行了几十年。国际社会保障协议，也经常被称为"总体协议"，消除了某个国家的员工因受雇于其他国家而导致的要求交付双重社会保障税的情况。双重税务可以影响到为在国外运营的本国公司工作的雇员以及为本国境内的外国公司工作的员工。美国的领土法规定同时受美国和他国制度约束的员工应完全服从工作所在地国家的法律。境外员工法规定暂时性调动到其他国家的员工（一般是五年或五年以下）不受领土法约束，可以只遵从本国法律。理论上讲，这些协议消除了双重社会保障及税务，而使尽可能多的员工享有对他们有最大利益的那个国家制度体系的保护。

社会保障协议还使那些将其事业分布在两个或更多国家的员工得到了利益保障。这些员工也许有资格享有所有适用国的组合的或"整体的"利益。这些协议还通过降低境外运营公司的成本及其外派员工的税务而使公司更具竞争实力。当公司向外派员工提供税务均等协议时，总体协议可以大大节约他们的支出。[⑤]

聘用当地员工

许多饭店企业越来越多地重视聘用和培养当地员工以消除由派遣本国员工出境工作所带来的成本、花费的精力与面临的艰苦环境。虽然聘用当地员工的费用一定会更小，但培养他们的跨文化管理技能和本连锁饭店集团的管理理念却需要花费昂贵的费用。

饭店如果聘用太多的当地员工，也会影响企业的全球形象定位，因为全球定位是部分通过人员的流动来创立的。这样的饭店也使长期在企业工作的员工丧失了通过外派而获得国际经验的机会。

作为处理这种两难境地的一个范例，马里奥特饭店在其每一家境外饭店的行政管理层都至少设立一位当地经理。饭店的高级领导层由来自美国、欧洲、南美和澳大利亚的世界各地的人员组成。连锁饭店集团还拥有一支多国人员组成的跨学科的咨询队伍，对境外饭店进行考察、监督运营、提供建议、指导经理、培训、招收和解雇员工，并提出创新想法。

不同地区的饭店业教育与培训

决定是否聘用某个员工的另一个重要的考虑因素就是他所拥有的工作经验和接受培训的数量和类型。表 9-1 比较了美国、德国、日本和韩国的国际化员工培训情况。可以看出，德国的培训非常有针对性，有政府支持，范围也很广泛。在美国，培训更针对经理和技术人员。职业教育和培训的质量、数量和机会对饭店业（以及其他行业）员工的工作表现和生产力有重大的影响。在饭店业内，人们习惯认为欧洲培养的经理具有较强的技术背景，而美国受过大学教育的经理拥有较强的商业技能。世界其他地区的饭店培训仍停留在初级阶段，在技能发展和实力等具体领域仍没有树立良好的形象。但是，亚洲和非洲都可以从欧洲和美国的模式中借鉴最好的经验，而且他们也正是这样做的。

表 9-1　国际化员工培训

调查问题				
	美国	德国	日本	韩国
学校到工作岗位的转换	机会起很大作用；雇主与当地学校有一些联系	为大多数未受大学教育的年轻人提供学徒机会	雇主与当地学校的私人关系	雇主从职业学校或中学里招聘员工
职业教育的广度	大部分的城市地区	普遍	有限；大部分由雇主承担	普遍
职业教育的质量	差异很大；从差到优	普遍很好	一般到较好	职业中学水平普遍很好
员工培训的广度	很大程度上侧重于经理与技术人员的培养	入门层面及晋升的培训范围较广	范围较广	有限；雇主依赖公共职业培训机构
员工培训的质量	差异很大 一些很优秀，但更多的较差	很好	很好	普遍较差
公共政策	联邦的参与非常有限；政府帮助雇主的成长	对实习进行行政管理；鼓励持续的培训	小公司提供资金鼓励培训	指示性——有些雇主反对公共政策

资料来源：1992 Report to the Governor. Hawaii Commission on Employment and Human Resources.

欧洲的培训　欧洲在饭店业的教育基本上是其职业培训的方式之一，包括多年的不同层面的学徒阶段，以传统的方式培养饭店工作的专业技术技能。欧洲的教育者非常注重个人因素如纪律性、服从性、整洁、准时和个人修饰。欧洲饭店课程的学生习惯于类似房间检查和着装规范之类的制度，他们还要学习"职业态度"课程并被打分。这样做的目的是要建立对工作，尤其是对客人的正确的传统态度。这些都在欧洲饭店员工对客人的尊敬与重视的态度中反映出来。

美国的培训　美国的饭店课程分为两种模式。一种是被技术学校和专科学校推崇的欧洲式的技术培训。另一种是在大学层面，这种层面上的管理教育更为普遍，虽然一些课程也包括技术培训。在大学层面，美国的饭店课程在教授管理技能方面显得更胜一筹。管理教育注重于整体技能和功能性业务技能，如沟通、批判性思维和解决问题的能力、经济学、财务和会计的计算能力、市场营销与销售以及人力资源管理，因为这些技能都适用于饭店业。美国的经理不太经常从底层做起——四年制的饭店管理专业的大学毕业生通常会应聘做实习经理或中层管理者。美国的饭店课程经常被欧洲同行批评，认为它们忽略了对饭店业所需的具体的社会和服务技能的培养。

亚洲的培训　许多亚洲国家在近几年已经开始致力于开设学位和非学位的饭店管理和技能培训课程。例如，东南亚和东亚每一个国家事实上都有大学和大专院校开设饭店和旅游管理的学位课程。这些学院和大学大部分是私立的，在声望和学术资格方面也各不相同。除了极少数的几个例外——如韩国、菲律宾和印度尼西亚——亚洲的很多公立学院都不愿设立这个行业的学位课程，因为它们认为饭店工作是不需要高技能的社会地位低下的职业。开设饭店管理学位课程的地区多遵循美国而非欧洲的教育模式。

另外，许多亚洲连锁饭店集团，如泰国的达仕泰尼集团，印度的欧比瑞集团，都遵循欧洲的技术教育模式开设了优秀的饭店培训课程。其他显著的例子包括新加坡饭店协会培训与教育中心（SHATEC）和中国香港职业培训委员会的饭店、餐饮和旅游培训中心，它们两个是由政府认可和/或支持的、行业自发组织的饭店人员培训项目的典范。这两个项目都为饭店行业培养了大批优秀的从业人员。中国饭店业的发展也促进了政府和企业间的合作以提高饭店行业从业人员的教育和培训。

由于集合了最先进的西方饭店管理理念与亚洲高标准的服务规格与教育体系，亚太地区在今后应当能够具备一定的竞争实力。

非洲的培训　正式的饭店教育在非洲大陆的发展是相对滞后的，开设饭店管理课程的学校也很少。最著名的大学应该是内罗毕的肯尼亚尤他尼（Utalii）大学。这个大学源于肯尼亚和瑞士的一个双边合作项目，课程遵循欧洲的饭店培训方法。瑞士政府为大学的建设与教学设备提供软贷款，随后变为捐赠资金，这笔资金还将继续用来支付该大学每年的运营成本。肯尼亚政府方面在全国商业性的提供住宿和餐饮的饭店和餐厅征集人员进行培训。尤他尼大学由此产生的大部分的现行运营费用由培训征集带来的资金支付。

摩洛哥政府在世界旅游组织的鼓励下，支持了国际高等旅游学院 (The institute Superieur International de Tourism) 的发展。南非的比勒陀尼亚大学 (Pretoria University) 也在南太阳饭店联号集团（Southern Sun Hotel Group）的支持下开设了旅游管理的学位课程。人们不难理解，随着非洲旅游与住宿业的发展，行业与政府对在非洲大陆创办更多的培训项目将给予更大的支持与鼓励，这些培训项目会促使其饭店业将非洲文化风格与全球服务标准达到有机地结合。

中东地区饭店业的发展中也可见到相似的关于饭店的教育、培训和开发的重视。阿联酋的迪拜以地区饭店教育中心的身份居于领先地位。随着两个自由贸易区集群——知识村和学术城的创建，酋长国将邀请来自世界各国的大学提供技术方面的、专业的高等教育项目。

外派经理的选择

选择外派经理的过程对外派经理的成功与失败，进而对饭店本身的影响都是很大的。在选择外派经理过程中通常所犯的一个错误就是将某个经理在本国的成功业务记录基础上的管理和技术能力作为唯一的评判标准。对管理境外饭店所要求的技能和对在本国饭店进行管理的要求不同。连锁饭店丧失了某家子饭店就是由于错误地委派了经理，他不被饭店业主、饭店员工或有影响力的社区领导者所欣赏。

人员派遣失误的高额成本

对于一个错误选择的或培训不成功的外派饭店经理所造成的真正成本，应从实际成本和由于人员选择不当造成的机会成本两个方面来加以考虑。实际成本包括培训、重新委派成本、薪金与非薪金成本以及可能造成的提前回国的成本。机会成本包括低效率、顾客不满意、员工不满意、对公司形象的破坏，以及可能造成的与饭店所有者与当地政府的紧张关系。所有这些因素都可能导致管理合同或市场机会的丧失。2001 年的一项调查表明，20% 的外籍经理提前回国了。[6]在发展中国家，返回率高达 70%。2000 年 5 月，美国培训与发展协会报告称每年由于对送往海外的员工培训不足及他们提前调回本国造成的损失超过 25 亿美元。

对个人来讲，这种失败的代价也是高昂的。失败的外派经理由于遭受了丧失自尊心和自信甚至可能丧失在同行中的声望的打击，他被重新委派到国内饭店后，会变得工作效率低下。这个外派经理甚至会考虑离开整个集团组织。在最糟糕的情况下，严重的物质和／或心理以及其他个人问题（如精神压力、沮丧、婚姻波动、子女疏远）都会发生，即使这个经理曾经有过个人稳定性和事业成功发展的历史。

从战略角度来看，明智地选择管理人员对饭店企业本身的成长和发展是非常重要的。选择每一个外派经理的原因都是他具备为企业做出长期贡献以及帮助企业达到战略目标的能力。全球网络、市场营销、信息收集与沟通联系在很大程度上要靠分布在全球各地的有能力的饭店经理完成。能够站在全球战略角度思考的经理会帮助饭店企业进行整合并将其发展成为具有全球竞争力的企业。选择了错误的外派经理会浪费掉这些机会。

当聘请饭店经理进行长期的国际性事业发展时，很多饭店都考虑了影响外派经理在异地文化中生活和工作能力的人文因素：专业技能、适应性、成熟度及个性类型。这些公司通过定期调配到不同饭店的方式开发他们评估过后认为有潜能的人才。通过这种轮换调动，外派经理获得了跨文化和国际性的视野。

外籍经理的各种职责

国内和国际性饭店经理每天的工作大都很相似。这就是说，外籍经理必须更加具备适应性和灵活性，尤其是在政局比较动荡的国家。对外籍经理的角色要求使他们要比国内经理付出更多的时间、具备更多的专业技能及外交手段。

外籍饭店经理会被要求代表饭店企业与商界人士、供应商、政府官员和顾客打交道。政府官员会要求外籍经理利用他的外国专业技能及饭店的资源为本国家或社区的重要项目贡献力量——这几乎不允许有任何拒绝的表示。政府官员会认为这个外籍经理不仅是企业的代表，也是其所在国的特使。过去在海外工作的美国饭店经理被要求帮助困境中的美国游客，为当地节庆日提供美国式的娱乐活动，输送当地国家的人员到美国上大学，帮助被免职的领导人寻求政治庇护，甚至要为美国军事干涉他国做出解释。

饭店经理不仅要与他们的当地员工而且要与更大范围内的当地社区保持良好的关系，这一点至关重要。在很多情况下，外派饭店经理被委派到发展中国家，但对他们所要面对的情况和他们自身行为所可能导致的后果知之甚少。除了要很好地了解外国的文化，他们还需要准备好面对可能遇到的实际的道德问题。例如，为获取利益进行私下交易在一些文化中属于灰色地带，有可能令人质疑但并不违法。发展中国家的饭店经理也许实际上被看作"合同"的一方，这一合同是指东道国为了得到某些利益而默许接受一些由饭店业发展所带来的负面影响。饭店经理的做事风格和政策会增加社区的利益，也会产生相反的社会影响。

饭店企业、饭店所有者和当地政府的发展目标有很大不同。饭店经理必须灵活地化解这些不同点，使公司总部和饭店所有者的目标得以实现，并同时在所在国维持良好的商誉及关系。

评估外派经理候选人

有效且成熟的选择标准应当不仅适用于外派经理候选人本人，还要针对他们的家庭。这包括了借助一些方法，如心理测试、跨文化评估中心、个人紧张度倾向测试以及广泛的个人面试等来评估每个候选人的个性、家庭情况、生活方式和财力状况。例如，如果一个行政管理者有家庭需要，他妻子的事业可能被中断、孩子需要特殊的学校教育或年老的父母需要医疗救治，出国的调整就会面对更加艰苦环境。外派的地点是一个重要因素。对于一些发展中国家的职位，最好是选择单身或没有孩子的经理出任，因为发展中国家有可能缺乏适当的住宿条件和教育设施来确保家庭生活的需要，这种方式被认为是不触犯法律的对已婚或有子女的员工的歧视。这种相对不公平成为他们的劣势。

公司越来越多地任命女性担任外籍经理，尽管从总数上看仍然远远不及男性。2006年，外籍经理中13%是女性，比2001年增长了8%。北美和亚洲在任用女性外籍经理上引领潮流——女性在北美和亚洲的外籍经理中分别占到15%和14%。[⑧]一项2007年度通用汽车金融服务公司全球迁移服务调查把北美女性外籍经理的比重提高到20%。

在国外环境下，个人因素会对事业的成功与失败影响巨大。如果有太多复杂的因素，它们就会压倒外派员工。管理效率很大程度上受家庭的尤其是配偶的适应性和支持性的影响。当外派经理把自身投入每日的工作和外出活动中并很容易地适应环境时，配偶必须将家庭生活移植到一个新的环境中，建立新的友谊，担心健康需求问题，学校和教堂的问题，还要努力学习一门新的语言以适应当地生活。配偶也许还不得不适应肮脏的环境和过冷过热的天气，或者经常性地住在饭店里。

国际性饭店利用各种工具选择外派经理。一种方式是海外委派测试，它是衡量委派候选人是否具备胜任海外工作所需的个性特点和工作态度的评价尺度。这种评估工具也可以在线使用，不仅可以用于公司员工，也可以用于他们的配偶。其他的工具可以帮助衡量候选人适应新文化环境的潜力。这些衡量标准认为以下是一些对外派经理更为重要的个性特点：

- 幽默感（抵抗绝望的有力武器）；
- 在事务繁忙时放松的能力；
- 适当调整的能力（重新调整期望值，修改计划，尝试新的方法）；
- 原谅的能力（尤其在敏感的文化氛围中）；
- 对不明确和差异化的包容能力；
- 思想开明；
- 非审判态度；
- 设身处地为他人着想；
- 有与人沟通的欲望；
- 灵活性和适应性；
- 好奇心；
- 在人际沟通上让人感到温暖；
- 自主解决问题；
- 强烈的自我意识；
- 理解力；
- 耐心。

一些饭店企业为不同国家建立专门的资料，并将这些资料与合适的管理风格一一进行匹配。基本方法就是确定会在这种特定的异国文化中经营成功的人员类型，并找寻这样的人员。美国管理协会和美国商业部相关部门会提供不同的国家资料或召开研讨会发布具体国家的文化以及提供有效的管理方式信息。

外派经理的文化涵化

根据一个理论，对外派经理的文化涵化有重大影响的可变因素可以分为以下三种层面。

- 自我导向：个人怎样看待自我；
- 他人导向：个人怎样看待和理解他人；

• 认知导向：个人怎样看待和理解现状并把它纳入情境当中。

表 9-2 揭示了每一个层面下具备的不同特征状况。

虽然外派经理的理想人选应该在这三个层面上都有很强的能力，但这种情况确实十分少见。对每一个潜在候选人的优势与劣势的全面评估使饭店企业能够开设培训项目来纠正不足、加强已有的优势。它还使培训者能够帮助个人处理他们被委派后容易导致压力的具体的跨文化问题。

表 9-2 影响外派经理文化涵化的因素

自我导向	他人导向	认知导向
• 缓解压力	• 人际关系处理能力	• 灵活性
• 强化替换	• 沟通的意愿	• 视野开阔
• 身体灵活性	• 非语言沟通能力	• 对模糊情况的高度容忍度
• 技术能力	• 尊重他人	• 非审判性
• 处理	• 同情他人	• 思想开明
• 处理孤独的能力	• 耐心	• 现场独立性
• 行前的现实性预期		

资料来源：摘选自 Mark Mendenhall and Gary Oddou, "Acculturation Profiles of Expatriate Managers: Implications for Cross-Cultural Training Programs," Columbia Journal of World Business, Winter 1986. Copyright 1986. Columbia Journal of World Business. Reprint with permission.

外派经理合同

签订协议或合同来确定报酬问题、艰苦环境调整金以及其他津贴问题在委派驻外经理时是一个惯例。饭店经理的职位和工作性质决定了饭店给予他们的利益的程度和数量的具体内容。合同通常包含的内容如下：

• 合同条款；

• 基本工资；

• 工作时数和休息时间；

• 红利条款；

• 医疗与健康费用；

• 护照、签证、工作许可证、疫苗接种的偿付款项；

• 教育成本；

• 住房／住宿津贴；

• 旅行费用；

• 汽车（有／没有司机）；

- 假期（包括探亲假的条款与条件）；
- 娱乐与业务津贴；
- 工资外特权人群与个人保险；
- 退休计划；
- 预先信贷；
- 试用期；
- 辞职与终止合同；
- 调动与重新委派；
- 安置费用。

除了这些内容，协议还应包括一份饭店企业的外派政策书复印件，内容包括奖励政策、税收津贴、艰苦环境奖金（如果适用）、沟通、与返回饭店公司后的职位重新调整等。表 9-3 是一份某家以中国香港特别行政区为总部的国际饭店企业的海外派遣合同。

表 9-3　饭店外籍经理合同样本

个人资料
（日期）
（姓名及地址）
亲爱的 _____：
通过与您的商讨，我们十分高兴代表皇家布洛森（Royal Blossom）饭店的业主皇家布洛森有限公司确认与您的合约。具体条款如下：
1. 职务：
2. 部门：
3. 级别：
4. 工作范围与责任：
您将直接对皇家布洛森饭店的 _____ 负责，他将向您委派工作任务。
工作职责的详细说明书会在稍晚时间交给您，它会随管理层不时做出的政策调整而有相应的变化。
5. 工作时间：
正常工作时间为每周 6 天，共 54 小时，包括每天一小时的用餐时间。但是，您的实际工作时间将取决于工作的需要。作为一位高级职员，您不享有加班费，但可以有倒休补偿。
6. 任职开始时间：
根据您的接受情况和工作许可的情况，任职开始日期为 _____。
7. 任职期限：
初始时间为 2 年，只要从当地政府得到延期的工作许可和更新，2 年后您将成为一名永久雇员。

（续）

8. 试用期:

8.1 试用期为 3 个月, 试用期期间双方均可以通过提前 3 个月发出书面通知或以 3 个月工资代表通知的形式终止此合同。

8.2 总经理有权将试用期最多延长 6 个月。

8.3 如果雇员决定在试用期期间终止合同, 饭店不负担雇员的返途费用或私人用品运输费。

9. 酬金:

9.1 基本月工资为 _____ HK$（港元 _____）, 将根据当地法律法规, 在工作一个月后以当地货币存入您在香港的账户。

9.2 您不享有任何服务费形式的酬金。

9.3 在年底, 饭店的正式雇员将得到相当于 1 个月基本工资的奖金。对于当年进入饭店工作并已通过试用期的雇员, 奖金将会按一定比例发放。到年底还在试用期的雇员, 或当年已离职的雇员, 没有奖金。

9.4 您将负责您因为此职务所应该缴纳的个人收入所得税。请留意, 香港的最高工资纳税率普遍为 15.5%。公司提供的住宿将按工资与奖金的 10% 收税。

10. 工资审议:

雇员受雇满一年后的每个 1 月份, 工资将被重新审议。

11. 交通费:

11.1 饭店将负责您来香港上任的交通费, 为经济舱机票。

11.2 饭店还将负责每人最大限度 2 立方米的私人物品的海上运输费和保险费。至少两家著名海运公司的报价单应在运输之前交给饭店批准。古董或珍贵艺术品的保险费由您自己支付。

11.3 在结束任职时, 您将享受同等待遇, 前提是您没有因为第 22 款中的原因而终止任职。

12. 护照、签证、工作许可证和接种疫苗:

12.1 饭店负责您在接种疫苗、办理签证和工作许可证申请时发生的费用。 您自己负责护照的更新费用。

12.2 如果您的签证和工作许可证需要当地政府的批准, 饭店负责为您取得, 以保证您可以在香港特别行政区工作。但是, 您也被要求提供必要的协助以便取得必需的签证和工作许可证。

13. 住宿:

13.1 您每月最多可以获得 _____ 港元的住宿工资差异, 用来支付房租和 / 或其他相关费用, 如电费等。

13.2 在您刚到达香港时, 饭店最多为您提供一个月的食宿。

14. 医疗福利:

在得到饭店医生批准的情况下, 您可以享受包括住院治疗在内的免费医疗。 由于怀孕、视力保护以及其他的不在医疗检查范围内的疾病所发生的医疗费用由自己支付。自己造成的伤害或使用麻醉药所造成的医疗费用也由自己支付。另外, 在通过试用期后, 您可以享受饭店牙科诊治范围内的牙科治疗。

15. 特别待遇:

您可以根据饭店政策享受特别待遇。

16. 退休计划:

（续）

您有资格加入饭店的退休计划，详细情况可以从财务管理办公室得到。

17. 年假：

17.1 您将享受每年 4 个星期的年假，包括所有的法定和公共假期。年假不可以从一年积攒到下一年。当年没有用的年假自动作废。

17.2 年假应当预先决定以便给饭店经营带来的不便达到最小化。年假申请必须得到总经理事先批准。

17.3 如果雇员离职并且还没有使用应休的年假，他们可以得到未休年假期间的薪金。相反地，如果雇员离职时已经在服务期未满的情况下先休了年假，年假期间的薪金必须退还公司。

17.4 未休年假不能被用来代替中止合同的通知期。

18. 旅行补助：

18.1 每完成一个两年的服务期，您将享受一次旅行补助。

18.2 补助金额将根据现行的从香港到 _____ 的公务舱的机票费用制定。

18.3 您可以使用旅行补助金的部分或全部去往任何目的地，可以用来支付旅费、包价旅游的费用等，但是不能做任何现金交换。

18.4 旅行补助金在服务期结束时不能使用。

19. 病假：

每年您可以有 30 天的病假休息。所有病假必须得到饭店批准的医生的确认。

20. 中止合同通知：

实习期满后，合同双方都必须通过提前 3 个月书面通知或交付一定比例的薪金代替通知的方式中止合同。如果您提前 1 年中止服务期，饭店会收取聘用您来香港工作所产生的成本。如果您在合同期满前中止合同，饭店将不负责您的回国费用。

21. 因病中止合同：

21.1 如果您被饭店批准的医生确认为身体不适合工作或不能工作超过 3 个月，饭店将会中止对您的聘用。

21.2 如果饭店由于您的健康原因中止合同，您将会得到正常中止合同的期满回国费用，另加 3 个月的薪金。

22 其他原因中止合同：

在以下情况下，饭店将在不提出中止通知或中止薪金的前提下中止与您的合同：

22.1 您的健康问题被饭店批准的医生确定为自身造成的。

22.2 您被指控宣判违反了当地法律。

22.3 您严重违反了饭店的制度和规章。

22.4 您被认为不能胜任工作或渎职。

22.5 您的行为操守对您在当地社区的身份与名望造成了负面的影响。

由于这些原因中止合同的雇员将不能享受免费的回程路费和个人物品运输费。

23. 限制：

在合同期内，您不能受雇于任何其他人或公司，不能从任何其他经营相似业务的企业或本饭店的

（续）

竞争者那里得到利益。饭店还要求您对任何未授权的企业或个人不能透露本饭店的机密信息。

24.条件：

24.1 公司保留在需要的情况下变更聘用基本条件的权力。

24.2 作为正在进行的人力规划的一部分，管理层会委托外界的专业公司或有能力的公司内部人员对雇员进行不定期的评估测验。

25.调动：

如果认为合适，公司会将您调动到另外的岗位。在工作调动之前，会对雇员的个人状况、聘用意向的条款和条件等做出在相同标准上的应有的考虑。

请仔细阅读合同的条款与条件。如果您同意接受本合同，请在上面签字，并将这份合同的复印件连同您的一份由专业医生开具的健康证明复印件交还给饭店。

我们期待与您在香港皇家布洛森饭店一起工作。

您真诚的，

总经理
香港皇家布洛森饭店

接受合同：

我确认我已经阅读并理解了这份合同所规定的条款与条件，我同意接受这份合同。

签字：

_____   _____

（姓名）   （日期）

行前培训

　　所有行前培训项目的共同目的是帮助饭店经理与他们的家庭适应国外环境。他们必须要适应在语言、习俗、传统、宗教、气候、地理、饮食、水、货币系统、学校教育、禁忌、当地信仰或迷信等各方面的差异。对政治、经济、法律和社会环境不熟悉也是另一个潜在的问题。根据一项调查（表9-4），一个国际化经理成功的最重要的三个因素是对外国文化、行业和语言有足够的了解。

表 9-4 成功的国际化饭店经理的特点

> 根据最近的一项对 148 位中层经理的调查，成功的国际化饭店经理需要了解他们工作的国家的文化与语言。被调查者认为以下因素对成为优秀的国际化经理是非常重要的：
>
> | | |
> |---|---|
> | 对外国文化的知识 | 81% |
> | 对行业的知识 | 80% |
> | 对语言的知识 | 63% |
> | 在外国工作的时间 | 21% |

资料来源：Dunhill Personnel System Inc., Woodbury, N.Y.

到了 2008 年，84% 的美国大公司都会在外派经理前对他们进行跨文化培训，20 年前这个数字还只有 10%。[9]然而，只有 23% 的公司把跨文化培训设为强制进行的环节。饭店企业对将要到境外工作的经理进行的行前培训数量众多，种类齐全。一些饭店企业知道它们的许多经理将来都会到境外工作，因此将跨文化培训纳入他们基础的实习经理课程中。国际商务旅游和短期境外派遣也用来作为培养经理们跨文化管理技能的方式。在这些经理的职业生涯中，他们会逐步积累更高层面的知识、意识和技能以确保他们胜任不同的境外环境工作。

从总体上来看，虽然对外派经理的准备工作正在改进，但在许多情况下经理们仍只能接受到有关这个境外国家经济条件、法律、政治、习俗、礼节、商业活动的非常简短和粗略的信息。除非能带来立竿见影的利益，许多饭店企业都不对经理提供跨文化培训。一些饭店认为这种培训项目浪费资源，认为合适的外派经理利用常识就可以在任何环境中生存下来。

相比 10 年前，今天的公司也更有可能为员工的家人提供跨文化培训和准备。1993 ~ 2003 年，能够为外籍经理家人提供跨文化培训和准备的企业比重平均为 35%；到了 2005 年，这一比重上升到 57%；而 2008 年这一比重已达到 84%。这个趋势对商务非常重要，因为 28% 提前返回国家的经理都把家庭方面的考虑作为回国的主要原因。当一个家庭难以融入国外的环境时，外籍经理也就不太可能取得事业上的成功。[11]家庭因素也是拒绝外派任命的最常见的原因。[12]

行前培训项目设计

在可能的范围内，行前培训项目应该针对每个出境工作个人的不同需求展开不同的培训。虽然必须考虑成本与时间限制，但培训越笼统，效果越差。举例来说，日本饭店企业在行前指导和培训上花费很大的投入，结果，大部分日本饭店企业外派经理的失败率基本在 5% ~ 10%。日本饭店企业大多在外派经理真正上任一年前就做出外派决定以便使其有充足的时间进行准备。在这一年中，外派经理会利用工作时间学习目的地国的文化与语言。

根据日本企业的想法，一方面，外派经理必须通过改造他们的技能使其成为"有效"技能，从而适应另外一套不同的与下属、商业伙伴、顾客以及政策、政治和市场环境之间的关系。另一方面，外派经理与他的家庭都必须通过学习如何在不方便的情况下处理问题的能力以便适应国外的生活。他们必须学会接受、尊敬并最终享受那些最初看起来陌生和不方便的习俗和规程。一旦上任，日本的外派经理就要与一位顾问一起工作，顾问的工作主要是疏导任何可能发生问题的领域以及缓解外派经理的压力。[1]

深入的行前培训应该有四个着重点：文化认知，态度，知识，技能。（对于管理美国境内存在的文化多元化的员工群体以及在外方管理的饭店内工作的本国员工，前两个领域内的技能培养同样重要，尽管培训可以不必这样细化）。

文化认知培训可以提高被培训者对于文化差异及其对商业行为的影响方面的认识程度。每一个人在某种程度上都有文化局限性。这个世界本质上是通过文化视角来被人们加以识别的，人们以特定文化限制下形成的方式对由文化影响产生的世界观做出反应。因为文化与人的关系如此密切，它的运行往往超越了意识感知。外派经理需要了解文化的大致特征会怎样影响商业行为，从而能够针对这种文化采取有效的领导风格、培训、激励和沟通方式。

态度培训集中于态度以及形成机制。外派经理要了解先天本性与后天教养的差别，这是非常重要的。即，态度与信仰，包括他们自身，是来自条件作用与环境（后天教养）。它们不是固有正确的或者是天生的（因此更显得先天自然）。对这一点不理解的人容易产生主观判断，而理解它的人们已经在适应另一种文化的道路上前进了一大步。民族优越感，即认为自己的文化优越于他人的信仰和态度，是对多元文化理解的最大障碍。文化敏感度的培训有助于降低民族优越感。

知识培训提供了关于目的地国的大量实际和实用的信息。应包括的内容有：

• 社会和商业礼节；

• 历史与民俗；

• 当前时事；

• 目的地国的价值观念；

- 地理、气候、自然环境；
- 著名的事物：艺术家、音乐家，旅游地、值得尝试的活动；
- 宗教（在伊斯兰国家极其重要）；
- 政治结构；
- 法律结构；
- 经济结构；
- 总体商业条件；
- 通行商业运作惯例；
- 其他实用的信息如货币、交通、时区、工作时间。

大部分国家都有电影和旅行指南为外国人提供相关的信息。知识培训还应包括目的地国与外派经理本国的历史渊源与现在的关系。

技能培训侧重于在诸如语言、非语言沟通、文化压力管理、调整和适应技能等领域的能力培训。其中的一部分培训应着重于确定个人的适应机制以及那些最有效的能力。

取决于预计的委派时间和是否值得时间投资，语言培训有时也是非常重要的。许多国家的人们将英语作为第二语言，但即使使用英语，外派经理也应该努力学习至少是当地口语中有微妙意思的简单词汇与惯用语。许多他国语言中的词汇在英语中并没有对应的说法。了解这些词汇的大致意思可以在与商业合作者和员工交流的时候省去大量繁杂的解释。在很多情况下，语言开启了沟通的大门。

即使是一般性地尝试学说一门语言也会给人留下很好的印象，并有助于建立外派经理和当地居民之间的亲密关系。行前语言培训还可以在上任后继续进行。演讲和各种类型的录音都可以用来提高语言能力。一些公司还对具备外语能力的经理进行额外的奖励（在中国涉外饭店业普遍实行外语津贴制度。目前正在全行业推行职业英语等级考试）。

最近的一项研究梳理出当饭店外派经理到海外就任前应完成的重要培训活动内容。调查对象指出了 12 项他们认为重要的培训活动。其中，得到受访者投票数最高的五项培训活动（按顺序排列）为：

- 海外实习和短期作业；
- 第二语言学习；
- 出国留学；
- 国际旅行；

•国际商业管理。⑭

各种行前培训选择

饭店经营者会设立一些内部部门对外派经理进行培训和培养，他们也会聘用有资格的外部培训员。跨文化培训者的数量在持续增长，许多培训者见多识广，具有足够的经验以满足饭店业的需要。外部的培训者可以通过培训咨询公司、国际性非营利性组织和大学找到。由于跨文化培训在近年来的受欢迎热潮势不可当，它的从业者已经学会了如何包装并将他们的服务推广给潜在的使用者。一个外部的培训咨询顾问还可以帮助饭店企业整合其跨文化培训材料，使其成为现有的管理人员培养课程的一部分。

一个开设内部培训项目的有效方法是为将要教授课程的培训者安排跨文化培训。跨文化教育、培训和研究协会（SIETAR）为初级的跨文化培训者安排了一到两周的课程。这些课程对跨文化培训的理论与目标、原理、内容和方法论进行了概述。这样的课程应该能够使饭店培训者完成大部分现成的培训项目。

健康问题

外派经理及其家庭成员应该在离境上任前进行一次彻底的健康检查。体格检查应包括以往病史、身体检查和化验。血液检查、X光胸透、尿检、心电图也应包括在健康检查中。免疫历史需要重新审核，接种疫苗和再次预防注射要在所需要的部位注射。传染性肝炎在很多国家是常见的，因此适当的疫苗接种是需要的。

外派员工还应在其他方面小心谨慎以减少健康危害。在一些地区，新鲜水果和蔬菜是不能吃的，瓶装水才可使用；随着艾滋病病毒的流行，除非血液的来源和筛选过程可以确定，输血和注射一般应该避免；如果所去的地方有疟疾，则家庭成员应注意避免蚊虫叮咬；当某个家庭成员在境外需要医疗救护，应该考虑回到本国或转移到另一个医疗条件较好的国家。尤其在发展中国家，卫生和服务标准不太能达到外派员工的期望值，而且能说外语的医疗人员也不是总能够找到。在离境上任前应该鼓励所有的家庭成员在任职期间坚持一种有规律的健康和健身项目，即使这需要一些对他们原有体育活动的调整和改变。

每个家庭成员都应该有一份应按时服用的处方药品清单。这些药都应按属性将名称分门别类，因为处方药品在其他国家可能以各种不同的商标标签出售。许多在某个国家需要开处方的药品,在其他国家的药店柜台就可以买到。向外派员工提供上任地区能够说员工本国母语的医生名单也大有裨益,因为急诊病症要求得到及时快速的治疗。

其他行前活动

如果时间和资金允许,外派经理和他/她的配偶应该被允许到目的地国参观游览。这次访问会使他们对当地学校教育、住房和交通条件等形成直观现实的看法,并对委派任务的需求有更好的理解。

在临行前,应该非常仔细地注意避免在签证和工作许可证方面出现问题。在这个方面,专门主管签证和工作许可证的目的地国的移民局官员和律师就显得极其重要。当饭店企业以前在该国没有类似经验、也没有人员专长于该领域时,情况尤其如此。

文化冲击

文化冲击是由于陷入陌生环境而产生的。对于一些人来说,它导致困惑、感觉迷失方向和不安的情绪。文化冲击会削弱个人对自身和职业的调节能力。冲击的严重性在很大程度上取决于旧文化与新文化之间的差异程度。从欧洲某地区委派到欧洲另一地区工作的员工也许不会感到巨大的差异性。但是,如果同样这个员工被委派到一个伊斯兰国家,文化冲击就会发生了。对于西方妇女而言,一些亚洲和中东文化中的男性主导的价值体系也许显得难以被接受。

文化冲击一般不会像闪电一样对人造成快速冲击。相反地,当所有事物显得新奇和令人兴奋时,还会出现文化涵化中的所谓蜜月期。然后随着感受者每次遭遇相反的认知、做事和评价事物的方式,他会出现累积的逐步恶化的失落感。一个人越多地了解异地文化并增强其处理变化与差异的能力,他就会越少地遭遇文化冲击。

虽然行前培训、教育与咨询不能使外派经理完全摆脱文化冲击,但这些培训确实能够使他们积极地以较为现实的期望值面对新环境。在外派任期开始后进行继续的培训也是很有帮助的,这些培训包括语言指导、文化涵化能力和处理压力的能力。当外派经理安顿下来之后,提供关于文化和其他实用问题的信息就显得更有帮助而且更受欢迎。导师制度也能帮助减少文化冲击。一个经验丰富的外派经理或一个合适的东道国同事可以为新委任的外派经理提供必要的帮助来回答疑问,谈论文化问题，或仅仅是提供精神上的支持。

一些饭店企业为外派经理提供到达目的地国后上任 2 ~ 4 周的休息时间。这种方法使外派经理能够有机会安顿下来，熟悉当地情况，会见其他人（饭店员工、其他外派经理、行业领导者、当地政府官员等），找到购物场所、银行、餐厅等的位置。

过度文化涵化

在境外上任期间，一些外派经理会与本国相隔万里，与本国文化缺乏联系。因此，他们的观念理论会越来越靠近当地观念。在所有环境下，大部分人会随着时间的流逝而遵从当地的社会观念。文化培训的内在化更推动了外派经理接受当地的规范标准。另外，这些经理的最亲密的社会联系也大多是其他类似职务上的外派经理。由于外派经理对当地的社会规范和价值观也很敏感，他们的参照框架体系会更多地受到当地文化需求和意识形态而不是本国母公司的影响。在极端条件下，对当地社会观念的不断增强的敏感度甚至会降低外派经理的工作效率。例如，外派经理会考虑不到对某个问题的众多可能的解决方案，因为那些选择看起来在他新的文化参照体系中是不合适的。或者一些可能的解决方案被否决，因为对所在国价值观的设想限制了外派经理对结果的看法。

在外派经理面临工作所在国与本国母公司的角色冲突情况下，他们会感受到精神压力，决策力下降，人际关系紧张，工作满意度下降。文化培训可能通过过度培养外派经理对公司决策的文化暗示认知，从而实际上增加了他们面临的角色冲突。由于经理对他/她自身正确角色的感觉受到了当地环境的影响，他们的态度也会改变。外派经理对公司指示中的文化和政治暗示会比对组织目标更为敏感。外派经理会以为他们被授予了比公司实际规定更多的制定政策决策的自由度。他们还会觉得总部的经理们对当地的问题没有回应，而且他们也不可能了解外派经理的实际情况。

为了使这些问题最小化，一旦经理被委派到境外上任，公司就应该定期地告知他们总部现在正如何帮助其实现他们自身的事业目标。境外饭店的总经理还应该尽量多地与来自总部的代表进行面对面的交流，将当地的经营状况和其他问题告知总部，并与总部进行信息交流。其外派经理应从总经理那里得到相同的关注。

外派经理期满归国

期满归国——将境外工作的经理召回国内并有效地将其整合到组织中——有时

是一件很艰苦的事。最先遇到的问题是为外派经理找到一个合适的职位。一种理论认为，只将极为优秀的有丰富经验的人员派到境外工作，这样他们归国后的问题就不会太大。将边缘人员派驻国外经常会产生他们期满回国后无法安置的问题。

归国后的一个问题是，除了人力资源行政经理外，公司其他人员与外派经理都很少交流，因此可能不了解外派经理新掌握的能力。外派经理一般比总部的经理在权限和责任方面的范围更大，自由度更高。由于这个原因，外派经理会由于新岗位的自由度和自主性不如从前而感到尴尬。正因如此，被委派到亚洲饭店工作的欧洲经理尤其不愿回国工作。也有很多时候除了另一个外派岗位，并没有其他能与之相比的职位存在。即使其职务得到提升，也有可能使外派经理的职责范围缩小。

反向文化冲击与重新调整

归国的外派经理与他们的家庭有时还会经历反向的文化冲击。他们会发现本国的生活节奏与他们已经习惯的国外生活方式不协调。例如，中国香港特别行政区的生活和工作方式比美国的更快、更紧张（纽约可能是个例外），而斐济的生活节奏就慢得多（当然更为舒适悠闲）。

归国的外派经理的另一个问题是财务调整的现实问题。一些外派经理适应了由额外工资差异带来的较高的生活水平，诸如公司提供并装配家具的住房、配有司机的公司汽车、公司提供的国内帮助、生活水准工资差异和奖励工资差异等，他们会发现很难适应这些工资差异结束后的生活。另外，归国后，他们还会面临丧失社会和职业声望的困境。对于许多人来说，面对经济现实的冲击要比对文化重新调整更为困难。

使归国后问题最小化

外派经理归国面临的问题可以通过适当的计划与重新调整咨询、向导和培训方案来使其最小化。在计划方面，使外派经理在离境上任前就了解他们的境外任期期限是很有帮助的。事先要有充分的事业规划来确保外派经理对期满回国后可能从事的工作职位有现实的了解，并要保证这些职位是能够委派给他们的。如果这一点失败，则会使经理对外派委任工作的接受态度有消极情绪。无论是在经济上还是在职业上，应该努力使新的职位尽可能具有吸引力和富有挑战性。这个职位还应该能够发挥外派经理在境外工作取得的经验和专业知识特长。

外派经理归国的准备过程应在真正动身前 6 个月或更早时开始。理想状态下，还应该向外派经理通报本国的当前发展状况和趋势，并提供给他新岗位的公司人事状况、经营政策、流程和组织变化情况，从而使他得到最新的下一任工作的信息。应经理要求，还应提供有关职业咨询、财务咨询和其他帮助。一些饭店企业向外派经理提供红利和重新安置津贴来减轻工作调动带给经理的经济负担。

结论

跨国连锁饭店集团通常会将优秀的经理委派调动到其下属的各个饭店。这种调动使集团将最优秀的人员委派到最需要的地方，并将他们的服务标准持续地贯彻下去。虽然外籍经理既是需要的，也是必要的，但在这个问题上并非观点完全一致，因为各个国家都变得更为本国的发展考虑，并积极推动当地就业的水平。

饭店企业最主要的考虑必须是选择最具资格的经理来寻求企业的利益。通常情况下，饭店企业会聘用一支富有经验的外籍管理队伍来协调新饭店的开业前活动。一旦饭店启动运营，外籍管理队伍会被重新委派到其他饭店，他们的职位也会由那些被专门培训的有能力胜任的当地经理所取代。

一些国家设立规章来限制国际性饭店中外籍经理的数量，一些国家要求由外籍经理担任的职位要由当地人员代替，还有一些国家要求饭店雇主承办的培训项目必须要对当地员工进行技能转让培训。但是，为了鼓励境外投资，许多国家正在放宽原先用来限制非本国劳动力的工作签证和移民限制。

选择外派候选人必须谨慎从事，对外派候选人的评估也应该慎重进行。外派经理适应陌生环境的容易度可以归结于与自我导向、他人的导向以及认知导向等方面相关联的个人归因。不太适合东道国的外派经理会导致饭店遭受财政的和/或声望的损失。在最糟糕的情况下，饭店的管理合同甚至会被取消，或者饭店经理被草草地驱逐出门。外派经理在处理所有情况时，尤其在政治动荡地区，必须具有高度的文化敏感性、灵活性和技巧性。

饭店所有者与境外管理者签订的合同或协议应该确保外籍经理理解他们的报酬内容，它可能包括奖金、税收津贴、艰苦环境奖金等。

推动外派经理迈向成功的一个方法是对外派经理开展行前或跨文化培训项目。这些课程能够帮助外派经理和他们的家庭（家庭应该被包括在内）更好地了解他们的东道国。培训课程包括有关国家地理、历史、居民、经济、政府、传统及文化等各方面的具体信息，还有其他他们必须适应的内容——包括语言、宗教、气候、货币体系、政治体系、教育等。深入的行前培训应该包括文化认知、态度、知识和技能等方面的内容。无论是内部培训还是外部咨询顾问培训，这些培训课程带来的好处远远超出实际的或感知的成本。

行前培训减少了遭遇极度文化冲击的危险。持续的文化涵化训练（如语言培训或文化涵化技能）也会使过渡过程变得容易，并能够增加外派经理事业成功的机会。但是，过度的文化涵化也成为一个潜在的问题。当外派经理过度地认同他的工作地所在国文化，以至丧失了客观性和 / 或决断力，这种问题就会发生。

最后，所有外派经理都面临期满回国或被委派到另一个国家去的问题。当外派饭店经理从其海外任期中掌握了广泛的技能后被调回本国，他们找到合适的有挑战性的职位并不是一件容易的事。回国的外派经理及其家庭遭受反向文化冲击也并不罕见，但是在返回过渡期可以通过适当的咨询与指导来给予其支持。

尾注：

① Alexandra Seno, "In China, a Rush to Train 5-Star Staff for Luxury Hotels," International Herald Tribune, New York Times, July8, 2005.

② Travel and Tourism Competitiveness Report, World Economic Forum, Geneva, 2007.

③ Renard International Hospitality Consultants, Ltd., of Toronto, Canada.

④ IRS Publication 54, Tax Guide for U.S. Citizens and Residents Abroad; IRS Publication 514, Foreign Tax Credit for Individuals; and IRS Publication 909, Alternative Minimum Tax for Individuals.

⑤ Barry Powell, "International Social Security Agreements Increase Income for Overseas Employees," Journal of Accountancy, July 1990, p. 111.

⑥ Employee Benefit Plan Review. "Survey of Expatriates Shows Differing Employer-Employee Perceptions," Employee Benefit Plan Review, 55, No. 12 (2001): 40-41.

⑦ Jeffrey Shay and J. Bruce Tracey, "Expatriate Managers: Reasons for Failure and Implications for Training," Cornell Hotel and Restaurant Administration Quarterly, February, 1997, pp. 30-35.

⑧ Brain Amble, "International Assignments on the Rise," Management Issues, May 24, 2006. Retrieved from Www.Management-Issues. com on June 6, 2008.

⑨ Gretchen Lang, "Cross-Cultural Training: How Much Difference Does It Really Make?" International Herald Tribune, New York Times, January 24, 2004. Retrieved June 6, 2008. And Global Relocation Trends: 2008 Survey Report (Woodridge, □.: GMAC Global Relocation Service, 2008), p. 11.

⑩ Global Re Location Trends.

⑪ Hung-wen Lee, "Factors that Influence Expatriate Failure: An Interview Study," International Journal of Management, September 2007, p. 403.

⑫ Global Re Location Trends, p. 11.

⑬ Gary Hogan and Jane Goodson, "The Key to Expatriate Success," Training and Development Journal, January 190, p. 52.

⑭ Germaine Shames, "Training for the Multicultural Workplace," Cornell Hotel and Restaurant Administration Quarterly, February 1986, p. 26.

主 要 术 语

津贴 (Allowances): 指跨国公司为了使外籍员工消费能力达到母国标准水平能够给予的薪金、福利或额外所得，一般包括住房、未成年子女上学或事假等。

文化冲击 (Culture Shock): 影响人们融入或进入不熟悉文化环境时的一种迷惘、无目标、不安、不确定和（或）焦虑的感觉。

境外员工法 (Detached Worker Rule): 规定暂时性调动到其他国家的员工（一般是五年或五年以下）到他国时免除本土法律，使得该员工仍然遵从母国社会治安体系时适用的一种美国法律。

补助 (Differentials): 等同于津贴，是跨国连锁饭店集团给予外籍雇员等同于本国消费水平的额外补贴。津贴 / 补助通常是给外籍雇员的一个净值（税后值）。

外派归国 (Repatriation): 外派经理结束国外任命回到母国；金钱或其他资源流回原产国。

领土法 (Territorial Rule): 美国的一种法律，规定同时受美国和他国制度约束的员工应完全服从工作所在地国家的法律。

整体协议 (Totalization Agreement): 一种国际性社会安全协议，其目的在于消除一个员工从一国到他国工作时需要向两个国家缴纳的双重征税。

复习题

1. 外籍经理通常会担任哪些饭店职位？为什么？

2. 为什么饭店企业通常希望聘用外籍经理而不是本地人才？聘用本地经理可能带来的优势是什么？

3. 导致聘用外籍经理成本非常高的因素有哪些? 怎样才能降低这些成本?

4. 在衡量由于将错误挑选的或培训不佳的经理外派到其他国家工作造成的成本时, 哪些因素需要被考虑进去? 这些成本都是实际发生的吗?

5. 外派经理候选人应如何加以评估? 哪些个人特点对成功的境外任职是重要的?

6. 外派经理的合同通常包括哪些条款?

7. 行前培训中的四个重点方面是什么? 每个方面应考虑的因素有哪些?

8. 什么是文化冲击? 它如何被最小化?

9. 过度文化涵化的潜在后果是什么? 饭店企业可以采用什么方法来阻止它的发生?

10. 外派经理回国后可能面临的困境有哪些? 如何将这些问题最小化?

第 10 章

概　要

学习目标

1. 给出国际人力资源管理的定义，并列出人力资源管理主要的 3 类或 3 组活动。

2. 了解影响人员获取的因素，并明确有助于减少熟练劳动力短缺影响的几个步骤，了解影响员工招聘与聘用的不同因素。

3. 解释为什么针对各国新员工应给予不同形式的入职向导。

4. 掌握培训的重要性，并掌握用于在国外发展成功的培训项目的要求。

5. 掌握几种由文化决定的激励，了解制定决策的各种不同方式，掌握包括语言差异策略在内的多元文化环境中对沟通产生影响的因素。

6. 了解报酬与福利的基本要素，及其各国之间实际福利组合出现差异的原因。

7. 了解国际饭店业中工会主义的状况。

8. 了解美国业绩评估方法，解释管理者为什么必须弄清不同文化对纠错行为和员工解聘持不同态度的理由。

10

国际人力资源管理

　　作为全球性的雇主，国际饭店业整体上拥有超过 2.34 亿雇员的劳动力队伍，占到全世界劳动力的 8.2%。[①]该行业由于除了能够为管理者和行政人员提供在此行业的各级阶梯上一展身手的机会之外，还可以为初级工人提供就业机会，因此受到很多国家的重视。

　　人力资源管理是一个吸引、培训并且保持一支稳定的，受到激励的员工队伍的过程。这一管理职能不仅是要寻找到工作所需的最佳人选，还包括为员工提供恰当的手段和激励力，以充分发挥其能力，同时提供在工作上自我发展与成长的机会。作为所有管理中最注重以人为导向的职能，人力资源管理同时又是最具文化特色的职能。就业者通常不会把自己同自身的文化价值观、看问题的角度及态度割裂开来，这些都影响着他们的工作行为，同时也不断对管理提出挑战。

　　人力资源问题对每家饭店和每位饭店管理者而言常常是很复杂的，它们要耗费大量的时间、精力乃至金钱。而在同一工作场所面临多种文化的时候，如何对人员进行有效管理就成为更大的挑战。因此，要想对国际人力资源进行有效管理，就必须了解其他文化，具备对不同文化和宗教差异的敏感性以及在人力资源的各项实践活动中进行变通。有效的国际管理者被定义为那些具有敏感性和技能，能够管理具有多元文化背景的劳动力队伍，并且离开自己的文化环境也能充分发挥其工作能力的人。

国际人力资源管理的领域

　　国际人力资源管理（IHRM）正逐渐被视为一项值得研究的领域。国际人力资源管理意味着对"人"的管理，它不同于对"雇员"的管理——在有些文化中，人力资源管理关注的不仅是员工的需求，同时还关注依靠员工家属的需求。因此，国际人力资源管理会让人立即产生兴趣，同时还具有挑战性。比方说，在多配偶制的社会中可能会出现福利计划没有为员工的多个配偶提供福利计划的情况，想想看这会造成什么样的影响；或者就像在南太平洋的岛国中发生的，可能处理有关员工是否违纪的案件时，需要与社区的群众代表打交道，那么这又会产生什么样的影响呢？国际人力资源管理会时常提出诸如住房、税收计划、健康、教育，有时宗教（政教分离的国家中不准谈论的话题）、娱乐以及其他关系工人生活的问题。此外，国际人力资源管理还会更多地受到社会行为规范和政府政策这些外部因素的影响。

国际饭店经营发生失误会引起人力与财力上的严重后果。最近一项有关跨国生意失败案例研究得出的结论显示，失败的首要原因在于不了解在国外环境中进行各级人力资源管理时必须采用的不同管理方式。②

大理石和钢筋可以造就光彩夺目的豪华饭店，但无论在世界任何角落，饭店的心脏和灵魂都是它们的员工。对于国内外顾客而言，什么都无法代替服务——即使是大理石筑就的宫殿也不例外。服务的质量、财产的维护以及最终饭店经营的成败主要取决于员工的努力。承认在各种文化背景下人与人之间的关系、态度和行为的重要性，这一观点正日益成为国际饭店业和旅游业的普遍共识，因此在饭店的日常经营中，认识到管理活动中人的因素是至关重要的。

国际人力资源管理重视从员工的文化背景这一角度出发来认清管理中的问题，它强调把员工工作的有效性作为管理的主要业绩。举例来说，如何令顾客满意的问题与其说是如何建立有效的运营体系的问题，不如说是寻求、留住和高度激励获得满足感的服务人员来实践这些体系的问题。归根结底，体系的好坏是由运作这些体系的人决定的。这是人力资源管理强调的要点。

简而言之，国际人力资源管理关注的是在他国或另一文化背景下如何拥有和保持一支合格的、令人满意并获得满足感的劳动力队伍的问题。招聘、挑选、培训和安置适当的人员到适当的岗位构成了一项庞大的系统工程，而不断使员工受到激励并获得满意，从而发挥生产力则是更为艰巨的任务。除此之外的又一项挑战是需要在员工本身的文化环境中与他们一道进行工作，并在处理人和事时始终表现出"政治上的正确性"。由于饭店业劳动力队伍的文化背景更加多样化，因此处理人事问题的传统方法可能不足以令员工保持激励力、满足感和出色工作的成绩了。

饭店国际人力资源管理涵盖一整套活动，根据各国不同的经济、政治及社会文化状况，其内容也有所不同。活动可以归纳为以下三个主要方面：获取、聘用以及人力资源开发。图 10-1 对这三类活动进行了诠释。获取类活动包括招聘、选拔、入职向导、晋升和调动；聘用活动涉及培训、督导、报酬管理（包括奖金和津贴）、人事项目，比如咨询和给予医疗资助（其重要性日渐增长）、员工福利、员工活动以及在适用情况下的工会谈判等。人力资源开发活动关注绩效评估定标准、岗位职责、员工进步的衡量、事业的发展以及人力资源的规划等。

在实际运用过程中，图 10-1 中列举的许多活动无论在多元文化背景下还是在单纯的国内环境中，对于饭店运作都大同小异。在本章中，我们将重点讨论不同环境下要求采用不同管理方法和灵活态度的领域。跨国管理人员以及在本土带领文化背景多样化的劳动队伍工作的管理人员，都必须培养对千差万别和根植于不同文化背景的员工需求和期望的敏感性。

人员的获取

在大多数发展中国家，尽管由于培训设施与培训人员的匮乏，以及世界一些新兴市场饭店的快速发展造成有时难以寻求到熟练技术人员，但劳动力供给数量并不成问题。然而在世界主要的饭店业集中地区，如北美、欧洲、亚太地区，劳动力短缺则是一个大问题。2007 年，国际饭店顾问协会（International Society of Hospitality Consultants）将熟练技术人员短缺作为国际饭店业面临的首要问题。[③]

在很多国家，作为雇主，饭店的形象并不太好。工作的季节性、职业的低满意度、加上一些地区的高流动率，使得原本就被人口和生活方式变化弄得错综复杂的问题更加棘手。虽然有一些国家的定期报告表明失业率很高，但在许多发达国家，20 世纪 70 年代的新生儿低出生率和随之而来的劳动力短缺问题普遍存在。美国人口出生率偏低，英国更甚，而德国的排名更是靠后。饭店初级工人在所有这些国家中将很难找到，同时他们也有可能对薪水和工作环境提出更高的要求。

员工比率

国际饭店集团在衡量不同国家饭店业比较优势时，往往很关注两项雇用比例，即每一百间客房的人员配置比例（也称人员客房比）和劳动力成本与营业额的比例。两项比例都受到若干变量的影响，其中最关键的变量是劳动力的可获得性、薪资水平、服务水平、培训情况、员工生产力、员工流动率和客房出租率。假如其他条件差别不大的话，通常认为在工资水平低、劳动力富裕的国家中饭店经营者具备生产出更高利润的天然优势。

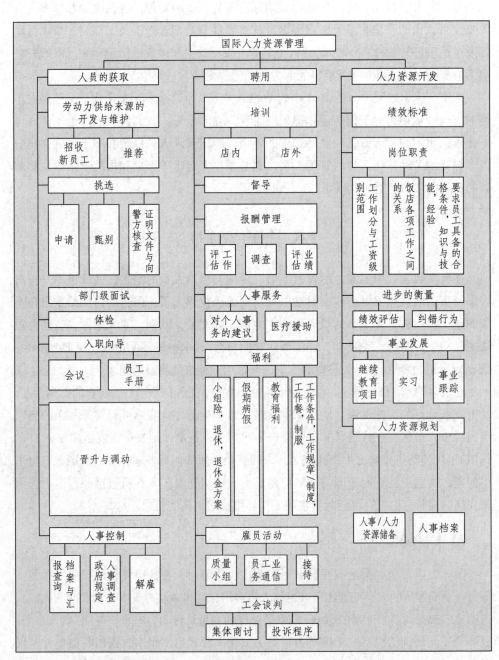

图 10-1 国际人力资源管理（IHRM）活动

高员工客房比一般等同于高服务水平和更个性化的服务。不过也有人认为，这一高比例是由生产力水平低下或廉价劳动力造成的。比如，名扬四海的亚洲服务就是由于一度低水平的工资支撑着高人员比才成为可能的。如今，亚洲某些地区薪资的激增和劳动力的短缺只能允许豪华饭店保持每间客房 1.4 或高于 1.4 的人员配比。而在美国、加拿大、西欧和北欧如果要控制劳动力成本的话，相对较高的劳动力成本已无法为中型资产提供每间客房 0.8 人这样的比例了，这些国家的饭店管理者必须在不牺牲服务质量的前提下，不断寻求提高员工生产力的办法。

劳动力的供给

所有国家服务业的劳动力供给均受宏观和微观层面上环境的影响。宏观或国家环境大多不受产业控制，包括：人口趋势（值得注意的是，出生率的变化影响年轻的初级工人的供应），本国工业化步伐和工业、农业及服务业之间对劳动力的竞争，影响劳动力总需求的经济趋势，以及限制或扩大劳动力供给的劳动法等。各产业为保持自身的劳动力队伍，除了在这些条件的限制下设法生存外，别无出路。

微观环境是针对某一特定行业起作用的因素，该行业通常在很大程度上能够左右这些因素。例如，从整体上看，饭店业因其流动率高和良好的培训项目少而声名不佳。近年来，处在劳动力匮乏地区的饭店业已将注意力转向制订人才留用计划以降低流动率和资助政府开发培训项目以增加饭店从业人员的储备上。还有其他一些问题，例如该行业地位不高、有些文化对饭店服务工作的歧视态度、工资水平缺乏竞争力以及就业条件差等，也都成为人们争论的热点。

尽管各国饭店业劳动力供给水平存在差异，但以下四个案例还是揭示了世界各地饭店招聘者面对的一些共同难题。

英国 英国是成熟饭店业的典型代表，该市场规模不断扩大，但发展前景有限。人口的变化是造成饭店业劳动力短缺的关键因素。由于人口出生率的下降，20 世纪 90 年代面临 16～19 岁人口大幅减少的境观，而 16～19 岁人群向来是招聘饭店业人员的首要来源。另一个问题是，饭店业对劳动力的需求在全国分布不均。此外，饭店业本身的特性使其对劳动力的需求具有极大的季节波动性。但另一方面，教育机构、培训部门、招聘中介和政府部门等开展的充分基础工作又多少降低了招聘从业人员的难度。

英国的饭店业在留住人员方面也面临严峻问题。在英国，饭店工作普遍获得的名声是：报酬微薄，非社会化工作时间，地位低下，需要付出体力，发展机会微乎其微等。当服务行业的其他门类提供越来越多更具吸引力的就业机会时，对饭店经营者来说，劝服人们到饭店工作一直是悬而未决的难题。④

塞浦路斯 塞浦路斯面临影响劳动力需求的两项挑战：地理位置与季节性。旅游业的开发主要遍布在距市区遥远的若干度假区，而这就要求对劳动力由过剩地区向短缺地区进行重大的再分配。尽管有过不少将塞浦路斯作为终年旅游目的地推向市场的尝试，但大多数游客仍然是在7、8、9三个月光顾这里，饭店客房出租率会由9月的100%下降到10月的25%。事实上，塞浦路斯依靠其提供的服务质量正在努力将其旅游产品与地中海其他国家区分开来，这就对员工客房比提出了更高的要求，从而使得劳动力问题更加突出。

中国香港 由于地处重要商业和金融中心的位置，中国香港因而具有发达完善的饭店业，而且其豪华饭店得到快速增长。与亚洲其他地区相同的是，各大饭店都采用较高的员工客房比在进行运作。香港特别行政区一直以来也是中国内地饭店业所需经验丰富人才的一个重要宝库。

香港拥有不少私立的职业学校，它们能够为初入饭店行业的从业者提供培训机会。

泰国 泰国的饭店业得到了快速发展。其结果是饭店从业人员出现长期短缺情况。涉外饭店将竞争重点放在提供的服务质量和服务水平上，这要求具有高员工客房比。对于从业者而言，主要问题是在饭店工作意味着要经常远离自己的家园。

在泰国，经过职业培训的人员的供给受到职业培训项目能力的限制，而这一能力又受缺乏足够合格培训者的限制，以达仕泰尼饭店集团为例，该集团已感到有必要在曼谷建立自己的培训中心以有助于满足其对劳动力的需求。

泰国的许多新建饭店通过从已有饭店吸纳有经验的员工而得以生存下来；那些名气不太大的中型饭店和经济等饭店还是因其员工被挖走而受到重创。由于关键性人才有能力要求为其技能支付高额薪水，因而当地管理人员的短缺就导致了工资结构的扭曲，但是薪资水平的上升也同时提升了饭店业作为有事业前途的总体形象。

解决劳动力短缺的可行措施

许多跨国饭店的经营者和民间贸易联合会都在研究吸引和留住服务行业从业人员的办法。由于工资水平在大多数国家都是雇员们关注的焦点，因此传统的解决办法一直把重心放在工资和福利待遇上。尽管有证据表明饭店业的工资水平在大多数劳动力市场上都有了稳步增长，但与制造业、建筑业和高科技产业相比还是偏低。

对于报酬，面临两个必须解决的问题：第一，饭店业是一个竞争性强、对市场敏感度高的行业,其劳动力成分(这可能是一项主要成本)在决定将会提供的服务数量上具有重要意义。高房价只对有限的市场区隔和豪华饭店来说可行,而在中型饭店和经济型饭店中,只要顾客的基本要求得到了满足,房价(并非服务)就常常成为竞争优势。对这两类饭店而言,如果在服务上附加过多的价值,那么就毫无意义地大大超过顾客的需要和期望。

第二,服务生产力是有限的,即使是最熟练的员工在给定时间内也只能清扫这么多房间或服务这么多客人。尽管报酬与产出是相关的,但它们在计算上却并非总有关联(即,报酬提高了 10% 并不一定意味着生产力会因此增长 10%)。

在处理报酬的问题中,一些国际饭店集团成功引进了延期财务奖励形式,比如职工持股计划(该计划允许员工按票面价格购买公司的普通股)。其他公司根据绩效、责任和工作年限发放阶段性的奖金。例如,在中国内地的饭店中,一种共有的奖金形式是发给员工第 "13" 个月的薪水,传统上是在新年时发放(认为员工已干了整整一年并出色完成了任务)。

先进的国际饭店公司现在通过创造工作丰富化和其他项目使饭店老板更具有选择优势,从而在劳动力供给的争夺中获胜。很多饭店为员工提供改进的工作—生活平衡项目、更好的发展机会以及旨在创造更有乐趣和高效工作的环境。在这一点上,西方跨国饭店公司比个人所有的本地饭店更有竞争优势,本地的私人饭店常被认为是剥削性的,在发展中国家尤其如此。

人员招聘

饭店招聘员工的来源在各国之间差异很大。在劳动力短缺的国家,饭店管理者认识到他们必须转向非传统的劳动力来源以寻求从业者。比如说在泰国,男子往往从事公务员的工作或法律职业,而妇女则被视为从事饭店业的有价值的资源。在缺乏经验丰富的饭店管理者的发展中国家,人们会发现那些具有管理潜质的候选人或者是受过良好教育的精英,或者是退役的军官,这些人更有可能接受过某种技术培训并且具有依照纪律办事的工作习惯。例如,印度就在招聘和留用退役军官从事旅游业方面取得了巨大成功。

再者,招聘可能需要重新设置重心,要由招聘青年工作者的传统做法转向聘用劳动力市场的其他部分,比如说聘用从家庭回到劳动力队伍中的人(homemakers)、外国移民和通过工作签证项目(guest worker programs)引进的国外劳动力等。

劳动力的引进 / 外国移民

人力资本曾经被认为是经济中最不流动的因素，已越来越多地流出国门。今天人们发现印度工程师在硅谷开发软件、阿尔及利亚人在法国组装汽车、土耳其工人在法兰克福打扫宾馆房间比以往更普遍。在一些中东地区，外国劳动力的数量甚至超过了本地员工的数量。饭店集团（与其他产业一道）正不断跨越国界去寻求所需的人才，推动世界劳动力流动的动力在于供给与需求之间不断加大的差距。

饭店业对引进劳动力的使用将始终受到所在国法律和政策的影响，这种招聘途径有可能遭遇工会的抵制，工会往往倾向于支持保护主义移民政策。但从长期来看，如果旅游业持续发展的话，使用引进劳动力在有些地区可能是不可避免的。在一些劳动力匮乏的工业国家，饭店从劳动力过剩的发展中国家招聘普通工作人员已经司空见惯。比如，在始于 20 世纪 70 年代后期的世界性饭店业发展高峰期，菲律宾一度曾是受欢迎的提供饭店从业人员的国家。菲律宾人仍在纷纷流向其他亚洲国家、太平洋岛屿、北欧和中东。20 世纪 70 年代，德国制订了一项工作签证计划，允许土耳其工人进入本国就业，如今很多人仍就职于饭店业。

实行更加开放的移民与劳工政策，这一趋势将对外籍劳工的使用产生重大影响。在有些国家，政府已经放宽了强制实行的出入境移民限制。例如：到 20 世纪 80 年代末期，东欧国家就已取消了对离境公民拥有国籍的限制。与此同时，大多数西欧国家也在就废止人们在欧共体（今为欧盟，译者）各国境内出入所受的一切约束进行谈判。美国、加拿大甚至日本也开始放宽移民政策。尽管大多数工业化国家的政府出于社会和政治的原因会抵制大范围的移民现象，那些劳工队伍缓慢增长但服务岗位迅速增加的国家（即日本、德国和美国）将有可能成为吸引移民的磁石。而生产潜在劳动力速度超过其经济可吸收水平的国家（如阿根廷、波兰和菲律宾），将输出其剩余劳动力。

随着中国饭店业的快速发展，人员招聘成为摆在当地饭店人力资源管理者面前极具压力和创造性的工作。他们现在不仅在饭店周边的社区寻找劳动者，也将目光投向了中国内地的省份和二线城市。由于现存的合格员工满足不了饭店的需求，中国的饭店不得不进一步拓宽它们的招聘网络，跨出国界到印度尼西亚、菲律宾、中东的迪拜和印度等地寻找劳动力。这些招聘不仅限于饭店行业的人员，也包括在诸如邮轮和金融服务业等相关行业工作的人。中国的大型饭店公司已经与饭店教育机构建立合作项目（或建立它们自己的教育机构）以确保合格的管理层员工的供给。

在中国人大约 40% 的饭店仍然是国有企业，这些饭店的问题在于人员配备过多，而不是人员配备不足。

影响人员招聘的就业观

由于文化偏见对饭店职业的看法存在一定影响，因而人员招聘策略一般需要根据不同国家情况进行相应调整。举例来说，日本的饭店公司更喜欢直接从学校招人，这些人此时最容易被灌输公司的哲学思想。典型的日本高中或大学毕业生在寻找第一份工作时的信念就是，这个工作能否长期干下去。因此他们与公司的初次商谈不仅包括薪水，还会涉及保险、福利、退休金以及今后在公司的发展前途等。

在西欧（尤其是英国），尽管饭店服务作为一个职业具有悠久而光荣的历史，但寻找工作的人常常把它视为有正规学徒体制的长久职业。西欧各国都有大批学校在教授必要的技巧，提供受到培训的人员。与之相反，美国人就认为饭店服务工作不那么高尚，这些工作遭到一些人的诋毁，被很多人看作临时职业。很多雇主因此认为人员的高流动性是不可避免的。不过更多正在成长的饭店公司已经导入了激励计划，包括白天替职工照看小孩和提供职业咨询服务等，以此降低流动率，并建立员工对公司的忠诚。

家庭或教育状况

招聘工作需要考虑的另一个方面是，在一些国家持有大学文凭或来自上层家庭的个体会期望在工作岗位上也受到像他们在社区中获得的那种尊重。拉美、中东和远东一些国家的年轻大学毕业生会拒绝干动手的工作，他们认为这些工作地位低下或有损自己的名誉。当一个年轻人获得学位之后，他常常期望得到与一间办公室、一份"干净"工作和高薪联系起来的优厚待遇，尽管自身缺乏管理经验或不具备从业资格；还有一种情况就是人们利用其家庭寻求就业的机会。假如饭店业主遇到关系密切的亲友被推荐来的话，要开口说"不"是很困难的，在处理这种情况时具备一些政治敏感度总是可取的。

饭店等级的影响

饭店的等级也会影响当地员工的招聘情况。在有些地区，饭店的等级是与社会成员自身的社会经济水平相适应的。假如某一社会地位显赫的家庭的成员到饭店工作的话，选择的一定是一家五星级豪华饭店，并且要求职位必须带有官衔。饭店各部门地位高低的等级十分明显，前厅部要比餐饮部更有声誉，餐饮部又比客房部有地位。甚至在餐饮部内部，不管报酬高低，雇员们多会对在咖啡厅而不是在正餐餐厅工作而感到失望。一般来说，工作越是一般，地位就越低下，要求与顾客的接触越多，地位就随之升高。

合资企业人员的招聘

对于在当地有生意伙伴的合资饭店来说，在招聘人员时必须谨慎行事。有些当地企业不仅利用合资饭店作为聘用其亲友的场所，而且还把它当作收容其所属其他企业富余人员的垃圾站。一旦合资饭店接纳了这些"垃圾"，它实际上就不可能再把他们清除出去了。这种情况会不会发生，主要取决于投资规模和外方对发展这一业务关系的动机强弱。在合资企业的起初谈判中，明确规定人员质量和招聘策略总是明智之举。

影响招聘决策的因素

在美国，雇主在考虑让某人担任某一职位时，一般会根据工作要求标准来权衡该候选人的优势和劣势。而在其他国家，候选人在工作场所表现出来的个性和社会行为可能比要求具备的专业知识和技能更为重要。尽管在澳大利亚，美国或加拿大这些地方，依据像"个性"或"社会行为"这样怪异的观念进行招聘属于歧视性的，也不合法，但在其他地方这种做法却为人所普遍接受。在世界上的某些地方，种族、性别、年龄和其他形式的歧视也并非一定要像理论上所讲的那样加以禁止。不管地处何方，公正的跨国业主往往尽可能依照合格条件来招聘人才。

不同国家的面试经历也可能会大相径庭。在一些国家，求职者若对自己大加赞赏会被看作是很不谦虚的行为。因此求职者会在面试时带上一位代言人（可能是自己的叔叔或表兄妹）或用各种各样的文件作为证明。比如，在印度和巴基斯坦、面试者会出示学校成绩单、文凭和获奖证书来代替口述这些成果；在东亚，即便是熟练程度最高的应征者也会在面试时过低评价自己的资格条件，雇主不得不通过了解他们各自的历史和工作业绩来对其能力有一个真实认识。

入职向导

各地饭店业为不同职位设置的入职向导都不相同。跨国饭店经营者一般会提供或详细或简略的入职向导计划，其依据是劳动力队伍的成熟程度和经验、受聘者已有的受训程度、受聘期限、由文化决定的对服务的态度以及其他一些因素。例如在大多数日本饭店，新员工大多经历一个三个月的入门阶段，目的在于了解公司奉行的哲学思想，同时接受针对新职责的特别培训。这种入职向导和培训称之为 shikomu，不仅涉及技术和技巧，还包括道德与团队行为准则。新雇员被灌输公司文化、传统以及操作方法等。通过全面的入职向导，旨在建立员工对公司的忠诚。离开日本，日本饭店公司在他们认为流动率过高的地方，如美国，也许不会采用这一套聘用策略了。

曼谷的东方大饭店也采取了一种非常规的方式对员工进行入职向导。新员工被带到一个佛教寺院隐居。依据饭店以人为本和饭店由员工组成，为顾客服务的基本理念，隐居形式的入职向导是为了新职员形成对人、生活和他们所处的社区的整体态度。这种入职向导意在影响新员工的核心信仰，而不是通过更普遍的照本宣科的入职向导计划从表面上影响他们。

不同文化对服务的态度

深植于文化其中的对饭店服务之态度影响着饭店人力资源管理的诸多方面。在对新雇员的入职向导过程中，需要对这些态度加以重视。

在世界很多地区，对从事饭店业工作是不是一个理想职业，人们一直持怀疑态度，或反应不一。对这一行业的偏见即使在迫切需要就业机会的发展中国家，也都是司空见惯的。这个问题常常涉及对"服务"和"劳役"缺乏清晰的区分。比如关岛的夏莫罗人对为外国游客提供服务不存在任何心理障碍，但对接待本地居民感受就不同了。照料游客被视为是提供服务，而接待本地居民则被视为是在做劳役。

再举例说，在以色列，服务工作不是大部分就业者喜欢的追求目标，这一情况在该国饭店业已经是老生常谈的问题。很多以色列父母宁愿让自己的孩子待在家中无所事事，也不愿让他们去当侍应生或客房服务员。但是，随着越来越多国家推出卓越的饭店与旅游培训计划，其中许多得到国际组织的资助，如著名的国际劳工组织和世界旅游组织，毫无疑问，对从事饭店业所持的消极态度也必然发生转变。

饭店业的全球性

不同的接待传统源于不同的文化，虽然不同的文化对接待可能有不同的表达方式，但真诚的欢迎却是共有的。对文化敏感的管理者会把发掘款待风俗和传统当成他或她分内的工作，以便在入职向导和培训中强化它们，并将其变成行为准则和价值观念。例如在夏威夷，在社区当中存在夏威夷文化价值观的复兴现象，眼光敏锐的饭店管理者就会聘用称职的夏威夷人担当训导师，把这些价值观传授给本地和非本地员工。文化培训不仅作为一种提高夏威夷传统中服务水平的手段，同时能够帮助本地雇员重新发现其自身文化遗产的非凡价值，并促进非本地雇员首次了解夏威夷文化的丰富内涵与独特魅力。

服务经历是一种社会经历，因为它涉及人与人之间的互动与沟通。互动的性质由互动各方的文化背景来决定，饭店业主和顾客双方如何看待服务需求、他们采用何种沟通方式、他们所珍视的东西是什么，以及他们如何向对方做出回应等都是由文化决定的。饭店工作者在提供服务时，身上带着本民族或种族文化以及他们所代表的饭店文化的深深烙印，而顾客也将其"文化行李"带到这一经历中，他们按照自身文化评判做出期望和反应。拥有大批国际客人的饭店，在进行饭店入职向导时应该向雇员灌输这方面的知识和常识。

多元化文化环境中的培训

饭店业面临的越来越大的挑战是培训员工与那些认识事物方式、思维和行为模式与自身不同的客人进行沟通的能力。对管理者而言，在员工中培养对国际游客特殊需求的敏感性至关重要，而对许多饭店员工来说，应付外国客人会让他们窘迫不安，陌生的语言、习俗甚至相貌都会让人感到别扭。于是有些职工不是付出加倍的努力来服务好顾客，而是将这一任务转嫁到其他那些在这种情况下不感觉如此受威胁的员工身上。与饭店员工的日常接触应该让外国游客舒适愉快，因为大多数外国客人来到陌生的国土已经多少感到有些无助了。饭店要想维持高水平的服务，就需要对员工进行额外培训使之学会如何为文化背景不同的客人服务。

员工的跨文化培训涉及如何对待国际客人的若干问题，开展这种培训的理由在于，大多数员工尽管有良好的意愿，但超出自身的文化之后就难以行使职责。培训可以教会这些人如何在不同文化环境中有效工作，如何培养与文化背景不同的人互动的技巧，以及如何为来自不同文化环境的人提供恰如其分的服务。

经验显示，一国开发的一般性培训计划通常到了国外就失效了。如果培训项目缺乏文化针对性，受训者或许会觉得很有趣，但与工作却毫无关系。要使培训收到效果，使用的培训技术必须对成员或主动或被动参与的需求、或简短或详尽的讲述以及培训过程中的其他变数做出敏感反应。

要在国外开发一项成功的培训计划，建议采取四步策略，它们是：

第一步，分析情况。所有培训计划的第一步都是在综合考虑了当地劳工队伍的教育水平和饭店业受训水平、外语能力、从业经验和总体能力工作之后，决定需要培训什么样的技能。必须审视文化风格对工作行为的影响。然后根据员工能力与工作标准之间的差距，以及培训所需资源来确定培训的内容。

第二步，考虑培训的备选方案。这一步需要确定以下几个方面，如饭店公司内部有哪些可以利用的培训资源？公司是否具备既有所需技术或职业技能，又有能力进行跨文化培训的专人或临时队伍？公司能够提供什么样的适合当地需要的培训材料和帮助？是否能够通过让受训者在公司下属饭店中获得动手经验而使培训更加成功？有没有上层的对实习的支持？饭店是否赞助或与一家合格的当地机构或更驰名的外国饭店机构联合赞助店内培训计划？每项备选方案的成本和收益是多少？

第三步，使训导师准备就绪。知识的成功转移取决于教员与受训人之间建立融洽关系和进行有效沟通的能力。有的训导师经过跨文化培训可以做到以上两点。训导师应当尽可能多地了解受训人在技术、文化和组织方面的背景，应该对文化有深刻的理解，并且应能辨别和转变自身带到培训环境中的文化偏见。如果训导师与受训人之间的文化差异太大的话就需要有中间人的介入，但这样做的代价是会失去良好的人际关系。一般而言，进行日常和连续培训的训导师最好是具有与受训人相同文化背景的人。在有些时候，最有效的培训办法是挑选一个具备所需技术的当地员工并提供给他专门的培训知识，而在另一些时候，当然也要视所处的国家而定，受训人可能对一个外籍训导师更为尊重。

第四步，使受训人准备就绪。应该将加入培训计划第一机会尽可能给予当地雇员，尤其是在进行管理培训的时候。雇员应当事先了解培训价值，而不至于视培训为表现欠佳时遭受的惩罚。如果会有外文阅读资料（比如常有培训资料用英文写成这种情况），这些资料就应提前分发下去，以便让受训人能早做准备。当培训出现要选择部分人员参加（如举行管理研讨会），而雇员全都明白这种培训的重要性，在这种情况下，管理人员就应做好准备向员工解释清楚选择候选人的程序，并确定出哪些培训机会可以提供给那些没有被包括进来的人。

督 导

在跨文化环境中或国外环境中督导雇员工作要求管理者对由文化决定的工作行为具有敏感性，它还要求接受或至少理解员工工作的种种做法，这些做法已存在多年，受到一个国家历史、宗教和政治环境的深刻影响。督导工作中有可能受文化差异影响的三个方面分别是激励、制定决策和与人沟通，包括有效聆听的能力。

激励与生产力

管理者如果要有效地激励雇员，他们就必须了解当地的"工作伦理"。比如在日本，人们与其为之工作的公司紧密联系在一起，他们的注意力和精力也都集中在公司身上，公司的生活就是他们的个人生活。与职业导向而非公司导向的美国人相比，日本人对公司的情况更为熟悉，他们很容易跨出自己的工作范围去助同事一臂之力。shikomu 这种做法要求工人通过轮换培训熟悉所有工作，并使公司价值观内化为自身的一部分，这样一来，员工之间的合作大大增强。

饭店管理者在设法促使来自另一文化的工人努力工作时，需要了解物质财富的价值。典型的美国公司往往采用金钱或与金钱有关的奖励来激励员工，而日本人则可能习惯受信息共享、入会和其他金钱以外的方式的驱使。另外，在雇员及其家庭的基本要求尚未得到满足的发展中国家，金钱仍然起到有力的激励作用。的确，在许多国家，人们更偏爱得到金钱而不是得到声誉。

作为激励的竞争　尽管在西方文化中，个人在工作场合表现出的首创性和竞争性受到高度推崇，但在其他文化中，他们往往不会受到同样的赞赏。这个问题与其说是关乎首创性超凡能力的问题，不如说是富有进攻性和公开竞争问题。在许多亚洲国家，人们视合作为一种美德，而不赞同公开的个人竞争。在这些国家里，工作场合的公开竞争意味着人人都会遭到失败，因为它在一个珍视团队工作胜过个人成就的环境中造就出成功者和失败者。

由于日本和中国的管理方式都强调在部门成员中建立合作关系，管理者往往会设法通过树立榜样来激励员工努力工作。如果有一人不如其他人能力强，管理者可能会花更多的时间对其进行指导，还可能派一个能胜任此工作的同伴做其师傅。如果某个工人不够勤奋，管理者会很巧妙地利用同事压力使该人转变态度。由于整个小组对其所有成员的表现好坏都负有责任，因此一个员工的偷懒行为会招致所有成员的恼怒。

拉丁美洲人干工作的动机不是为了整个公司，而是为了某个人。人际关系在这里更加个人化。管理者只有通过有效地利用个人影响力和小组各成员的工作来获得绩效。如果拉美员工对他们的管理者或督导者有好感的话，他们会对这个人忠心耿耿并竭力不让他或她丢脸。反之，如果他们不喜欢自己的督导，他们会不顾公司利益而在工作中表现出一些不良的行为来。

在瑞典，金钱奖励不如提供到度假村旅游的带薪假期更有激励效力。而对法国人而言，生活质量是最为重要的。法国人很重视自己的自由时间和假期，他们一般抵制加班，而且拥有世界上最长假期——根据法律规定每年至少五周休假时间。德国人也在向这个方向迈进，不过法国工人和德国工人都享有高效率和注重工作质量的美名。

工作时间 世界各国的工作时间各不相同（表 10-1）。大多数工业化国家中，正常的工作周是 40 小时左右（法国每周工作时间最少，只有 35 小时）。在新兴国家（例如印度，一周六天工作依然是常态）中，平均一周工作时间可能是 48 小时。对跨国饭店管理者来说，了解在所在国作为激励的金钱、时间、社会地位和假期等变数之间的相对重要性是很必要的。同时还要认识到的重要一点是在有些国家，尽管各公司都有自己的政策，但工作时间、年休假、病假以及诸如此类都是由法律规定的，并且深受盛行的商业做法的影响。

表 10-1　全球各国工作时数与休假情况

国家	每周正常多余时间（小时）	公共假期（天）
澳大利亚	38～46	不同地区或行业天数不同，最少 9 天
巴西	44（最多）	10
中国	40	11
捷克共和国	40	11
法国	35	10
德国	38	9～13（不同省区各有不同）
印度	48（最多）	8～10
意大利	40	11
日本	40	15
墨西哥	40	8
南非	45（最多）	12
阿拉伯联合酋长国	48（最多）	9
英国	48（最多）	8
美国	40	10

激励计划和奖励 在制订激励和奖励计划时，需要体现对文化的敏感性。在美国能起到激励作用的适宜计划到了国外可能会产生不同的结果。在美国，依据绩效赋予报酬的做法来自民权法的规定和确定报酬级差时为做到公正而付出的努力。但是这一制度可能对不习惯这种思考方式的外国雇员提出了过高的要求。在有些国家，

将绩效与奖酬绑在一起就好比父母在执行一套依据每个家庭成员对家庭收入的贡献分别进行喂养的制度一样。在倾向于集体主义的社会中，适用于家庭成员的准则也适用于就业员工。在另外一些国家，工人的奖酬可能是有限的。比如在苏联，奖金是很常见的，它根据一定的工资比例发放。但金钱并不能进行有效的激励，因为事实上，用钱什么东西都买不到。相反，对西方货品的极度渴望使得获取西方进口产品成了更有力的激励。

根据其表达方式不同，赞赏也可以成为一个有效的激励手段。在中国台湾省，最令人渴求的回报就是上司的认可。现金形式的奖金由董事会发放，但各部门为得到高层管理者在年度庆典上的公开赞扬而互相竞争。尽管中国内地已逐渐引进了新的奖励与激励计划，但是员工对获得集体奖励像部门或单位生产奖会倍感舒心。中国的饭店经营者用一种浮动工资制进行了实验，该制度用奖金的形式奖励突出的工作业绩。他们还实行利用海外培训对优秀绩效进行奖励的计划，通常被派往国外的某家饭店。

对于拥有众多西班牙雇员的美国饭店来说，传统的激励计划可能需要做出调整，或者需要制订多种多样的选择性激励计划。举例来说，西班牙雇员有机会赢得一次奖励旅游，但如果不能带孩子的话，这些人可能也不会因此受到鼓舞，因为他们的文化认为能够与家人团聚是十分重要的。由此看来，对饭店管理者的挑战是如何将恰当的奖酬形式与每个文化的价值观有效地结合在一起。

决策制定

近年来，有关管理方式和决策制定方面产生了大量的成果。20 世纪 80 年代和 90 年代初产生了很多对美日管理方式的比较研究。由于日本那些年在为国际市场提供优质产品和服务方面的成功表现，人们开始重新审视美国的管理与决策体系，并对其提出质疑。在许多学院和大学的课堂上，越来越多的人在讲授将两种体制结合起来的最优方法。在英国、法国和德国，传统的管理理论也得到深入研究，这些理论均是管理类教科书中的经典。目前缺乏的是对西方国家和日本以外的各国文化管理体制的深入研究。

决策制定与管理之间是盘根错节的关系。事实上有一种思想流派提出"依据决策进行管理"，意思是真正的管理者是一个决策制定者，或者更确切地说，是一个非凡决策的制定者。正如管理受文化影响一样，决策和决策程序本身也带有一定的文化偏见。

美国的决策制定　在美国，盛行的商业做法是鼓励管理者为其经营承担个人责任，高层管理者的报酬所得远远高于其他国家，结果往往导致员工参与决策程度十分有限。由于直接责任通常是构成管理责任的一部分，督导人员发号施令，然后由雇员执行。这种被称为"自上而下"的决策体系能够提升管理绩效，并保证迅速灵活的决策制定，但是它将公司的成败只系于几个关键人物的才智之上。在过去的几十年中，越来越多的企业和组织采纳了新的管理思想和实践（比如全面质量管理），以便将所有雇员的贡献都包括在内。

日本的决策制定　在日本，最常见的是自下而上制定决策的方法，它采用集体负责原则。高层管理者可能只给部门提供很笼统的指导方针，然后期望该部门依据这些方针设定目标，制定目标赖以实现的策略。之后部门的关键负责人会向其直线雇员寻求提高或达到欲求目标的最佳方法的建议，但最终决定权仍然在高层管理者手中。日本人认为把尽可能多的雇员牵涉进来的做法能够提高员工对公司的忠诚度和受激励程度，并且有助于确保拟议中的决策不会漏掉任何方面，这一方法还确保那些受到决策影响的人充分了解它的原则和内容。在日本公司，赋予雇员解决问题的权限十分平常，人们甚至期望得到授权。

日本的决策制定过程比其他任何地方都长，这是因为它必须在得到所有行政人员的认可之后才能被批准。征得一致意见延缓了决策速度，但却使之更为完善，这样它一旦被制定出来，就能够很快得以实施，而且雇员很少迷失方向。

其他国家的决策制定　肩负国外使命的驻外管理者常常惊奇地发现，即使日常决策的制定权也要经过多次审批。在很多地方，对公司的主宰仍旧来自上层领导者。即便有公司做出过把决策权授予雇员的努力，但雇员仍旧习惯征求领导的同意。

法国、意大利和德国的管理者愿意相信，要获得足够的工作绩效需要牢牢掌握手中的权力，而且指挥比劝服更让人有声望。在南亚和南美，手中掌权的人相信雇员想要的是一个发布命令的强有力的管理者，同时传统上工人不对管理者的行为提出质疑。英国殖民地的为民服务的文化传统强调决策制定权的分散性，但分权制的理想经常与各国的等级制度发生冲突，在这种制度下，行政人员和其他领导清一色都是声名显赫的学校和大学的产物。尽管英国的学校培养并珍视民主的信念，但其实际的管理却倾向官僚体制，而且制定决策依然是管理人员的特权。⑤

在非洲和阿拉伯国家，行政人员在制定决策时有着很强的与人协商的传统，在重大事情上有时还要咨询有权势的家庭或社区中的年长者。人们只采用协商的办法，共同决策或授权的办法几乎不用。阿拉伯人更喜欢一对一的咨询方式，他们不喜欢委员会和小组会议，而且通常以一种非正式和非结构性的方式制定决策。

对于想在缺乏民主文化的国家推行参与式管理的饭店管理者来说，可能需要开展大量的传授与指导工作。另一种办法是调整自己的管理方式以适应东道国的通行做法。改变根深蒂固的习俗要花费大量时间，期间管理者不得不应付混乱状况和紧张局面。如果管理者的努力被外国员工视为无知或软弱的话，他们可能会完全不把管理者放在眼里。

沟通

聆听的艺术　聆听是身处多元文化环境中的管理者进行沟通的一个重要的方面。它不仅仅是指学习该国语言，还意味着培养管理者不仅准确听懂对方的讲话，而且理解说话人本身的能力和敏感性。管理人员每天花更多的时间去听，而非其他沟通活动。如果聆听存在困难，再增加上跨文化层面障碍，沟通失误便不难理解了。不过当管理者做不到聆听时，雇员就不愿再开口讲话。这样的环境会引发员工流动增加、工作满意度降低、雇员承诺和参与的减少。

造成众多误解的原因首先是说话人讲的话从来没有被人正确听取过。在嘈杂的厨房里、在忙碌的前台后、在拥挤的大厅里，要听到哪个人讲的话原本就十分不易，而当说话人用的不是母语时，问题就难上加难了。

重复说话人的原句是确保信息正确领会的有效办法。具备良好聆听技能的管理者也很留心非语言的交流。尽管在某个国家直接的目光接触可能显示出兴趣和关注，但在另一个国家却会被理解为威胁或不敬。用非语言形式表达感情的程度在不同文化背景下有很大差异。

管理者必须有目的地努力去听，并且从说话人的角度去了解事情和问题。只有这样，管理者才能做到鼓励雇员与上级交流、参与制定决策，并与同事进行合作。因此，创造相互信任和信息分享的环境成为管理的关键职能。

语言差异　在饭店业大量使用移民或进口劳动力的地区，职员当中的语言差异尤其会增大管理难度，饭店处理语言问题的策略包括从消除雇员学习东道国语言的需要（通过把具体某些民族团体集中到一个部门或提供翻译的办法）到帮助雇员学习东道国的语言不等。

有时，翻译人员被用来帮助进行面试、向新雇员进行入职向导和培训，以及开展绩效评估等。有的饭店提供翻译过的岗位职责、员工手册、入职向导材料以及培训手册等。教授外籍员工本国语言的工作包括从教给他们正确服务顾客所需一些基本表达法到实行全面的第二外语培训计划不一而足。管理者和雇员双方都必须具有强烈的责任感才能保证后者取得成功。

报酬与福利

无论在什么地方，饭店财务报告中最昂贵的一项毫无例外总是有关工资和福利的开支。根据德勒提供的全球酒店基准年度盈利能力调查，欧洲的薪酬开支最高，占到总收入的 34%。饭店工资及相关支出在中东为总收入的 18%，而在亚洲的数据为总收入的 28%。[6]

在很大程度上，工资成本反映了一个国家的经济发展水平、生活水平、税务结构、法律规定的员工福利以及产业的传统做法，但劳动力成本同时还反映出各个国家劳动力市场的供求水平。比如东亚和东南亚一些新兴工业化国家出现的劳动力供应的缩减已导致人员"瓶颈"或挖墙脚现象，急于留住熟练雇员的饭店其工资水平急剧上涨。工资上涨尽管对雇员有利，但它会导致房价上调，其结果是降低了饭店的竞争力。由于饭店业的投资决策一部分取决于作为变量的劳动力，因此高额的劳动力成本和不健康的劳动力市场就成为新项目或拓展计划吸引投资的障碍。

饭店福利计划的制订和实施不仅应当遵守所有的法律和纳税义务，还必须满足雇员的需要及饭店吸引和留住优秀员工的需要。国际饭店业中雇员的工资组合内容不尽相同，但它通常包括基本小时工资、支付非社会性员工的加班费、服务费（采用该政策）、小费以及非工资性福利如住房和食物补贴。是否有工会、工会力量强弱、通行商业做法等会对工资组合产生极大影响。

例如，日本的饭店公司分别在 6 月和 12 月给其员工发放一份半年的奖金。这两份奖金加起来相当于 2～6 个月的工资总和，这项奖金最初被看作一种利润分享计划，但现在已成为报酬的标准组成部分。由于该项奖金是员工料想之中的，而且发放时不带任何歧视（奖金数额经常是预先商定的），因此对提高生产力或工作质量没有什么激励价值。日本的其他常见福利包括发给雇员的乘车通行证，提供给雇员家属的全面医疗保健计划，结婚与生育津贴，购房资金资助，有时为年轻雇员提供的免费宿舍式公寓，以及为上早晚班雇员避免凌晨交通问题而提供的店内住宿等。日本的做法正在成为中国香港和亚洲其他兴盛城市效仿的一种潮流。

退休金方案也会反映出政府的公共政策所起的不同作用。比如在欧洲南部国家，人们期望退休金被定为工资的 40%，而在北欧国家，退休金大约是工资的 85%。总体上饭店的工资组合包括基本工资、带薪假期、探亲假、饭食、补助等，外加工资所得税和政府硬性收费，这些都需要得到业主、经营者，尤其是工资管理者的充分了解。所有这些工资性或非工资性项目在制订国外工资和有关人事费用计划时都必须纳入考虑之列。

中国的薪酬法律和政策由 1978 年前经济未改革阶段演化而来。那个时期的工资水平都是由政府决定的。1993 年后，随着中国市场进一步开放，中国政府对薪酬的决定性作用减弱了。中国的工资水平和薪酬组合现在主要是由市场的供需力量决定的。在大多数情况下，市政府和省政府会规定按小时领工资的员工最低工资水平。尽管中国私营部门中饭店的报酬体系是先进的，而且包含与西方一般的饭店相当的项目和福利，国有饭店仍然有"铁饭碗"体系的影子。在大多数国有企业中，虽然工资水平不高，但是福利却很高，包括免费住房和终身医疗补偿等。

国际劳动组织最近的出版物调查了 103 个国家的年假和休假制度，1/3 接受调查的国家提供 24 ~ 26 天的带薪休假。在工业化国家，年假在日本少的只有 10 天，而丹麦、芬兰和法国高达 30 天。澳大利亚和美国没有全国统一的限制。中欧和东欧的休假政策则高度统一为 24 天。非洲大陆的休假制度差异更大，尼日利亚只有 6 天带薪休假，而阿尔及利亚却有 30 天。拉美国家也有相似的制度差异。亚洲国家的度假制度最严格，最多不超过 15 天。[7]

工会与工会主义

在大多数国家，饭店业中的工会组织尚未形成一股重要力量，其中的原因包括饭店业的分散性，员工高流动率，以及有些国家大量使用移民担任初级职务等。在大多数国家，饭店职工长久以来就因其工作性质和非社会性工作时间被孤立于劳工运动的主流之外。此外在很多国家存在这样一种看法，认为服务的理念和传统的工会联合主义不能完全共存，后者建立在生产制造品的自豪感和对工人劳动成果的高度社会尊重之上。

接受小费和对食宿予以补助也阻碍了工会在饭店业中的成长，原因是它们抹去了员工团结一致的这种感受，而且增加了对工会可能断绝这一收入来源而代之以协商后的整体工资额的恐惧。整体工资额还会令饭店职工缴纳更高的所得税。因此，强调基础工资和传统上与集体商讨相结合的正规程序可能会被饭店职工视为倒退行为。

各国工会主义的比较研究

下列有关英国、日本、中国和其他地方饭店业工会的例子表明工会对饭店运营环境产生影响的范围，但是通常饭店业中的任何工会或劳工问题也会受到文化的影响。驻外饭店管理者如果对所处国社会的文化模式反应不敏感的话，就无法在劳工管理方面取得任何进展。

英国　在英国，许多饭店职工想到工会活动时，自然联想到工资总额会被扣除一部分钱或者对工资总额发放的种种限制，而不是想到它改进的地方。情况的确是这样，尽管饭店和饮食业工会 (HCWU) 在全方位和在工作条件上已力图做出一些改善。很多"核心"职工（其就业情况相对稳定，而且由于其专业技能、可靠性和工作年限，他们的工作对饭店的顺利运作至关重要）倾向于对作为工会成员所获得的好处产生怀疑，"外围职工"或称非正式职工的就业状况却不是太稳定，因此更倾向于支持工会主义的理论。[8]

日本　每到春天，日本都有一个称为"shunto（春斗）"的活动，意思是"春季对提高工资发出攻势"。商讨开始时，各行业的工会联盟都要提出本年的工资要求。之后日本雇主协会联盟会发表一篇经济预测报告，报告中通常指出雇主无法满足那些工资要求，并且建议将工资增长幅度与生产力水平的提高相一致。某个先导产业的工会一般就上述方面问题商讨出一个折中的工资增长额，其他行业依法炮制，而更庞大的非工会劳工队伍则紧随其后（日本劳工中只有约 27% 为工会会员）。工资问题一直是这些谈判中的核心问题。自日本经历了 20 世纪 80 年代和 90 年代初期的经济高速增长期后已经进入了经济衰退，而且工会这些年不断没落，春斗的价值和与之相连的工资上涨已经受到威胁。近年来强调的重点是保护现行的工资结构和工作。

越来越多的日本工人开始担心生活质量问题。政府也在设法提高生活质量方面起了一个带头作用，它要求一些办公室周日停止办公，并试图让大公司也依此行事，政府还想把周标准工时由目前的 48 小时逐步减少到 40 小时。[9]

韩国　在过去，如果工人罢工来要求增加工资的话，韩国政府会召集警察出面干预。然而现在，政府再也不会采取这种方式了，韩国劳动力的工会组织化程度也越来越高。韩国的工会是由公司而不是行业组织的；与美国的工会（例如全美汽车工人联合会）不同，每家韩国公司或集团都有自己的工会。被有工会组织的公司所有或管理的饭店的员工被要求加入公司的工会。然而，由于这些工会是由制造部门的员工控制的，从属于这些工会的饭店员工的问题就不太可能得到解决。

由于工会领导人一直以来既无法控制其成员又没有与管理层进行有效的谈判，因此人们对工会地位如何演变一直处于观望之中。[⑩]

中国　中国代表全国工会的主管部门是中华全国总工会。在中国，工会是在中国共产党领导下自愿加入形成的工人阶级组织。工会是根据行业（每个确定的工作岗位都有一个工会）和地理位置组织起来的。在中国，工会的设立是出于三个主要目的。第一，他们通过教育员工学习管理制度和交流员工意见以方便管理而充当了经理和员工之间的媒介。第二，他们可以作为一个培训学校，对员工实施思想、技术和文化项目教育。第三，他们可以帮助员工解决与管理层之间就薪酬福利相关问题产生的纠纷、员工被解雇之后帮他们找到工作，以及在员工失业期间为他们的家庭提供支持，从而提升员工福利。

中国的工会在企业中起着特殊作用，它们控制着某些方面的雇员关系和福利的发放。派驻中国的管理者需要将工会视为管理的一个辅助工具，同时也是负责个人需求与员工福利问题的一个组织。[⑪]

德国　过去 30 年间，德国工会的地位直线下降。今天，只有 20% 的员工还是工会的成员；德国工会联合会是八个德国工会的联盟组织，在 14 年里流失了 40% 的会员。工会的衰落部分是由于很多其他国家的工会同样遇到的外部压力（如全球化和不断变化的国内人口信息）。德国的再度统一也对工会产生了影响，由于有了东部低成本的劳动力，工会不得不就工资和工时问题向管理层做出让步。反罢工法也削弱了工会讨价还价的力量。[⑫]

人力资源开发

人力资源开发无论对在国内还是国外环境中经营饭店业，基本上大同小异。不管饭店位居何处，均要求在绩效标准、岗位职责以及对事业发展与人力资源规划等方面做出相同的努力。但就个体而言，各国可能都有其独特的方法。比如，在有些文化下，员工可能觉得对上司的意见提出异议是不合时宜的，而有些管理者可能把员工的沉默理解为同意，但实际情况并非如此。饭店管理层在处理绩效评估事宜时（还包括采取任何必需的维持纪律行动或纠错行为），必须清楚东道国惯用的一些做法。如果评估要起到帮助雇员改正错误的作用的话，人力资源开发就离不开纪律和纠错行为这两个首当其冲的敏感问题。

绩效评估

绩效评估的运用既表明绩效的重要性，同时也反映出它是可以被客观地加以衡量和鉴定的。美国对绩效评定的使用有着强烈的美国文化特征。评定涉及一个资料库，该资料库经过客观的审定、量化记录并且永久保存在雇员的档案中。在年度评估中，他们还利用目标和行为标准对被评估者进行测量。该体系当中存在着一些固有的假设。

尽管美国对绩效评估之功效的研究一直没有定论，但评估理论假设，雇员得到的反馈会被他们接受下来，并被用于积极改正或改善以往的绩效。这一论点基于西方文化对人的假定，即人能够控制环境，而且可以改变事情发生的经过。在东方文化中，盛行与西方相反的"天人合一"及宿命论观点。再说把结果直接反馈给员工也没有顾及"留面子"这个对东方文化极为重要的问题。在东方文化中，公开、直接地让雇员面对"失败"会被认为缺乏技巧性。

土耳其和阿拉伯的雇员往往是根据其对上司的忠心而非实际工作表现受到评估；在中国台湾、中国香港、新加坡和韩国，绩效评估也更多地取决于个人关系，这种做法源于儒家管理思想。管理者对其手下而言是家长式的人物，正如父母要对孩子的行为负责一样，管理者也对其雇员的绩效负有责任。当雇员表现不佳时，他们的"父母"同样会受到责备。因此在传承儒家思想的文化中，上司通常不愿写一些严厉的评语。同时像父母一样，雇主也不会抛弃那些工作达不到团队标准的下属。

下面两个例子揭示了两种非西方式的绩效评估方法。

中国台湾省　在台湾省，最常用的评估方法包括定等量表、评语和强制分布。这些方法根植于以集体主义和极大权力距离（第 8 章中已加以论述）为特征的社会文化背景当中。台湾公司中每个部门都被视为一个更大的集体中的家庭，而部门主管则被视为家庭中的父母型人物。部门或"兄弟姐妹"之间的竞争是台湾组织生活中一个微妙然而又强有力的方面。台湾员工的奖金发放往往根据非绩效的标准，比如雇员为养活一大家子人或遭遇到不幸急需收入的需要。现金形式的奖金一般在中国新年到来时发到个人手中，大家十分清楚是基层工作小组和相互合作的部门共同为公司的成功做出了贡献。公司赢利越多，董事会成员奖金就越多。中国人对公平和社会和谐的评判标准可以用这样一个信念来诠释，即没有哪一个雇员单凭自己就能完成一项使命或任务。在这里，人们赞成集体主义而不是个人主义，强调内部的相互依赖性而不是独立性。

在台湾省，绩效评估一般不着眼于将来。公司并不给每位员工订立什么具体的任务或目标。中国的文化被赋予了如此深刻的宿命论，以至于个人主义的思想和个人影响未来的独特本领似乎都变得毫无意义了。

日本 在日本，绩效评估的方法和标准都是主观的，而且它们往往评判的不是成果而是品质特性。人们关注更多的是一个人的诚实、道德、忠诚和合作精神，而不是实际的绩效。在日本，评估进行的次数更多，而且大多在私下进行。评估结果很少被记录在案。评估往往是定性的，同时除评估之外，还趋向于激励和塑造可取的行为。尽管美国体制将绩效评估用作激励员工为金钱和事业而努力的源泉，而且做不出成绩可能最终导致被解雇，日本体制却允许其雇员凭借年龄和资历在工资阶梯上攀升。日本的服务业习惯沿袭其他产业的模式，也就是说，招聘新的高中和大学毕业生，提供针对性饭店培训，并逐步对他们予以晋升。由于晋升主要反映了时间的进程，因而年龄和级别通常是一致的。在日本饭店中，行政管理人员中很少有在50岁之前就升到高层管理队伍，而要找到一位效忠不同公司往上爬的行政管理人员就更难了。

纠错行动

依据西方管理理论，雇员应当把批评作为宝贵的反馈接受下来。假如以为其他国家的雇员也会同样接受这种批评的话，那就大错特错了。对阿拉伯人、非洲人、亚洲人和拉丁美洲人而言，维护尊严是最重要的价值观。那些失去自尊或不被他人尊重的人会给自己和家人带来耻辱。雇员不能容忍公开批评，甚至到了会联合起来对抗批评员工的管理者的程度，要么干脆放弃这份工作。而在有工会存在的工作环境中，雇员可能会找到工会诉苦。在国外开展纠错行动时，必须清楚当地通行的做法和适用于这类行动的法律。

解 雇

在国外，要想解雇一个员工，可以说是非常困难的。以由于某种理由和企业状况为由解雇或暂时解雇员工的美国式做法，在几乎所有其他国家看来都是有违仁道思想的。很多国家的工人都受到强有力的劳动法和工会章程的保护，不了解这一点的饭店管理者除了会有使其饭店作为就业场所的声誉受到损害的风险之外，还要冒花费巨资打官司和受处罚的风险。比如，墨西哥的一项劳动法就规定工人（利益）

受到全面保护,或许在经过为期30天的审判之后,他们事实上就成了永久性的雇员了;英国法律保护管理人员免遭"丢掉职位"之苦;比利时的劳动法是世界上最强硬的劳动法之一,同时比利时的社会福利也是欧洲最优厚的。

尤其在中国,由于个体为在经济上能生存而对工作单位有很强的依赖性,因此解雇就成为很严重的一步。不了解"砸掉别人饭碗"后果的业主可能会为此教训在政治上付出高昂的代价。假如雇员出了问题,中国人更喜欢教育,就是说,他们想用自己的方式让该员工看到错误,同时通过批评或劝说使其改正错误。在就违纪问题采取任何行动时,必须首先征求工会的意见。

欧洲各国的大部分劳动法禁止公司在经济困难时期让工人下岗的做法。在印度尼西亚,不经过政府漫长的批文过程,工人不能被解雇。业主必须在一年时间内发出三封书面警告信,信中要写明对员工的不满并将报告复印件呈递给劳动部官员。要由一位管理人员面见该员工并提出改进建议,过程中要讲究策略。各国间解约的补偿也有很大差异。

即使在法律没有把雇员绑在业主身上的地方,解雇一个人也可能带来严重的后果。在许多发展中国家,错误解雇一个人可能导致饭店遭到联合抵制,其他员工辞职不干,管理人员甚至还会遭到武力报复。

结论

也许再没有什么比国际人力资源管理更能贴近跨国饭店经营者。如果没有充足的合格员工,经营者将无法维持饭店的运营。员工在面对顾客或他人时的行为表现从某种意义上说是由深受文化背景影响的特定环境因素和价值取向决定的,国际人力资源管理正是试图从一个更广泛的方面讨论员工的管理问题,而不是仅仅局限于研究简单的工作场所或工作需要。它围绕着员工自身文化这条主线来探讨雇员的需要、动机和态度。

由于人力短缺问题长期困扰服务业,因而国际人力资源管理着重探讨如何有效招聘新雇员、留住老雇员、如何培训以及督导等几个方面的问题。在许多国家中,人们在考虑传统的人力来源时,也在寻求非传统的途径。雇主们通过提高工资水平、改善工作条件、克服对服务工作的文化偏见、提供更优和更多的相关培训、用跨文化培训增强督导力度,以及完善激励和奖励制度来降低高流动率。

在多元文化或国外环境中对雇员进行有效管理,需要管理者对建立在文化背景基础上的工作行为具有高度敏感性。来自不同文化背景的雇员通常会对他们的公司、工作、与上司的关系、物质奖励、闲暇时间等方面有着不同的价值观和感受，并且这些方面会影响对他们的激励。同样，文化背景也在管理决策过程中扮演着重要角色。理论上可行的民主决策程序对于一个拘泥于僵化的官僚体制和充满了等级制度的文化环境来说，可能就不适用了。沟通方式也会受文化环境的影响。在一个国家中被认为是开诚布公和坦诚的谈话，对于另一个国家，尤其是这两国还存在语言障碍时，可能会被视为威胁和恐吓。

饭店业的工会尚未成为影响世界饭店就业的重要力量，饭店员工自古以来就被孤立于工业化国家劳工运动的主流之外。然而，在确实有工会存在的饭店中，管理层在开展国际人力资源管理时必须将劳动合同中的条款考虑在内。

人力资源开发问题（围绕绩效评估和纠错行为）也必须从文化的视角予以看待。像美国和许多其他国家对绩效评估进行量化和客观衡量的做法在世界范围内并不普遍。在一些东方国家，绩效评估更多是关系导向，其主观性更强，也不那么直接，从而避免正面冲突的尴尬局面。在这里，关键不在于哪个观点更加正确，而是在一定文化中哪种方式最适合。

各国影响雇员态度和激励其创造良好绩效与行为的因素各不相同，这些差异往往令肩负国外使命的饭店行政官员感到无所适从。生活工作在国外环境中的管理者应该懂得，任何问题都没有绝对的答案。招聘员工、聘用、培训、督导、评估和纪律惩罚可能遵循一些共同的行为逻辑和准则，但它们要真正发挥效能，则必须经受各种文化因素的历练。成功的国际饭店集团从他们的经验中得出，在多元文化环境中最佳方案就是将不同的方法、观点和实践加以调整和整合，这样就产生了一种既与东道国文化密切相关，又保留公司重要标准和传统的跨文化的混合管理风格。

尾注：

① UNWTO Historical Perspective of World Tourism, 2006.

② "Top Ten Issues in the Hospitality Industry for 2007," International Society of Hospitality Consultants' Annual Conference, Miami, Florida, November 2006.

③ Hanqin Qiu Zhang, Ray Pine, and Terry Lam, Tourism and Hotel Development in China: From Political to Economic Success (New York: Haworth Hospitality Press, 2005).

④ Andreas Augustin and Andrew Williamson, The Most Famous Hotels in the World: The Oriental Bangkok (Vienna: The Most Famous Hotels in the World, 2006).

⑤ Lennie Copeland and Lewis Griggs, "Getting the Best from Foreign Employees", Management Review, June 1986, p. 23.

⑥ Ibid. , p.21.

⑦ Hotelbenchmark Annual Profitability Survey, Deloitte, 2006.

⑧ Zhang, Pine, and Lam.

⑨ Working Time Laws: A Global Perspective (Geneva: International Labor Organization, 2005).

⑩ Mark Patton, "The Republic of Korea: Human Resource Management in a Confucian Society," in Sybil M. Hofmann, Colin Johnson, and Michael M. Lefever, eds., International Human Resource Management in the Hospitality Industry (Lansing, Mich.: American Hotel & Lodging Educational Institute, 2000), p. 153.

⑪ Zhao Liangquing, "Human Resource Management in China," in Hofmann, Johnson, and Lefever, p.16.

⑫ Aurelia End, "Small German Union Upstage Larger Peers," Agence France-Presse, October 2, 2007.

主要术语

人工成本比率（Labor Cost to Sales Ratio）：员工比率，计算公式为总成本／总销售额。这一指标有时用于衡量不同国家饭店之间的比较经营优势。

Shikomu：在日本，向员工灌输企业文化、传统、经营方法、价值体系和群体规范的培训，并通过培训和工作轮换使这些价值观得以全球化。

春斗（Shunto）：日语中为"弹性工资攻势"，有工会组织的领头公司同意接受某种工资方式，然后其他有工会或无工会的公司进行跟随的一年一度的谈判方式。

百间客房员工比（Staffing Ratio per 100 Rooms）：一项员工比率，有时用于衡量不同国家饭店之间的比较经营优势，又称为客房员工比率。

复习题

1. 世界哪些地区正面临人力短缺问题？什么因素影响着各国饭店业的人力供给状况？饭店管理者可以采取哪些措施以降低劳动力短缺产生的影响？

2. 有哪些因素影响了饭店业招聘雇员的水平？

3. 一个公司的员工流动率对公司提供给员工的入职向导类型怎样产生影响？文化态度会对所需的员工入职向导类型产生什么样的影响？

4. 对于涉外饭店而言，为什么需要多元文化培训？应该采取哪些步骤从而确保培训计划的有效性？

5. 文化差异如何影响激励？当一个管理者在制定激励和奖励制度时，为什么说管理者懂得基于文化基础之上的激励是至关重要的？

6. 日本和美国决策制定体系的基本文化特征是什么？它们的体系与其他国家的体系有哪些不同？

7. 在多元化文化环境中，有哪些因素会造成沟通失误？可以采取哪些步骤来减少沟通失误的概率？

8. 为什么在大多数国家中，饭店业的工会并没有形成一股重要力量？

9. 绩效评定的要求中是不是应该包含为将来设定目标？如果是，原因是什么？如果不是，则又为什么？对工人的评估总是依赖于他们的工作表现吗？还有哪些其他因素需要加以考虑？

10. 在有关解雇员工问题上，为什么说了解东道国的观点是很重要的？如果一个管理者没有考虑到这一观点而贸然解雇员工时，会引发哪些问题？

第四部分

国际饭店运营

第 11 章

学习目标

1. 掌握并举例说明国际饭店管理者的七项主要职能。

2. 了解组织国际饭店和国内饭店的主要区别，指出企业文化在国际饭店中的角色和影响。

3. 总结影响国际饭店中沟通的文化因素，并了解增强和完善的方法。

4. 了解客人对饭店的文化感知差异，讨论国际饭店客人偏好或需求的服务类型。

5. 总结国际饭店需要面对的协议问题，了解国际商务客人认为重要的饭店要素，并举例说明国际饭店提供的特别商务服务。

6. 了解国际饭店和国内饭店在会计惯例上的差异，掌握外汇风险概念，并说明其中三种主要类型。

7. 了解采购对国际饭店的重要性，掌握进口或本地采购时应考虑的问题。

8. 总结国际饭店运营中在公用设施、设备维修保养和保安等方面应考虑的因素。

9. 熟悉国际饭店管理者必须掌握的有关法律事务和饭店业主责任，讨论其建立国际饭店法规、国际环境法规和自愿准则方面做出的努力。

11

国际饭店运营中的特别要素

　　很少有商业活动像饭店经营这样令人兴奋和焦虑，因为它们不必天天来计算盈利和亏损。饭店管理者们每天都面临着各种各样的挑战，包括实现预期收入，控制成本，激励雇员达到最佳绩效，努力使宾客满意等。如果说国内饭店在这方面的要求已经十分苛刻，那么由跨国公司经营的国外饭店则远甚于此。就像他在国内一样，一位派驻国外饭店的管理者必须扮演不同的角色：对于客人来说，他是服务的提供者；对于员工来说，他是伦理的构建者；对于饭店来说，他是公司的象征；此外，他还是销售人员、会计师、战略规划的制订者和组织实施者。但是，一个国外或国际饭店的管理者还必须在为数众多的约束下——政治的、文化的和财务的——开展经营，并处理好国内经理不会遇到的与业主及其代理人、政府官员、社团领袖、本地供应商、当地和外籍员工、国内及国际的服务分销商或购买者之间的关系。国际饭店管理者的职能活动，诸如对客服务、采购、资产管理、保安和会计之类同样需要特殊的知识。

　　那么，成功管理一家国际饭店需要哪些知识领域或技能呢？在本章中，我们将深入研究诸如沟通与服务及选定的有关会计、采购、设施管理和法律事务等领域。与国内饭店相比，国际管理在上述方面会面临更为棘手的难题。

饭店活动和管理过程

　　饭店管理工作涵盖众多职责和活动，更不必说在时间上的投入了。这些活动和职责也许可以提炼为"人、设施、产品、服务和盈利"等业主对管理者的期望：组织、雇用和培训称职的人去高效而殷勤地提供服务，饭店建筑和地面一流的维护和保养，高质量的对客服务，新产品开发与销售，能够满足现金流量和投资回报要求的营利性运作。上述这些只是达到令人满意的饭店管理合同的必要条件，而衡量管理者成功的尺度则取决于他能否达到和超越这些条件。

在管理中，时间是一个决定性的因素。饭店产品和服务具有高度易腐性，它需要运用日报来评估每天的收益和约束可控成本。饭店还需要提供每周预测、月度现金流量分析、月度部门分析、月度客史分析、半年或年度投资回报率报告、年度损益表和资产负债表等，用于指导管理活动和经营决策。

所有运用于饭店经营中的管理活动和职能大致可以归纳为以下 7 种（不同管理著作对职能种类表述不尽相同），包括：计划，组织与人事，协调，指导与沟通，控制，评估和代表。以下列举了国际饭店管理者常见的管理活动和职能的大致范围：

第一，计划。

• 目标设定：为了完成饭店的使命，以及满足业主在管理合同中的期望，管理者需要确定目标、目的和项目。

• 收集信息：为了短期和长期的计划以及管理决策的需要，管理者应当收集即时、准确和相关的信息。作为跨国饭店企业的"耳目"，管理者还要及时报告各类偶然事件和可能的发展机会。

• 预测：以每天、每周、每月、每季度和每年或其他期间进行收益评估、员工计划和资源配置的基准为周期，对客房出租率和客流量进行预测。

• 预算：对特定时期的经营年度和年度资本预算做出计划。

• 营销和销售：分析市场趋势，确定目标市场和公平市场份额，拟订相应的促销方案，确定饭店产品线中各个组成部分——客房、餐厅、酒吧、宴会、商务中心等——的销售目标。

• 产品和服务计划：做好产品和服务的创新计划，以开发新的或现存的细分市场，并保持市场竞争中的领先地位。

第二，组织与人事。

• 部门化：以满足饭店运营的需要为出发点对一线和二线部门进行组织，同时根据饭店实际和市场变化，对这些部门进行必要的重新组织。

• 招聘和雇用：寻找、甄别和雇用当地和外籍员工，以填补管理岗位和职工岗位空缺。

• 多元文化下的组织建设：依据员工的素质和能力采取积极行动，而无须考虑其性别、种族、政治倾向和宗教信仰，使之与所在国就业目标和企业的用人目标相一致。

- 报酬管理：保持薪酬计划的公正性和竞争力；计划和实施激励项目；定期评估这些计划在当地饭店行业中所处的水平。
- 员工培训：通过培训提高员工从事其工作的技能和专业水平；进行跨文化培训，以帮助员工更有效地处理与客人及同事之间的关系。
- 管理发展：发展和培训高素质的本地人才，将他们作为候选人，通过提升或调任其他饭店的途径来替代外籍管理人员。发掘新的管理人才，以增加公司高级管理人员的储备。

第三，协调。

- 协调内部事务：每天会商饭店运营管理人员，以协调所有部门的行动并讨论特殊问题；每周会商饭店高级管理人员（饭店高级管理人员一般包括总经理、驻店经理或副总经理、客房和餐饮部经理、销售、人力资源和质量控制部门的负责人），以协调相关政策和经营问题。
- 协调特殊项目：任命特殊项目协调人或者饭店委员会，以便计划和实施饭店的主要工程和项目，如更新改造、扩建、创新、新产品研发等。
- 协调外部事务：向跨国公司地区或总部汇报经营状况，并定期与其会商以协调饭店和公司之间在营销、人事、采购和财务计划方面的政策及行动；协调与兄弟饭店的特殊活动。

第四，指导／沟通。

- 指导：对高级管理人员提供日常指导；通过能够被员工理解、尊重和接受的具有文化适应性的管理风格来领导整个企业。
- 团队建设：鼓励员工之间的合作，共同努力以实现群体的目标（不同文化下难易程度不同）。
- 建立并保持员工的士气：在多元文化背景中为员工创造一种健康的氛围，从而激励员工并提高员工的士气。
- 沟通：利用正式的和非正式的沟通渠道在组织内部相互指导和分享思想，运用跨文化方法来达到提高沟通效果的目的。
- 内部营销：向员工灌输服务的重要性。服务的对象不仅指客人，还包括作为团队绩效一部分的饭店其他员工。

第五，控制。

- 成本控制：控制变动和半变动的人力成本、餐饮成本、运营用品成本、销售和营销成本、管理成本、设备设施维护成本。

- 存货控制：保持客房、餐饮和工程维修等部门的最佳存量水平，使之能够保证日常运营需要，同时避免库存品的损坏变质、过期或者超量库存；准确预测当地和国际市场环境，保证充足的供应。
- 生产控制：控制餐饮数量，避免浪费或是数量不足。
- 质量保证：向饭店员工宣传，争取员工的支持，保证在服务、经营、执行和产出的每一个阶段执行质量标准。
- 内部安全控制：维持安全体系，保护饭店人员及财产安全，防止盗窃和侵占。
- 会计和财务报表：向地区或跨国公司总部提供月度、季度、年度预测或预算报表、市场营销报告、员工计划和企业战略计划。

第六，评估。

- 评估经营统计数据：评估饭店每日、每周或其他时间周期的报告，从而确定为实现目标所要采取的行动。
- 价格：评估本地市场和远程市场的竞争性价格，从而制定一个有竞争性的、公平的价格来保持客房出租率和利润最大化。
- 环境评估：评估竞争及经营环境的变化，利用市场信息系统和 SWOT 分析（优势、劣势、机会、威胁）改变原有的和制定新的战略与战术决策。
- 员工评估：对人力资源方面的优势、劣势、员工个人进步及人力资源发展计划等方面进行衡量。

第七，代表。

- 内部代表：作为饭店的代言人，管理饭店的日常经营活动，处理与内部各利益集团的关系。例如，与饭店业主或是业主代表、员工代表大会或工会的关系；另外，在特殊情况下，还需要处理与政治官员[①]的关系。
- 外部代表：作为饭店的代言人处理与外部各利益集团的关系，例如，与政府官员、社区居民、金融机构、供应商、旅行社、客人及一般公众的关系。
- 外部销售：代表饭店参加贸易展销会，拜访主要客户，直接与主要的批发商或零售商接洽。

在许多国家，国际饭店管理中的实际状况和应该怎样管理以保证饭店长期成功之间存在较大的差距。在发达国家中，饭店的外部环境比较稳定，饭店经理人员主要负责日常经营活动。而在发展中国家，饭店经理将不得不去面对环境的许多不确定性因素。

在发展中国家，不管制定多么科学的日常管理规范，饭店经理的日常管理行为都可能受到一些偶发事件的干扰。例如，城市电力短缺导致饭店停电，设备设施的低效率，空调或是冰箱的经常性故障，超负荷的通信系统，人事问题——麻烦的劳资关系、对社会主义国家员工的"正确的政治导向"、熟练工人的长期缺乏，等等。这些问题使"救火"或危机管理成为主要模式，它使饭店管理者无暇顾及其他对经营活动起决定作用的战略问题，诸如人力资源开发、饭店新产品和服务开发、营销及财务管理等。

组织国际饭店

组织机构图是用于描述组织内部主要的、正式的结构关系的一种常用工具，组织结构中的一些重要方面都可以在组织图上反映出来，包括组织内的命令链，个体和群体的责任分配，以及如何通过不同职能、专业化、传统、过程、地点和时间等要素进行工作安排。

在国际性饭店中确定组织结构的重要性如同一个国内运营饭店一样，管理者和员工都需要对权力层级结构及责任分配有一个清晰的了解。在大多数情况下，国际饭店的组织结构与国内饭店并没有什么本质的差别。

在一些社会主义国家，例如在中国，饭店需要聘请一个"政治官员"保证饭店的"政治方向"（指我国企业中实行的是党委领导下的厂长经理负责制）。在一些情况下，政治官员有权否决总经理的决定。在另一些国家，一些特殊的地区需要对员工问题给予特别的关注。例如，在俄罗斯，对饭店安全方面有较高的要求，许多饭店雇用前特工人员来保证饭店的安全性，因为他们擅长此道。在一些盛行精致宴会的亚洲国家，由于宴会部规模较大以及由该部承接的大量业务，使得该部门往往成为一个独立和自主经营的部门。例如，餐饮、宴会、设在店外餐厅的收入可以占一家日本饭店总收益的大约2/3，而客房的收入仅占到1/3，与美国的状况正好相反。

对于连锁饭店，组织结构往往由总公司或地区总部集权或是分权的程度决定，同时也会受到东道国地区文化以及与在该文化下权利关系的影响。

管理国际饭店的企业文化

企业文化是一系列有意识或无意识指导组织行为的预期或基本假设，它是企业创立、历史、传统不断演化的结果,其塑造过程同时受到市场环境、竞争、政府、公司内部组织行为的进一步影响。企业文化被看作是"黏合剂",它使组织中各部分凝聚在一起。企业持久的原则成为企业未来发展方向和行动的"序言"。在国际饭店集团中,单个饭店处于东道国文化和公司企业文化的双重包围之中。企业文化还会受到总经理和其他饭店经理人员管理水平的影响,这些管理层们代表了公司的信念、原则和核心价值。

输出企业文化

企业文化的输出并不是一项简单的工作,即便是拥有优秀企业文化的大型国际连锁饭店集团,其企业文化也并非在所有地方都适用。当一家外国饭店被公司接管时,经营管理者必须根据东道国文化来制定公司政策、体系及行为方式,否则将会导致文化上的冲突。为所有员工提供跨文化的培训可以增强相互适应性,但是并不存在普遍适用的原则。每家饭店都是由具有独特文化的员工构成的,企业组织政策必须建立在由于多样性以及文化差异为饭店创造独特氛围及增加服务特色所带来的优势上。

在国际舞台上大显身手的饭店集团需要在个体饭店层面上保持非僵化的企业文化和战略,从而提高利润、生产力、服务质量和顾客满意度。企业文化必须适应当地的员工和消费者,因为他们的认知、价值观念和态度可能与业已形成的母公司企业文化不相融。

由于国际旅游的增长及劳动力的文化多元性,无论国内还是国际饭店都会受到来自上述方面的挑战。事实上,如果管理得当,多元化的员工构成反而能够带来优势,它有助于提高组织的丰富性、增强员工的革新与创新力以及共同解决问题的能力。这些促进作用来自广泛性的——每个员工都有自己独特的看待问题的视点和角度——而不是仅限于一个小的"文化精英"群体。

为数不少的饭店集团因为缺乏适应性未能成功进入国际市场,尤其是当难以聘用或培养能够理解工作地文化重要性的管理者时,当管理者们不知如何以一种对文化的敏感方式执行公司的政策来协调公司与当地的价值和期望时,或者至少不知如何去避免文化冲突时,这一问题会变得更加严重。

企业文化的影响

成功的国际饭店培育了一种企业文化,它提倡对具有不同期望和观点的员工客观对待客人的文化敏感性，它教导员工以开放的态度对待来自不同地区和不同文化的客人。无论这些客人看上去多么与众不同，对他们必须给予尊重、关注和帮助，而不是试图回避或生硬地回答以缩短服务交往时间。通过支持和维护使人们以各自接受的方式进行交往的企业文化，以及在面对日常经营挑战时对文化加以管理，管理者可以创造出一种积极健康的文化氛围。

企业文化中的愿景和价值观每天都在影响雇主、管理者与员工、员工与员工以及员工与顾客之间的关系。它们影响饭店产品和服务的适应性，以及饭店如何高效地组织利用各种资源。

企业文化也会影响饭店与饭店行业之间的互动。在有些情况下，当东道国饭店的通行运作方式与饭店的企业哲学和原则格格不入时，伦理窘境便产生了。国际饭店管理者在处理这类问题时通常感到自己的伦理信仰受到了严重威胁。友好政府官员、海关工作人员以及其他人员，在有些国家却并不少见，且有助于饭店保证日常运营供应。在一个伦理和宗教等级森严的国家中，它的雇佣体系也反映了这一特征。饭店管理者必须采取与之相适应的体系，尽管他自己并不相信或赞同这一体系。

在有些国家，一些团体被长期剥夺了受教育及就业机会的权利，他们构成了饭店业下层从业人员的主体。在另外一些情况下，这种压制来源于各个国家的宗教等级，许多管理者发现当地处于社会上层的员工欺压下层员工的现象。当一个社会无法废除这种欺压现象时，饭店经理所能做的就是让这种欺压行为控制在可能的最小范围之间，而不至于妨碍饭店运营。不幸的是，并非所有提倡公正的努力都会成功，不过处于不利地位的员工会对经理的这种努力报以感激。同样，饭店经营管理者也应尽力避免参与，或在饭店内准许那些明显地有损当地人民和文化的活动。

如前所述，企业文化也应包括管理者创造的激励员工的环境，那些注重人力资源价值的人会尊重所有员工的观点和思想，并鼓励他们不断完善提高。如果经理不能为员工树立一个共同的愿景，并为他们提供明确的目标和清晰的发展方向，同时创造一种归属感和一个坦诚交流的平台，那么同事群体和非正式领导人便会迅速介入这一空缺领域，而他们的影响可能与管理者的目标并不完全一致。

当在国内运营的饭店雇用本地或不同文化背景的员工时，饭店不应当强求其适应饭店的主流文化或使之感到必须改变自己独特的文化以融入其中。从某种意义上讲，每个人都是自己的主宰，经过适当的培训，每个员工都会对饭店做出自己独特的贡献。

对于一个跨国饭店而言，企业文化需要饭店领导层和人力资源管理部门长期不懈的努力，它要靠管理者、督导者以及关键的员工在日常运营中，通过他们的言语、他们的行为及他们的行为方式来建立、维持并不断加强。他们必须做到言行一致。

在发展中国家和新兴国家中经营饭店的那些来自发达国家的跨国饭店公司可以通过传递一种进步的企业文化而成为这些国家所偏好的雇主。东道国的很多本土饭店公司可能正在实行着不太关注员工和其他组织利益相关者的"一边倒"的管理运营政策。因此，进入这样环境中经营的国际饭店公司可以通过将员工视为宝贵的人力资产理念，制定反映这一想法的企业政策来有效改善管理实践。这样的做法和其他重视组织中其他利益相关者，例如顾客、供应商和当地社区的企业政策，可能为跨国饭店公司带来明显的竞争优势。

当跨国公司进入民族文化与公司企业文化迥然不同的市场时，影响的程度和范围就取决于哪一种文化更强大。在民族文化很微弱的国家，员工更容易受到跨国饭店公司企业文化的影响。然而，在民族文化很强势的国家，正如在很多欧洲国家的情形一样，实行企业文化的尝试会受到阻碍，而且可能会产生后冲力。

公司上层的文化管理

公司上层管理者必须认识到国际饭店集团的运营中涉及一系列新问题，诸如管理者、技术人员和专业人士的跨文化委派、管理多元文化的员工、将不同类型的员工整合到企业文化之中、组织效率、文化背景对顾客及其满意程度的影响以及开发反映民族和国家特征的产品和服务等。

国际性企业要想持续成功，需要具有这样的一个组织结构和平衡视角，它既能在与当地保持适应性，又能与维持公司的哲学、目标、产品质量和"名号"标准相一致。在本土适应性上的一个早期成功的企业典范是"西方国际饭店"，后更名为"威斯汀国际饭店"。在威斯汀饭店管理集团内部的每一成员饭店都拥有统一的质量标准、运营标准、顾客服务标准和员工发展政策等，但同时，每个成员饭店都有自己的使命目标、顾客关系和员工关系准则，从而在卓越基础上建立适合于自身的独特企业文化。

公司总部、地区和饭店决策者必须培养和利用文化协同作用以建立高效的运营体系来满足不同市场的需求。最后的成功建立在对各个企业或现场测量的基础上，因为那里才是顾客的所在地。但是，管理者需要得到高层持续不断的支持和鼓励，以保证实现企业的整体目标。对于一个远离母公司的行政官来说，再没有比除了在接到投诉时外，得不到任何来自总部消息更令人沮丧的了。

国际饭店的沟通管理

饭店的服务开始于人际沟通，沟通可定义成一种信息在社会系统的发送和接收，包括语言的和非语言的方式。这实际上包括所有事情，从客人如何被迎接，到饭店提供服务的方式，再到整个饭店员工之间的沟通方式。国际饭店还面对另外一种特殊挑战，即沟通中还需要跨越文化障碍来传递信息。经理、雇员以及客人都生活在一个由其变动的文化所影响形成的社会、技术和物质环境之中。

在国际饭店中，影响沟通的四种文化因素主要是：

- 提供服务者的文化背景；
- 客人的文化背景；
- 当地的社会文化；
- 饭店集团的合作文化。①

正如下面所解释的那样，所有这些因素都会对服务关系的性质及客人的满意程度产生影响。

提供服务者的文化背景。世界各地的人们都带着各自独特的文化烙印工作着，饭店的员工也不例外。他们对待同事、上级、客人的行为方式由其家庭、学校、教堂或街区处理这些不同关系方式的塑造和影响。就提供服务而言，员工行为也与该文化中对服务含义的理解息息相关。例如，同是亚洲人，中国人和日本人的服务概念是不同的。在中国人的思想里服务就是提供服务；而在日本人的脑海中，表示谦恭的小型仪式是高质量服务中的重要组成部分。此外，沟通服务的方式也会因为雇员和客人的社会距离因素诸如年龄、性别、种族、社会地位的不同而变化。

语言和方言可能成为一种阻碍或增进沟通的工具。当沟通发生在具有不同文化背景的群体时，就不可避免地会产生沟通失误。然而，当一种文化被认识和欣赏时，员工和客人的文化差异则很少导致沟通失误和顾客不满。

客人的文化背景。关于文化对消费行为的影响研究成果汗牛充栋。消费者的选择、看法、经验以及满意程度全部是沟通过程的结果。有多少种文化就有多少种饭店服务概念。外国游客同时也是带着他们充满了期望、价值观、喜好、习惯的文化包袱去旅游。在接待外国客人时饭店经常面临的挑战是，如何将饭店所在地的待客之道同客人的本国传统有机地协调起来。

当地的社会文化。所有国家及人民都有自己的好客之道。花环象征着欢迎和问候（阿洛哈），是夏威夷人传承下来的好客之道。在东方，一杯热茶（表示敬意）也传达了当地人民对到访者的盛情。

在一些地方，文化因素也会对饭店经营者构成障碍。例如在以色列，法律规定饭店从星期五日落到星期六日落的安息日，只能提供有限的服务。还有饭店为外国人组织安息日宗教仪式，表明这一天的重要意义，甚至邀请客人同员工一起庆祝。作为店内促销的一种形式，客人们被邀请参加烛光庆祝仪式和特殊的晚宴。这样一来，本来是一种阻碍因素，却变成了客人新的体验，它不仅表现了饭店的传统，还创造了收益。

客人初次到异地旅游，经常会面临如何才能做到入乡随俗的尴尬。在某些敏感地区（例如一些岛国），首先要对客人进行培训，使之了解当地的文化传统，尽量避免文化失礼。如果外国游客对他人的生活方式一无所知，那么他们无论来自何处，都不可能对当地文化具有敏感性。饭店可以举办关于当地文化传统、风土人情的讲座，以便客人在与当地居民接触之前掌握更多的信息。

饭店集团的企业文化。企业组织的哲学及其成员共享的价值观将会影响饭店和客人之间的沟通质量。对于视服务质量为生命线的饭店集团而言，他们向客人发出的信号显而易见——饭店所有的员工通过他们的语言和形体表明他们希望使客人愉悦的职业风范。正如前文所述，国际饭店管理者要将企业文化与当地文化融合在一起，营造适合于自身的服务文化。

与当地社会的沟通

在一些发展中国家，饭店为了与当地社会保持良好的沟通关系，已经建立了社区智囊团。通过这些组织，饭店的行政人员与当地社会代表协商，就饭店同当地社会的共同关心的问题达成共识，诸如供水、排污、公共交通、为当地提供就业机会、社会赞助活动等。智囊团为饭店经理人员提供了一条与社区沟通的有组织的途径。在一些以度假饭店为就业门路的小型乡村社区，利用这种沟通途径不仅能够在公众中建立良好形象，而且可以减少饭店在发展中与当地社会之间的矛盾。

语言差异

对于竞争激烈的全球饭店业而言，员工掌握多种语言是必备条件。虽然有些外国客人可能会说一些本地话，但他们经常由于害怕被误解而不敢开口。掌握多种语言的员工应该被安排在大堂及其他可视的主要服务区域，一些饭店在主大堂设立礼宾部，或者在问讯处安排掌握多种语言的员工为客人提供信息服务，同时帮助他们拨打商业电话、收取邮件、安排交通及其他服务。

饭店前厅部员工掌握多种语言是非常必需的。大部分直接对客服务的饭店员工应至少掌握一些英语，因为英语实际上已成为国际商业的通用语言。而在以英语为母语的国家中，具有掌握其他外语能力的饭店员工是饭店发展的宝贵财富。在一个国际性饭店中，员工不是来自不同文化，也不具备外语能力是十分罕见的。例如，希尔顿纽约饭店的447名员工一度能说30种不同的外语。

希尔顿饭店集团的成员饭店对掌握外语技能员工指南每半年进行一次汇编，该手册分发到饭店各个部门。这样，一旦国际游客需要帮助时，便会有掌握该语言的员工为其提供服务。该指南根据不同语种列出了掌握该种语言的员工姓名、所在部门、电话分机号及工作时间。其他一些饭店也开发了类似的花名册。此外，在希尔顿，每一名会说一种英语以外语言的员工，胸前都佩戴着该国家的国旗颜色的徽章，以便于客人和其他员工识别。

如果饭店员工不能满足客人某种语言的特殊要求，当地的一些高中、院校和大学外语系的学生也可以应邀前来为旅游团或商务团提供服务。因此，除全职员工外，饭店还设有由外语教师或高年级学生组成的临时礼宾员职位，以备应急之需。这些外语教师通常愿意有此机会来与来自其所教授语言国度的人进行交流，同时他们还可以获得额外收入。

书面翻译 在为外国客人服务时，良好的书面翻译能力也是必不可少的，例如，制作一些针对国际市场的多语言类型的标签、登记表、菜单，它们是饭店运营业务的重要组成部分。掌握多种语言的员工在克服口头沟通障碍方面扮演重要的角色，而训练有素的专业翻译则是进行书面翻译所必需的。尽管雇用专业的翻译人员成本通常很高，而当其翻译不准确、错误或者产生歧义给客人带来不便时，其代价可能更大。书面翻译的需求面非常广泛，内容涉及名菜单、宣传品、名片、员工手册、欢迎信、房间的服务卡、告示、顾客意见征询表、旅游信息、带有方位指示的附近宗教场所手册等。

许多专业的翻译人士擅长翻译别人易忽视的由文化差异所产生的某些语句。如在翻译饭店宣传手册时，他们知道最重要的在于保证信息的简洁，并留心这样的一些细节，如在表示饭店到机场距离时将英里折算为公里，在表示温度方面将华氏折算为摄氏温度，在价目表中用购买者和销售者使用的货币表示。

饭店经理应该避免使用那些"会讲一点点德语"的好心帮倒忙的员工。有这样一个案例：一家饭店为了提升其国际地位，希望用日语为其礼宾部设计一种名片，饭店打算将礼宾部一词用日语标出，并让一名员工将它翻译成日文，可是最后印在卡片上的竟是汉语口语中的"拉皮条者"一词。在表 11-1 中列出的误译例子是各大饭店张贴的令人捧腹大笑的告示，从中可以看出，使用对两种语言都不熟悉的翻译可能给饭店带来潜在的危险。

表 11-1　世界饭店英语误译实例

> 　　任何人都不会认为英语是一门简单的语言，特别是对那些英语不是其母语的人们来说更是如此。以下收集了世界许多饭店中的一些告示：
>
> **在布加勒斯特某饭店大堂中的告示**
>
> The lift is being fixed for the next day. During that time we regret that you will be unbearable.
>
> (电梯正在"为明天"维修，在此期间给您带来诸多不变，请谅解。)
>
> **莱比锡某饭店电梯中的告示**
>
> Do not enter the lift backwards, and only when lit up.
>
> (等到开动后，才可以进入电梯背后。)
>
> **贝尔格莱德某饭店电梯中的告示**
>
> To move the cabin, push button for wishing floor. If the cabin should enter more persons, each one should press a number of wishing floor. Driving is then going alphabetically by national order.
>
> (移动电梯，按钮到"希望"楼层。如果厢内能够进入更多的人，每个人请按钮到"希望"楼层。然后电梯将会根据"国家顺序"依照阿拉伯数字行驶。)
>
> **巴黎某饭店电梯中的告示**
>
> Please leave your values at the front desk.
>
> (请将贵重物品"留"在前台。)
>
> **瑞士某酒店中的菜单**
>
> Our wines leave you nothing to hope for.
>
> (我们的葡萄酒不能带给你任何希望。)
>
> **雅典的某饭店**
>
> Visitors are expected to complain at the office between the hours of 9 and 11 A.M. daily.
>
> 游客可以在每天上午 9 点至 11 点之间到前台投诉。
>
> **南斯拉夫的某饭店**
>
> The flattening of underwear with pleasure is the job of the chambermaid.
>
> (愉快地将内衣展平是女服务员的工作。)

（续）

奥地利某专门为滑雪客人服务的饭店

Not to perambulate the corridor in the hours of repose in the boots if ascension.

（在休息时间不要穿着靴子在楼道"漫步攀登"。）

波兰某饭店的菜单

Salad a firm's own make; limpid red beef soup with cheesy dumplings in the form of a finger; roasted duck let loose, beef rashers beaten up in the country people's fashion.

（沙拉饭店自制，透明的"手指状奶酪布丁"红牛肉汤，"松弛"的烤鸭，"搅拌"成乡村风格的熏牛肉。）

东京某酒吧

Special cocktails for the ladies with nuts.

（专供女士的特殊"坚果"鸡尾酒。）

挪威某鸡尾酒会

Ladies are requested not to have children in the bar.

（女士不允许在酒吧"有"孩子。）

瑞士某旅馆

Special today － no ice cream.

（"今天特别——没有冰激凌"。）

阿卡波可某饭店

The manager has personally passed all the water served here.

管理者已经亲自将本店提供的水全部递交。（本意应为经理将亲自为客人服务酒水。）

日本某饭店关于使用空调的通知

Coole and Heates: If you want just condition of warm in your room, please control yourself.

（"空调"：如果你想房间温度适宜，请"调节你自己"。）

　　许多饭店现在为顾客使用电话及传真机提供多种语言的指南。同样，关于当地名胜古迹、医院、教堂的相关介绍，除英语外，还应采用其他语种。客人可以点早餐，获得不同语言的留言、进行结账等多语种的交互式视频已越来越被广泛采用。当不能提供多种语言的标识时，或者有太多的国外市场需要服务时，饭店应尽可能在标识和顾客信息资料中使用国际通用的符号以便客人识别，这种标识比文字更易于被全球客人理解，更适合在顾客服务指南和饭店大堂标识使用。例如，四季饭店在自己的饭店内标识和设施及服务符号方面就做得非常出色（表11-2）。本章附录由美国旅馆与汽车旅馆协会编辑整理，提供了大部分国际饭店业通用的符号。

表 11-2　饭店手册中部分标识列表

四季饭店集团 饭店设施及服务指南	自选精品店 四季饭店设计独特的商品。 室内录像和录像图书馆	个性化服务	私人礼宾服务网络 　无论你在世界上哪 个城市，即使不是 四季饭店的住店客 人，如需了解饭店 有关事宜都可以通 过礼宾部来查询。
设备及客用品		订购机票	
浴衣及吹风机 会议设施 早入住 / 晚结账休息室 活动中心： 在正常工作时间之外，为 早到或晚结账的客人提供 行李储存、淋浴、起居等 服务设施。 四季俱乐部 客房只能用专门的钥匙打 开，专用礼宾部和休息室 为客人提供个性化服务。 此外，还有免费的早餐、 下午茶和晚间鸡尾酒会。 四季的行政套房 禁止吸烟房 私人酒吧 　冷藏有清爽可口的小吃、 水果和法律许可经营的不 含酒精的饮料、葡萄酒、 啤酒、威士忌等。	健身及娱乐	礼宾部可以为客人提供 所有航班最新的或变更 时间。 礼宾部服务 　24 小时 干洗服务 　昼夜服务 快速入住与结账服务 日本式服务 　为了迎合饭店日本客人 的需求，专门提供只有 在日本最好的饭店中才 可以享受到的服务。虽 然各饭店做法大相径庭， 但四季始终尽力去迎合 客人的各种需求。 轿车服务 　免费目的地，因饭店而 异，具体情况请咨询礼 宾部。 熨衣服务 　1 小时	客房送餐服务 24 小 时 沙龙 美容美发、皮肤护 理 擦鞋服务免费 允许带小宠物 每日两次房间清洁 服务
	可选择餐饮 营养配餐，低糖、低胆固醇、 低脂肪 海滩 店内高尔夫 附近有高尔夫球场 健身俱乐部 室内健身设施 儿童照管服务 专业管理，为 5 ~ 12 岁儿童 （奈维斯岛是 3 ~ 10 岁）提 供全天免费照管服务。 温泉浴（店内和度假村内行 壁球 室内游泳池 室外游泳池 网球 水上运动 各种水上运动器材，可以进 行帆板运动、风浪板运动、 潜水等。		商务服务
			商务服务 饭店内部设有完备 的商务设施，礼宾 部也可为客人安排 商务会议事宜 室内计算机 室内传真机

资料来源：四季饭店惠赠

对客服务管理

　　饭店业的服务一直以来、也将永远根基在于以服务方式体现的"接待"上。但是接待由哪些要事构成则完全取决于使用者自身。为了"殷勤好客"，饭店员工必须了解形成客人关于接待的价值观和信念。如果员工在提供服务时不了解客人的文化背景，就像一个建筑设计师不了解住户的生活习惯一样，他们所提供的服务可能落入"一个尺寸符合所有人"的范式。

　　不管来自哪里的客人都有权要求饭店提供干净、安全、礼貌和服务，除此之外，客人评估一家饭店质量的优劣是基于其文化背景和偏好及旅行经历。如果饭店在这些方面都一样的话，欧洲客人将依据饭店是否提供 24 小时全天客房送餐服务以及正规的餐食及整体效率来评判一家饭店，这可以在欧洲饭店等级评定标准中对餐饮的权重中反映出来；德国客人尤其对客房清扫方面十分挑剔；而美国客人倾向于非正式和快捷——快速入住登记、自动离店结账以及快捷的简易午餐。通过留意不同市场客人所看中的要素，饭店便可以更有效地进行市场定位。

值得注意的是来自不同文化的客人在选择饭店时具有不同的优先考虑。例如，日本客人在选择饭店时将个性化服务和员工态度作为关键因素。美国客人则偏爱大而舒适的床和高级的卫生间。澳大利亚人喜欢优质服务，但不愿意关怀过度。对价格十分敏感的澳大利亚人期望他们的付出能够物有所值；英国人一般对美国式的用品不太在意，他们愿意得到免费咖啡服务。英国、澳大利亚和新西兰客人都喜欢在他们的房间自制茶和咖啡，如果他们下榻的饭店不能提供这些用品，则可能成为争端的主要原因。

由于他们的文化价值观，世界上一些地区的饭店员工倾向于比其他地区员工更能提供优质服务。在一些亚洲国家，特定的文化行为，诸如高尚的职业道德和集体主义责任感（在那里进行工作时是由整个工作小组而非个人承担责任），增强了饭店提供全面对客服务的能力，因为这些行为导致人们愿意付出更多，并愿意为有地位的客人服务。

对国际客人的供应

为应对国际旅游者数量激增，世界各地的饭店先后采取了一系列的措施来使他们下榻愉快，不管他们是休闲旅游者还是商务客人。例如，大多数国际旅行者认为饭店提供外文报纸和杂志是体贴的人性化行为，并且他们对饭店的这种做法心存感激之情。一些饭店进一步考虑到了国际客人有读用自己国家语言材料的愿望，为他们提供小型图书馆，在其中有各种语言的书籍，还有用其他国家语言出版的美国或欧洲时尚杂志。

更有甚者，有些饭店为使外国客人得到家庭般的舒适感，还特意针对不同文化提供不同的房内物品——如为日本客人提供绿茶，为澳大利亚客人提供澳大利亚啤酒，为英国客人提供斯提耳顿干酪等。为国际客人提供的其他特别的产品或服务还包括：

- 会用几种不同语言表示"欢迎"的行李员；
- 用客人的母语写就的欢迎信；
- 用于吹风机和其他小家电的电子插座。

财务事宜 在国际饭店的管理运作中，另外一项重要的工作就是训练员工学会处理各种不同的收据。许多国际客人对信用卡的依赖性并不大，并且由于种种原因他们能带出国外的现金数量有限。结果，大多数国际客人选择使用收据，他们在出行前预付款项，在入店时使用收据。这样，前台工作人员就和财会人员一样要接受训练以熟悉各种国家的货币体系。为了方便国外客人，世界各地的许多饭店都在收银台为客人提供用于货币兑换的设施。

餐饮 如果在饭店中有什么为管理人员提供了一个使其"产品"差异化或为客人营造一个特殊氛围的机会，那就是餐饮。不仅仅因为膳食和餐厅质量是衡量一个饭店档次的标准，同时餐厅和酒吧还可以为饭店带来十分可观的收入，有时甚至超过了客房的收入。而在过去各国的连锁饭店都倾向于使用欧洲或大陆式标准，对其他标准只是象征性地认可，有时甚至会忽略地方菜系。

现在，许多饭店都对它们的菜单根据不同文化口味进行了调整，从而更好地适应客人对食物不同的偏好。这些变化多种多样，有的精巧细致，如完全为那些只吃犹太教允许的食品的客人和素食主义者提供的菜单；有的简单朴素，如每顿饭都会为亚洲客人提供酱油和蒸米饭。为来自英国的客人提供不同花样的英国茶，或者为来自南美洲的客人提供巴西咖啡，这些都是对菜单的一些小的简单的调整。还有，来自阿拉伯的显贵们喜欢让随行的厨师在房间里为自己烹制菜肴，为此接待这类客人的饭店就需要有满足这些偏好的设施。

大多数接待国际客人的饭店都会 24 小时提供餐饮。由于时差问题，国际客人入店时通常都会饥肠辘辘。尽管专门开设一家 24 小时餐厅通常很不现实，但提供 24 小时客房送餐服务却很重要。

如果饭店接待的是参加宴会、会议或其他大型活动的外国客人，饭店就必须仔细研究菜单，因为不同的文化之间口味和饮食禁忌迥然不同。世界人口中大约有 1/4 的人不允许吃牛肉，还有 1/4 的人不能碰猪肉。同时，上菜的方式有时也会被认为是对来自不同文化的客人的冒犯。侍者要牢记为阿拉伯人或印度人上菜的时候千万不要用"不干净"的左手。

尽管国际饭店需要接待有着不同生活方式和不同饮食偏好的客人，过于强调适应性也有消极的一面。越来越多的旅游者要求菜单和饮食方式能够真实地反映其发源地的特色。不管是住店客人还是当地居民，这些饭店餐厅的主要客源市场，都不会接受那些"杂交"的菜谱。饭店必须要在提供熟悉可口的饭菜和真正新奇的饭菜之间取得一个平衡。

饭店客人来到发展中国家在餐饮方面主要考虑的是健康和卫生水平。由于食物和水是传染病的主要来源和传播载体，饭店应积极主动地与客人进行沟通。在房间内为客人提供一些预防由食物携带的疾病的信息和建议是很多旅行者看重的，并将其看作是周到贴心的服务。发展中国家也可能通过提供饭店的饮用水过滤过程以及饮品中冰块的安全的信息、客房中配备的瓶装水，以及不要食用未煮过的食物（例如沙拉和未削过的水果）的建议来保证顾客的安全和健康。

国际礼宾服务 对一个外国客人来讲，能否得到礼宾服务可能使旅行经历大相径庭。许多年前，一些欧洲国家饭店的礼宾员感到他们如果能够联合起来形成一个网络而不是"单枪匹马"作战时会更有效率，于是他们就成立了一个专业性的组织——金钥匙（Les Clefs d'）。现在，礼宾员在世界各地都有同事。"金钥匙"则成了一个提供信息和帮助的网络，每一个成员都要向世界各地的其他成员提供帮助。

使客人有一次愉快的入住经历是礼宾员的首要职责。礼宾员通常要做客人的"知己"和"顾问"。一般来说，一个礼宾员必须知识渊博，不仅要了解社会的各种知识，还要了解其他一些知识，如航班安排、商业礼仪等，有时还要掌握 3 ~ 4 门语言——英语是必需的。一个好的礼宾员还要与大使馆和领事馆保持密切的联系，并能与商业和社会领导人取得联系。对于常住客人来讲，能够很快被认出至关重要。礼宾员要熟悉客人的姓名、偏好，要求，观点——通常还有他们的癖好。礼宾员应要求要处理从平凡到崇高等各种各样的事务：从到药店按处方取药，到弄到几乎完全售罄的紧俏门票，再到安排与资深外交家的会面，不一而足。但是，礼宾员如果能在最令客人感到沮丧的时候帮客人"排忧解难"，他就更能体现自己的价值，如帮助使领馆数量很少的国家公民补办签发的护照，在返航班机被取消而又别无他法的时候能妥善安排客人并能尽快使客人踏上归途。

研究国际客人的偏好 在服务定制化日益升温的时代，研究国际客人的口味和偏好的饭店比仅提供标准化服务的饭店更容易得到顾客的青睐。例如，针对访问美国的日本游客和商务旅客的服务偏好的研究表明，他们更喜欢用日语书写的饭店和商店信息，由讲日语的人接听紧急电话，以及用带有护发素的洗发露。与人们的普遍想法相反，他们不喜欢日式早餐或房间里的日本报纸。然而，用热水冲泡的绿茶和房间里的拖鞋反而使他们感觉像在家中一样自在。[3]

类似地，由于中国海外市场的快速增长，理解中国旅行者的服务偏好也变得越来越重要。近年来，中国政府已经签订了 130 多项双边协议并且批准一些国家成为公民出境游目的国。随着这条通往世界的新途径的开放以及可支配收入的攀增，中国游客有望成为亚洲乃至亚洲之外的许多旅游目的地的主要细分市场。有先见之明的饭店公司已经开始为这一新兴市场调整他们的服务和便利设施供给。例如，喜达屋国际饭店集团在他们的伦敦分店中引进了中国的电视节目、茉莉花茶和纯正的中

国烹饪。另外，这家饭店还聘用中国员工来协助他们的中国客人。

一项为识别对国际客人而言很重要的饭店服务和设施的属性的研究发现了有助于全面提高顾客满意度的七个方面。

- 员工服务质量：谦恭有礼、和善友爱、高效入住和结账、热心相助、员工的精神面貌、多语言技能以及能迅速理解顾客需求的员工。
- 房间设施的质量：舒适的床、室内温度控制、房间的整洁、安静和私密性。
- 选择和服务效率：洗熨服务、送餐服务、餐饮选择、叫醒服务的可靠性、问询处、迷你吧，以及餐饮质量。
- 商务相关服务：商务会议室和设施、文秘服务。
- 物有所值：餐饮物有所值、客房物有所值、连锁饭店的声誉、舒适度及氛围。
- 安全保障：负责任的安保人员、可靠的火警报警器，以及可供使用的保险箱。
- 国际电话装置：可以拨打各国电话号码的电话机。

分析亚洲旅行者和非亚洲旅行者的差异可以发现，亚洲客人的满意度更看重物有所值、饭店的氛围和声誉。而西方旅行者更容易受到客房设施质量的影响。

遵守礼仪

除了大使馆和其他政府高级办事处外，在许多场合国际饭店也常常被认为是许多正式礼仪和社交礼仪的"调停人"。尽管礼仪事务通常由饭店负责公共关系的部门来承担，但当有重要客人入住时或饭店承接重要的国际活动时，他们还是会向专门人士咨询礼节礼仪问题。在日常管理中有最基本的对客服务礼仪原则，其中许多都是一些社交常识和一般礼貌待客之道。

来自其他国家的客人不能被笼统地视为"外国人"，或简单地理解为"国际旅游者"或"国际客人"，而应将他们分别看作是德国客人、非洲客人、南美洲客人等。除非客人要求，饭店员工不能直呼客人的姓氏。

管理者要时刻留意可能会发生的文化上的"失礼"，并确保员工在处理这些事故时能得到指导。例如，在中国叫"梁成武"的人被称为"梁先生"。"成、武"分别是这个人的第一个名字和中间的名字（中国人姓名中不像欧美人一样由第一个名、中间名和姓组成，而是由姓和名组成。在中国传统中还有在姓名外取字、号，但现今已不常见。此处成武为名，而不能分开。——译者），在社交场合一般不用它们。在名字上的错误有时会导致预订丢失或错误，还会使中国客人产生一种被侮辱的感觉。在中国只有家庭直系成员和亲密的朋友才能用名字去称呼一个人。

拉丁美洲人的名字也容易给人造成同样的误会。名为乔斯·冈萨雷斯·洛派兹（Jose Gonzalez Lopez）的预订可能在洛派兹名下，而事实上，他的姓应该为冈萨雷斯。

不要拍来自亚洲国家——特别是泰国和印度小孩子的头，尽管在美国这是一个向小孩子表示亲昵的动作。在这些国家里，一个人的头被认为是神圣的、不能碰的。就连那些在客人房间里摆上鲜花以示欢迎的做法也要仔细考虑，如在许多文化中菊花只用于葬礼，红玫瑰对英国人和其他欧洲人来讲代表爱和婚礼，并暗示了最亲密的关系。

有些国际客人会送给经理一些小礼物，经理也应该回赠一些小礼物，如钢笔、高尔夫球，描写当地历史的书籍或其他纪念物。

礼貌服务对于来自不同国家的所有客人来讲都是最根本的。热情的微笑，礼貌的话语就可以架起不同文化之间沟通的桥梁。微笑和友谊使外国客人联想起在家的感觉，感到更加的舒适。

国际商务旅行者

一直以来，商务旅行者就是饭店业成长和发展的驱动力。统一的欧洲和北美自由贸易协定（NAFTA）已经在欧洲和北美洲内部以及这两个地区之间产生更大的商务旅游流，贸易壁垒的消除、航空管制的取消以及跨国公司的发展已经对21世纪商务旅行的发展及其管理产生了进一步的影响。

饭店的经营者早就意识到了接待商务旅行者是明智之举。大量的饭店市场研究已经明确了一些对商务旅客非常重要的饭店特征。这些研究无一例外地列出了便利的位置、安全保障、关注／服务、价格／价值以及商务设施。其他重要的特征包括房间内客用品、宽敞的客房和一流的餐厅等，商务设施作为一个首选要素却是近来才出现的趋势。商务中心曾经被认为只是受商务旅行者欢迎的设施，但现在它却被认为是饭店的必备设施。

商务中心一般提供24小时服务，服务内容有秘书和计算机服务、世界各地的报纸、可使用的计算机、多语言软件、传真、复印、录像和录制节目，信息中心，快件服务，邮件快递、快速订票服务、移动电话出租、提供信笺、留言服务、图书馆、股票市场行情、翻译服务和地图等。

世界各地具有众多的运行出色的饭店商务中心。表11-3是一个商务中心提供的设备、服务和设施的清单。

表 11-3 商务中心设备、服务和设施

设备

- 笔记本电脑
- 移动电话
- 传真机
- 个人电脑 / 文字处理器（配有不同类型的软件和程序功能）
- 激光打印机
- 打字机
- 完整的工作站
- 寻呼机
- 电话会议系统
- 彩色影印机

服务

- 高速网络接口
- 视听服务
- 秘书服务
- 翻译服务
- 留言服务
- 轿车出租服务
- 传真 / 电传服务
- 文书服务
- 报告装订服务
- 制作名片（带翻译）
- 打印服务
- 邮件包装和快递服务
- 菜单式录像服务
- 提供进入航班时刻表、天气预报和股市行情等信息的数据库系统的频道服务
- 连接自动取款机
- 录像带复制
- 电话会议
- 录像机 / 照相机出租（店外）
- 个性化声控留言

设施

- 私人办公室
- 董事会会议室 / 行政人员会议室
- 小型会议室
- 提供免费茶水的休息室
- 提供参考书，国际报纸和商业杂志的图书馆

国际饭店运营管理

国际饭店的财务

各国之间在财务管理制度和税率上存在差异，由此导致饭店投资和管理的方式也不尽相同。对大多数在国际市场中运作的饭店来说，都面临着如何在其工作的环境中将不同的财务制度和外汇汇率进行调整和统一的问题。

饭店统一会计制度 饭店业在会计方面早已确立了标准的分类和格式。国际饭店业统一标准的做法是财务报告必须执行该行业统一的会计制度——饭店统一会计制度手册。这本手册提供了便于理解和使用的记账和报告方法。统一的会计制度使得世界各地的饭店业主能够比较各自的经营数据、部门开支、税前收入以及其他数据。

对于刚刚进入饭店业的新企业而言，统一的会计制度可以作为其尽快适应经营需要和要求的基本框架。它包括资产负债表、损益表、财务状况变动表以及现金流量表的格式，同时它还能提供用于绘制会计图表、简化簿记、比例分析、经营预算以及盈亏平衡分析等方面的信息。一个标准的制度为饭店经理人员在经营过程中确立逻辑严密和高效的会计职能体系绘出了蓝图，并为比较饭店的各种统计数据打下了坚实的基础。自然而然，无论对于饭店内部和外部使用者来讲，包括所有者和债权人，这个会计制度都具有重要的价值。

由于统一会计制度使得会计报表更容易合并，因此它加速了连锁饭店集团在国际上的扩张，并促进了跨国投资的发展。大多数饭店都有两套会计报表，一套呈报饭店管理公司，另一套呈报饭店所有者。统一会计制度强调前者。

通向国际会计的远景 由于一系列因素的影响，包括国际经济和政治依赖性的增强，外国直接投资的冲击，金融和市场的国际化等，促使对国际会计的要求越来越强烈。直到20世纪70年代，各国的会计标准在形式和起源上完全相同，它主要根据各自政府的规定来建立。从那以后，各种经济集团如欧洲共同体、联合国和经济合作和发展组织等促进了世界范围内经济的整合。这些组织为了推动全球范围的贸易发展，开始实施各种方案以协调各国会计、税收、资本市场和货币市场。

国际会计标准委员会（IASC）作为一个专业性组织成立于1974年，它的任务是协调各国的会计标准。到目前为止，这个组织已有100多个会员国，它为加强全球金融会计制度的可比性做了大量的工作，并继续朝着形成"通用会计语言"目标努力。由于各国很不情愿放弃沿用多年的会计制度，同时又没有大家都乐意接受的解决方案，因此协调工作十分困难。尽管已经取得了很大的进展，但仍存在诸多难题有待解决。

货币因素 国际性饭店运作的资金来源多种多样，因此如何将多种货币的会计记录整合到单体饭店统一的会计制度中去是饭店经理人员面临的一个重要问题。

汇率变化是影响财务报表的一个主要因素。由于外汇折算的原因，账面上的利润能很快变成亏损，同样亏损也能很快变成利润。自从 20 世纪 70 年代早期以来，国际外汇市场一直处于混乱和不稳定的状态，使得各国货币的汇率经历了几次巨大的起伏波动。为了建立一种固定汇率制度，最初强制将汇率与黄金挂钩，后又与美元挂钩，但各种尝试最终还是以失败告终。目前主要货币或"硬"通货实行的是自由浮动政策（即汇率变动根据市场供求变化而定）。小国的货币通常与一种主要通货或与一揽子通货的汇率相联系。汇率仍然对国家以及国际经济和政治环境的变化非常敏感。

多货币会计 将某个单体饭店的货币交易折算为以饭店管理公司所在国的货币计量的交易要求确立特定程序并持续地加以实施。下面是一家以美国为基地的国际饭店连锁集团所采用的折算方法：

案例节选

汇率折算程序范例

将海外收入折算到美元使用的汇率为该月最后一个工作日的官方汇率。公司总部将把按照 12 月份的年终汇率计算的损益表和资产负债表通报各饭店。

1. 资产负债表 资产负债表中所有各资产项目和负债项目都要按该月最后一个工作日的官方汇率折算成美元，下列以历史某一点汇率结算的账目除外：股本，留存收益，盈余公积金（EARNED SURPLUS）和可控营业账户（OPERATING CONTROL ACCOUNT）。该年的净利润根据同期损益表所使用的汇率折算成美元。

由于使用的汇率不同，原有平衡在折算后资产和负债可能不等。在以美元为单位的资产负债表中，这两者之间的差额记在"外汇折算"科目下。这种调整每月应进行一次以确保在折算过程中没有出现人为的错误，同时这种调整应反映在饭店当月的经营报告中。

2. 损益表 在折算资产负债表以前，任何采用外币计量的集团内部或成员饭店的账户都要根据本币进行调整以确保平衡。有时在连锁饭店集团内部为允许姐妹饭店之间交换货物、服务和其他供应品会建立饭店内部的账户。由于这种调整而产生的所有损益都要作为"外汇损益"登记在财务费用科目下。

实收账款、应收账款和应付账款，包括客人交易由于采用外币而形成的支付净利润或净损失，都要登记在明细账——其他收入（外汇）下。由于购买资本性用品，如家具、设施和设备而造成的支付外汇收益或损失属于例外情况，它们不适用于可用性资产成本。损益表按照每月最后一天的汇率进行折算。这样，一年的损益表按照该年各月月末汇率的加权平均值进行折算。每份报表中都要提供以 1

（续）

> 美元为单位表示的汇率，并以此作脚注。
>
> 　　3. 客人外汇兑换　饭店公司价目表中所列出所有价格都按照该表印制当天的官方汇率折算为美元，同时还必须说明："所有费用如有变化不再另行通知——以美元公布的价格以现行汇率为基准，并随着官方汇率的变化而变动。"由于客人消费是以当地货币记入账单，随着每次汇率的变动，根据价格表所显示的美元金额和客人账户所对应的实际美元金额会有所差异。
>
> 　　所有客账结算及私人支票和旅行支票承兑都执行同一汇率，该汇率为当地银行购买美元时所使用的当日汇率。

　　外汇风险　外汇风险是在进行两种或以上货币交易时，由于这些货币价值不固定而造成的风险和不确定性。任何在一国生产货物或服务而在另一国销售，或采用外资进行项目融资的企业，它们的获利能力都会直接受到汇率变动的影响。例如，汇率的变化必须在一个公司的财务报表反映出来，同时所在国货币对涉及的外国货币的汇率变动可能会影响一个公司的现金流量、它的获利能力甚至它的偿债能力。涉及的货币越多、结算所需的时间越长，则风险越大。确认和管理外汇风险对于一个国际饭店的成功经营至关重要。

　　许多年来，饭店的经营管理人员并没有意识到汇率变动与自身的关系问题，但是随着新的国际购买者、销售商、所有者和经营者进入饭店领域，这种状况正在得到改变。

　　在与一个多种货币流通的市场打交道时，各种货币未来汇率的不确定性，会给企业带来金融风险。然而，由于难以预测未来汇率的变化，同时汇率变化而带来的成本增加很难转嫁给消费者，那么这种风险必然会对公司和它的业务造成很大的影响。如果前往某地度假的成本上升，人们很可能会转向其他较为便宜的目的地。多变的汇率对国际旅游的影响巨大，它还会影响旅游者对饭店、度假地和目的地的选择，有时它可能带来需求的大幅波动。例如，当美元与其他国家货币相比"坚挺"时，美国饭店的价格对外国旅游者来讲就显得偏高，而相应地国外饭店的价格对美国旅行者来讲较为便宜。于是，对美国饭店特别是度假地的饭店的需求就会降低，因为来美国度假的外国人少了而到国外去度假的美国人多了。汇率的变化对商务旅行者的影响相对较小，尽管当饭店价格过高时他们会选择低档的饭店。

　　一般来讲，外汇风险可分为交易风险、折算风险和经济风险。

　　交易风险。交易风险是指交易时采用一种他国货币支付或收款时所存在的风险，它是因交易日和结算日的汇率不一致，可能使现金流量发生变动的风险，付款期限或贷款偿还期限长短是影响交易风险大小的重要因素。比如，一家英国饭店公司借用英镑贷款购买了一家位于纽约的饭店，这家饭店的收入和成本是以美元计算的，这样从短期来看没有什么问题。但是，以美元计量的利润必须足以补偿以英镑计量的利息成本，同时还要有一定的利润余额向股东分红。与英镑相比，美元的贬值会减少以英镑计量的净利润，很可能还不足以偿还利息。在 20 世纪 60 年代早期，几家主要的英国公司以 3% 或 4% 的利率借入瑞士法郎；但随后而来的瑞士法郎升值很快，使这几家公司背上了难以偿还的沉重债务。

折算风险。折算风险也称会计风险或资产负债表风险，当编制资产负债表时需要把以外国货币计量的资产和债务折算成以本国货币计量的资产和债务。所有的资产和负债均按照编制资产负债表前一天的汇率进行折算。汇率的变化会在使用母公司国家货币进行折算时带来资产增值或贬值，它并不表示为实际的现金流量，除非这些资产或债务被结算或清偿。

经济风险。经济风险与对国外交易及其关系进行战略性评估有关，它可能是最复杂也是最重要的一种风险，因为它会影响未来的现金流量和饭店的经营。经济风险要求对公司和其竞争者获得资本、劳动力、原材料、服务和顾客的市场结构有着清楚的认识。以欧盟一家饭店为例，如果欧元坚挺，对欧盟以外的游客而言饭店的价格就会上涨。饭店还可能会受两个或更多非欧盟国家之间汇率变化的影响。例如，如果美元相比南非兰特疲软，兰特就能在美国买到比以往更多的东西。本来要去欧洲并入住当地饭店的南非人就有可能去美国。这样，欧洲饭店就会面临目标市场和与之形成竞争力的目的地之间汇率变化的影响，而不论欧元的走势如何。

国际饭店的财务人员在制定年度经营预算、确定定价策略、制订市场营销计划以及管理过程中的其他战略性要素时，应该能够正确评估外汇的波动。许多机构都提供对未来汇率波动的预测，比如从跨国银行就能得到有关这方面的信息。

这样，就没有必要因为汇率的不利变化而将客人吓跑。有些饭店利用外币对价格进行担保，并自己承担汇率变动所带来的收益或损失。如索菲特在法国的饭店曾经宣布一项它的美元保证价格计划。作为对解决货币折算不稳定性的方案，曾有人建议以"一篮子货币"，如欧洲货币单位来进行饭店报价，以此来减少汇率波动所带来的问题。

采购

采购对饭店整个的经营管理如质量、获利能力和生产效率有直接影响，因而成为饭店管理的一个更重要的方面。在国际市场领域，采购选择的范围非常广也十分复杂。政府影响和公共政策都可能对在美国以外的国家采购更容易造成影响。

由于声望和质量的原因，由企业的性质和客人的期望引发了对国际性饭店许多需求。采购决策可能会受当地合格供应商的可能性、饭店所处位置及与供应渠道的接近程度、连锁饭店成员集中采购的程度、交通条件、仓储能力、服务的市场、汇率、进口关税、进口税对物品的限制，以及饭店等级的影响。毫无疑问，采购产品品质也有助于确定饭店的特色和质量。

进口 国际饭店特别是连锁饭店集团经常需要进口大量的消费品。在连锁饭店集团，采购可能是直接通过公司的中央采购部门进行的。中央采购部门可以以低价位得到高质量的供给，这不仅是因为大批量采购所带来的规模经济，而且还因为公司能够向生产者直接订货。不管是饭店集团的成员还是单体饭店也好，没有哪一家国际性饭店没有进口家具、室内陈设、布巾、瓷器、玻璃器皿、扁平餐具、食品饮料，特别是食品饮料已经成为国际饭店进口的重头。饭店中负责进口事务的经理人员必须熟知外国法律、贸易条约、进口关税、发货程序、海关常识、供货渠道及渠道的可靠性、国际货币杠杆作用等其他知识。

当地的生产商一般很难满足饭店连锁集团对设计和原材料规格的要求，如建筑材料、家具、室内陈设和当地难以生产的设备。诸如布巾、玻璃器皿、陶器、刀具、清洗和消毒用品之类的原材料和供应品一般都需要进口，特别是当物品需要配有饭店标识的时候。有些物品的进口会受到当地法律的限制，有时某些国家为了鼓励使用当地的原材料和产品会对进口物品课以重税。不管是在饭店的建设期间还是在其经营期间，饭店的大量进口对东道主国家来说都意味着外汇的流失。因此，在饭店开发和管理合同的谈判中，东道主国家一般都坚持在饭店的设计、建设和经营过程中最大限度地使用当地的原材料和供应品。

尽管进口物品的使用数量和使用规模一直以来都是东道主国家政府和饭店管理公司关注的问题，只要当地产品的质量还可以接受并且能以有竞争力的价格保证供应，大多数国际饭店根据政策只要有可能，在质量可以接受及供货连续性有保证的条件下，还是努力在当地购买日常用品（食物和经营用品）。当然，这在很大程度上取决于饭店所处的地理位置。比如，在西班牙或墨西哥的饭店就有可能就近采办到所有的日常用品，而在巴西、哥伦比亚、马来西亚、斯里兰卡或委内瑞拉相当大比重的食物和饮料必须依靠进口。一般来讲，日常采购的小部分和资本性货物的大部分是通过外国饭店管理公司的中央采购部门来获得的。©

在发展中国家，或由于被迫、或有心帮助发展当地经济，饭店经理人员不得不使用当地质量低劣的产品。如有些国家政府或饭店业主坚持要求饭店的设计和装饰能恰如其分地反映本国或饭店所在地区的艺术、手工艺及视觉上的传统；作为一项政策，一些饭店会邀请当地的艺术家参与饭店的家具布置和装修；还有一些饭店通过和当地农民一起种植水果、蔬菜和饭店需要的其他东西来帮助当地农业的发展。支持当地农业经济的发展是饭店经理人员帮助东道主国家赚取外汇的主要方法之一，从公共关系角度看这种支持也是十分明智的做法。

饭店经理人员必须牢记饭店的采购能力对当地经济的重要影响作用。建在小社区的饭店可能会打破当地的供求平衡关系。在尽力帮助当地发展经济的过程中，饭店可能会不自觉地抬高物价，从而降低当地人民的生活水平。

公用设施

在许多地区，公共产品的供应、质量及其连续性对于饭店来讲都是一个十分严峻的问题。供水供电的减少、电压的波动、热带风暴对电话线路的破坏和其他一些紧急事件在发展中国家并不罕见。比如，建在电力供不应求地区的饭店就需要配备应急发电机和紧急计划以应付电力短缺的情况，还要重新检查安全保卫计划。保卫工作不仅关系到客人和他们的财产安全，更关系到饭店建筑物、设备和饭店经营性资本的安全。

由于饭店是一个地区型资源消耗者——不仅包括水电还包括土地的主要消耗者，饭店经营管理人员就要时刻注意不能浪费这些珍贵的资源。

能源 世界各地的政府都已意识到要用法律、法规和规范来加强对能源的利用。在世界许多地方随着资源更为稀缺，能源价格不断攀升以及未来饭店对能源的使用受到越来越多的限制，控制能源的措施也将不断得到改进。

对环境的关注以及国家能源政策都对能源的使用施加了许多限制和控制。例如，在 20 世纪 70 年代后期，美国政府就设立了对所有商业性建筑暖气和空调气温调节的标准。加利福尼亚州则更进一步确立了有关最低电器负荷和建筑标准的法规。其他限制还包括强制性照明控制和每平方米照明的最大瓦特数。许多地方政府都鼓励在游泳池温控和热水供应上使用太阳能，并且利用热循环来减少对热能的需求。世界范围内对能源使用的密切监控会使饭店环境监控系统的使用越来越广泛和成熟。对于新建饭店而言，在设计时就必须将这一系统考虑进去。

能源管理包括有效地使用资源，它并非完全拒绝使用能源，而是鼓励减少浪费。对于全球的饭店来讲，最有效的长期能源战略就是认真评估所能利用的各种能源，制订一项旨在实现内部能源使用效率的最大化及对外部能源依赖程度的最小化的能源管理计划。

水 饭店常常会浪费大量的水。如果不考虑饭店的具体情况，很难去解释为什么每个客人每天会用掉 750 升的水。谨慎的管理者会把水资源的管理作为饭店整个能源管理计划不可分割的一部分，一旦发生严重缺水的情况，他们将别无选择。一般来讲，适当节约一定数量的用水比较容易做到，基本不需要维护，也基本不会影响对客服务。对员工和客人进行教育、定期的常规检修、有效地使用机器、冲洗时节约用水都是改进水资源管理的简单方法。

设备维修

对于饭店，特别是发展中国家饭店的管理人员来说，在日常管理中遇到的一个主要难题是难于找到设备和机器所需的稀有零件。电梯、空调、气锅和计算机设备连续不得间断地服务可能会受到地方某个部门人手不足的影响。设备维修工程师或设备零件的缺乏都会延误维修。很明显，电梯、空调、计算机以及其他设备发生的故障都有可能影响饭店的服务质量，因此经理人员在制订存货计划、编制资金预算、制订恢复计划以及安排和培训维修人员时都要注意它。

除了设备和机器的维修外，建筑物本身也需要维修。一流的饭店由于没有或缺少维修而难以保持其在市场地位的例子比比皆是。或是由于饭店业主不愿意再追加额外投资，或是管理人员的疏忽，饭店的维修成了一个需要长期警惕的问题。

保安

保卫和人身安全的保障问题根据各个国家和地方法律以及政治环境的不同而存在差异。由于相关法律和市场需求的要求，使得保安技术不断改进。一直以来，全球饭店业主在不断地呼吁实现保安要求的标准化，但是由于涉及立法和行政机构很多，在短时间内难以达成统一标准。饭店经营者很早就提出由国际饭店协会出面确立一套能广泛接受的保安原则和最低要求，但这个建议尚未获得通过。

近来随着立法对安全问题的影响扩大、世界范围内对恐怖活动的曝光以及公众对安全问题的关注，使得各国公众对加强饭店安全保卫工作的要求越来越高。电子磁卡钥匙已被普遍使用并将最终取代传统钥匙，同时电子磁卡钥匙还可能会和信用卡或智能卡结合起来使用。使用生物技术来控制通往饭店高级保密区域的做法也将越来越普遍，如可以通过鉴别指纹和视网膜等生理特征来控制进出。

法律事务

国家和地方各种形式的法律和政府法规都会影响饭店的经营，包括饭店的分类或定级制度、消防安全法规、健康安全法规、建筑规章、经营酒类的许可证制度和其他经营条件限制、劳工和税收法规和对客人及其物品的赔偿法等。

饭店管理者应深谙影响其东道国饭店经营的相关法律及规定，并时刻警惕饭店服务和促销活动中的潜在法律风险。

旅馆经营者的责任

法律早已明文规定，旅馆经营者应对顾客及其所有财产承担责任。在银行业务系统及方便的信用卡制度问世之前，英国《普通法》通过强制旅馆经营者要为顾客及其所属财产安全问题负责来保护旅行者的安全。事实上，旅馆业主人员勾结盗贼，偷窃客人财产及物品事件屡有发生，这些恶劣的后果致使英国出台相关法规，以规范昔日不被信赖的旅馆经营者的行为。

数百年前，用以保护客人以免受不道德旅馆经营者侵犯的《普通法》原则仍沿用于今，尽管在大部分情况下规定旅馆承担的责任十分有限。

许多国家在旧的普通法或新的民法的基础上，相继建立了住宿业消费者权益保护法。其中一部分消费者权益保护法相对严格一些，但总体来说，旅馆经营者只遵循本国法律规定承担相应的责任。因此，在已建立健全玩忽职守法和消费者权益保护法的国家，顾客的权益会得到更好的保护；而在其他地方就是另一番情形了。

虽然国际法共存原则确认国家拥有立法的最高统治权，但是随着世界上各个国家相互依赖程度的提高，国际法最终也将支配国家法律。在过去的几年中，相关部门已在国际层面上将旅馆与消费者的责任编集成典，国际饭店协会和国际私法机构这两个组织正致力于为维护消费者权利及旅馆利益而制定统一的法规。

国际饭店协会有关饭店的法规

大约 90 年前，国际饭店业曾颁布过首个饭店管理条例，其通行内容被国际饭店协会所采纳。该条例的目的是"制定普遍接受的有关饭店住宿合同的国际贸易惯例法规"。这些规定强调交易中双方的契约关系，向顾客和饭店业主通告各自的权利和义务，主要作为国家法律规定的合同条款的一项补充，用于当某一国家法律内容不包括有关饭店住宿业合同的具体条款时。因此，他们并没有替换原有的国家法规。

法规的第一部分涵盖契约关系，并明确指出饭店业主有义务向客人提供住宿设施及服务，这些在饭店类型下被视为正常的服务。相应地，客人有义务按照约定的价格支付款项。饭店可以要求客人在提前预订时预付全部或部分房价，账款在客人住店时予以支付。当合同不能全部履行时，过错方必须承担给对方造成的所有损失。如果饭店业主无法保证履行合同时，应努力在本地区寻找同等条件或更高水准的住宿选择，由此而发生的任何额外成本必须由饭店业主承担。

法规的第二部分涵盖"其他义务"。它指出饭店业主根据国家法律必须承担的责任，当国家法律未作上述规定时，适用 1962 年 12 月 17 日通过的欧洲公约中的各项条款。饭店对客人物品承担的责任通常十分有限，除非饭店业主或员工出现过失。饭店接受客人存放贵重物品的责任取决于饭店的规模和档次，客人对由自己造成的饭店人员、建筑、设施、设备等"任何损坏"负有责任。为了保证所有欠款回收，饭店有权利扣留或最终处置任何客人带入饭店的私有财产。

根据条例规定，"客人应遵守惯例和所下榻饭店的各项规定"。如有严重或执意违反饭店内相关规定，饭店有权不经通知终止双方合同。除非有事先约定，已预订客房必须在下午 2:00 前清理完毕，离店客人必须在正午之前办理退房手续。有关条款的细则请参见本章附录 B。

国际私法协会的努力

国际私法协会（UNIDROIT）的目标即运用恰当的方法来平衡协调不同国家、地区及集团之间的利益，逐步为国际立法机构制定统一的私法做准备。同时，它也致力于制定饭店业主责任制的统一法规。国际私法协会关于饭店业主对顾客财产所负责任问题的条约于 1967 年正式生效。虽然此条约仅涵盖了合法权益问题的一部分内容，但它仍被欧洲许多国家所采用。1980 年，国际私法协会又将主要的精力集中于进一步完善饭店业主合同问题。以下是其内容的主要四个方面：

• 饭店业主的定义；

• 顾客财产遗失或损坏；

• 人身伤害；

• 预订业务。

由于各国之间存在法律标准的差异，国际私法协会中的饭店业主合同法至今没有被官方采纳。同时，该合同也缺乏世界上主要的饭店协会的支持，其中包括国际饭店协会。近来，由于东欧、中国、俄罗斯和其他地方新开放的饭店市场，国际私法协会的饭店业主合同法草案又一次遭到了国际饭店协会的猛烈抨击。国际饭店协会强调：当一个产业如此多样化和广泛化，而且涉及各种文化特征及法律体系的时候，任何强制制定可能不切实际和人为的法律原则的努力都不会取得成功。

环境法规和自愿准则

关于全球变暖和气候变化的国际讨论重新点燃了人们对环境法规的兴趣，跨国经营饭店的经理应该意识到这一点。国际法是以难以实行的国际会议、惯例和协议的形式制定的，然而，国际法却影响着更便于推行的国内法。国内法通常采取准则、法案和质量标准的形式。影响饭店和旅游的环境法的例子大致包括：

- 饮用水质量标准；
- 室内空气质量标准（导致很多国家有禁止吸烟法律）；
- 排放标准；
- 关于可回收垃圾的分离和处理的法律；
- 食物和有机废物的处理；
- 关于噪声的法律；
- 建筑、施工和管道规范；
- 关于栖息地和物种保护与保存的法律。

除了法律法规，自愿协议和标准形式的自调节变得越来越流行。一般而言，自调节采取公共/私人部门参与或得到出于特殊目的的非政府组织的赞助。今天，一个主要的国际志愿环境标准的例子是国际标准化组织 ISO 14000 系列环境管理标准。ISO 14000 系列标准由国际标准化组织（ISO）制定，是一系列旨在提高组织在环境相关问题上的表现的环境管理指南和标准。尽管 ISO 14000 系列标准由 17 条环境指南和标准组成，但 ISO 14001 系列标准（环境管理体系——规范及使用指南）是最直接适用于饭店行业的。有意采取这些标准的饭店可以和国际标准化组织指定的其所在国的国家认证机构联系。[⑦]

结 论

界定饭店管理的最好方式是根据那些无论国内或是国际饭店其管理者或多或少都必须履行的职能来进行，这些管理职能包括：计划、组织、组织与人事、协调、领导、指挥和沟通、控制、评估及代表。虽然不同国家饭店管理的职能类型可能相同，但经营者或所有者的实施方法却大相径庭。本国管理者一般来说处于高预见度、稳定的环境中经营饭店，这样有助于其更好地控制日常事务及为未来发展构建蓝图；而国际饭店的管理者要面临许多环境中的不确定因素，无论他计划多么周全，"意外事故"或"危机事件管理"仍然是家常便饭。有些国家政治环境风云莫测，饭店管理者只能做出日常回应，其工作时时面临着难以预测的挑战，因此，他需要具备文化洞察力、分析能力以及不同形势之下随机应变的能力。

每一个饭店都有其自己的组织文化，它是在公司政策、领导原则和标准之下形成的，同时也受到饭店管理的领导行为及员工的文化素质的影响。身为国际饭店的管理者要尊重那些价值取向或工作态度与自身的文化框架和经历不同的饭店所有者、员工、顾客、供应商及其他人，从而跨越不同文化特征和不同国界的人们之间的鸿沟，同时，也要遵守董事会制定的一般原则。

只有当命令以能够理解的方式下传之后，组织和协调工作方可顺利实施。沟通不仅仅是简单的发布指令和做出解释，也是激励员工、促使其实现饭店目标和使命的必不可少的手段。没有彼此间相互沟通，饭店就无法获得改进工作的反馈信息。在饭店中，与顾客之间的沟通是最为关键的。国际饭店通过在与顾客接触领域安排掌握多种语言的员工，或者提供超越文化的全球通用的标志来使客人倍感舒适。

国际客人的需求千差万别，不同的文化观点和旅行习惯将影响到他们对饭店住宿、客用品、饮食、服务以及最重要的要素——款待的评估。款待的概念或许是全球性的，但款待的方式却因文化而异。为了让将客人作为个体而非"数字"来提供服务，饭店管理者及员工必须了解不同文化对款待的看法，并寻找根据客人的需求和意愿提供个性化的服务的途径。至少，员工应有足够的饭店客源国相关知识，以避免文化失礼。

除了跨文化沟通和顾客服务之外，国际饭店经营中还需要其他方面的专门知识，包括会计、采购、设施运营、饭店保安及法律条款等。在会计方面，不同的交易和外汇风险及会计报表的汇率折算将直接影响到饭店的现金流量，最终冲击到饭店的利润；在采购方面，东道国实施的进口政策法规可能会使饭店采购过程复杂化。作为惯例，政府希望鼓励国内采购和实行进口替代战略，因此饭店要尽可能与国内供应商从事交易活动。

在发展中国家，基础设施经常会出现短缺现象，在这种情况下，为了饭店自身需要及更好地满足顾客需求，管理者必须采取备用计划以应对可能由于当地基础设施不足带来的问题。目前，许多国家饭店的维修保养都存在着严重问题，虽然政府允许进口高档原材料和设备进行饭店建设和内部装修，但是严格限制用于更换和提升档次的后续进口。因此，具有专门设施运营知识有助于管理者考虑通过国产替代品来保证饭店的正常运转。

在政治动荡的环境下，需要考虑客人的安全问题，这涉及饭店业主对客人的责任和义务及客人的权利问题。一个国家的法律规定不一定存在于他国法律之中。对于建立一套由世界各地政府和饭店采用的旨在"制定普遍接受的有关饭店住宿合同的国际贸易惯例法规"的统一的国际饭店法规的努力，国际饭店协会一直予以公开反对。

从本章中我们可以清楚地看到：与国内管理饭店相比，国际饭店管理者需考虑的因素更多，而这些因素大多又更不确定和变幻莫测。因此，灵活性、适应性和创造性是任何一个国际饭店管理者所必备的基本素质。

尾注:

① Germaine Shames and Gerald Glover, World Class Service (Yarmouth, Maine: Intercultural Press., 1989), pp.171-172.

② Judy McClure Hachey, "Selling to Foreign Markets," Courier, March1990, p.87.

③ Kyuhu Lee and Jinlin Zhao, "Japanese Travelers' Service Preference in U.S. Hotels," Journal of Travel and Tourism Marketing, vol. 14, no. 2, 2003, p. 67.

④ Samantha McClary, "Chinese Check-in," Caterer and Hotelkeeper, vol. 193, no. 4354, December 2004, p. 38.

⑤ Tat Y. Choi and Raymond Chu, "Levels of Satisfaction Among Asian and Western Travelers," The International Journal of Quality & Reliability Management, vol. 17, no. 2, 2000, p. 116.

⑥ Michael Simons, "An Overview of International Trends in Hospitality and Tourism Law," International Journal of Hospitality Management, vol.6, no.1,1987, p.4.

⑦ Sowing the Seeds of Change: An Environmental Teaching Pack for the Hospitality Industry (Paris: EUHOFA International, IH&RA, and UNEP, 2001).

主要术语

企业文化（Corporate Culture）：在一个组织中有意识或无意识地引导人们行为的一系列期望或假设，包括企业传统、后天环境塑造的要素、公司内的哲学、政策和人们尤其是领导者的活动。通常指将组织凝聚在一起的价值观体系。

经济风险（Economic Exposure）：对海外业务和关系所进行的战略评估的一种概念，建立在对企业和其竞争对手在融资、劳动力、原材料、服务和顾客等市场结构方面的了解基础上。

外汇风险（Exchange Rate Exposure）：在进行两种或以上非固定币值的外汇交易时而产生的风险或不确定性。

交易风险（Transaction Exposure）：当使用外汇进行商业交易时可能发生的风险。它涉及交易发生和清偿时由于汇率变动对现金流量产生的影响。

折算风险（Translation Exposure）：在制作财务报表时，将所有的资产和债务价值由外汇转换为本国货币时出现的价值变动。通常所有的资产和债务价值根据报表制作当日的汇率来折算。又称为会计或资产负债表风险。

复习题

1. 对国际饭店管理者来说，其中广为应用的 7 项管理职能是什么？这些职能主要涉及哪些业务活动或职责？

2. 组织国际饭店与国内饭店有什么区别？

3. 什么是企业文化？它对国际饭店的管理有什么影响？

4. 在国际饭店中，哪些文化因素影响人际沟通？

5. 国际饭店客人对饭店的偏好有哪些显著的区别？

6. 饭店中礼仪为什么重要？礼仪的基础是什么？

7. 国际商务旅游者期望国际饭店提供什么产品与服务？

8. 国际饭店的会计惯例与国内饭店有什么区别？

9. 当饭店管理者决定是从国内供应商处获取所需物资还是进口外国物资时，关键的考虑因素是什么？

10. 世界上哪两个组织致力于建立国际饭店法规？

附录 A

饭店业通行国际标识

信息

饭店 4056	问讯 4001	女洗手间 4004	楼梯 4034	游泳池 4020	舞厅 4102	维修服务 4111	美容美发院 4030
饭店信息 4026	失物招领 4061	男洗手间 4005	扶梯 4035	淋浴 4131	保持安静 4109	自行车 4114	擦鞋 4132
饭店预订 4057	交汇点 4011	洗手间 4006	上扶梯 4036	吸烟区 4012	出租车 4041	天桥 4116	花店 4031
卧室 4008	返还钥匙 4062	残疾人 4007	下扶梯 4037	垃圾箱 4013	公共汽车 4042	婴儿车 4117	商店 4119
入住登记 4130	行李员 4063	育婴室 4009	内线电话 4038	电源 4049	地面交通工具 4043	洗衣店 4118	电影院 4053
收银台 4058	行李登记 4027	客房清洁 4066	桑拿浴 4095	电灯开关 4105	航空 4044	汽车出租 4029	剧院 4121
票务 4023	行李寄存 4028	客房送餐服务 4067	健身房 4051	刮胡刀刀片 4107	直升机机场 4045	外币兑换 4022	药店 4025
保险箱 4059	钥匙 4039	冰块 4090	游戏室 4096	自动调温器 4108	铁路运输 4046	码头 4500	滑冰 4525
餐厅 4016	电话 4014	自动贩卖机 4091	游乐园 4097	养狗场 4103	水上运输 4047	帆船 4501	雪上摩托 4530
咖啡厅 4015	衣帽间 4018	饮水龙头 4092	电视房 4052	以绳带束缚宠物 4104	停车场 4040	摩托艇 4502	网球 4550
酒吧 4017	电梯 4032	饮用水 4093	会议厅 4099	加油站 4110	邮件寄送 4021	滑水 4503	高尔夫球

安全				消防	警告	禁止	
潜水 4504	徒步旅行 4570	楼梯通道 1012	A-Z 1091	消防警报 2004	警告 3001	无入口 3052	严禁骑车 3062
钓鱼 4510	自行车旅行 4471	防火梯 1013	0～9 1090	消防栓带 2005	高压电 3004	严禁进入 3053	严禁停车 3063

（续）

狩猎	骑马	砸碎逃生	直行箭头通道	灭火器	地板有水	禁止吸烟	禁止奔跑
4511	4572	1051	1002	2006	3017	3051	3065
滑雪	马厩	救护	转弯箭头	防火斧	注意防滑	禁止燃火	禁止玩滑板
4520	4580	1006	1003	2007	3018	3050	3066
划船	直行箭头	紧急照明	紧急通道	火警电话	油漆未干	禁止钓鱼	禁止游泳
4505	4002	1017	1050	2010	3019	3060	3067
海关	转弯箭头	急救站		喷淋装置	小心上台阶	禁止鸣笛	禁止抛锚
移民局	室内吹风机	1020		2012	3020	3064	3068
4202	4140	急救		直行箭头	小心下台阶	禁止饲养宠物	禁止赤脚
		1021		2002	3021	3054	3069
		担架救护		转弯箭头	损坏	禁止带入食品	3061
		1015		2003	3022		

资料来源：选自美国旅馆与汽车旅馆协会国际旅行委员会宣传册

附录 B

国际饭店法规

1981 年 11 月 2 日于尼泊尔首都加德满都被世界饭店协会正式通过

引言

60 年前世界饭店协会首次颁布了第一部饭店法规，以后进行过几次修改。近 20 年来，随着国际旅游业的迅猛发展，出台适应新形势的饭店法规成为目前的当务之急。

Ⅰ 目的

国际饭店法规的目的在于制定普遍接受的有关饭店住宿合同的国际贸易惯例法规，该法规向顾客和饭店业主通告各自的权利和义务，主要作为国家法律规定的合同条款的一项补充，适用于当某一国家法律内容不包括有关饭店住宿业合同的具体条款时。

Ⅱ 合同缔结方

住在饭店的客人并不一定是合同的主体，饭店住宿合同可能由代表其利益的第三方予以缔结。在本法规中，"消费者"一词是指在缔结饭店预订合同之后承担付款责任的个体或法人。"客人"一词指的是准备下榻饭店或已住在饭店中的个体。

第一部分：合同关系

第一款：住宿业的合同

根据住宿业合同，饭店业主有义务向客人提供住宿设施及其他服务项目。

提供的服务必须是该饭店类型被视为正常的服务，包括使用那些提供给一般客人的房间和设施。

消费者有义务按约定价格付款。

合同的条款以饭店类型、国家法律或饭店法规（如果有）、国际饭店法规和饭店必须出示给客人的规定为准则。

第二款：合同形式

合同形式不受任何相关规定的限制。

只有当一方接受了另一方所提供的帮助时，合同方可生效。

第三款：合同期限

合同在某个确定或不确定的期限内生效。当双方在一个确定的时间范围内达成协议之后，这个时间段即为最短的合同期限。除非超过一天的合同被要求和同意，自客人进店起到（次日）中午 12：00 即为饭店业的合同期限。

所有期限不确定的合同将被视为一天。在这种情况下,双方都必须在次日中午通知合同期满以中止合同。

饭店出示给客人的通知将被认为已通知消费者。

第四款: 合同生效

饭店业主和消费者必须遵守合同中的条款。

第五款: 合同失效

万一合同失效或没有完全生效,违约方必须补偿另一方的全部损失。受害方有义务采取各种合理措施减轻损失。

如果饭店业主无法保证合同履行时,应努力在本地区寻找同等条件或更高水准的住宿选择,由此而发生的任何额外成本必须由饭店业主承担。当违约时,饭店业主有责任赔偿对方所有损失。

第六款: 合同终结

除国家法律或国家贸易法已有规定之外,如果没有缔约双方共同的协定,任何合同在失效之前都不能被终止。

第七款: 支付

饭店可以要求客人部分或全部预付。

如果饭店从消费者提前收到一笔金额,应将其视为向饭店提供的住宿和其他服务的预付款。

除已声明为不可返还定金外,否则饭店必须返还预付的超过账单数额的款项。

账款在客人住店时予以支付

除已声明外,否则饭店没有接收支票、息票、信用卡或其他非现金支付形式的义务。除非饭店有其他要求,否则必须以适宜的货币作为支付手段。

第八款: 合同违约行为

如发生任何严重或执意违约行为,受害方有权不经通知立即终止合同。

第二部分: 其他责任

第一款: 饭店业主的责任

饭店业主的责任主要参照国家法律。

当国家法律未作上述规定时,适用 1962 年 12 月 17 日通过的欧洲公约中的各项条款。

饭店接受客人存放贵重物品的责任取决于饭店的规模和档次。

如果客人已被及时告知,饭店对贵重物品的责任可以得到合理限制。饭店不负责保证车辆及内部物品的安全。

第二款: **客人 / 消费者责任**

如果过错归因他们，客人和消费者对由自己造成的饭店人员、建筑、设施、设备等任何损坏承担责任。

第三款: **客人财物扣留**

为了保证所有欠款回收，饭店有权利扣留或最终处置任何客人带入饭店的私有财产。

第四款: **客人行为**

客人应遵守惯例和所下榻饭店的各项规定。

如有严重或执意违反饭店内相关规定，饭店有权不经通知终止双方合同。

第五款: **国内动物**

如果客人希望携带国内动物入住饭店，在将动物带进之前有责任保证得到饭店规定的许可。

第六款: **占用和撤出客房**

除非事先约定，已预订客房必须在下午2：00前清理完毕，离店客人必须在正午之前办理退房手续。

第 12 章

学习目标

1. 描述推动建立国家和国际饭店划分标准的不同力量。

2. 了解饭店划分的五个目的，掌握登记、划分和定级之间的区别。

3. 掌握建立标准、选择符号和实施划分体系时的相关问题。

4. 掌握建立国际划分体系时的几个相关问题。

5. 掌握官方和商业性划分体系的根本区别。

6. 了解当今世界上使用的一些划分体系。

7. 了解世界旅游组织在建立国际标准中扮演的角色；了解"世界级"概念的含义，并掌握实现世界级目标的几条基本指南。

12

国际饭店划分与标准

随着现代旅游业的出现，世界各国越来越意识到住宿设施标准和质量控制的必要性，直到国际旅游提升为世界贸易的组成部分之前，人们关注的重点仍然是国内消费者的安全及利益保护。由于这一导向，一些有关安全、卫生和食品安全的法律和法规得以通过，随后，又采取了颁发执照的做法，以确保饭店能够达到建筑安全、垃圾处理、环境卫生、食品卫生、工作场所安全以及相关要素方面的最低标准。今天这些规定在世界各地已被广泛采用。毋庸置疑，正是由于在过去几十年中旅游业和饭店投资的快速增长，世界范围内新的旅游目的地的不断涌现，以及消费主权主义的兴起，导致了对为旅游者和旅游业制定更为确定的划分体系和世界标准的产生，而关注焦点已经从消费者保护转向消费者信息。尽管至今尚无统一的世界标准，但它确实是必要的。

在大众旅游和全球通信技术未出现之前，低劣的饭店设施和服务被人们容忍，尤其是在发展中国家，但这一状况已不复存在。在信息技术时代，饭店业与其他服务业一样，正经历着深刻的转型。由于获取信息更为便捷，且旅游产品品牌覆盖面更广，来自世界主要客源国的旅游者在进行自身旅行安排和选择饭店时早已形成了特定的期望。因此，各目的地的国家倾向于采用国际通行标准，这不仅有助于满足旅游者的需求，同时也有益于目的地自身的对外促销。

历史回顾

19世纪后半期，欧洲旅游业经历的增长促使欧洲逐步完善其饭店标准。历史证明，那时极少有饭店能够达到中产阶级期望的标准，能够找到干净、舒适的床位和可口的饭菜比起设计华丽的建筑来说是更幸运的事情。因此，诸如泛舟、自行车和摩托车俱乐部成员在进行郊游时向其他成员或相互之间推荐介绍饭菜的举动便不足为奇了。在英国，自行车旅行俱乐部允许一些路边的小饭店使用俱乐部成员认可的熟悉的标志。在法国，汽车的出现促使米其林轮胎公司于 1900 年出版了一份面向法国的小册子，这本册子主要是通过图形符号介绍能够使饭店提供良好住宿环境的系列服务设施。由于认识到这类册子的商业价值，许多饭店开始主动地寻求加入这些组织的行列中，最终，另外一些组织开始为非汽车俱乐部成员提供饭店划分指南，其目的在于宣传和销售这类服务。

在 20 世纪 60 年代，随着大众旅游时代的来临，政府和国家旅游组织也对正式的划分体系产生兴趣，许多国家相继引入了一些形式的饭店注册或划分体系，至少是被列入其议事日程。在 1970 年，在全欧洲只有 5 个国家拥有国家划分体系，然而，到 2004 年时，83 个国家拥有国家划分体系[①]。今天，不同类型的划分体系已被普遍采用，国际和国内旅游者也在很大程度上依赖于这些标准体系。

表 12-1 所示是为创建一个标准的饭店分类体系所进行的各种计划、研究和调查的发展历程。尽管各种组织已经成功勾勒出可能促成饭店分类标准化的体系，但被饭店接受获得普遍认可并得以实施仍然是一个挑战。

表 12-1 饭店分类体系的历史进程

赞助机构	年份	目的与描述
国际官方旅游组织联盟（IUOTO）	1952	一份涉及全球饭店分类体系的书面饭店行业章程，并于 1971 年决定全球体系的制定需要与地区饭店业的专家进行磋商。
世界旅游组织（WTO）	1975	1976 ~ 1982 年，世界旅游组织接班国际官方旅游组织联盟后在地区层面上采用标准化的饭店分类体系，使用的是国际官方旅游组织联盟的模型。一项从 1985 ~ 1987 年对成员国展开的调查显示，54 个国家（73%）的全国饭店标准与世界旅游组织推荐的分类标准相一致。
欧洲的旅馆、饭店和咖啡馆（HOTREC）	1984	关于"提议欧洲经济共同体成员国的统一饭店信息系统"的报告。文件回顾和比较了欧共体内部现存的评级系统，并回顾了消费者信息需求和预定模式。
世界旅游组织（WTO），欧洲标准化委员会（CEN）	1989 至 20 世纪 90 年代	这些组织为推出标准化的图形符号和旅游与饭店设施相关的标准化技术而做出的几项重大举措。欧洲标准化委员会提出了"旅游服务——饭店欧洲标准"而且覆盖到了其他类型的旅游住宿。
国际标准化组织（ISO）	1997	建议分类体系中住宿设施的质量应该包含的事项，并提议将国际质量标准体系 9000 作为国际饭店分类标准的基础。国际饭店与餐饮协会（IH & RA）和欧洲的旅馆、饭店和咖啡馆（HOTREC）以该分类体系确保了业已决定的标准但没有解决标准等级、消费者期望和提供服务的问题。

划分体系基础

饭店划分目标可满足不同需求，具体包括五大重要目标。

- 标准化：建立统一的服务和产品质量体系以利于买卖双方构建一个有序的旅游市场分销体系。
- 市场营销：将其作为目的地促销的工具，以向旅游者提供有关目的地内不同等级和类型的饭店的建议，同时促进健康的竞争环境形成。
- 消费者保护：确保饭店能够满足分等定级所规定的有关住宿、设施和服务的最低标准。
- 带来收益：通过注册登记、销售指南等带来收入。
- 控制：为控制全行业质量提供一套体系。

在讨论划分体系之前，将下列概念进行界定是非常重要的。

注册。注册是指颁发执照时对最低标准规定可有可无的一种方式，大部分国家通常需要其与健康和消防安全规定相一致，以此作为某类最低标准。

划分。指根据饭店类型、设施和提供的用品等来将其划为某一特定等级类型，至今尚无全球通用的划分标准。目前，世界上大体有 6～7 种不同的饭店划分形式，它们分别使用五星、豪华、超豪华、一等、超一等、二等、中等、三等、旅游、廉价、经济和其他表达方式。

等级评定。用于表明质量评估结果，例如：它可能通过授予特殊标志来表明在住宿、服务、饮食和用品等方面已达到高标准。根据划分体系，等级评定通常用于某饭店已超过该级别的规定标准。

等级评定和划分通常混淆使用，尽管划分本身（即类别化）并非旨在表明等级，但等级评定的要素却包含了预计排列的划分体系中的内容。事实上，在使用星级或类似标志的国家体系时，消费者头脑中很难将划分与等级评定完全区分开来。

标准

如果一个划分体系未能被正确地理解，同时也缺乏实用价值时，那它就起不到任何作用。划分体系的基本目标在于为旅游分销体系中的买卖双方提供帮助，从本质上来看，采用的标准必须在业主和经营者有能力提供与消费者理性需求和偿付意愿之间寻求平衡。标准中的需求必须明确，同时必须定期对其进行修订以确保其跟上技术发展与消费者需求变化的步伐。

在实践中，有效的饭店划分体系一般包含以下八个要素：

- 确定类别；
- 确定每一种划分的标准；
- 规定特殊类型住宿设施要求标准（如汽车旅馆、床位＋早餐，宾馆、乡村旅馆、共管共住设施、公寓等）；
- 确定进行检查和划分的方法；
- 单独的餐饮评估标准；
- 确定处罚规定；
- 将划分体系与税收体系区分开来；
- 当出现争议时向上一级权力机构上诉的方式[②]。

大部分划分体系其标准的确定都包含下列所有或部分要素：规模、设施、人员、价格、舒适、方便性或便利设施、服务质量以及餐饮等。由于大部分评估的内容都是客观性的，因此，为了确保这一体系的成功，经营者和顾客双方都必须信任检查过程和饭店及检查人员的公正性。

标志（符号）使用

划分标志必须意义明确和简洁，尤其是将它们用于标牌展示时。阿拉伯数字和字母两者容易带来麻烦，参观者可能会觉得使用字母不及数字有意义，如等级 A 和 C，A 和 B，或 A 和 AA 使人感到模糊不清。但饭店经营者可能会担心数字化设计本身的含义。例如，有谁愿意在被称为三等和四等的设施中下榻或工作呢？有些国家采用罗马字母而不是阿拉伯数字，有的将数字和字母结合在一起使用，还有一些采用符号代替，如太阳、新月或梅花等。

在所有不同体系中，"星级"评定标准似乎是最好的，使用它的国家越来越多。星级划分借用了白兰地酒的评定概念，白兰地的星级越高（最高为五星），品质越好，即使不用解释，许多消费者都会对五星级饭店或二星级饭店有大致的判断。在实际工作中，不同国家之间的标准存在巨大差异，五星级饭店在不同城市有不同的含义，比如，罗马和加拉卡斯的一家传统五星级饭店可能是无法与同时期东京和新加坡的同星级饭店同日而语的。

划分权力机构

在正式的体系中，政府与国家旅游委员会和饭店协会的密切磋商是十分有益的，其中特别需要在体系本身的性质和标准两方面都能被接受的总体评估。从理想的角度出发，最好的注册登记划分和等级评定权力机构应该由政府代表（包括旅游委员会）、饭店和旅游业界人士组成。在实践中，各国的划分机构五花八门，有的国家的划分和等级评定由政府部门（通常为旅游委员会）来做，有的由饭店业界参与的国家旅游委员会来进行，还有的由非官方的汽车协会和商业性组织来承担。

当饭店自身比外界更了解如何运作饭店时，那么饭店协会就很难保持划分体系所要求的客观性，由私人运作的体系通常更能满足旅游者的需要，但它们却无法全面地实现政府控制的目标。此外，一些非官方的指南遭到指控，认为它们有意忽略那些未购买广告版面的饭店。为了消除这一影响，许多商业组织立即强调它们的广告部门与划分部门没有关系。过去，从事划分的私人或商业性组织很少向饭店业进行咨询，现在尽管它们主要致力于面向公众，但至少会考虑饭店业的看法。

客观评估

服务标准的界定和衡量范围必须足够广泛以满足投资人和顾客的多种需求，即使是受过严格训练的检查者都不可能精确地测定顾客满意的程度。许多私人或国家组织建议饭店不仅应力求做到客观，还必须使之被感知为客观。最后，所有的划分体系不外乎是为了指出所提供的设施、用品、服务的种类，并根据员工比率、形象、顾客调查、检查等来确定食品和服务的质量。前一个分析依据事实评判，后一个分析则有赖于经过训练有素和有经验的合作检查者的判断。

国际饭店业划分问题及相关事宜

关于饭店划分一直是一个有争议的话题，当缺乏清晰的可度量的标准时，要想出于划分的目的在种类繁多的饭店中将某一饭店划定到具体类型之中并非易事。在一个目的地，当官方和商业性划分标准同时并存时，通常会在评定等级和划分方面产生冲突。商业性指南一般偏重于服务质量、餐饮和舒适度，而政府评价体系则倾向于将重点放在有形部分和饭店设施方面。由于国家标准体系一般服从于政府压力，因此这种体系往往是全面而非限制性的，它在制定标准时通常比商业性标准涵盖面更为广泛。

当划分是在国际范围内进行时，其难度进一步加大。人们对不同的国际饭店评价体系提出异议，一些批评者认为这将导致对消费者提供错误信息。有一种观点认为在不同的饭店类型之间难以进行有效的比较，诸如海滨别墅、客栈、汽车旅馆、共管饭店等之间实在难分伯仲，再者处于不同地点的饭店——城市中心饭店、郊区饭店或偏远目的地饭店之间也难分高下，更不用提在世界上不同国家和地区之间进行比较了。

主观性

主观性不同程度地内生于大部分国家和国际划分体系中。各个体系都有自己的严格限定，并对部分饭店造成不公平，每一家饭店都有自己独特的卖点，它们不必遵循按划分体系制定的标准行事。难题不仅包括基于检查者 1～2 个短期评估检查无法准确加以评估，还在于构成服务或食品质量的要素至少在某种程度上受到文化、个人偏好和经历的影响。当跨越国界时，对质量的不同感知便更为明显，甚至在给有形设备、设施等进行评定时，如果某一饭店缺乏该类型所具备的条件，但在其他方面却远远超过要求时，也会出现评估难题。有一个典型的例子是一家位于夏威夷的以世外桃源闻名于世的豪华饭店，这个度假饭店不符合五钻级评定标准，因为它的管理阶层拒绝在房间内安装电视，由于不愿意被评为低等，于是干脆就不参加评级。

服务和设施的质量和数量

有关划分体系的又一种看法认为，它们牺牲了有关饭店实际设施的具体信息而过于强调质量的抽象理念，有些欧洲国家建议完全取消划分标准体系，并采用图形标志或统计图表式的标准信息系统来表明设施。然而，这一方法既未解决服务质量汇报问题，也未对饭店的环境加以说明。总而言之，饭店所提供的产品是膳宿设施和服务的混合，饭店本身只不过是钢筋水泥而已，是人给饭店带来生机，服务的好坏不仅取决于员工的人数，还有赖于他们工作的质量。

一方面，假如饭店只是列出图形符号来表示饭店里设有餐厅、带浴室的客房、电话和电视机，而没有某种形式的定性评价，那么对潜在的第一次购买者来说便没有多大的帮助；另一方面，如果购买者已经知道饭店被评为四星级，他就可以对膳宿质量和服务具有相应的概念预期，从购买者的角度来看，一个理想的体系或许应将划分符号和统计图表结合在一起，以期提供尽可能全面的信息。

"让市场决定法则"

许多连锁经营者坚信采用划分体系实属多此一举，他们认为饭店产品细分和品牌化趋势使等级评估体系成为过时的东西。在很多年前，公众或许需要依赖于等级评定服务以帮助其对所预期的饭店质量等级做出选择，但目前越来越多的连锁饭店和特许经营者已开始大力宣传"无惊奇"保证。当一个品牌在国际市场建立以后，品牌本身就成为市场上的质量保证。

此外，饭店业处于快速变动之中，顾客的需求经常变化，饭店要么通过提供新产品和服务做出回应，要么在竞争中被对手吃掉。由于划分标准是静止的，或者滞后于顾客需求的变化和行业发展，这使它在为顾客和业界的服务中都难有作为。许多人——尤其是业主和经营者认为在制定饭店产品和服务标准时采取不干涉的态度是一种更为可行的方法。赞同这一观点的人指出，人们购买何种产品和服务，以及支付何种价格是由市场上的经济法制而不是由划分体系来决定的。

国际协议的障碍

早在 1962 年，世界旅游组织的前身——国际官方旅行组织联盟就打算制定一套国际饭店划分系统。在全球经济一体化形势下，这样一套系统对打破国家和地区边界来为旅行业服务的好处是显而易见的。然而，世界旅游组织的前期努力并未得到其成员国的支持，在经过漫长的争论之后，到 1970 年得到的唯一结论就是放弃建立一套全球通用模式的努力，转而寻求有助于服务有限区域性的方法。1976 ~ 1982 年，六个地区世界旅游组织委员会开展了区域性标准体系③的制定工作，最终，世界旅游组织的绝大多数成员国，主要是发展中国家采用了上述区域性框架，或者是根据区域性框架对本国标准进行了修订。④

建立一套全球统一的体系所面临的问题很多。因为许多国家已经建立了自己完备的体系，并被自己所服务的市场熟知，这些国家自然不愿为了他人而接受这种新的体系。由于饭店及投资范围如此之广，饭店特色和标准众多，各国关于饭店法规存在差异，在这种情况下，如何使各国对定性和定量的术语和标准达成共识也成为一个十分棘手的问题。即使能够形成一致意见，也还面临培训和留住合格的检查员来实施这套体系的成本问题。虽然如此，由于旅行业中的各个组成部分——尤其是航空公司逐步实行统一的标准，构建一套全球适用的饭店划分体系将会重新提上议事日程。

成本

许多国家之所以没有一套正式体系，其中重要的一点在于建立、实施和维持这种划分体系所需的成本，由合格的检查员所做的定期检查是必需的工作，但这种工作不仅花时费力，更主要在于国家必须具有物色和培训合格检查员的能力。事实上，在一个全球范围内实行一套没有国界的统一标准可能要付出巨大代价。

业界的疑义

许多饭店都认可商业性等级评定体系作为市场营销工具的作用，但在大部分国家，饭店业都将官方的划分标准视为不必要的政府干预，认为它们过于官僚主义，而且带有强制性。在一些国家，政府采用这些体系用于指导价格制定、征税和在其与旅游政策一致时提供奖励，这将对饭店的发展和市场营销产生影响。有些国家的饭店业担心进行划分可能导致某种方式的价格控制，为了降低这种担忧，饭店经营者建议在建立国家划分及评定等级标准体系时应吸收业内人士参加，同时将标准与消费者和旅游业进行沟通。

总而言之，国际饭店业一方面并不十分欢迎划分体系，它们认为这些体系过于严格，而且并不能有效地帮助饭店实现市场营销目标。但另一方面，只要正式划分体系能够与消费者和专业人士的需要相适应，旅游业对此一般持支持态度，旅游业看到了它们作为保护旅行代理人、旅游经营商和消费者利益机制的价值所在。

政府的角度

大部分政府支持划分体系的原因有三点：登记或注册、旅游规划和市场营销。

从政府角度来看，登记的基本目的是：

- 提供有关各种住宿设施类型的全面信息；
- 为各种类型的设施确定最低标准；
- 确保旅游规划所需的全面及时统计数据，如关税和雇员人数等；
- 确保旅游住宿业能够达到公共安全方面的最低标准，如消防安全、环境卫生、保安以及客人财产安全。[5]

一个计划周密且管理有序的划分体系可以通过提供关于各地区、省市或国家饭店的权威数据来为政府制定旅游规划服务，也有助于确定国际和国内旅游市场上在长期和短期内对不同类型和价格水平饭店的需求。根据一个国家的特定目标，政府可以通过激励国内外投资来支持和引导对特定类型饭店的开发。

旅游促销委员会发现划分体系有助于目的地市场营销工作，因为他们可以针对不同的市场推出不同类型的饭店。在有些国家，划分还有助于剔除那些对优秀品牌、饭店业乃至整个目的地有负面影响的不合格饭店。

文化对标准和服务的影响

人们常说，饭店业无国界。当这成为不争的事实时，世界上不同地区的饭店业却遵循着不同的惯例，这些差异通过饭店具体实践体现出来。例如，在许多发展中国家，那些认为在家没有条件款待宾客的人，通常会选择豪华饭店来进行社交，因为这会使社交活动更有档次，也更加方便。

饭店管理和服务上的现有差异不仅体现在文化方面，还体现在工资水平、习俗、关税、进口以及具有经验的本地和外籍员工的可获得性等方面。例如，由于劳动力资源丰实且成本低廉，亚洲饭店在个性化服务方面具有更高标准，而美国和欧洲由于劳动力成本高，它们往往将重点放在效率和生产率上；亚洲文化中对客人的敬重是亚洲式服务的基础，在更优的饭店，这一概念是指将欧洲生产技术与提供全面顾客服务有机地结合起来。这些差异很难在一套国际标准体系中融合在一起，这也进一步加剧了建立能够符合世界和政府目标的标准体系的难度。

设施上的差异

谈到设施，专用浴室可能是国际体系中最难确立标准的一个方面，因为在这一点上，各国之间的差异最大。例如，在欧洲，许多国家饭店的魅力在于它们再现了其传统建筑、城堡等，而如果让这些饭店严格按照最低标准去要求的话，可能根本难以达到，即使勉强达到，也可能使这些饭店的魅力丧失殆尽。

和谐与同质化

那些试图建立国际饭店标准体系的设想都面临着实现标准化还是保持个性化的两难困境，尽管国际标准并不反对饭店产品个性化或特色，但它同样也不鼓励个性化。国际标准体系的基本原则在于提高国际市场分销效率及增强消费者信心，这样便不可避免地要求协调标准以及体系内的产品保持一定程度的统一性。建立统一标准意味着忽视建筑设计、建造、内部装潢、管理、服务方式等决定个性化的诸多要素，尽管它们对消费者来说至关重要。问题不在于没有将它们考虑进去，而是难以在不同国家进行测量。由于这个原因，有些国家倾向于采用那种根据价格以及依此判断其产品和服务质量的标准体系。

是否有可能建立一套可接受的国际标准，且这一标准既有实际意义，又能够不抹杀各国民族性和独特性的特色呢？答案是肯定的。有些国家确实实现了那种被非严格定义的"世界标准"——它们既达到了国际市场的期望，同时又保持了自身个性化，这些饭店具有五个相同特征：特色、体现地方风情、传统的款待、文化特质和历史传承。例如，西班牙的客栈，墨西哥的庄园住宅和日本的传统日式小旅馆，便充分体现出上述五个要素，这种形式的住宿设施已成为旅游体验中反映当地价值、传统和文化的国家特征。⑥

案例节选

西班牙的客栈

"Parador"是新近开始使用的一个词语，在西班牙文中为"客栈"的意思，它是由国家旅游委员会经营的国营饭店。引入"Parador"概念基于两方面的考虑：一方面，能够体现杰出传统或古典建筑的老建筑是大部分这类饭店的特色。宫殿、城堡、修道院和其他古代遗迹为主要目标，还有最能代表地区特点的建筑和花园；另一方面，将旅游业推进到鲜为人知的地区，其中主要是内陆地区。独具特色的环境、伴以著名的地方菜肴，使"Parador"这种形式本身成为旅游目的地。通过这一手段使旅游业得以在全国实现平衡。将饭店所在地历史与地理有机地结合起来的理念是"Parador"得以成功的重要组成部分。

墨西哥的庄园饭店

庄园住宅的由来与美洲的开拓殖民地密切相关。"新西班牙"的征服者在由西班牙国王获得的土地上逐步建起了庄园住宅——意为大片田产，它们成为当地经济活动的中心。庄园饭店的典型特征是建筑优美。它们拥有豪华饭店的一切用品，然而却丝毫不让客人感到远离墨西哥。庄园饭店的土地上种满了鲜花和树木，是人们散步、探险和骑马的理想去处。许多庄园饭店还凿有水渠和温泉池，这样，不仅可以使人们寻幽探古，而且赋予了它们以新的生命。例如，位于 SAN JUAN DEL RIO 的 LA MANSION GALINDO 饭店就是将 16 世纪的庄园住宅变为一个拥有会议设施的地地道道的乡村度假地。四个世纪之前的古董遍布在墙上，饭店掩映在精心移植的森林丛中，以唤起人们对庄园住宅的情怀。

日本的传统日式小旅馆

将自然美景和艺术娴熟地融进日本的好客环境之中创造出了传统日式小旅馆。在传统日式小旅馆中央布置着日式花园，意在使人们清心明目。据说最早的传统日式小旅馆建于 1200 年前，虽然这一时间难以考证，但至少可以追溯到 18 世纪，从那时开始到今天其数目已经增长到 8 万多家。它们中的许多进行了更新改造，达到了为国内外旅游者提供一流的且具有文化特色和高度个性化服务的住宿设施的水平。从建筑、建材到客房装饰等都采用的自然资源，用于与四季气候特点相适应。一些现代大型国际饭店也提供传统日式小旅馆作为客人的住宿选择。

资料来源：汉娜·阿雅拉，"国际饭店创新：回到未来"，《康奈尔饭店与餐馆管理季刊》，1991 年 2 月，第 41 页。

优势和积极因素

尽管上面谈到饭店划分体系存在着诸多缺陷，但它也具有许多优越性。它的作用尤其体现在向公众提供有价值的消费者信息上，市场营销专家通常将划分体系作为重要的市场营销工具。从政治角度来看，国家划分体系有助于获得政府对产业的支持，因为它带来了人们对饭店业的关注，并认识到它在经济中的重要地位。

随着全球经济一体化进程的加快，几乎所有的产品都在制定世界性的标准。从产品设计、创新、服务质量到市场响应速度等都被牵引到全球层面。作为在经营范围上已经全球化的产业，自然难以成为例外。

构建一个全球划分体系的重要性到底有多大呢？对于大部分国际旅游者来说，它可以进一步确保其在国外有可能寻找到需要的饭店，这些饭店的标准与其根据以往自身国内外经验所熟悉的饭店标准相一致，这对于旅游产品的买卖双方都同样如此。具备决定饭店产品，尤其是一个陌生地方的饭店产品的能力对于为顾客提供咨询、预订或组合包价产品是十分有益的。在旅游产品的市场营销方面，如果旅行社代理商能够使用被普遍接受和了解的饭店等级评定和符号来介绍产品的话，则整个过程会容易得多。根据定等或划分来判断有助于旅行代理商和顾客双方对饭店形成清楚的认识。

部分实践中划分体系案例

世界旅游组织指出，目前绝大多数国家都采用某种形式的划分体系。这些体系要么是官方的（国家、政府实施），要么是民间的（商业性）。官方标准通常由国家旅游委员会起草，并同饭店业代表进行协商。民间或自愿标准通常由商业性公司和协会颁布，其目的在于促销饭店服务。在一个国家同时拥有官方标准与民间标准的情况并不少见。

从市场营销的角度出发，商业性划分体系一般得到业界更多的支持，因为它们往往被视为市场营销服务而非规制工具。从政府的角度来看，商业性划分体系的主要缺陷在于其名录过于简单，失之全面。政府往往出于以下多种原因选择全面的体系，包括考虑选民的意见、目的地市场营销、税收估价及总体规划。在一些商业性体系中，包含的饭店是由运营服务组织任意选定的；还有一些采用自愿加入原则，其目的主要在于市场营销。民间标准很少出于营利目的，它们通常是为了方便其成员和作为提供给成员的某种利益，或者是为了与宣传促销结合在一起。这是它与官方标准的本质区别所在，后者往往通过饭店登记注册、执照费、署名费等来获得收入。

在那些采用官方标准的国家，是否参与分级并不总是强制性的。但是，如果选择不参与的话，它们将可能被排除在官方饭店指南之外并失去其他的利益，如在旅游展销会上的促销。在许多国家，分级程序合格是允许其进行营业的前提。建立和实施官方分级通常由指定的正式机构负责，它们必须向国家旅游委员会汇报。

多年来，各种划分体系不断改进。大部分国家遵循一种或多种具有一定差异的标准体系。最广泛使用的关于优秀或优秀等级的标志是星级评定系统。近年来，有些国家和地区开始选择自己的标志，如韩国的铜盾和香农玫瑰（SHARON）等，并分别具有不同的评估和授予标准。在本章后半部分，我们将分别介绍几种划分体系，以帮助了解如何在实践中具体运作。

《米其林指南》

传统的饭店定性评估方法的最佳典范是由法国创立的，它们同时拥有官方和商业性的标准体系。具有知识和经验的旅行者几乎忘记了强制的官方标准，它们仅仅依赖由米其林轮胎公司旅游部出版的《米其林指南》。1990 年，安德烈·米其林制定了该指南，这个指南最初是为了帮助车主保养汽车，找到体面的住所，在观光的同时也能享受美食。

米其林标准要求不公开出版，由公司决定哪些饭店可以榜上有名。饭店被匿名检查，指南公布饭店检查的结果。根据《米其林指南》，饭店被划分为五个等级，并通过房屋、刀叉、鲜花等表现出来（图 12-1）。在《米其林指南》上等级的变化可能会导致某家饭店的成功或失败。[⑦]米其林评定标准还使用一些图形标志来代表特定的饭店设施如空调、免费停车场、带设备的会议室及残疾人客房。最近几年，米其林在其指南中增加了适用于纽约、拉斯维加斯、洛杉矶和旧金山的指南手册。

图 12-1　米其林评估图系

资料来源：《米其林手册》。获准号 93-875。备注：表明不同类别的符号颜色在重新印刷时与原手册不同。

《美孚旅行指南》

在北美，美孚石油公司制作了《美孚旅行指南》。《美孚旅行指南》从 1958 年开始每年出版一次，起初只覆盖 5 个西南州，但今天它已经包括美国和加拿大的 15 个地区、4000 个城市、22000 个网点的 22000 家饭店、汽车旅馆、客栈、小旅馆、度假地和餐馆。在世界上使用的大约 100 种饭店等级体系中，美孚评价体系被认为是最重要的。每年都有约 17000 家住宿设施被审查，只有 14000 家左右得以被列入出版物。在这些饭店中，60%～70% 为一星和二星级，30% 为三星级，只有不到 5% 的被审饭店被幸运地评为四星和五星级。一些饭店专家坚信 5 星级称号每年能为一家饭店带来 100 万美元的额外收入。®由于饭店被年度评估，因此，评定的等级也不是终生的。几乎每年都有 10% 的饭店从名录上撤销，由新的饭店取而代之，以此保证指南的代表性。

该体系采用自愿原则，所有饭店都可以申请参加检查，以被列入《美孚旅行指南》中。一般的饭店只检查一次，四星和五星级则还要由高级评估员进行匿名式检查。通常，经过培训的代表以匿名方式到达饭店，并要求会见其管理阶层，他们一般不在饭店住宿，但在现场参观时要了解有关房价和其他信息，或发现饭店的变化。代表们并不直接打分，而是采用由 100 多项内容组成的检查表向评定委员会提交书面报告。评分权重的很大部分放在顾客的信件和对指南要求的意见卡的反映上。

在确定评分标准时，美孚公司向国内和国际上的众多饭店专家进行了咨询。虽然增加和修改了评估的内容以体现今天饭店业专业化水平和顾客日益成熟的特征，但最初的标准基本未变。尽管缺乏明确的标准将价格作为贡献因素来限定其幅度，但该体系仍然包含了有关物有所值的评价。

饭店分级采用五星级形式，它们按照下列标准划分如下。

• 五星：国内最好的；

• 四星：杰出的，值得特别一游；

• 三星：优秀的；

• 二星：很好；

• 一星：好。

检查标注同评估配在一起，表明非同寻常的价值。

评估的主要区域包括：

• 有形结构，包括建筑外观的质量和状况，绿化，内部公共区域、客房；

- 家具类，包括地板和地面覆盖物，纺织品、灯具、电器，家具；
- 维修保养，包括客房、卫生间、公共区域、娱乐设施；
- 客房，包括客房、卫生间、公共区域、娱乐设施；
- 总体服务，包括员工和管理人员的制服和态度及员工客人比；
- 餐饮服务，包括餐厅和客房送餐服务质量及花色品种，摆台、展示等。

与此同时，无形服务也是评分时考虑的重要组成部分。美孚体系强调饭店根据投资者和管理目标所确定的特色和服务的一致性，同时还考虑地点和文化方面存在的差异。例如，适合迈阿密的装潢和家具陈设不一定适合曼哈顿。老饭店中的小卫生间与新饭店的大卫生间不可同日而语，但会考虑其功能及管理人员是否朝现代化方面做了努力。

美国汽车协会

美国汽车协会（AAA）从 20 世纪 30 年代开始将饭店列到《旅行指南》之中。但是，直到 20 世纪 60 年代早期才开始依据一套简单的评估体系真正进行等级评定，这套体系将饭店分为好、很好、优秀和杰出四等。从 1977 年开始，钻石体系——从 1 颗到 5 颗被用于作为质量的象征。每年，AAA 在美国、加拿大、墨西哥和加勒比地区检查的饭店超过 60000 家。在这些饭店中，只有 2500 家饭店、汽车旅馆、餐馆能够有幸被收录进《美国汽车协会旅行手册》和《旅行指南》中。这些手册每年的发行量在 3800 万份以上。美国汽车协会成员也可以在线获取指导信息。

任何一家想要得到美国汽车协会钻石评级的饭店必须满足美国汽车协会的最低要求。[⑨]这其中包含 27 条与外部特征、安全性、消防、客房服务和房间环境相关的和一些其他方面的标准。如果一家饭店满足了这些最低要求，就可以申请美国汽车协会对其进行评估。饭店提交的申请中必须包括其最近的外部和公共区域的照片，以及标准客房和卫生间的照片。在申请并提交照片之后，美国汽车协会通常会告知该饭店它将在一年之内接受一次与申请相应的匿名评估。

在申请审查期间，美国汽车协会首先会验证申请信息，并对饭店开展初步调研。如果饭店被推定为合格，美国汽车协会就会派一位旅游编辑访问该饭店，观察饭店的总体吸引力、外观和与饭店的基本要素相关的其他因素。这一初步查核为证明该饭店明确具备美国汽车协会成员所关注的特征。如果美国汽车协会对此表示满意，将会有代表与业主、总经理或饭店的指定人员进行简短的面谈。面谈出于两个方面的目的：第一，美国汽车协会可以收集同意饭店加入所需的真实资料；第二，饭店代表也有机会通知美国汽车协会饭店的改进计划。

面谈之后，旅游编辑将带领饭店代表参观饭店，以证实该饭店确实满足美国汽车协会钻石级要求。此外，编辑也会运用饭店业普遍适用的一系列客观标准指南对饭店进行评估。这些综合性指南由包含饭店六大板块的 300 多项条款组成。

- 管理人员和基层员工；
- 客房清扫与维修保养；
- 外观、地面和公共区域；
- 客房装饰、环境氛围和客房设备；
- 卫生间；
- 对客服务。

评估之后，AAA 将做出是否将该饭店列入名单之内的决定。那时，旅游编辑将为其指定或建议一个钻石等级。在评估过程的最后，旅游编辑会提供给饭店代表一份包括评级决定在内的评估的书面总结。

美国汽车协会对饭店的钻石评级呈现了饭店的综合质量、设施配备是否齐全，以及饭店提供的服务水平。这些等级是仅赋予那些满足并实行美国汽车协会的严格质量标准的饭店。

一颗钻石 精打细算的旅行者感兴趣的饭店。这些饭店只提供最基础的，必要的住宿设施，并满足舒适、整洁和殷勤好客的基本要求。

两颗钻石 这些饭店吸引的旅行者不满足于基本的住宿设施，而是寻求那些在总体物质特征、设计元素和设施的舒适程度，并且通常是中等价位的饭店。

三颗钻石 风格高雅的多功能饭店，在物质特征、饭店用品和舒适程度有明显的质的提高。

四颗钻石 在各方面都很高端的饭店。住宿设施更加精致时尚，其物质特征反映出全面质量水平的显著提高。这一层次饭店的基本特征包括大量与高水平的好客服务和对细节的关注相结合的设施。

五颗钻石 最为豪华和先进完备的饭店。住宿是一流的，其物质特征在各方面都是超凡突出的，这一层次饭店的基本特征是提供精细的服务、超出顾客期望，并保持完美的卓越标准。许多个性化服务和设施可以提供无与伦比的舒适水平。

由于美国汽车协会和美孚在评估设施时采用不同的方法，饭店同时接受两种评估体系也并不罕见。此外，《美国汽车协会旅行手册》的评估服务主要针对成员企业，其出版物不向大众销售，而《美孚旅行指南》则主要面向公众进行发放。

英国统一分等体系

基于英国在汽车协会（AA）、皇家汽车俱乐部（RAC）和英国旅游局的一项协议，英国已经为饭店和其他住宿设施制定了一个全新的统一分类体系。虽然在此之前，上述三个组织已经有了自己的分类方案，统一体系将根据质量标准分类星级，最低为一星，最高为五星。这个新体系是自愿性质的。

新的统一体系下的饭店分类等级的相应描述如下。

一星级饭店 一般是小型的，个体独立拥有的饭店，营造出一种家的氛围，这里的服务通常是由一个家庭提供的。这些饭店提供的设施有限，而且只为客人提供简单的早餐，有些房间甚至没有配套卫生间。

二星级饭店 这些中小型饭店比一星级饭店的设施更为齐全，接待和登记处也更为正式并得到更为专业的管理，餐饮设施的选择也更多。一些商务型饭店是二星级的，并且拥有配备良好的住宿和配套卫生间。

三星级饭店 三星级饭店相较一星级和二星级饭店而言更大，较高质量的设施也更为齐全，并且提供全面服务。客房的家具和用品种类更多，其中包括直接拨打长途电话、吹风机和其他卫生间用品。在区位上吸引商务旅客的三星级饭店比较低等级的饭店拥有更多的商务设施。

四星级饭店 四星级饭店提供的住宿近乎奢华，配有质量上乘的家具、装饰和设备。客房更大，以豪华的家具和设备为特征。由于员工客房比更高，这些饭店能够提供更为个性化的服务，例如24小时送餐服务和洗衣服务，这些个性化服务构成饭店的标准特征。

五星级饭店 这些饭店的房间很大，而且很豪华，符合世界级标准。饭店的内部设计堪称精美的艺术作品，给人一种奢华和优雅的总体印象。这里的服务水平很高，以满足更高的顾客期望。这些饭店应具备高水平的员工客房比、持续的员工培训、高度注重细节，以及对管理人员和烹饪人员高技术培训和教育。五星级饭店反映出世界级服务标准，无论是有形服务还是无形服务。

爱尔兰分类体系

之前实行了13年之久的爱尔兰饭店与客房分类体系并没有得到爱尔兰饭店的普遍支持，将近15%的饭店选择退出这个体系。因此，爱尔兰旅游局和爱尔兰饭店联盟联合制定了新的饭店分类体系。随着这个新分类体系的逐步深入，新旧两种体系处于共存状态，直至 2008 年，新分类体系完全取代旧分类体系。

新分类体系涵盖了从一星级到五星级五大类饭店，并且引入了一种新的计分系统。饭店必须遵守一套分类的基本标准。饭店设施和服务已经被赋予相应的分值并以列表的形式呈现，所有的二星级、三星级和四星级饭店必须达到列表中某一特定的最低分数。消费者可以登录 www.hotelstars.ie 网站获取新体系运作详细信息。正如上一段提到的，在先前的体系中，很多饭店选择不参加分类，而这削弱了该体系对消费者的有用性，因此，新体系是强制性的。为了保证清晰度和透明度，经营者需要完成一份自我评估的文件，这一文件由爱尔兰旅游局的订约人检验并对饭店进行访问。经过这些步骤之后，饭店才会被授予相应的等级。

西班牙地方性标准体系

直到 1986 年，西班牙才有了一套国家强制的饭店划分体系。为了与整个国家行政管理体制相适应，该体系由 17 个地方性政府负责，但仍然是强制标准。根据法律规定，所有的饭店都必须提交一份划分申请和有关饭店的详细资料，然后地区旅游局对该饭店进行检查，以确保其达到最低标准要求，在此基础上进行划分。所有地区都使用星级体系。许多饭店可能提供餐饮，但它必须接受旅游局的专门核准。

在西班牙没有统一的国家饭店标准。各自治地区自行公布其标准，且地区与地区之间差异很大。有的地区仅仅根据饭店设施进行客观评估，有些包含对服务和环境的主观评估。与此相适应，在西班牙的连锁饭店可能会发现它们在不同地区的饭店被划分为不同类型。由于划分体系与税收相关，连锁饭店将最终为同样的饭店支付不同的税收。由于饭店的税收与等级有关，许多饭店出于避税目的而自愿将其降档。

其他划分体系

一些国家愿意以价格来进行划分。这种自由放任方法基于这样一种理念，即价格能够有效地反映饭店所提供的服务水平，市场本身是标准的调节者；有些国家对特定等级的饭店提出最低客房数量要求，但仅仅根据规模来进行划分无异于一种统计工具。也有的国家政府根本反对划分体系理论，它们认为，市场将通过竞争来调控质量，一个自由的市场最能够满足消费者的要求。

此外，与之前讨论过的立足于国家或由政府赞助的分类体系毫无关联的新的民间饭店分类体系迅速增加。自从引入互联网之后，供消费者使用的饭店预订网站快速增加，其中很多已经制定了饭店分类和评级系统。这些饭店等级通常是基于价格梯度或知名的通行的行业划分（豪华、经济型），而且评级体系通常是基于消费者的反馈。这些体系通过授予饭店星级或其他标志来引导消费者选择饭店。

很多时候，这些网站也会张贴顾客对饭店的评价。这种直接的反馈对潜在顾客和旅行专业人士而言都是非常有益的。艾派迪创造了一种称为"全球最佳酒店权威精选名单"的分类体系。在整合消费者意见、与其他饭店进行对比来决定是否物有所值，以及"艾派迪饭店专家输入"基础上，饭店被给予一个点分数和相应的星级。消费者可以点击一个链接获取已经去过那些饭店的消费者的书面评价。

一家主要的单体饭店第三方预订平台 Utell 公司创造了一个名为"Utell 选择"的分类体系。在这一分类体系下，所有的饭店都归于三大主要类别之一：奢华、优秀、物有所值。根据饭店占领的特定行业细分市场还可以对其进行进一步划分，如豪华、度假和机场。这些分类都伴有适当的描述符。这些民间分类体系某种程度上是对全球各种分类体系缺乏一致性的回应。

趋向国际标准

近些年来，有许多国际组织包括世界旅游组织、欧洲经济共同体（欧盟的前身）和经济合作与发展组织（OECD）已经开始在全球基础上协调饭店划分体系。这些努力在增进对饭店划分问题的认识及逐步解决这些问题两个方面都做出了巨大贡献。1989 年，世界旅游组织对其区域性的标准进行了修订，使之保持与世界具有影响力的饭店标准相适应，同时考虑饭店新产品开发和顾客需求变化的要求。在区域性模式之后，人们建议采用适合全球的新的划分标准体系。为了推进新的体系的采用，世界旅游组织与国际饭店协会建立了工作联系，以更好地体现饭店业的看法；但必须指出的是，国际饭店协会至今尚未接受建立一个国际饭店标准体系的观点。

在制定标准时，世界旅游组织建议使用饭店划分体系时应具有灵活性，因为在不同饭店类型中价格政策和价格比较在不同的国家其影响力不尽相同。世界旅游组织还敦促必须邀请国际饭店和消费者协会参与标准的制定工作，这样便可以在进行划分时使不同饭店之间的意见分歧降到最低限度。国际协调保证机制应包括与那些出于商业目的的独立开展饭店划分的国际性私立协会和企业进行磋商。

现在，在达成饭店业共同的分类制度方面几乎没有国际层面的一致意见。然而，近期欧盟开始强调这个问题。它们的一个主要目标就是加强消费者作为服务享受者的权利，包括要求从服务提供者手里获得更高的透明度和更多信息。同时，

HOTREC（欧洲的饭店、餐厅和咖啡厅）在交互式地图上提供不同的欧洲分类体系相关的信息，通过这个地图，消费者可以很容易地弄明白在名单上列举到的国家中饭店星级的含义。这一信息以选定国家的民族语言和英语呈现出来。⑩

世界级服务标准

众多的饭店如今都渴望达到"世界级"水平。"世界级"是一个非正式的标准，它表明某家饭店所提供的产品的豪华程度及服务范围达到世界其他饭店的水平。正如饭店划分和定级一样，世界级也是一个值得争议的概念，对于大多数饭店来说，它代表了一种理想，而非真正可以企及的目标。

在当今国际化的饭店业中，世界级服务意味着持续不断地满足多元文化下公众的需求和期望，同时能够与服务提供者满足购买者需求和期望的能力和手段相适应。世界级的饭店通常将市场目标锁定在著名的国际旅游者，这些人中有许多人对公众来说具有极高的知名度——他们可以通过自己的声望和特征为饭店带来荣誉；世界级的饭店往往是那些具有悠久历史的古典饭店，这些饭店多年来保养得当，并不断更新改造；然而，世界各个角落也有许多现代化的世界级饭店，它们来源于规模宏大的投资、计划、运营、市场营销和形象宣传；此外，被合适的指南评定为五星级也有助于其树立世界级形象。很多人可能认为成为世界级饭店意味着在投资、装修方面的花费可能两倍于其他一等饭店。对这一观点也存在不同的看法，因为地点和其他变量同样会对成本产生影响。最为重要的是世界级饭店强调对人的关注，其结果导致与客人直接交往员工数的增加。

如果做到积极主动与灵活应变，那么世界级饭店便可以在同一个屋顶下让居住总统套房的欧洲贵族和下榻标准间的日本旅游者双方各得其所。从最低限度来说，世界级饭店必须提供适宜的和令人满意的服务，从更高层次来看，它必须让客人真正感到物超所值，所有可以想象到的服务都触手可及；最后，世界级饭店意味着能够提供对世界不同文化极其敏感的精致服务。

尽管并非所有大饭店都能够实现世界级饭店的目标，但对于职业饭店人来说，了解这一概念并为之奋斗是至关重要的。

由于没有世界级的官方定义，我们无法用一个简单的数学公式来描绘如何实现世界级目标。对于想要获得这一称号的经营者来说，首先他必须制定战略愿景。诚然，仅仅依靠一个战略并不能实现最终目的，饭店自身必须具备在最高层次上满足划分和定级要求的能力。饭店必须确有特色，至少在竞争对手中能够脱颖而出。下列原则或许能够、至少在某种程度上能够帮助实现这一目标：

- 在组织内必须对成为伟大的饭店具有共同的愿景；
- 管理者不能总是照搬书本，他们必须超越常规管理，而不能仅仅局限于不得不做的事情上；
- 管理者必须懂得如何款待来自世界不同地区、具有不同生活阅历的人；
- 饭店必须让它所在的社区认识其价值，它们应该尽可能为实现社区的社会目标做贡献；
- 必须了解、尊重不同文化，并将其纳入饭店内部价值体系中去；
- 人力资源必须被视为资产，饭店的政策、程序、条例和运营实践都必须体现这一哲学；
- 必须在各个层次开展持续不断的培训：实现完美在于过程，而非终极目标；
- 沟通不能偶尔为之，它是组织中的有机构成，员工必须能够系统地获取信息；
- 市场是检验世界级的最终裁判，服务提供体系必须兑现市场营销时做出的承诺，顾客的信任和企业的声誉是同一个事物的两个方面；
- 关注细节，饭店业是一个由细节、态度、承诺和期望构成的行业，它不同于生产性行业，除了在对客服务层面的质量控制以外，重工业中通行的原则在饭店业无法采用；
- 感觉是对存在于外部世界的客观现实的一种反映，因此管理者必须具有测量和评估饭店形象的方法，以寻求持续改进的途径；形象易失得之难，维持其则难上加难。

结论

　　饭店划分一直以来是一个争议的话题。进行饭店划分的目的显而易见：它有助于饭店市场营销和向消费者与分销渠道提供信息，同时还可以为制定旅游规划和法律提供必要的信息。

　　此外，饭店的划分还很不科学。划分标准及评估目标必须考虑政府和企业双方的要求。遗憾的是，定性和定量的设施和服务标准还存在分歧且难以度量和评估。例如，饭店的客房面积可以度量，但空间并不能决定顾客是否感到舒适和满意。争议的又一个方面在于划分（指划分类型）和评定等级（指质量评估）两者之间容易混淆。

大部分商业性的标准体系主要考虑诸如依据客房数来确定的饭店规模、设施、方便和舒适、服务质量及餐饮服务等要素。向公众展示的划分标志符号多种多样，但以星级最为普遍。但同样的星级在不同的地区体系中并不意味着同样的标准。比如，在有些国家，五星级只授给那些顶尖级的饭店，而在各个层次饭店竞争都十分激烈的国家却并非如此，两者之间不能混为一谈。

一些商业性企业，主要是欧洲和美国的旅行指南，同样提供饭店划分和定等服务。在那些政府不参与饭店等级评定的国家，私人企业进行评定则成为惯例。通常，现场检查员匿名抵达饭店，他们根据详细的评估标准来尽心评分，不仅包括建筑、硬件设施和用品的质量，还包括饭店热情周到、礼貌、效率、管理和其他方面。商业性评估一般来说比较严格，并具有排他性。更高的星级或钻石级可以带来额外的收益。由企业评定的等级随着时间推移经常变化，其原因在于有的饭店重新达到了标准要求，而原有的一些饭店由于自身变化无法继续维持要求的标准。

在有些情况下，政府试图通过双层体系将等级评定归入其饭店划分体系中，一层基于结构要素，另一层涵盖经营要素。由于这些体系考虑到上述两个方面，因此，饭店经营者认为它们更为合理。

由于世界经济的相互依赖性增强及国际旅游壁垒的逐步消除，因此建立一个世界通用的国际标准体系的愿望即使难以实现，其必要性也是不言而喻的。基于这一目标，世界旅游组织和经济合作与发展组织等一直在采取措施推动这一进程。尽管这些组织尚未完全达成一致或进行相应安排，但世界旅游组织已经向前迈进了一大步，它建立了一个可以为大多数国家接受的部分全球标准的最低划分标准体系。

从长远来看，一个具有可操作性和合理的划分体系能够为国家政府旅游管理部门、国际饭店业、国际旅游分销体系等各方带来利益，尤其是为世界各地的旅游者带来福祉。

尾注:

① Joint WTO and IH&RA Study on Hotel Classification, April 2004.

② P.A.L. Vine, "Hotel Classification ——Art or Science?" International Journal of Tourism Management, March 1981, pp.21.

③ World Tourism Organization, International Harmonization of Hotel Classification Criteria on the Basis of the Classification Standards Adopted by the Regional Commissions, 1989, p.3.

④ Vine, p.20.

⑤ Margaret Rose Caro, "Mobil Travel Guide Ratings Go Beyond the Physical," Lodging, November 1989, p.93.

⑥ Much of the information for this section was found on AAA's website at www.aaanewsroom. net/Main/Defaul.asp?CategoryID=97&SubCategoryID=22.

⑦ Joint WTO & IH&RA Study on Hotel Classification, April 2004.

⑧ Celtic Worldwide, "An Overview of Existing Hotel Classification Systems in Europe," Hotelier, July 1991, p.24.

⑨ World Tourism Organization, International Harmonization, pp. 49-66.

⑩ For more information, visit the HOTREC website at www. HOTREC. org and click on the "stars in Europe" link.

主 要 术 语

划分（Classification）：根据饭店提供的设施和用品等将其划分为某一特定类型，与饭店等级相对应。

定级（Grading）：用于说明评估的质量，表明住宿设施、服务、餐饮和用品达到的标准。与分类相对应。

登记（Registration）：依照标准来颁发执照的一种形式。

复习题

1. 饭店划分体系的五个重要目标是什么？

2. 登记、划分和定级的区别有哪些？

3. 饭店划分体系有效实施的八个要素是什么？

4. 进行饭店登记、划分和定级的理想组织构成是什么？

5. 为什么人们批评划分体系是多余的？

6. 饭店业倾向于采用官方还是商业性标准体系？为什么？

7. 《美孚旅行指南》评估的主要方面有哪些？

8. 这些年世界旅游组织为制定国际饭店分类体系做出了哪些努力？

9. 什么是世界级水平？如何实现这一目标？

第 13 章

学习目标

1. 解释市场研究的重要性；描述顾客分析与竞争分析的作用；认识预测分析的益处以及列出可能的研究资料来源。

2. 讨论饭店国际市场营销战略面临的问题。

3. 描述美国的国际游客市场。

4. 描述旅游分销系统的运作；解释全球自动分销系统。

5. 概括旅行代理商在饭店预订过程中的作用；讨论饭店与旅行代理商之间的

13

国际饭店销售与营销

　　整个世界正在成为一个地球村——一个国内和国际顾客并存的全球性市场。这个发展趋势加强了我们在第5章里所讨论的"全球化思维，本土化经营"的原则。为了营销的目的，我们可以将这个原则进一步地发展，增加一条"个性化的销售"。全球化思考指成功的国际饭店营销者必须了解全球计算机预订服务网络和全球性销售渠道，本土化经营和个性化销售是指营销者要认识到消费者的消费选择和消费模式与他们的个人价值观，感觉以及以往的经历密切相关。这意味着营销者必须拓展全方位的视野，必须具备从形形色色的与自身不同的潜在客人的角度来看待和体验自己饭店产品的能力。他们需要了解不同文化背景的客人在对产品的期望、态度以及敏感性上的不同，需要了解促使人们作为个体去购买的因素。

　　文化影响着消费者决策过程的每一步，从熟悉产品、采取购买行动到购买后对饭店设施和服务的评估。在决策的每一步中，消费者都通过自己的"文化眼罩（Cultural Blinders）"来过滤信息，并根据一系列的个人文化准则和假设做出消费选择和价值判断。

制定营销战略的目的之一是使饭店对于不同国家的潜在顾客都具有强烈的吸引力。要做到这一点,营销者必须研究和了解不同国家顾客的文化思维方式(Cultural Programming)。这首先从以文化的角度来学习市场营销开始。营销者要学会避免思维定式,要防止把一个民族和另一个相混淆,即使这两个民族在文化和种族上都很相似。把澳大利亚人和新西兰人,奥地利人和德国人,新加坡人和马来西亚人相混淆也许是可以理解的,但却是绝对不可以接受的。调整饭店的经营以适应不同细分市场的要求,与适当的旅游中介建立密切的业务关系是对未来国际饭店营销者的新要求。

饭店的国际化

承诺服务于国际市场必须成为饭店整体营销战略的一部分。这种承诺必须被整个饭店管理层所接受,并且向下传达解释,直到服务经营层次。事实上,除非饭店在经营上已经做好准备适应国外客人的需要——从预订手续到客房消费,从结账过程到离店后的反馈处理,否则投入大量资金开展国际广告或其他国际性的营销活动很可能不会产生任何效果。饭店的国际声誉最终取决于对其客人需求的满足,而不是它的促销活动。

进入国际市场的第一步是发展一种内部战略眼光和长远目标,以使饭店的各个部门都有能力为国际市场提供服务。饭店应该重新审视其经营和财务工作程序,从而确定为满足国际旅游者市场需要所需的调整。例如,重新确定信用政策,提供多语种的菜单等。饭店进入国际市场的努力通常不会获得立竿见影的成果,这种努力应该是持续性的,在较长的时间之后才会得到回报。

市场研究

进入任何新市场的第一步是判断该市场是否存在对产品的现实或潜在需求。有效的研究能够发现市场特征,预测未来旅游趋势。这些信息有助于饭店决定要进入哪一个市场——国内市场或国际市场,散客市场或团体市场,商务市场或休闲市场,大众市场或弥隙市场。

对于那些试图吸引国外休闲游客的饭店来说,市场研究可以从仔细查询国外旅游批发商的目录开始,因为批发商对这个市场很了解,他们组织的都是对出境旅游者有吸引力的产品。通过研究这些目录，饭店可以了解某一特定市场旅游者的特征——他们到达目的地后做什么、看什么，尤其重要的是旅游批发商会选择哪些竞争对手企业，并据此确定可供其选择的产品。然后管理者在先前的信息基础上，对饭店的产品能否进行调整以满足目标市场的需求进行完全的分析，最后形成市场营销战略。

顾客分析

作为一种持续不断的努力，饭店应该利用顾客历史资料和登记表来了解其顾客的来源。顾客登记表可以提供下列数据：顾客的家庭或公司地址、性别、职业、工作单位和信用状况等人口统计资料。其他方面的信息，如年龄、婚姻状况、收入或受教育情况，则可以通过调查、顾客意见表、重点顾客群体研究或其他市场分析方法获得。虽然美国法律对饭店可以询问的信息种类加以限制，但在许多国家，顾客在进行住店登记时，一般被要求提供护照和签证以及上述资料。人口统计资料和其他衡量顾客满意度的信息对于改进饭店的产品，提高饭店的竞争地位以及达到其他的营销目的都是非常重要的。

竞争者分析

评估饭店的市场营销环境需要使用SWOT分析法（主要分析饭店的优势与劣势，机遇与威胁）。这一分析法主要适用于竞争性的环境。在评估竞争性的环境时，找出每个竞争对手在顾客心目中的优势和劣势是非常重要的。这主要由饭店的地理位置、服务、安全性、舒适度以及价格或价值等方面决定。在客房供应过剩而需求增长缓慢的地区，饭店业务增长的大部分只能从竞争对手那儿赢得，因此获得竞争者情报正成为制订和执行战略营销计划所必需的一部分。

竞争者的情报可以通过一些非正式的方式获得，如旅行贸易杂志、对行业领导者的公开采访、已出版的行业报告、为竞争对手工作过的员工的汇报、竞争者的网站或者与主要顾客和销售者的谈话。这种情报也可以通过更加正式或系统性的方式获得，如马里奥特公司拥有一个供下属饭店追踪竞争对手情况的数据收集系统。这一系统包括精心设计的一系列活动，如现场访问、现场销售信息、竞争性采购以及市场研究。[①]

为了从竞争者情报中获益，管理者必须建立起直接竞争者评估体系，其内容包括：确定竞争者以及竞争者的产品特性、市场份额、市场地位和营销战略。这些信息有助于饭店确定自身在市场中的竞争位置。

预测需求

在大多数情况下，需求预测是从时间序列分析开始的，或者利用一些变量，如过去 1～3 年内的出租率和销售组合，进行需求回归分析。预测可以采用不同的计算方法，如直线回归法、平均数移动法、指数平滑法，或者在预测中考虑一些特殊因素（已知的预先销售量、汇率变化、政治影响、特殊事件、季节性等）[②]。预测分析能够使饭店提高决策质量、改进战略规划以及加强对营销工作和营销资源的控制。

研究资料来源

初创性的研究需要大量时间和资金。幸运的是，这样的研究并不总是必要的，因为每年都有大量优秀的研究成果与统计报告发表。它们主要来自于世界旅游组织，国家旅游组织，会议与观光办事处，旅游贸易协会（如美国饭店业协会和国际饭店业协会）和那些预测旅游发展趋势和为特定旅游市场的发展提供咨询服务的大咨询公司。这些资料为开发潜在市场，确定已经进入某一地区的国外公司数目，描述旅游者的动机和行为提供了丰富的研究数据。

航空公司也是获取营销资料的重要来源。它们的预订系统能够提供关于旅游市场和旅游销售的一般性和具体性信息。有价值的营销数据有时也可以从客源国的公开出版物或一些组织中得到。比如，《国际旅行杂志》（*Travel Journal International*）每年出版的《日本旅游蓝皮书》（*Japan Travel Blue Book*），书中提供了有关日本出境旅游市场的大量数据。

当然，研究资料来源的可信度是非常重要的考虑因素。这一点在发展中国家尤其重要，因为这些国家往往不熟悉科学的市场调查方法或者缺乏资金。结果在一些地区，饭店最有效的市场研究工作往往只是通过个人观察或与少数行业领导人进行谈话而得到的理解、经验和信息。不管进行了多少项研究，在最后的分析中，必须认识到研究数据所具有的局限性。大多数的营销专家认为最好的营销决策是经验、调查数据、直觉加判断综合作用的结果。

制定国际市场营销战略

饭店的国际市场营销战略包括对特定目标市场、沟通与促销方式以及分销渠道的选择。一旦目标市场确立，每个目标市场的营销战略都由以下因素决定：对旅行代理商的使用习惯，旅游组团和促销方式的特点，以及旅游者的期望和行为。饭店的营销者需要判断旅游中间商在创造潜在业务方面的重要性，因为这将决定饭店营销工作的方向以及对营销资源的分配。例如，据 PhoCusWright 市场研究公司的一项研究估计，2006 年美国饭店收入的 40% 将通过网络营销渠道获得（25% 来自在线代理商，21% 来自品牌网站）。③

任何目标市场的营销战略都应该立足于对特定市场的需求和动机分析上。例如日本顾客的品牌意识很强，如果饭店没有对其名称和形象进行直接或协作性促销，就不可能将产品销售给日本市场。在饭店制定国际市场营销战略时，国家旅游组织和其他目的地营销组织可能会提供一些帮助，因为它们通常都与当地的旅游专家、会议组织者、批发商和旅游零售商合作密切。国家旅游组织掌握大量的有关主要购买者的营销数据，它们了解对于某一特定的国家来说，哪些促销工具最有效。此外，它们经常与航空公司、饭店、旅行经营商和其他供应商联合举办营销活动。

集团市场营销和销售工作

在连锁饭店，市场营销工作的大部分是由其集团公司层完成的。集团公司一般设立地区销售处来协助每个连锁饭店的销售部门工作。地区销售处与每个连锁饭店之间的有效沟通有助于增加每家饭店的业务，提高地区销售处的市场可信度。

虽然相对于国内连锁饭店集团来说，国际连锁饭店集团更趋向于实行分权化的营销，但是由于集团随着政策的变化和经济周期的循环而在不断地进行扩张与收缩，因此分权化与集权化的矛盾在实践中从来没有得到完全的解决。在极端的情况下，集权式的营销认为"一个尺寸适合所有的人"，而不去考虑不同国家顾客消费行为的差异。集权式营销不关心顾客对不同媒介的偏好和可获得性，也不考虑各种分销渠道的不同。当营销决策由公司总部做出而没有考虑下属饭店所在的当地情况时，一些问题经常被忽视，如地方法律的限制，在商标注册、名称登记、饭店分类、价格控制以及其他相关方面法律规定的不同。

然而，集权化的营销也有其优点，对于连锁饭店尤其如此，它主要的有利之处在于能够获得饭店品牌和一定程度上饭店产品的全球标准化。集权化营销的优点还包括在采购、后勤、营销、生产、广告以及技能培训等方面获得的规模经济。在中央或地区层面上实行集权化营销可以带来巨大的成本优势，主要体现在以下方面：

- 促销资料的集中制作；
- 集中销售力量；
- 发展国际营销联盟；
- 常规营销活动的标准化；
- 分享营销信息；
- 整合安排跨国营销项目；
- 集中性的广告。

另外，分权化的营销也具备一些优点。其中之一是它使下属饭店拥有完全的自主权，能够控制自己的营销活动，能够对广告、促销和销售活动进行预算控制。许多饭店经理认为在企业层面，分权化营销比集权化营销的效果要好，因为这样营销预算将全部用于单个饭店，而不是整个饭店集团。此外，营销活动更加集中性地针对某一特定的目标市场也是分权化营销的优势之一。

考虑文化差异

西方国家传统的营销方式绝对不可能适用于全世界。比如许多亚洲人对广告不感兴趣，他们对那些被认为是"硬性推销"的销售手段充满逆反心理。常见的文化误区包括对符号和颜色的误用，使用不恰当的语调、模特或背景，或是在销售中错误地强调某些需要或价值。不同国家的旅游方式也存在着差异。成功的国际饭店必须最大限度地利用其营销力量和预算来适应不同市场中顾客的期望、需求和价值观，建立适当的形象和分销渠道，以及研究目标市场的礼仪风俗。

美国饭店对国际旅游者的营销

据估计，美国的国际游客已超过 5100 万，因此，不难看出为什么很多美国饭店都以这些游客为目标顾客。2006 年，78% 的国际游客就宿于饭店和汽车旅馆，其平均停留时间为 7.5 夜，总计为 2.75 亿间夜，加利福尼亚、佛罗里达、夏威夷和纽约是游客参观最多的州。

2006 年，美国最主要的客源国包括加拿大（1600 万人次）、墨西哥（1330 万人次）、英国（4200 万人次）、日本（3700 万人次）、德国（1700 万人次）、法国（79 万人次）、韩国（79.8 万人次）、澳大利亚（60.3 万人次）、意大利（53.3 万人次）和巴西（52.5 万人次）。以下七个国家创 2006 年美国入境人数新高，分别是：澳大利亚、中国、印度、爱尔兰、墨西哥、韩国和西班牙。

对美国入境游客的空中调查显示出一些有趣的出行特征：

- 游客一般会提前 78 天规划他们的出行；
- 51% 的游客通过旅游代理做预订；
- 出行目的主要包括休闲（47%）、探亲访友（23%）和商务（21%）；
- 平均停留时间为 15.8 夜；
- 74% 为经常旅游者；
- 70% 的游客在一个州内平均到过两个目的地；
- 他们在旅行中最喜欢的活动包括购物(88%)、用餐(84%)、游览自然风光(44%)、参观历史遗迹（36%）和主题公园（27%）；
- 每位游客平均花费 1633 美元，住宿、礼物和用餐时主要的消费项。

为了增加市场份额，饭店的销售人员需要与旅游中间商合作。旅游中间商主要包括旅游批发商、旅游代理商、激励公司、销售代表和航空公司。饭店需要向中间商提供最新的宣传手册及其他营销材料，及时地支付佣金。20 世纪 90 年代中期以来，针对希望预订旅游服务，尤其是在线预订的国际游客，旅游代理商已经转向了互联网，因此，饭店希望在培养与旅行代理商良好合作关系的同时也在网络上占有一席之地。每个外国市场都需要区别对待，并为特定的市场创造性地开发包价组合。进入美国的日本游客喜欢打高尔夫球和欣赏自然景观，澳大利亚游客喜欢打网球和水上运动，英国游客喜欢欣赏戏剧，而拉丁美洲游客则喜欢去主题公园。迎合了特别的需求，饭店就会很快在特定的国际市场上赢得声誉。

了解各种分销系统

以什么样的分销系统将产品和服务销售给最终顾客是所有饭店营销战略的重要组成部分。所谓分销系统指帮助实现旅游产品或服务从供应商向消费者转移的一系列营销或销售组织。简单地说，它是指饭店（作为供应商）如何利用旅行代理商、旅游经营商、旅游批发商、免费电话、网站以及其他方式向顾客销售其服务。

世界上处于同一地区国家的旅游分销系统的差异不是很大。美国人一般通过旅行代理商购买国际旅游产品，而在购买国内旅游产品时却较少通过代理商。欧洲人和亚洲人对于任何旅行活动都倾向于事先进行广泛的咨询。日本人喜欢依赖有完全组团能力和国外分销网络的大旅游经营商。如果在对饭店的选择中，旅游代理商和旅游批发商是主要的决策者或影响因素，饭店的营销和销售工作就应该直接针对这些中间商。在许多国家，与旅游中间商合作来增加客房的销售是至关重要的。

和欧洲相比较，美国的旅游代理商较为独立，规模也较小，平均只有3～6名员工。在欧洲，集团式的旅游连锁代理商比较常见，而且每个代理商拥有很多旅行顾问。

日本的旅游行业由10家最大的旅游批发商控制，其中的5家也居于日本最大的前十位旅游代理商之中。日本游客购买一次旅行可能会经过4家旅游批发商，而美国的平均数是1.6家。日本旅游代理商组织和销售旅游团必须得到政府的批准，目前大约有1200家代理商得到了许可执照。与其他需要许可执照的国家一样，这一要求的目的是为了保证向消费者提供的单个旅游项目和包价旅游的质量和完整性。因而，日本的旅游批发商和代理商非常重视保证其旅游产品的高质量标准。获得许可的旅游代理商将包价旅游批发给零售代理商。

向日本市场销售饭店产品，必须了解其严密和高度管制的分销系统、保护消费者的法律、复杂的旅行设计和组织过程，因为日本的旅游代理商一般经营完整的包价旅游产品，其中包括航空、住宿、地面交通、主题公园和城市观光等。在这种机制下，饭店要想单独向日本市场销售产品可能不太合适，多数饭店需要和其他旅游供应商联合来进入日本市场。

全球分销系统

现在，全球分销系统（GDSs）已经渗透到整个美国旅游代理商行业。这一领域目前由四个大的系统——Amadeus、Galileo、SABRE和WorldSpan——所控制，但旅游分销电子渠道国际控制权的争夺战仍然在继续，每个电子分销渠道与主要的航空公司都有合作。这四个全球分销系统通过它们的旅游经销网络控制了电子分销渠道总量的1/3。SABRE规模最大，但不同地域的力量又有所不同，Amadeus长期以来在欧洲市场上一直是最强大的，而SABRE的力量主要体现在北美和亚洲地区。

如果一家饭店企业想要在自动分销供应链中拥有代表权，那它首先必须要建立起其中央预订系统（CRS）与全球分销系统之间的联系。较大的连锁饭店集团，如希尔顿、马里奥特和喜达屋都有各自导入四个分销系统的链接（即一种软件程序）；而较小的组织则通过一种人们熟知的中介"switch交换器"连接它们的中央预订系统，Wizcom和Pegasus是交换器公司的代表。

旅游代理商输入一个城市的搜索查询后得到一个饭店名单，全球预订系统在设计之初本着对名单上的饭店一视同仁的态度，但是近年来，饭店可以支付一定费用后在全球分销系统上做广告甚至获得在搜索查询中被优先获取的资格。饭店可以通过它们的管理系统（PMSs）出于自身利益制作的各种报告来追踪全球分销系统的工作效率。

当前，全球分销系统在旅游供应链中占据不可动摇的地位，而且在近期内不可能被取代，但为赢得消费者"眼球"的电子分销系统的竞争不断升温。由于消费者有很多可以自动在线预订饭店和其他旅游产品的渠道，每个渠道都努力创造增加自己网站流量的营销策略。据一家提供关于电子分销的市场信息的公司 TravelCLICK 报道，2006 年，旅游代理商通过全球分销系统预订的客房占到主要饭店品牌预订量的 36%，大约 38% 的饭店预订是通过包括饭店官网在内的互联网站完成的。[④]

随着竞争的加剧，饭店公司现在试图通过增加消费者对它们的网站的感知将其直接吸引到自己的官网上，从而方便消费者购买饭店产品和宣传饭店的忠诚计划。它们也会对它们的最佳住店客人、商务旅行客户和批发商开展直接营销活动。此外，饭店的品牌网站设计已经被提高到"网络 2.0"，包括网络社区和社交网站、微博以及播客之类的承载服务。借助这些网络 2.0 的应用，很多饭店在为客人创造一个社区的同时使它们的网站更加有趣和引人入胜。

旅游代理商与饭店预订程序

了解某一市场上饭店客房的预订方式是熟悉其分销系统的一部分。美国的旅游代理商更加依赖方便快捷的全球预订系统和其他互联网预订系统，四大主要的全球预订系统可供世界各地的 18 万旅游代理商服务。尽管当一些复杂的要求或信息无法通过网络预订获取时代理商仍然会通过电话查询，但总体而言，数据表明旅游经销商在做最初的预订信息查询时对 800 免费电话的使用已经大大减少了。由于互联网的出现和与之相连的消费者可以直接预订的便捷，旅游经销商的角色已经从"预订者"变成为预订和旅游经历补充价值信息的旅游顾问。最近有一项调查请消费者指出当选择旅行社时会看重它们的哪些特征，受访者给出的原因中前五个分别为：信息面广且经验丰富的旅游顾问、乐于提供帮助和热情友好的员工，假日特价 / 组合价格，旅游包价组合的质量以及旅行社的口碑。[⑤]

根据 Amadeus North America 最近展开的一项调查，谈到服务旅行者和取得商业成功，旅游代理商表示拥有技术和提供定制化服务是它们未来十年的当务之急。这项调查探索了未来的旅行和技术将会是什么样子，技术变化对旅行专业人士而言意味着什么，以及它们将对预订过程产生怎样的影响。[⑥]在这次调查中，88% 的旅游代理商表示未来技术的作用将比今天更加重要，而且必定是成功的决定因素，也有代理商认为定制化服务（75.5%）以及旅游和目的地知识（62.2%）将会是提供给旅游专业人士的最大福音。显然，对旅游代理商而言，"高度接触"的专家方法在未来几十年同样重要。

基于这些研究结果，旅游代理商表示对未来商业发展最为重要的技术创新体现在如下几个方面：

- 先进的搜索能力；
- 计算机桌面工具；
- 动态组合；
- 先进的代理商网络平台。

纵观饭店预订趋势可以得出，消费者仍然主要通过拨打 800 免费电话或直接上门的方式预订，然而，2003 ~ 2006 年，增长最快的预订方式是通过饭店的网站和互联网旅游代理商（表 13-1）。

表 13-1 饭店预订趋势

旅游预订美国市场细分（2007 年 4 月） 2003 年与 2006 年美国饭店不同预订渠道的销量对比					
	2003 年（10 亿）	(%)	2006 年（10 亿）	(%)	2006 年较 2003 年的变化（%）
饭店直销*	76.3	72.5	89.2	67.9	16.9
不包括饭店网站的直销	72.1	68.5	74.8	57	3.8
饭店网站	4.2	4	14.4	11	242.9
旅游代理商	25.3	24	23.6	18	-6.5
网络旅游代理	3.7	3.5	18.4	14	398.8
总计	105.3	100	131.3	100	24.7
*直销渠道包括饭店呼叫中心、饭店和上门客等。					

资料来源：明特尔 / PhoCusWrightASTS/《住宿业》杂志 / 美国饭店协会

与旅游代理商合作

旅游业现在除了有传统的旅游代理商（拥有实体办公区）外，也出现了在线旅游代理商。这个部分讨论饭店应该了解的传统与在线旅游代理商的问题。

对那些能够与不同国家的代理商进行有效合作的饭店经营者来说，国际旅游市场的增长给他们提供了千载难逢的机会。全世界的旅游代理商也在积极努力地向国际市场销售更多的饭店产品，以增加佣金收入。当发生争议时，如果佣金能够及时支付，那么饭店与旅游代理商之间的关系将是互惠的。

虽然消费者现在拥有预订饭店的额外选择——或者通过在线代理商，或者通过公司网站，传统旅游代理仍然是销售过程的重要部分。同样地，饭店必须评估和培育这条分销渠道，需要改善其自动化系统以使代理商的预订饭店变得过程更为简单方便。旅游代理商对顾客的旅游决策有重要的影响，特别是对于休闲旅游来说，尽管在这一点上时有争议。尼克斯市场调研公司在2007年完成的一项全球分销系统研究发现，当饭店客人预订1～3晚时，40%的是由旅游代理商推荐一个饭店，而只有23%的是消费者自主选择饭店，此外，37%的是代理商和消费者共同选择饭店，这意味着饭店预订77%的都受到旅游代理商的影响。虽然商务旅游决策主要由顾客的需要决定，但旅游代理商仍然可以影响其对饭店的选择。在最近的一项关于美国旅游代理商的调查中，代理商们认为向商务客人推荐饭店时，以下标准是非常重要的：

- 以往客户对饭店的满意度；
- 饭店在保证预订方面的声誉；
- 是否靠近与客户商务目的地；
- 饭店的总体声誉；
- 饭店与旅游代理商的关系；
- 饭店的佣金支付政策；
- 提供免费电话或其他预订电话。

在线旅游代理商和中介 随着互联网在20世纪90年代中期的迅猛发展，在线旅游代理商和第三方中介的增加使得互联网成为旅游预订媒介的一个选择。非品牌饭店预订总量的90%是通过以下八个网站完成的：

- Expedia 艾派迪；
- Hotels.com 饭店网；
- Hotwire；
- Travelocity 速旅公司；
- Orbitz 旅程；
- Cheaptickets；
- Priceline；
- TravelWeb 信天游[⑦]

这些网站主要采用三种商业模式：净价模式、不透明/拍卖模式和零售旅游模式。Hotels.com 和艾派迪之类的网站遵循净价模式，即使用批发商的方法。饭店为合作网站提供的是净房价，通常低于零售价的 25% ～ 30%，而网站上显示的价格则是由在线代理商决定的。

不透明 / 拍卖网站，包括 Priceline.com 和 Hotwire，公开透露饭店的位置和它的服务水平，但在消费者同意购买之前不显示饭店的名称或品牌。通常，当消费者提交投标之后，网站会匹配消费者指定的饭店类型的价格。饭店一般采用净价模式提供给网站一定的客房存量，但有时候也会采用零售的形式。

零售旅游网站由在线旅游代理商或传统代理商发展而来并增加了网上业务。旅程（Orbitz）是在线旅游代理商的代表，而 CarLsonWagonlit 和 Rosenbluth International 则是传统代理商的典型例子。饭店提供零售价和客房存量，每一房间被预订之后还要支付 10% 的佣金。这些代理商使饭店可以选择再用净价模式或佣金模式。[8]

饭店与旅游代理商合作关系中的常见问题

传统上，旅游代理商与饭店的合作关系一直受到商业周期以及 20 世纪 90 年代后期出现后便迅速增加的在线代理商的影响。2001 年 9 月，恐怖袭击事件过后，每当旅游需求骤跌时，单体饭店为保证入住率非常依赖新出现的在线代理商，这些代理商会向饭店要求一个非常低的协议价作为帮助饭店处置过多的客房存量的交换。之后，当饭店需求回升时，饭店就会强化它们的网络营销战略，或者给在线旅游代理一定的客房或者协商更高的价格。同样地，旅游代理商、在线代理商和饭店之间的关系随着旅游需求而潮涨潮落，但是较大的饭店公司则坚持与旅游代理商患难与共。

不幸的是，国际交易是导致饭店与旅游代理商之间关系紧张的常见根源。在代理商看来，最严重的是按时收到或悉数收回佣金的问题。饭店拒付代理商佣金的情况并不少见。他们或者不支付已约定的金额，或者只支付其中一部分，代理商经常需要花费很大的精力来收取应得的佣金。

可协商的饭店房价是另外一个代理商抱怨主要问题。顾客从旅游代理商处得到的房价是由饭店的预订部门事先规定的，但顾客可以在到达饭店后，与饭店前台协商得到更低的折扣价格。根据饭店的规定，在以折扣价格出售客房时，饭店不向代理商支付佣金。从全世界来说，估计饭店实际支付给代理商的佣金额只是其应支付额的 40% ～ 80%。这样就不难理解为什么代理商不愿意花费精力来扩大饭店预订业务。

其他情况下，佣金是以外币形式支付的。外币兑换和汇率波动带来的损失有时甚至比佣金本身要高，更不用说预订、确认、追踪和收款过程所带来的成本。一些旅游代理商使用复杂的佣金追踪系统以保证饭店支付佣金，但是这同样需要代理商花费时间和金钱。

不同地区的饭店对优先顾客支付偏好方式的不同使代理商很难建立统一的支付系统。亚洲的饭店喜欢接受信用卡来预付订金或支付房费，而欧洲的许多饭店要求使用支票，有时使用当地货币来支付。有些饭店整个支付过程十分耗时，它们先持有代理商的支票，当客人到达后把账单转到客人的信用卡上，然后把支票还给代理商。

不能及时获得对预订房间的确认是旅游代理商在预订国外饭店时经常提到的又一个问题。在某些系统下，当通过代理商的计算机预订系统进行房间预订时，该预订要求首先进入饭店的预订中心，然后预订员将此要求输入饭店系统。这时才产生并反馈给代理商一个确认号码。如果代理商希望尽快地得到确认，他们则要拨打 800免费电话来获得确认，这意味着一个预订分别通过电话和计算机进行了两次交易，对代理商和饭店双方来说无疑增加了交易成本。

饭店等级制度在不同国家间差异很大，这对于旅游代理商来说也是一个障碍。当客人有特殊的预订要求时，很多代理商发现计算机系统不能提供所需要的关于饭店产品和服务的信息。

以上问题在规模小的单体饭店中更加普遍。大的连锁饭店集团为了维护其声誉，一般会及时支付佣金并向代理商提供其他服务。代理商越来越倾向于和大的连锁饭店集团合作，这使较小的经营者和独立营销的饭店很难获得由代理商主导的那部分市场。

一些饭店，尤其是那些预订业务主要依赖旅游代理商的饭店，已经致力于解决上述问题，以促进国际间的交易。而且，许多旅游代理商也开始意识到饭店预订业务是在其力所能及下最未能充分利用的产品。随着大型连锁饭店集团计算机预订系统的不断完善和发展，目前代理商与饭店合作关系中存在的一些问题将会得到解决。饭店公司也已为代理商提出了一些创造性的解决办法，如提供预付款扣除和进行自动银行转账等。大多数的饭店连锁都十分重视地区销售处的意愿，加强预订服务来解决现存问题和加快对代理商的佣金支付。

解决关系问题

美国饭店 有很多著名的例子可以说明美国的主要连锁饭店集团是如何加强与代理商的合作关系的。下列例子描述了饭店为旅游代理商提供激励措施和项目以表示它们希望在旅游分销过程中与代理商结成合作伙伴的意愿：

凯悦国际饭店在饭店业务中引进旅游代理商作为"感知旅行社日"（Travel

Agency Awareness Day）的一部分，而旅行社参与此项目的方式是与凯悦的员工交换角色，前者承担清洁工和行李员的职责，后者执行旅游代理商的工作例行程序。在那一天，凯悦的员工设想自己是旅游代理开展工作，因此更能理解他们的零售合作伙伴遇到的问题。此外，凯悦还启动了一个名为"旅游接触服务"（Travel Agent Intouch Service）的项目，这一项目以旅行社支持数量和旅游代理商特殊培训为特色。凯悦规定选择住在凯悦饭店的旅游代理商可以享受至少低于门市价50%的诱人价格，以此吸引代理商。⑨

喜达屋国际饭店与度假村引进了一个名为"喜达屋专家"（Starwood Pro）新项目作为旅游代理商与集团开展业务的新方式。喜达屋创造了一个提供与喜达屋所有品牌的交易、价格和产品信息相关的内容的网站。为方便使用，这个网站也有"即点即拨"（click to call）的特征。喜达屋也开设了旅游专业课程（Travel Professional Curriculum）和新的旅游代理商奖励计划来强化旅游代理商的教育和知识。⑩

为方便佣金支付和货币兑换，洲际饭店集团与 Pegasus Solutions 签约，委托Pegasus Solutions 代表饭店处理世界各地的旅游代理商和经销商的佣金问题。网页应用程序"TravelCom"可以很容易地处理客人离店的相关费用。其他饭店，如马里奥特、希尔顿、希斯尔和吉瑞思饭店业已经签约了珀加索斯系统（Pegasus System）的新项目实现佣金周结。⑪

很多饭店和独家公司都在增加激励措施和奖励计划以吸引旅游代理商的业务合作。AM 度假村拥有一个为期一个月之久的项目，30000 家旅游代理商受邀参赛，活动提供包括免费住宿在内的丰厚奖品。加拿大的护身符度假村（Talisman Resort）为代理商设计了一项激励计划，预订的客房越多，得到的佣金也越高（从标准的10%到 15%）。凯悦的创新奖励计划包括随意呼叫旅游代理处。代理每成功推荐一位客人预订凯悦的饭店即可得到 500 元的现金奖励。其他有趣的激励措施包括牙买加日落大温泉度假村（Sunset Jamaica Grande Resort & spa）的"拼赢"（Spell to win）奖励计划，代理每卖出一间房，就可以挣得一个字母，当拼出"Grande"（卖出6间客房）时，他们就可以获得免费下榻度假村的机会。⑫

欧洲饭店 甚至一度高傲的欧洲饭店也开始重新审视自己对待境外旅游代理商的政策。由于许多欧洲饭店认为国际广告费用过高令人难以接受，因而它们努力通过饭店代理公司以及其他方式来改善与零售商的关系。欧洲饭店业还调整了佣金支付政策以使预订变得更加快捷，同时使代理商获得更多的利润。例如拥有 87 年历史的意大利西伽饭店集团根据房价的不同制定了 15% ~ 17% 的佣金率，而且佣金在每月月底按代理商要求的币种支付。福特饭店提供房价（含增值税）的 8% 作为佣金，佣金在客人结账后的 30 天内以代理商当地的货币支付。如果佣金支付发生任何问题，福特饭店鼓励代理商与其所在地的地区销售处联系。公司将从专项资金中拨款支付佣金以解决饭店与代理商之间的问题，而不是任其发展。[13]2007 年，福特饭店专门为旅游代理商开设了一个网站，这个网站拥有如下特征。

- 通过全球预订系统预订：所有福特饭店的制定特征。
- 全球预订系统服务台：提供服务台电话、邮箱和在线登记表。
- 语音预订：提供福特公司全球语音预订处的免费电话。
- 佣金：通过全球支付系统获取佣金的详细信息。
- 地区办事处：提供世界各地办事处的联系方式。
- 在线图像库。
- 可供下载的 PDF 格式。
- 饭店资料表。[14]

旅游经销商

旅游经销商是将两个以上的旅行要素（例如航空和饭店以及跟团旅游）组合起来的公司。旅游业有成千上万家公司为休闲度假的游客提供大量的旅游服务。旅游经销商的结构从线下旅行社转而吸收很多实际上扮演旅游经营商角色的在线批发商。它们以批发价购买房间和其他旅游服务，再以零售价卖给消费者。这些在线公司包括艾派迪、Hotels.com、旅程和旅游城 (Travelocity)。

对一些饭店来说，与其他旅游经营商进行合作是使其国际营销工作迅速得到回报的唯一途径。饭店的合作伙伴可以是：国内或国际航空公司、汽车租赁公司、地面接待者、主题公园经营商，尤其是旅游批发商。

与旅游经营商合作时，饭店需要考虑以下三个因素：

- 大多数的批发商只会包装和销售他们认为的零售商愿意销售和消费者愿意购买的旅游产品；
- 饭店向一些旅游活动，如熟悉线路考察，旅游考察团和旅游研讨会，提供的任何支持都有助于减少旅游批发商的风险，并促进新产品或未得到认可的产品进入市场；
- 旅游产品发展，顾名思义是一个不断发展的过程，它需要长期的努力、协调和持续的营销支持。

国外的旅游批发商在接受新产品或未被认可的产品时往往比较犹豫。因此，在参与包价旅游活动时，拥有知名品牌的饭店比无品牌饭店往往更容易被接纳。对于旅游批发商来说，旅游线路手册的每一页都意味着很大的资金投入，它既可能带来收益，也可能带来损失。因此，旅游批发商对其线路手册中产品供应商的选择非常小心。这些手册代表着旅游批发商可供销售的产品存量，因此批发商总是希望列入销路最好的企业产品。

在与国外旅游批发商打交道的过程中，饭店要做好长期谈判的准备。因为，观念和文化差异在进行批发业务或给予折扣价格和进行承诺保证时往往起着重要作用。

参与包价旅游活动虽然是进入国际市场的较好途径，但并不是对所有饭店都适用。饭店必须考虑这样做是否符合其整体营销目标，或者是否会损坏其饭店形象。旅游批发商认为，国际旅游市场是高价格弹性的，他们经常虽并不总是要求在门市价基础上给予大量的价格折扣。但是，如果参与包价旅游项目是饭店整体营销战略的一部分——尤其是在淡季时，那么将会有利于饭店获得最低利润以及加快现金流量。

另外一个考虑是大量接受低利润的国际游客是否会影响到饭店传统的客人。饭店需要在有保证但却低收益的高客房出租率和无保证但会带来高收益的饭店常客之间做出选择。通常这些常客觉得旅游团队——国内的或国外的——过于嘈杂。长期向旅游经营商和国外旅游中间商提供价格折扣会使饭店的收益管理活动受到影响，并导致低利润率。

饭店代理公司和联合体

单体饭店和小型连锁饭店缺乏像大型连锁饭店那样的经营实力或广泛的营销覆盖面。国际促销的高成本超出了它们的承受能力。随着中央预订系统、800 免费电话、公司网站以及其他集团层的营销项目的发展，连锁饭店享有的优势越来越明显。和这种情况相呼应，近年来饭店联合体和代理公司或推介会的数目激增，发展很快。从法律上来说，这些公司是合作性组织，在国际市场上为其客户提供联合销售服务。

饭店联合体有利于单体饭店与连锁饭店进行竞争。大多数的饭店联合体只吸收单体饭店参加，少数也接受连锁饭店。一般来说，饭店联合体规模越大，其会员饭店的收益越大，因为饭店联合体提供营销服务所收取的费用是在一定的固定费用基础上加上按比率分摊的所有营销、广告、促销和预订费用总和。

虽然饭店联合体有不同的形式，但它们的共同特征是拥有统一的预订系统、统一的广告标语或标记以及最低成员标准（包括设施与服务标准、成员名录、接受支付的信用卡种类相同等方面）。许多饭店联合体正转向于提供全方位的营销服务与销售技巧培训，包括提供适当的邮寄名单、个性化的邮寄、内部统计报告和其他报告、宣传单、营销与销售演讲以及桌面印刷品等。有时，这些联合体成员联合起来进行大规模的采购，获取银行信用卡结账折扣以及分担管理培训活动的费用。

饭店联合体与连锁饭店和特许经营饭店的不同之处在于它是由独立的饭店经营商组成。饭店经营商在诸如饭店经营决策与实施、饭店设施、房价以及餐饮经营等方面拥有完全自主权。但在一些情况下，由于联合体与其他组织如航空公司或金融服务公司等（通常作为营业网点代理商）签订了联合营销协议，饭店经营商不得不放弃饭店在销售与分销方面的部分控制权。

加入饭店联合体的费用金额与计算方法虽然不尽相同，但是一般包括以下方面：

• 初始费用，通常由饭店的客房数量决定；
• 按月或按房间数计算的预订系统使用费；
• 按月或按房间计算的广告费；
• 标志费，既可以一次性支付，也可以按月支付。

上述费用的总和一般要比特许经营费用低，因为后者需要资金来支持集团公司的投资和经营活动。从这个角度来说，饭店联合体比纯粹特许经营方式具有更强的竞争力。一些饭店联合体为成员饭店提供零点式的特许经营服务，使之以低于特许经营费获得特许经营的优势，而且对成员饭店的要求较少。以下是一些著名的国际饭店联合体。

Utell 尤特饭店与度假村： 成立于 1930 年，尤特饭店与度假村为 140 个国家的3000 多家饭店提供饭店预订服务。这些饭店覆盖面很广，包括具有独一无二特征的饭店、单体机构，以及国家和地区品牌的部分饭店。尤特主要与旅游代理商合作，并提供大量的项目和饭店产品交由客户选择。自 1994 年被 Pegasus Solutions（一家在全球预订系统与计算机预订系统之间转换的公司）收购以来，它为旅游代理商提供了预订、检查佣金状态和获取佣金的无缝技术借口。它的网站 www.utellagent.com为合格的旅游代理商提供一站式的进入通道。

最佳西方：建于 1946 年，最佳西方国际饭店总部位于亚利桑那州凤凰城。最佳西方在全球 80 个国家拥有 4200 家饭店成员，31.6 万间客房。今天，最佳西方已经不仅仅是一个预订网络，它不断加强在国际营销、市场研究、公共关系、法律保险方面的服务能力。最佳西方的未来国际发展区域包括中国、欧洲、印度、中东和南美。

Preferred Hotels & Resort Worldwise 全球优选饭店和度假区：该组织成立于 1968

年，在包括美国、加勒比、加拿大、欧洲和亚太地区的 120 个国家拥有豪华独立饭店。它向成员提供中央预订系统和全球营销服务。近年来，该组织除了提供中央预订服务之外，还努力加强与世界不同地区旅游分销渠道的关系，所有成员都必须遵守的旅游代理商承诺，包括分别给予北美和亚太地区的饭店以及欧洲和中东地区饭店 10% 和 8% 的佣金。在单个企业层面，它鼓励每位饭店销售员工在对代理商进行销售访问时，还同时促销姐妹饭店。全球优选饭店和度假区代表的是高级饭店，一家饭店只有通过"卓越标准"（standards of excellence）测试才能取得全球优先饭店和度假区的会员资格。这一测试辅之以年度检查能够确保体系内的饭店拥有一年一年延续下来的一贯品质。

Leading Hotels of the World 世界一流饭店组织：成立于 1928 年的世界一流饭店组织是欧洲高级豪华饭店的代表。目前它在全世界 80 个国家拥有超过 430 家顶级奢华高贵的饭店。组织并不招揽新成员，饭店需要申请会员资格并满足它们作为团体一分子必须保持的严格标准。公司在 1999 年为吸收世界一流小饭店组织扩大了其"一流"品牌形象。

World Hotels 世界饭店组织（即之前的斯泰根伯格饭店预订服务 SRS Steinberger Reservation Service ）：这一财团操作预订系统，为 70 个国家的 500 家精品饭店做广告和营销推广，还出版了《豪华饭店选集》。其信任（全球预订服务终端 Transworld Reservation Utilization Service Terminal ）旅行者预订系统连接了 600000 多个旅游代理终端。世界饭店组织成立于 1970 年，以会奖旅游团体和商务休闲旅游者为目标。2005 年，公司将品牌名称从斯泰根伯格世界饭店预订服务（SRS-Worldhotels）改为世界饭店，以更好地反映其在创建斯泰根伯格饭店集团之外的业务扩张。

饭店业的分析家认为一些饭店联合体的规模太大以至于不能有效地满足国际饭店的特殊要求。作为一种选择，一些国际饭店开始与新出现的规模较小的独立饭店代理公司合作来满足特定营销需求。除了预订之外，这些小公司一般承担饭店销售部门从事的所有工作。预订工作往往由饭店直接处理，或者通过拥有中央预订系统的较大代理公司进行。这些小代理公司的重要作用是未来营销发展中值得追踪的重要方面。

细分

国际饭店连锁集团在不断加快其扩张速度，整个趋势是向着弥隙营销的方向发展。成功的饭店营销工作首先需要对市场进行仔细的细分，然后是利用已有资源来满足目标市场的需要。如果饭店的目标市场是团队客人，那么客源国的旅游批发商就变得非常重要。对于商务游客来说，最有效的促销方式是直接针对公司所进行的人员推销，并辅之以直接邮寄资料、业务通信、特别促销活动、网站和提供折扣价格。如果饭店瞄准了会议旅游市场，则应该主要通过人员推销的方式（各种促销宣传材料作为辅助）直接针对公司、旅游代理商或会议组织者进行营销。

细分方式

市场细分有不同的方式，包括：地理细分，用来吸引特定的地区市场；人口细分，划分变量是年龄、收入、受教育程度、种族、平均团体规模、婚否、性别、宗教；心理细分，划分依据是动机、生活方式、兴趣爱好、旅游习惯与利益。一些市场分析专家认为，随着市场全球化进程的加快，用来划分国际市场的一些传统变量，如地理变量和国家界限等，将会逐渐地被心理细分变量所代替，因为后者能够更加准确地反映顾客之间的文化异同，因此更加有利于确定目标市场。有一种观点认为，随着国家间交流障碍的减少、产品与服务的国际化、交通条件的改善以及人们受教育程度的普遍提高，个人的价值观将会受到很大影响，整个市场将会越来越趋向同质化。在发达国家中，新出现的一些常见细分市场包括老年人市场、年轻的单身者、文化探索者，热爱冒险者，高尔夫爱好者以及其他特殊兴趣团体。

每个国家的细分市场不尽相同。一个有效的细分市场必须具备足够的容量、可区分性和可测量性。以日本的休闲旅游市场为例，它主要由以下细分市场组成：散客（FIT）、团队客人（GIT）、蜜月旅行者、办公室女士、高收入男士、银发市场、有小孩的家庭以及高尔夫爱好者。即使这些细分市场也可以根据游客居住的城市或地区的不同进一步划分。市场研究有助于判断饭店或其所在的目的地会吸引哪些类型的细分市场以及这些市场是否具有利润潜力。

品牌化

由于市场的不断细分化，以及顾客识别饭店的需要，国际饭店业目前涌现出了大量的饭店品牌。利用品牌化战略在特定细分市场上显示饭店的独特个性已经不是一个新话题，但由于以下三个主要原因，品牌化战略现在越来越受到欢迎。首先，实行品牌化战略是对饭店调整其产品以适应不同细分市场需要这一基本战略的支持。其次，在过去的20年里，饭店集团通过兼并不断地进行扩张，它们发现下属饭店的差异是如此之大以至于不适宜进行统一的营销活动。对下属饭店进行分类是兼并收购的必然结果。例如洲际饭店在 20 世纪 70 年代早期将那些已经不符合洲际标准的老式饭店重新命名为弗鲁姆。最后，由于各国在饭店分类和定级体系上缺乏一致性，因而顾客无法清楚地了解饭店的质量和服务档次，品牌化为消费者提供了关于产品质量和价格的识别信号。

饭店品牌中最重要的一致性特征是饭店名称。饭店品牌名称为销售者提供了一个将饭店理念与特定标准和价格等级有机地联系在一起的理性工具。同时，由于位于不同国家和地区的同一品牌饭店在某些方面具备一致性，因此顾客也获得了一定程度的服务质量保证。

几乎所有的著名连锁饭店集团都根据不同细分市场组合来对下属饭店实行差异化。它们在新兴市场或已经确立的细分市场上提供或促销一个或几个不同的品牌。表 13-2 列举了一些主要国际连锁饭店及它们为服务特殊细分市场制定的品牌。

表 13-2　精选饭店的品牌档次

	豪华	高级	中等	经济型	常住型	产权式度假	分时交换与租赁
温德姆		温德姆饭店 温德姆花园饭店	华美达 温格特饭店 霍华德 豪生饭店 埃莫里霍斯特饭店 贝蒙特饭店	戴斯 速八 旅行者之家 * （travelodge） 骑士饭店		温德姆·费尔菲尔德	RCI（Resort Condominiums International）国际分时度假交换公司莱里亚区，Landal ECC Novasol（诺瓦托）Cuendet
马里奥特	丽思-卡尔顿万豪	马里奥特万丽万怡	万豪费尔菲得春丘（Spring -Hill）套房		万豪居家 万豪唐普雷斯	万豪度假俱乐部别墅度假	
喜达屋	瑞吉豪华精选	威斯汀喜来登艾美	福朋		元素饭店	喜达屋度假俱乐部	
希尔顿	华尔道夫康拉德（Conrad）	希尔顿 希尔顿花园饭店 希尔顿逸林 大使套房饭店	汉普顿		家木套房饭店	希尔顿度假俱乐部	

（续）

	豪华	高级	中等	经济型	常住型	产权式度假	分时交换与租赁
精品国际		坎布里亚套房饭店（cambria suites）	优质（Quality）号角（Clarion 斯里普（Sleep Inn）门斯特（Mainstay Suites）凯富客栈（comfort Inns）凯富套房饭店（Comfort Suites）	依可洛奇（Econo Lodge）罗德维（Rodeway Inn）	郊区饭店（suburbanhotels）门斯特（Mainstay Suites）		
洲际		洲际皇冠假日英迪格	假日快捷假日		Staybridge Suties Candlewood Suites		
卡尔森	丽晶	丽笙及度假饭店	卡尔森丽怡丽柏				
四季	四季					Fractional	
凯悦		凯悦君悦柏悦凯悦卡西诺饭店	亚美利套房（Ameri-Suites）萨默套房（summerfield Suites）		霍桑套房（Hawthorne Suites）	凯悦度假俱乐部	

* 仅分布在美国

资料来源：明特尔旅行与旅游业信息

洲际饭店集团是当前世界上最大的饭店集团，拥有服务不同细分市场的七大品牌：

品牌	饭店定位
洲际饭店及度假村	豪华 / 全方位服务
皇冠假日饭店及度假村	高端 / 全方位服务
驻桥套房饭店	高端 / 常住型
英迪格饭店	高端精品饭店
假日饭店及度假村	中端 / 有餐饮部门
假日快捷	中端 / 无餐饮部门
坎德尔伍德套房饭店	中端 / 常住型

雅高集团是属于法国并在法国经营的唯一一家明确定义双品牌战略的连锁饭店集团。连锁中较低等级的饭店有统一的外观和高度标准化的特征。因此，这些品牌

下的饭店最有可能扩张。雅高同样明确区分了"经济型饭店"和"廉价饭店",后者提供更为基础的舒适程度。

考虑到欧洲饭店的多样性,雅高除了拥有标准化的旗舰品牌诺富特之外,也开发了美居品牌,两者都服务于中端市场。美居被设计成应该包含所有现存的饭店,因此它的标准非常灵活。为了适应不同类型的饭店,美居推出了一系列子品牌:瑞来斯美居酒店(二星)、美居饭店(三星)和美居大饭店(四星)。雅高唯一的高端品牌——索菲特,也是非标准化的。这种布局有利于雅高通过与第三方业主的合作进行扩张见表13-3。⑮

表 13-3 雅高品牌梯度

品牌梯度	标准化	非标准化
高端		索菲特
中端	诺富 公寓饭店	美居大饭店 美居饭店
经济型	宜必思	瑞来斯美居饭店 红屋顶旅馆
廉价	伊塔普 6号汽车旅馆 福慕勒1号	

品牌化的问题 尽管品牌营销战略得到了广泛运用并且获得了成功,但对于饭店集团来说它并不是万灵药。一个实行多品牌战略可能会带来以下问题:市场上的品牌混乱;连锁饭店的整体形象模糊;连锁饭店内部竞争,从而导致连锁的整体市场份额稀释。为了有效地进行品牌化经营,饭店的每一个品牌都需要具有独特而鲜明的个性。对于目标市场已经确定的饭店来说,在推出新产品时,无论是从高档市场向低档市场转变,还是正好相反,都是比较困难的。除此之外,让顾客了解不同的延伸品牌,在提供差异化产品的同时又保证服务标准的一致等,这些对于饭店集团来说都不容易做到。而且,同一品牌的饭店在不同城市或国家之间的差异也容易使客人产生迷惑。

由于以上原因,一些饭店不愿采用多品牌战略。四季、凯宾斯基、半岛和文华东方,是四个专注于高端市场的典范。它们力图保持其一流豪华饭店的声誉,同时经营提供定制化服务的中等规模的饭店,控制地区差异,接待高端商务及休闲客户。然而,以英国的两个一流的经济连锁——Whitebread's Premier Travel Inn 和 Travelodge 集团的最佳旅行客栈和旅客之家为标志,很多国家的单一品牌连锁饭店定位在较低品牌的市场。专注于四星商务旅客市场的单一品牌经营者包括英国连锁饭店 Thistle 、德国一流连锁饭店 Maritim 和意大利最大的连锁饭店 Jolly Hotels。

产品定位

由可行性研究决定的产品定位活动从某种意义来说应该先于饭店建设和筹资活动。如果市场可行性研究结果发现市场上的需求为中档价格的饭店，而开发商也按照这个标准来建造饭店，那么，饭店便会在中档市场与其他竞争对手进行竞争，直到新的投资或强大的营销活动来改变这一状况。换言之，定位指为特定细分市场设计和发展饭店产品的方式，它既包括制造产品本身的差异——包括位置、设施、价格和服务，也包括利用广告、促销、公共关系等手段制造独特的饭店形象。饭店可以进行重新定位，以进入更高或更低档市场。向高档市场渗透需要饭店在做广告或进行其他促销活动之前，投入资金提高饭店服务和设施水平，因为饭店的信誉意味着一切。另外，当饭店所在地的客房供给过剩，必须考虑利用低房价来提高客房出租率时，饭店可以进入较为低档的市场。

斯塔特勒（Ellsworth Statler）有关饭店建设的不朽法则"位置，位置，还是位置"在指导饭店定位上同样有效。无论饭店是位于澳大利亚的阿德莱德，还是爱达华州的阿麦斯，定位都是重要的竞争因素。与一些旅行目的地，如主要商业区、繁华的零售贸易中心、交通枢纽地、会议中心和旅游名胜等相毗邻，对任何饭店来说都意味着巨大的营销优势。

定位影响着整个营销活动主题的塑造。地中海俱乐部最早提出了以"度假村"为中心的预付包价度假旅游概念。度假村满足游客希望逃离所熟悉的环境的愿望，提供令人愉快的娱乐活动以及发现自我的机会。地中海俱乐部最初专为年轻的单身者设计，但 20 世纪 90 年代重新定位为家庭度假胜地。地中海俱乐部的许多饭店里设有学习中心，客人可以在那儿了解异国文化习俗，学习计算机、外语、喜爱的或新的运动，以及其他知识。2005 年，地中海俱乐部重新将品牌定位于高端市场，其年报解释了重新定位的目的和策略：

品牌是地中海俱乐部集团的关键资产，并超越个体产品传递深深植根于集体意识的形象和价值。2004 年各种全包套餐使地中海俱乐部近乎成为大众度假包价组合经营者，从而模糊了原有的品牌形象。2005 年，地中海俱乐部用全新的、高端的、友善的、多元文化的定位重申了它独特而又富有创新性的特征，这一定位可以理解为人性化、真诚友善和热情慷慨的豪华品牌，结果造成在全球层面上交流的高端品牌重新焕发生机。

地中海俱乐部的品牌重置主要是为了赢回因品牌化而损失的客户，吸引入店消费较高的新目标顾客。品牌的重新定位往往伴随着重要的广告活动和革新项目。

营销者应该仔细分析竞争对手的定位战略、广告信息以及其市场反应情况，这是市场营销调研的重要组成部分。只要有可能，饭店应将自己的营销战略和预算与竞争对手加以比较，以预测下一步的竞争行动。

促销工具和技巧

市场营销活动需要综合运用各种营销技巧。在了解目标市场和竞争对手的基础上，饭店营销人员应寻求最佳促销工具、渠道和媒介的组合，以实现营销目标和预算。

广告

广告是利用大众媒体来有偿传递信息的一种促销工具。这些媒体主要包括电视、广播、报纸、消费者和旅行贸易杂志、网站等。在全球经济一体化的形势下，人们很容易认为一则广告可以适用于连锁饭店集团下属的每一家饭店，至少在进行产品定位时是如此。这种想法很吸引人，因为它简化了广告活动的计划与实施。不幸的是，相同的广告对于世界各地的消费者来说并不传递同样的信息，所以，饭店应为不同国家或地区的细分市场提供不同的广告版本。克服文化差异带来的营销障碍并非易事，因此在制作国际广告时，饭店需要寻求国外专家的帮助。最危险的做法是根据对国内市场的了解来设计针对国外市场的广告。

大多数媒体广告的费用（报纸广告除外）对于单个饭店来说是难以接受的。比如，电视广告和杂志广告都非常昂贵，电视商业广告每个给定时间段（30秒，1分钟等）的成本高达数十万甚至数百万，杂志按每千名读者为基础收费还要加收版面和彩印费。单体饭店或连锁饭店可以采取的办法是与目的地其他旅游供应商（如航空公司、旅游景点）联合做广告。联合广告活动不仅可以节约费用，而且可以将本饭店与其他著名品牌联系起来。

贸易广告　贸易广告主要出现在旅行贸易期刊、宣传名录，以及旅游经营商的产品手册中。贸易广告主要针对那些在选择饭店时重视旅行代理商意见的游客，它应重点突出，着重向已经获知本饭店产品的顾客提供准确而有用的信息。对贸易广告而言，市场营销人员要避免广告宣传，而应提供有助于销售的实用数据或信息。

当饭店参与包价旅游产品时，应该与旅行经营商联合起来做贸易广告而不是独立经营。除了将名称列入旅行商产品手册中之外，饭店也可以在手册上做广告以吸引顾客注意和赢得旅行商好感。

饭店名录是吸引国际旅游市场的有效方式。"饭店与旅行索引"（Hotel&Travel Index），与官方航空公司指南（OAG）商务旅行组织者是两个最大的国际饭店名录。遍布世界的旅游代理商利用这些目录来获得即时的咨询，并将其作为互联网预订接口的补充。表13-4为企业通过名录获取国际客源的清单。

表13-4　企业名录广告内容清单

通过名录广告获得国际客源清单
• 提供关于饭店的地理位置、住宿设施、服务、房价和会议室等方面的信息；
• 表示预订将会得到保证；
• 提供介绍客房与饭店设施的照片；
• 简洁概括的饭店销售信息，避免过分夸大的宣传；
• 指出附近的旅游吸引物，包括风景名胜或购物中心等；
• 提供房价以及一些特别信息，如免费地下停车库；
• 组织或参加的包价旅游项目；
• 提供直接预订电话；地区代理和预订服务处的电话、电报和传真，以及计算机联系方式；
• 针对旅行代理商的佣金支付和预付款政策，以及特殊佣金率；
• 表明是否在商业中心，展览厅以及机场附近。

资料来源：出版商观察，饭店与旅行名录，特别市场报告，1992

消费者广告　消费者广告指的是饭店直接针对消费者所做的任何有偿大众促销活动。广告媒介包括报纸、电视、消费者杂志、舱内飞行杂志、目的地促销资料、海报、广播、网站和电话簿等。在不同的社会文化背景下，消费者广告的效果不同。针对国外顾客的广告应该由国外的广告专家来制作或进行指导并以消费者的语言呈现出来，不能仅仅把国内的广告词"传声筒式"地直接翻译成外文，因为有些广告标语被翻译成另外一种语言后，不具有任何意义。

然而，音乐是普遍适用的，而且对音乐的理解不需要任何语言的转换。富有创造性的视觉形象，加上少量的说明文字和动人的背景音乐，将会超越文化的界限，起到理想的效果。利用形象和音乐进行软促销的典型代表是阿拉斯加和加勒比海在美国以及其他地区所做的电视促销广告。

带有少量文字说明的图片在印刷广告上也会起到很好的作用。中国香港一家成功的豪华连锁饭店曾经刊登过这样一幅优秀的广告：简洁但富有启发性的标题，非常少的文字说明，以及引人注目的图片。整个广告低调处理，针对有经验的、挑剔的国际游客。

由于各国的文化习俗不同，广告商要对各地的文化禁忌非常警觉。虽然大多数的广告商都知道在伊斯兰国家促销度假区的水上游乐设施时，广告中不应出现身穿"一览无遗式"泳装的女模特，但是，他们也必须明白并不仅仅只有宗教国家反感这样的广告，有些国家的顾客可能认为这样的广告意味着性别歧视，而不是性感。在做国际广告时，广告制作者必须注意颜色、服装和姿势这些细节问题。例如，白色在许多亚洲国家代表死亡，而在其他国家，代表死亡的颜色可能是黑色、蓝色或红色。而且，对颜色的选择要视其背景而定。在一些场合，任何颜色都可以被使用，而在另一些情况下，某些颜色可能会使人觉得不愉快。这里再一次强调，应该在广告的内容设计、投放时间和地点的安排上，咨询当地有关专家的意见。

多数大型连锁饭店集团都与几家广告代理商合作，以协调集团公司层次的全球营销活动和下属单个饭店的营销需求。

直接邮寄　直接邮寄是目前最为流行的营销方式之一。在国际市场营销中直接邮寄的最大好处是能够直接针对目标顾客。因为许多国际旅行者都是回头客，直接邮寄可以大大地节约成本。邮寄名单可能来源于饭店自身的客户档案，或者由观光会议局提供的潜在游客名单，或者是从旅行与娱乐信用卡公司、银行等处购买。在编写邮寄名单时，饭店也可以雇用旅行顾问来进行指导。

当然，不同国家的人对直接邮寄促销方式的反映也不尽相同。虽然很多人认为直接邮寄商打扰了他们，但据日本直接邮寄协会最近的一项调查显示，79% 的日本人认为收到的邮寄资料是"有用的""有些用处"或"受欢迎的"。[⑥]由于人们每天接收到大量的促销材料，因而饭店在邮寄资料时，必须设法引起顾客的注意。如果邮寄商没有为读者提供显著的感知利益，那么邮寄资料将会被立刻扔掉。

直接邮寄活动的每一步都要从潜在的读者角度考虑。如果饭店把直接邮寄作为一种媒介，那么仔细准确地编写邮寄名单就非常重要，同时也要考虑邮寄的时间。国际信件可能需要两个月才能到达目的地，专业邮寄公司经常利用回复卡片的方式来检测促销材料到达目的地所用的时间。

随着沟通软件和大型计算机数据库的发展，很多饭店公司今天都依靠复杂的"客户关系项目"将个性化的邮件直接发送到消费者的计算机上，很多时候是发送到他们的手机上。市场调研公司 PhoCusWright 最近展开的一项消费者调查显示，30% 的受访旅客表示希望在旅途中通过手机享受一些特殊服务。[⑦]直接邮寄营销努力建立在了解顾客偏好、旅行方式和消费模式基础上，这种有针对性的广告是消费者体验定制化的一部分。热销的商业经典读物《体验经济》的作者就向消费者提供定制化体验提出了独到见解，强调个体差异、设计满足个体需求，以保障消费者利益为目标。这种服务体验创造出顾客独特价值。

宣传资料和销售促进

销售促进指除广告、人员推销，公共关系以外的其他促进客房、餐饮或其他服务销售的活动。它包括制定宣传手册、明信片、幻灯片、张贴海报、组织特殊活动和提供淡季折扣等活动。富有想象力的宣传材料和良好的沟通是成功地进行销售促进活动的关键。

虽然不是所有的饭店都做广告，但每个饭店都向顾客和旅行商提供宣传或促销材料，宣传材料包括饭店简介、宣传单、台卡以及其他类似的印刷品。

虽然目前英语是旅游业的通用语言，但是在许多市场上，饭店要提供英语和另外一种语言两个版本的促销材料。这意味着准备宣传手册和其他材料的原文时，要考虑语言翻译因素。因为语言的使用存在着变化，所以翻译工作应该在使用材料的国家进行。有时字面上的直译会使原文失去意义，尤其是应该避免使用口语和行话，因此翻译者需要选择最贴切的词语来表达原文的意思。

宣传材料的外在形式也要根据国家的不同进行调整，比如，德国客人喜欢了解更多的信息和细节内容，而不是艺术图片；而大多数针对国际市场的宣传册都倾向于主要依赖视觉图片发挥作用，提供的文字说明较少。为宣传册制作图片时一定要考虑客源国文化和法律的特点。一般来说，宣传手册提供的信息应该包括以下几点：

- 饭店的位置和交通情况；
- 提供的设施；
- 接受的信用卡种类；
- 服务使用的语言；
- 饭店的传真号码；
- 饭店的邮箱地址；
- 饭店的免费电话号码；
- 饭店的网址。

虽然美国仍然使用英制计量单位，但在其他国家和地区应该使用公制单位来表示距离、客房与会议中心面积、温度以及其他数据。

在国际市场上印制和分发宣传手册的费用较高，因此与其将大量的手册直接邮寄给国外旅游代理商，不如将宣传手册夹在公开发行的旅行出版物中，并在里面附上赠券。宣传手册应该符合国际邮寄标准（21 厘米 ×10 厘米），另外使用较薄的纸张也会减轻饭店的邮寄成本。附件材料的趋势是从纸质手册向"以 CD 或电子邮件为载体"的电子手册过渡，饭店也通过视频光盘和其他包括动画在内的多媒体进行宣传。

营销者应该认识到许多国家对国外企业的商业宣传资料都有特别规定。一些国家禁止使用一些夸张性词语，如"最好的饭店""最高雅的饭店"等。在消费者保护法律非常严格的国家，误导性的宣传将会引起严重的法律后果。以英国为例，《1978贸易说明法令》（*The Trade Description Act of 1978*）包含贸易手册的内容并禁止误导消费者，其管制范围已经进一步地扩大。新的条款和处罚要求旅游与饭店经营商能够积极地提供准确信息，宣传图片应反映出其所代表事物的真实面貌。如果饭店在广告中故意向人们展示在一间普通的客房能欣赏到绝妙的风景，而事实上此客房却正对着一幢高楼的背部时，在某些国家这些饭店将会受到严厉的法律制裁。在印刷宣传手册前，饭店应该同熟悉国际法的律师一起对其中的文字和图片内容进行详细审查。

前不久，Travelodge 在伦敦的一家报纸张贴了一整版的广告，结果被指控四个一流的连锁饭店集团在促销活动中出示的价格含混不清，误导消费者。这些饭店依据每人价格而不是像大多数消费者普遍认为的每间房制定客房售价，因此当两个人至少共享一个房间两晚时，连锁集团在广告中声称的一晚 49.95 美元实际上可能接近200 美元。^⑧

联合营销

对于许多饭店来说，成功地进入国际市场要依赖行业或政府的营销活动。旅游行业包括交通、住宿、餐饮、娱乐，会议中心以及景区等部门，与这些部门进行联合促销会为饭店提供更多的成功机会。由于海外游客的旅游动机多种多样，而且有时不是很清晰，因此将各种旅游产品和服务组合在一起进行促销不仅节省费用，而且也增强了旅游者的旅行动机。联合营销的优势已经由事实证明，当旅游业的各个部门进行合作时，带来的影响更大，更容易销售其产品或整个目的地。

饭店可以参与的各种联合促销活动主体包括饭店业、目的地、国家或地区。当两个或两个以上的目的地的旅游供应商认为合作而不是相互竞争会带来最大利益时，就会产生地区之间的联合营销活动。这种情况下一般会开发跨目的地的包价旅游和熟悉线路旅行项目。饭店业联合促销是指某一目的地的饭店由饭店协会组织或自发地合作、通过广告、旅行使命团、熟悉线路旅行或其他特殊活动来促进本地旅游。这反映了部分饭店希望扩大整个客源市场，而不是在现有的市场中相互竞争的意愿。例如，拥有 849 家饭店成员的加勒比饭店协会在近年来开展了多项联合促销活动，其合作的伙伴包括政府部门和其他旅游供应商。

目的地营销 城市，州/省或者国家联合促销项目是最为常见的目的地营销方式。这些项目为饭店提供了以较低成本参加大规模促销活动（如目的广告、旅游使命团、商业展览和特殊事件）的机会。这些营销活动的组织水平，主要由其资金和营销经验决定。当饭店制订自己的营销计划时，应该考虑所有相关的目的地营销活动。

在进入国际旅游市场时，饭店营销者可以与当地主要的目的地营销组织进行合作，这些组织包括国家和地方旅游组织、城市会议与观光局，或者其他作为行业营销专家的公共和私人组织、这些组织定期地资助或协调一些国际促销活动，它们通常会邀请饭店和其他旅游供应商参加。例如在美国，非营利性贸易组织美国旅游业协会（USTIA）总部位于华盛顿，致力于保证价值 7400 亿美元的美国旅游业的共同利益，负责整个行业的政治联络并代表行业公开表态。协会的使命是代表美国旅游业开展营销活动，宣传和促进美国国内外旅游的发展，这些活动包括"发现美国"项目，以及倡议美国政府简化旅行相关手续。协会通过一系列国际和国家项目，包括《美国国家旅游周刊》（*National Tourism Week*）、《观美国周刊》（*See America Week*）与 International Pow Wow 计算机生成的网络讲堂，进一步教育和提升旅游组织的市场营销活动将美国 1000 多家旅行机构和 70 多个国家的将近 1500 位买主聚在一起。

韩国旅游业的发展以及其饭店业取得的成功，很大程度上应归功于韩国政府组织的大规模海外促销工作。这些工作主要包括制作宣传材料、做广告、组织熟悉线路旅行、参加旅游展览会以及主办 1994 年韩国观光年、1993 年国际展览会、1988 年奥林匹克运动会和 1986 年亚运会。韩国政府还在全世界 26 个国家设立了旅行销售办事处。

由于国家政治局面的不稳定，这些促销工作对于韩国旅游组织来说并不容易。韩国旅游组织为韩国国际游客的增加做出了重要贡献。1962 年，韩国国际游客数量首次记录只有 20000 人左右；1978 年增加到 100 万，1988 年增加到 200 万，同年，国内游客为 400 万。韩国的国际游客数量每十年就会翻一番，到 2005 年，人数已经超过 600 万。近来，韩国旅游组织一直致力于发展旅游技术和投资"韩流风"，具体是指近年来韩国流行文化，例如电影、戏剧和流行音乐越来越受欢迎的现象。此外，韩国旅游信息中心将于 2008 年举办持续一年的韩服体验活动，使参观者有机会穿上韩国的传统服装韩服体验韩国文化。

在地区层面上，亚太旅游组织（PATA）是同类组织中的佼佼者，它在促进国外游客到成员国旅游方面成绩斐然。亚太旅游组织的主要营销工作包括：联合促销活动，组织旅游研讨会，进行旅游市场分析，出版刊物，以及在全球 70 多个地区建立亚太旅游组织宪章联盟。

通过目的地营销活动，饭店所在的当地会吸引更多的国外游客。由于国外游客倾向于居住在全服务型饭店，而且他们的停留时间较之国内游客长两倍以上，因此饭店的获利空间较大。

公共关系

公共关系是指能够促进饭店与社区和一般公众的关系的一切手段，它包括支持慈善活动、艺术表演和教育事业、赞助体育运动或其他活动、参与当地社区组织和市民项目和活动等。成功的公共关系活动不仅需要良好的意愿和有效的工作，而且需要通过新闻稿、新闻媒体和公共事件等媒介向饭店内部与外部公众沟通，传播其业绩、行为和观念等信息。

公共关系活动的基本目的是提高饭店在公众中的形象。在国际市场上，公共关系战略应尽量地简化，以避免各种政治、宗教和文化禁区，对当地合作伙伴的建议必须给予高度重视。在跨文化的环境中，公关人员的技能将受到严峻的考验。

许多连锁饭店集团雇用公共关系顾问，这些顾问如果不是本地人，就是对当地情况非常熟悉。这些专家不仅要了解当地的媒体和习俗，而且要了解所服务的公司的经营理念和全球目标。除了建立社区关系、处理与媒体合作和重要人物活动等技术问题之外，公共关系专家也对改善饭店的产品和服务提出建议。

公共关系活动主要包括建设媒体关系和顾客关系两个方面。

媒体关系 指与新闻界或电子媒体建立真诚的合作关系。信任与坦诚是保持关系的关键。饭店公共关系人员的一个日常工作就是向公共媒体提供和饭店有关的某些活动或人物的信息。然而，公共关系人员既不能确定是否提供的材料会被采用，也不能左右编辑人员对信息的态度。商业杂志倾向于报道有关饭店的新闻，而且经常以整版篇幅报道。饭店公共关系战略还包括谨慎选择与培育合适的媒体组合以建立饭店的形象。在一些不接受商业新闻宣传的国家，饭店可能需要通过赞助体育比赛，社会慈善活动或文化事件来获得宣传机会。

顾客关系 从广义上来说，顾客关系意味着通过提供卓越的服务和对顾客个别需求的满足与顾客建立良好的个人关系，从狭义上来说，顾客满意包括对饭店的产品和服务的促销、贵宾接待，以及承担社会职能，后者对度假饭店来说尤其重要。建立成功的顾客关系不能仅仅着眼于目前的业务，而是通过一系列的努力来建立顾客忠诚和吸引回头客。

公共关系活动的每个方面都需要适合饭店所在地的环境。在许多国家，饭店需要谨慎地培育与政府官员、行业或社会领袖之间的关系，饭店应该优先考虑这一点。在一些发展中国家，相关的媒体并不存在，或者它们的使用受到限制。当媒体受到管制或难以获取时，饭店的公共关系活动重点应放在建立社区关系，出版饭店内部通讯或组织特别活动上。不论采用何种媒介，饭店发布的信息必须符合其目标观众的需要，无论他们是一般大众还是旅行经营商的需要。

为了保持饭店形象的连贯性，饭店公关人员需要具有想象力和创新力。例如在日本市场上，一些度假地和饭店经常赞助一些电视节目，如纪录影片和比赛转播等，这些节目吸引了大批热衷于旅行的人。

常客计划

国际饭店业的激烈竞争导致各大连锁饭店集团开始致力于强化顾客，尤其是商务客人对饭店的品牌忠诚。最初，培养顾客忠诚主要是通过各种激励措施诸如提供公司折扣价格、无订金预订保证等特别项目来进行。后来，这些优惠项目通过常客计划的形式逐渐地制度化，现在常客计划已经是众多饭店连锁营销活动中不可缺少的一部分。常客计划一般包括以下优惠项目：

- 预订保证；
- 公司房价，从公开房价中扣出折扣；
- 快速入住和退房结账手续；
- 提前入住和延时离店特权；
- 在一定价格范围内，住房条件升级；
- 个性化的礼品；

- 特别房间客用品；
- 金钥匙或贵宾楼层特权；
- 提供免费报纸；
- 通信与邮寄服务；
- 个人支票付账特权。

某些情况下，享受常客计划的顾客需要交纳一定的年费；在另一些饭店，是否享受常客待遇由顾客或他的公司以往光顾该饭店的次数来决定。许多饭店的常客计划与航空的公司相似，都有特定限制条件。积累的客房夜数经常以免费客房和餐饮、礼物或者机票的形式回报顾客。

公司网站

过去十年间，饭店网站已经成为营销、促销、分配客房和服务的有力工具。由于消费者越来越多地通过网站查询和预订，饭店网站至少已经成为传递公司形象的重要营销工具，除此之外，饭店网站还可以完成以下工作：

- 反映饭店的外观和感觉，很多时候构成了潜在顾客对饭店的第一印象；
- 作为以往顾客的交流中心，以及与潜在顾客沟通的平台；
- 使潜在顾客形成对饭店的总体感受并决定是否亲身体验饭店的服务；
- 作为顾客的预订中心；
- 作为饭店推销产品的平台。

鉴于精心设计的网站的力量与复杂性，以及持续的网站管理的必要性，饭店公司需要与各种卖方周旋以建设和管理自己的网站，开展网络营销活动，形成对网站有效性的定期报告。很多大饭店公司都有内部的网站开发与管理团队。

工具／技术的有效性

根据一项最近得到由国际饭店销售与营销协会支持的调研所获得的结果，饭店销售和营销部门现在将注意力和资金投放在直接顾客联系和互联网营销技术上。[⑩]图 13-1 表明各种饭店销售和营销渠道的相对有效性。受访者表示通过面对面的人员销售、公司网站、公共关系和互联网营销与广告建立与顾客的直接联系是最有效的途径，地方广告、直接邮寄和推销的有效性则不及前者。

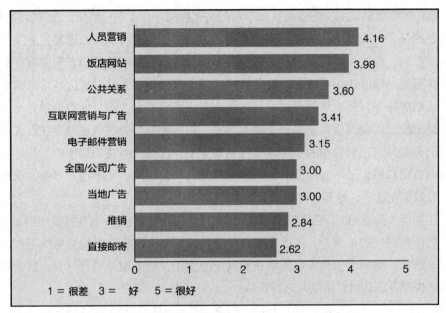

图 13-1　饭店销售与营销渠道的有效性

人员推销

人员推销是指通过面对面地与个人或组织接触以获得更多销售的过程。其主要形式包括与旅行经营商直接联系、组织熟悉线路旅行、参加旅游展览会、组织旅游代表团、公司及机构团体，与旅游合作者如汽车租赁公司或航空公司以及目的地管理部门联盟等。

人员推销是进入国际市场的有效途径。在某些情况下甚至可以说是必须采用的手段。但是，人员推销也同样面临着文化差异的挑战。

在进行人员推销活动之前，推销人员需要考虑以下因素：销售人员期望"推销自己"和公司产品的水平、培育顾客所需要的时间、适用的销售渠道和书面合同的相对重要性等。例如，在进入利润较高但却经常令人难以琢磨的亚洲市场时，饭店营销者发现他们需要时间与耐心来发展人际关系，因为在亚洲，商务来往大多建立在信任的基础之上。亚洲旅游分销商在选择饭店作为合作伙伴时，首先考虑的是饭店的信誉。有时营销人员的性别也是考虑因素。虽然在亚洲大部分地区性别的差距正在不断缩小，但与顾客打交道时，男性销售员仍然比女性销售员有优势。

成功的饭店营销者一定要对目标市场的文化模式非常了解。例如，在许多国家，准时赴约是非常重要的。另外，即使人们以相同的语言进行交流，也要注意文化间的细微差别。许多人以为英语是通用的商界语言，但是精明的营销者明白唯一通用的语言只能是顾客使用的语言，因此掌握两门语言的销售人员是饭店非常宝贵的财产。长期居住在目标市场的营销人员比外来者更了解顾客，而且他们也对当地的旅游分销系统、社会风俗和业界情况更为熟悉。在客源地与公司所在国存在较大的文化或宗教差异时，对当地的了解就变得更加重要。比如，阿拉伯国家的工作日是从星期六到星期四，星期五是穆斯林人休息和做礼拜的时间。了解这一习俗的饭店营销人员避免在这一天给客户打电话。

在进行人员推销时，由于国家在文化和商务惯例方面的差异表现得较为明显（即使他们使用同样的语言），因此当地的销售代表通常会享有较多的自由决策权。但即便是这样，国际营销代表也需要按照既定的营销目标来制订销售计划，撰写销售访问报告以及定期对营销结果进行评估。

规模较小的饭店集团可能没有设立国家销售代表处，所有的营销工作由集团营销部门来完成。如果可能的话，集团这时在饭店应该建立营销小组。小组至少由两个成员组成，一位懂得营销技巧，另外一位具有财务方面的知识，两人都对目标市场的业务运行有一定程度的了解。每次访问同一个国家的小组成员应该保持不变，这对于注重保持连续性关系的国家来说尤其重要。在一些小的单体饭店，经常是总经理亲自给重要顾客打电话进行推销。

在国外销售产品时，经常需要多次的会谈来解决一些细节问题。饭店的谈判员应该熟悉其对手的沟通和讨价风格，以避免一些对双方来说有歧义的语言出现。从商业来往的一开始，饭店就应该表现出坦诚和可信的态度，以使国外伙伴愿意与之发展合作关系。虽然合同在世界大多数国家得到了普遍使用，但在一些地区，个人的承诺远比合同重要得多。

饭店营销人员需要研究当地的分销系统，以了解哪些旅游代理商、批发商、旅行组织者和社团机构具备促进饭店销售的潜力。在一些国家，如果饭店能够说服主要的旅游经营商把其产品包含在包价旅游产品中，那么很快就会有其他顾客对该饭店产生兴趣。而且，由于旅行商的服务越来越趋向于针对某一特定领域，因此饭店的目标市场与代理商或其他中间商所服务的市场是否吻合也是选择分销商时需要考虑的因素。国家旅游组织或国外饭店代表处，将会帮助饭店与那些能够带来顾客的代理商或批发商建立联系。

建立业务联系的方式有很多种。在大的连锁饭店集团,集团营销部与国内和国际的客户保持日常的联系。饭店销售代表可以通过突然拜访(事先未预约)一些机构,如商务处,来与客户建立联系。

此外,不能忽视国际性航空公司、国际性服务俱乐部、专业协会、大使馆和领事馆。大部分公司都对饭店所能提供的利益感兴趣,如公司价、流行或独特的会议设施以及特殊服务等。

对于一家饭店而言,最好的销售实际上是它的顾客。良好的顾客体验可以通过口口相传产生饭店的营销力量,电子化社交的新趋势应给予高度重视。借助互联网的力量,感到满意的顾客将成为饭店潜在的功臣,反之亦然。根据一项最新调查,2/3 的在线消费者都使用某种在线社交媒体与其他消费者进行互动。以 MySpace、Facebook、Xanga 与类似的大众和特殊化网站为代表的社交网站的迅速增加即是这种沟通媒介的证明。显然,顾客使用这种媒介交流他们对饭店的印象时越满意,营销的效果越好。

在网络营销方面最有影响力的网站是 TripAdvisor.com,这个网站拥有世界上最大的旅游社区,500 多万消费者在此对 220000 多个饭店和旅游景点进行评论,发表观点,2000 多万独特的月访问者。TripAdvisor 现推出一项服务,允许饭店在自己的网站上张贴 TripAdvisor 上的消费者评论。

旅游展销会

旅游展销会指世界各地旅游业各组成部门的代表,如旅游批发商和经营商、旅游代理商、航空公司、饭店、景点、会议组织者、奖励旅游专家等,聚集在一起进行旅游交易活动。各类旅游供应商展示他们自己的产品,一般情况下以国家或地区为单位参展,只有少数时候例外。旅行经营商当场可以比较各种产品的价格,设施和服务。大部分展销会针对的是业内人士,也有少部分向消费者开放。

参加旅游展销会是进入国际市场的重要手段。它有助于提高饭店的公众知名度,促进饭店与其产品经营商之间的业务关系。在展销会上,饭店的代表有机会与参会的旅游批发商和代理商进行面对面的洽谈,并开发会议和社会活动的市场机会。由于展销会上交易的速度比较快,所以饭店应该做好与客户讨论价格和产品可获得性的准备。饭店也必须记下客户的名单和地址以方便日后联系。

以下旅游展销会被认为是世界上最大最有意义的旅游展销活动,每个展销会都吸引了来自不同国家的 10 万余名参观者:

柏林国际旅游交易会（ITB） 自 1966 年起，柏林国际旅游交易会就被认为是世界领先的旅游展销会。2008 年 10 月，新加坡将举办亚洲第一场柏林国际旅游交易会以促进休闲旅游、商务旅游专业团体和不断增长的会议市场。

米兰旅游交易会（BIT） 虽然米兰旅游交易会吸引的参会者与柏林国际旅游交易会多有类似，但它更多地关注欧洲人。大多数参展商和观众来自意大利，国际参会者多为欧洲人。

马德里国际旅游交易会（FITUR） 马德里每年会开放为期四天的旅游交易市场，将旅游展销会与展销会前后国际交易关系前后的促销活动结合起来。

世界旅游博览会（WTM） 每年在欧洲举办的为期四天的旅游业活动。与其他活动一样，这一博览会同样将展位、网络和教育活动结合起来。

日本国际旅游大会（JATA） 每年由日本旅行代理商协会在东京主办，已经成为希望进入日本市场的各国旅游商的盛会。

参加展销会的费用较高，所以饭店应该选择参加那些有利于达到自己营销目标的展销会。饭店也可以与航空公司、景点和 / 或会议以及观光局联合起来参加展销会以降低费用。许多国家旅游组织、会议和观光局在展销会上租赁展台，供本国的旅游供应商使用。如果单体饭店不能直接参加展销会，饭店的营销人员应该通过所属的连锁饭店集团或饭店联合体以及本国会议和观光局向潜在客户提供足够的宣传材料（如宣传手册，宣传单等）。

许多专业性旅游展销会，如柏林国际旅游交易会，在展会结束前，往往会有对公众开放日。

旅游代表团

旅游代表团是指通过组织目的地旅游供应商访问目标客源市场以激发顾客的兴趣，与客户建立联系，促进预订等。旅游代表团的目的在于吸引更多的游客来目的地旅游。如果饭店重视的话，旅游代表团可能会给饭店带来很多新业务，但是在加入代表团之前，饭店需要判断是否能从中获得利润。如果饭店位于城市中心，其主要顾客是不自由支配旅行的商务游客和会议客人，那么参加旅游代表团可能就不会给饭店带来很大的收益。反之，饭店主要针对休闲旅游和奖励旅游市场，那么加入代表团就是值得的。

通过精心的策划和组织实施，旅游代表团带来的展示和闪电般的媒体报道为营销者提供了与公众接触的良好机会。如果旅游代表团由本国的娱乐团体陪伴，则能吸引到更多的观众，因为没有比娱乐表演更吸引人的了。旅游代表团的活动安排应该适合观众的特点和有利于实现代表团的目标。旅游代表团应该尽量以一种活泼的方式来分发宣传材料。例如，使用各种视听手段来进行生动的宣传。

因为旅游代表团由多家旅游供应商合作组成，所以它的费用较低。在组织国际旅游代表团时，国家旅游组织一般会起到重要的作用。它帮助安排代表团出发的时间以参加或避免目标国家的一些重大活动，制定战略和安排活动内容，安排经营商与海外经营商接触以及提供促销帮助等。参加代表团的旅游经营商应该熟悉所到访国家的文化习俗，他们必须有自己的特定营销目标，必须善于同各种客户如东道主、当地旅游经营商、媒体和公众打交道。

饭店可以雇用当地的旅行顾问来帮助制定合适的邮寄名单，或者有选择性地与客户接触。饭店也可以宴请当地政府或行业内的重要人士。如果可能，所有的宣传资料都应该使用当地语言和英语两种语言编写。饭店营销人员应该提供足够的宣传手册和价格表（价格应由美元和当地货币来表示）。与客户交换名片也至关重要，饭店应保存好客户的名单和地址以供日后联系使用。

熟悉线路旅行

熟悉线路旅行体现了一个传统的营销观念：越了解情况的推销员越是好的推销员。饭店之所以参与为旅游代理商、批发商或奖励旅游设计者安排的熟悉线路旅行，其主要原因是为这些潜在销售中间商提供亲身体验饭店产品的机会。出于同样的目的，饭店也组织由旅行作家、电视广播人员、摄影家等能够影响公众观点的人员组成的熟悉线路旅行。

饭店可以与当地节事及旅游局和其他旅游供应商合作组织熟悉线路旅行。根据促销预算，饭店可以选择为参加者提供住宿或者举办宴会等活动。一般来说国家旅游组织和当地旅行商协会会帮助饭店挑选最适合参加熟悉线路旅行的人选。在接待国外的熟悉线路旅游团时，应该安排知识广博、富有经验的导游陪同。熟悉线路旅行团的活动内容需要精心地设计，活动结束后也需要适当地进一步联系。

除了熟悉线路旅行之外，一些饭店常常向一些重要人士发出免费住宿邀请。其对象主要包括旅游中间商、旅行作家，以及一些特殊专栏如食品、运动、艺术、娱乐和休闲的报刊编辑。

国际航空公司在飞行中向乘客提供的杂志上面常常刊载一些有关旅游目的地和旅游供应商的有趣文章。一些国际出版物也希望获得有关历史悠久、风格独特、情趣盎然的饭店和度假胜地的介绍。饭店可以通过国际性航空公司的销售办公室与这些文章的作者取得联系。

结 论

市场营销是非常令人兴奋的一项工作。饭店的其他任何经营领域，都不可能像营销那样为人们提供了充分展现其想象力、分析力和尝试新事物的机会。饭店营销者面临的挑战包括应付全球市场不断变化的需求和激烈的竞争环境。营销经理依赖自身敏锐的洞察力，对每个目标市场的深刻了解以及营销经验和分析能力来应付这些挑战。营销决策与饭店经营的成功与否息息相关。

制定国际营销战略的第一步是饭店下定决心服务于国际市场。公司每一层级的管理者和员工都要做好准备以提供合适的产品和服务。在整个饭店进行经营上的调整以适合国际客人之前，任何营销活动都是徒劳的。如果饭店已经确定了目标，那么接下来的一步是通过市场研究来判断是否存在市场需求。营销活动能否成功，部分取决于营销决策所依据的信息质量——信息的相关性、及时性和准确性。国际饭店拥有许多信息来源，如内部顾客档案、顾客登记表、护照和签证表等。饭店所需要的其他信息也可以通过直接观察来获得，这一方式特别适合于评估竞争环境和竞争对手。能够为饭店营销决策提供帮助的还有已出版的行业报告、贸易新闻故事、旅游贸易协会、国家旅游组织、重要顾客和中间商等。

营销战略的一个重要部分是确定将饭店产品和服务销售给顾客的分销渠道系统，饭店的分销渠道由目标市场所在地的现行旅游分销系统和顾客的购买习惯共同决定的，饭店是否能有效地利用这些渠道取决于饭店与旅游中间商的关系以及与他们签订的协议。协议的内容包括产品与服务的传递方式、房价、预订和佣金支付政策。另外，必须重视的一点是全球自动分销系统。它包括由连锁饭店集团、饭店代理公司或饭店联合体组成的中央预订系统。

定位是市场营销活动中至关重要的一步，虽然消费者最终决定所有产品的定位，但是越来越多的产品定位由竞争来决定。国际饭店的产品定位是指通过广告和促销活动向不同的国际细分市场提供不同的产品和饭店形象，一些饭店定位于豪华饭店，为高档客人提供一流的服务；另一些饭店定位于中档市场，提供不同于前者的服务标准。无论是哪一种类型的饭店，其营销战略都包括仔细细分市场和利用已有资源来满足目标市场需求。

　　成功的广告、促销和公共关系活动能够加强饭店在市场中的竞争位置。广告媒体是饭店向目标顾客传递信息的有效渠道。选择适当的媒体是一项复杂的工作，因为有上千种不同的媒体可供选择，诸如针对业界和消费者的刊物、电视、广播、报纸、直接邮寄等。每一种媒体都有自己的顾客群。网络越来越成为广告和促销的重要工具。国际广告媒体的选择和广告信息的设计同样不是容易的事情，因为不同的文化有不同的媒体使用习惯，而且对信息的理解方式也不同。因此，营销者不应根据对本国情况的了解来设计针对国外市场的广告。

　　市场营销人员举办各种销售促进活动来刺激顾客购买产品和提高分销商的积极性。销售促进是指除广告、公共关系、出版物和人员推销以外的其他营销活动。饭店促进产品和服务销售的一个有效途径是举办联合营销活动或者与其他旅行商一起参加旅游展销会。参加展销会不仅有利于目的地的促销，而且为饭店与其主要顾客接触创造了机会。

　　除了广告和促销之外，饭店还进行各种各样的公共关系活动，在潜在顾客中建立持续的产品意识是饭店公共关系活动的主要目的。公共关系主要指与社区、媒体和顾客建立和保持良好的关系。

　　人员销售包括饭店与潜在的产品购买个人或团体直接接触的任何活动。它是一种必不可少的市场营销手段。营销主要指制定战略和提供顾客所需要的产品和服务，而销售则指通过各种技巧和手段使消费者购买自己的产品和服务。与国际化营销一样，国际化销售需要对不同市场上的消费者和其他购买者的行为有着深刻的了解和高度的文化敏感性。营销活动的成功最后体现在销售的完成以及将销售转变为饭店收入的增长上。社交网站通过口口相传逐步将饭店客人转变为一股非正式的营销力量。

　　国际营销导向的饭店经营者总是努力提供令人满意的、符合目标市场需求的产品和服务。在制定战略时，经营者不仅应当考虑如何区别饭店的产品和服务，而且应该考虑如何在每个市场上以符合当地文化习惯的方式来开展广告、促销、分销和销售活动。总之，饭店提供什么样的产品应该更多是由顾客来决定，而不是由饭店本身决定，这也正是市场营销的本质。

尾注:

① "Competitive Strategies for the International Hotel Industry"Travel and Tourism Analyst, Economist Intelligence Unit, March 1991,p.96.

② Readers interested in learning how to forecast demand are referred to Raymond S.Schmidgall, Hospitality Industry Managerial Accounting,6th ed.(Lansing, Mich.: American Hotel & Lodging Educational Institute,2006).

③ www.phocuswright.com.

④ www.travelclick.net.

⑤ Eric Ng, Francis Cassidy, and Les Brown, "Exploring the Major Factors Inflicing Consumer Travel Agencies in a Regional Setting," Journal of Hospitality and Tourism Management, vol. 13, no.1, April 2006, p. 75.

⑥ "Future Traveller Tribes: A Report for the Air Travel Industry," developed by Henley Center Headlightvision in partnership with Amadeus, 2007. www. amadeus.com/travellertribes.

⑦ "2007 Global Travel Agent GDS Study," Phoenix Marketing International, November 2007, p. 14.

⑧ Cindy Estes Green, "De-Mystifying Distribution: Building a Distribution Strategy One Channel at a Time," TIG Special Report, published by HSMAI, 2005.

⑨ Erin F. Stenthal, "the Hyatt Touch," Travel Agent, January 9, 2004, p. 18.

⑩ David Elsen and Mark Rogers, "Starwood Launches Agent Program, Website," Travel Agent, September 17, 2007, p.8.

⑪ Peter Fitzgerald, "hotel Payment Solutions," Travel Weekly, April, 15, 2005, p. 2.

⑫ Jennifer Merritt, "New Agent Rewards for 2007," Travel Agent, January 15, 2007, p.8.

⑬ "a Global View: World Economy Coming of Age,"Hotelline, July/August 1989, p.3.

⑭ www.roccofortecollection.com/press_and_media/rocco_forte_hotels_launchees_dedicated_travel_agent_websitehtm.

⑮ "International Growth Strategies of Major Hotel Chains," Mintel, March 2007.

⑯ Japan Direct Mail Association Newsletter, October 1991.

⑰ PhoCusWright Consumer Travel Trends Survey, 10th edition, Travel Industry Trends, June 2008.

⑱ B. Joseph Pine □ and James H. Gilmore, the Experience Economy: Work Is Theatre & Every Business a Stage (Boston: Harvard Business School Press, 1999).

⑲ Angela Frewin, "Travelodge hits out at 'Misleading'Ads"Caterer & Hotelkeeper, Jan. 19-Jan.25, 2006, vol. 196, no. 4408, p. 10.

⑳ "Marketing Spending Going to Direct Sales, Internet" Hotels, November 2005, p. 34D.

主 要 术 语

品牌化（Branding）：根据具体细分市场使饭店适应能够识别的特定类型的需要。

宣传材料（Collateral）：由饭店印制的向消费者和业界提供信息的促销资料，包括宣传手册、传单、台卡及类似资料，同时通过 CD 光盘和电子邮件形式的促销材料越来越多。

熟悉线路旅行（Familiarization Tour）：向旅游代理商、旅游批发商、奖励旅游计划者、旅行作家、节目主持人或摄影师等提供的用于促销饭店或目的地的免费旅行或旅游。

顾客关系（Guest Relations）：饭店通过服务和对顾客的个性化关注与之建立起的人际联系和友好关系。从狭义来看，包括店内的产品和服务促销、款待贵宾和处理社会活动等，尤其是在度假饭店。

媒体关系（Media Relations）：饭店公共关系的组成部分，指与大众传媒和电子媒体建立真诚关系。

定位（Positioning）：强调针对特定细分市场开发饭店产品的一种理念，它可以通过具有特色的产品本身包括地点、硬件、价格和服务等，也可以通过广告、促销和公共关系来创造形象。

公共关系（Public Relations）：为了增强饭店与社区和公众关系所采用的各种手段，包括媒体关系、顾客关系及支持慈善、艺术、教育、体育和其他特殊兴趣活动。

细分（Segmentation）：为不同的细分市场开发不同的饭店产品。可以根据地理、人口或心理变量来进行市场细分。

旅游分销系统（Travel Distribution System）：将旅游产品或服务所有权从供应者转移到使用者的一系列市场营销和销售组织。简言之，指饭店通过旅游代理商、旅行经营商、批发商、免费电话或其他方式向购买者销售其服务。

复习题

1. 饭店为什么以及如何进行顾客分析和竞争者分析？

2. 制定国际市场营销战略的步骤是什么？

3. 在国际饭店营销和销售中，成功的饭店如何应付文化差异？

4. 国际营销与销售人员如何开发美国海外游客市场?

5. 为什么说在国际营销活动中,了解旅游分销系统是非常重要的?

6. 在饭店预订过程中,旅游代理商起到了什么样的作用? 美国和欧洲的一些饭店如何解决饭店与代理商之间的关系问题?

7. 对于饭店来说,与旅游批发商和饭店代表公司合作或建立战略联盟有哪些好处?

8. 什么是细分? 品牌化战略的益处与坏处有哪些?

9. 什么是定位? 它与整个营销活动有什么关系?

10. 饭店营销者可以使用的促销工作和技巧有哪些? 在应用于国际市场时要分别注意哪些问题?

11. 国际饭店与国内饭店的人员销售的活动有何不同?

第14章

学习目标

掌握、定义和解释将来可能影响旅行、旅游业和饭店业全球化性质与进度的几个因素及其发展。

注：本章所述是对未来的推测，虽然这些推测主要是根据目前的事实性资料做出的，但它们仍然只是推测而已。因此，严格地讲，它们仅供你参考。本章内容不在考试范围之内。

14

全球竞争及其未来

国际饭店业的未来与世界政治和经济变化以及国内外旅游业长期发展的趋势密切相关。国家间经济相互依存的增强以及国际商贸的扩张将继续推动饭店业的全球化进程。尽管经常发生经济衰退、过量建造、货币贬值等问题，但对饭店投资商、开发商和经营者来讲，仍然充满了众多的发展机会。越来越多的国家为了满足经济发展和人口增长所需的资金和就业要求而制定吸引新产业的政策，其中包括旅游业，必将会带来新的机遇。

在最后一章我们将研究未来十年及以后更长时间内可能对国际饭店业产生影响的全球趋势，包括受社会经济趋势影响的旅游业整体趋势、统一欧洲市场所带来的影响、苏联存在的新机遇、全球私有化趋势、交通和技术发展及不断增强的环保意识等。

旅游业长期发展趋势

旅游业在新的世界经济中居于领先地位——虽然这一点并未得到充分认识。目前，每年进行国际旅行的人次达到 9 亿多。考虑到很多旅行是经常旅行的人进行的，那么认为实际上每年进行国际旅行的人数不超过世界总人口的 5% ~ 6%，是一种公平合理的推测。

旅游业是世界最大的产业之一，占到国际消费总量的 12% 并产生了全世界 1/12 的工作机会。世界旅游组织预测未来 15 年国际旅游业将保持平稳增长。中国、印度、东欧和其他地区的日益繁荣以及中产阶级的崛起表明饭店业的发展前景充满希望。影响消费者对旅行、休闲和旅游业态度的社会、文化、政治和技术因素为这些经济变化提供了强有力的支持。

世界旅游组织《2020 年旅游业愿景》报告概括了旅行和旅游业的一些新趋势，包括如下几点：

- 到 2020 年，国际游客有望达到 16 亿人次，其中 12 亿是地区之间的游客，3.78 亿是远途游客（表 14-1）；
- 地区总体旅游人数表明，到 2020 年，三个最大的游客到达地区是欧洲（7.17 亿游客）、东亚和太平洋地区（3.97 亿游客）以及美洲（2.82 亿游客），非洲、中东和南亚次之；
- 与世界旅游业平均年增长率 4.1% 相比，预计中东、东亚和太平洋地区、南亚和非洲的年增长率将超过 5%，而旅游市场更为成熟的美洲和欧洲地区的增长率则将低于平均水平；虽然欧洲的入境游客份额将从 1995 年的 59.8% 下降到 2020 年的 45.9%，但这一游客接待比例仍将是世界最高的；另外，东亚和太平洋地区的国际游客人数将由 14.4% 增长到 25.4%。

表 14-1 地区国际游客预测

	基年	预测		市场份额（%）		年平均增长率（%）
	1995	2010	2020			
	（百万）			1995	2020	1995～2020
世界	565	1006	1561	100	100	4.1
非洲	20	47	77	3.6	5.0	5.5
美洲	110	190	282	19.3	18.1	3.8
东亚和太平洋地区	81	195	397	14.4	25.4	6.5
欧洲	336	527	717	59.8	45.9	3.1
中东	14	36	69	2.2	4.4	6.7
南亚	4	11	19	0.7	1.2	6.2

资料来源：世界旅游组织

世界范围内的远途旅行的发展（在 1995～2020 年间保持 5.4% 的发展速度）将快于地区间的旅行（发展速度为 3.8%）。因此，地区旅行与长途旅行之间的比率在 1995 年为 82：18，到 2020 年将缩减到 76：24。[①]

影响未来发展的因素

考虑到繁荣与萧条的周期及其他影响旅行的外部因素，从长远来看，旅游业的发展将呈上升趋势，并且饭店业有很好的发展前景。影响饭店需求的主要长期因素包括产业全球化、人口和社会的变迁、休闲和假日时间的增多、消费者偏好的变化、经济增长和整体投资环境的改善；短期因素包括旅行费用、价格变动和汇率比价、旅行壁垒、市场营销和促销等，同时还包括法律法规变化、政治稳定性、技术发展、贸易发展、交通发展和旅行安全等外部因素，其中有些问题将在本章进行讨论。

在商业周期的最后阶段，全球旅行和旅游业经历了跌宕起伏的发展历程。先是 1997 年和 1998 年全球市场陷入低谷，之后许多影响世界经济体的负面因素阻碍了旅游业的复苏，包括 20 世纪 90 年代后期日本的经济崩溃，2001 年 9 月的恐怖袭击，"非典"的暴发、伊拉克战争以及 2004 年袭击泰国和其他太平洋国家的巨大海啸，使得旅游业直到 2004 年年底一直处于萧条状态。

而在那之后，旅行和旅游业的各个市场均得到了持续稳定的增长，这主要是得益于世界经济的总体增长、新兴市场的日益繁荣和可支配收入的相应增长，通过在线销售渠道获得最后时间销售的（特价）旅游产品，受到美元疲软刺激的国际旅游增长，旅游目的地为接待新出现的游客的廉价航空公司以及短途飞行需求的增加。美国次级住房贷款市场亏损造成的信用市场的削弱、对美国引发的世界经济衰退的担心、燃料价格的上涨、安全和健康问题以及全球证券市场的变化使得产业的短期前景谨慎乐观。然而，2004 ～ 2007 年国际游客的持续增长表明旅游业的弹性与活力，上述外部负面因素是短期障碍，而这一产业已经表现出了反弹的能力。

人口、经济与社会趋势

世界经济和社会结构在过去的几十年里以一种前所未有的速度发生着深刻变革。为了饭店业的未来发展，人们必须首先了解环境的变化，其中包括：经济趋势，如就业率水平、可支配收入的增长以及经济重心向亚太地区的转移；社会变化，包括带薪休假补助以及闲暇时间增多、退休年龄提前、晚婚晚育倾向、双收入家庭的增多、无子女夫妇和非传统家庭数量的增多等；人口结构的变化，如人口老龄化、世界各地就业妇女人数增加、单身人口比例增大。这些变化大多发生在发达国家和新兴工业化国家，它意味着，无论其他因素如何变化，将来会有更多的人有时间、有精力、有收入进行旅行。

随着人们生活水平的提高，许多国家的人口将更健康长寿，有更多的可支配消费能力，并且旅行限制也在迅速放宽。由于旅游业、大众传媒以及政府有时出于经济或政治原因所进行的大力宣传，人们对旅行机会的认知程度不断提高，世界各国的人们正更加频繁地到更远的地方去旅行。

人口统计预测表明，在不远的将来，世界上 60% 的消费者将居住在亚洲。因为相对年轻的消费者进入劳动力市场后需要工作，因此，许多亚洲的国家越来越有兴趣把旅游业作为使它们的经济多元化和创造就业机会的一种工具。

人们的寿命在 20 世纪几乎延长了一倍且在 21 世纪将继续延长。接种疫苗的出现、医疗卫生的改善、冷藏技术的发展、医疗科学的进步以及技术的提高结合在一起降低了婴儿死亡率，延长了预期寿命。因此，预计 2050 年的老年人将是今天的三倍，大约构成全球人口的 17%。对美国人口普查局提供的预期寿命表的分析表明，在过去 12 年间，世界总体预期寿命从 63 岁增加到 66 岁，欠发达国家的预期寿命从 62 岁增加到 65 岁，而发达国家则从 75 岁增加到 77 岁。虽然老年人在发展中国家总人口中所占比例与发达国家相比只是较小份额，但他们在绝对数上却增长迅速。[②]老年旅游者将成为旅游和饭店市场的一个更重要的组成部分。饭店业越来越认识到必须为老年旅游者提供特殊服务。老年市场的特征包括能在旅行淡季旅行，在目的地选择方面愿意并且有经济实力选择更具冒险性的地方，他们希望进行短期旅行并安排较长的休息时间。

伴随全球人口增长率趋缓，有意愿与经济实力进行旅行的老年人群在迅速增长。除了 65 岁以上的市场外，35 ~ 54 岁的年龄组增长幅度最大，因为他们的可自由支配的收入最高。世界范围内人口结构也在不断发生变化，工业化国家的人口所占份额在下降，而发展中国家人口的比率却在上升。世界旅行人口的分布也将因此发生改变，呈现出多元化的特征。人们应将更多的注意力放在未开发的市场上，尤其是那些新兴工业化国家。

来自其他方面的竞争

在未来的市场上，对可支配收入的竞争将更加激烈，来自其他产业的替代选择可能会降低人们对饭店房间或旅行的需求。例如，对于很多商务旅游者来说，航空公司提供更频繁的航班、更短的飞行时间和更低廉的机票价格，减少了对过夜停留的需要，对饭店房间的需求也相应地减少。

尤其是在欧洲市场，自助式住宿设施，如度假帐篷和度假村、大篷车和露营地、出租公寓和别墅以及第二家居 (second home) 等已取代饭店作为假日住宿的主要提供者的地位。其他的替代产品包括娱乐性交通工具、分时度假饭店和邮轮。国内外旅游者对娱乐性交通工具的需求正与日俱增（虽然上涨的燃料费可能使这一趋势放缓）。分时度假饭店发展迅速，度假胜地不动产的最新趋势是采用零星产权 (fractional interest) 的概念，即用零星份额购买产权（如，1/4 时间，1/10 时间）。零星份额市场的出现表明它比分时制度更进了一步，它还可以被用来作为第二家居所有权的一种替代选择。邮轮业是对饭店房间的又一种替代方式，对游船度假的供给和需求都在持续增加。

对旅行的替代选择比如电话会议，视频技术和其他电信工具至今尚未证明是饭店业的重要竞争者，但它们必然会对饭店业未来的经营方式产生影响，呈现出机会和挑战并存的局面。电话会议是现在进行小型会议的一种形式，而且已经成为进行在线培训和教育项目的普遍工具。与计算机网络连接的集成音视频技术减少了拥有全球供应链的公司（人员）的移动。这些沟通技术使得项目团队可以通过摄影机（配备内置摄像机的新型个人电脑）交流；互联网协议电话使得通过互联网进行语音交流成为可能；还有一些项目规划软件。

一个不容忽视的抢占可自由支配支出的源头是家庭本身。电的发明使得家重新成为家庭拥有最新的音视频设备的休闲和娱乐中心。的确，市场营销者正积极推销家庭影院的概念以及"虚拟现实"的设备，使操纵者在虚拟的"那里"身临其境，而并非真正到达"那里"。

取消管制和自由贸易

全球贸易环境对国际旅游业，特别是商务旅游市场的影响非常大。自20世纪80年代早期以来，经济发展的重要标志是国际贸易自由化、市场管制的放松及国际经济的全面开放。这些领域取得的进步应主要归功于关贸总协定（GATT）、经济合作与发展组织(OECD)等所做的努力，在接下来的十年中它们将继续为之奋斗。东欧各国、拉美和亚洲正迅速从计划经济转向市场经济，这一趋势将有助于刺激国内和国际旅游的发展。

旅行增长的预测是根据假设经济和贸易自由化趋势持续下去并且国际贸易由于越来越多的国家积极参与进出口业务而增长迅速做出的。虽然不断改变规章制度，但并不是所有的国家都已放弃其保护主义的观点，许多国家将对其产业进行重新调整，而同时其他国家则取消对产业的管制。国际旅游业中的某些部门，如航空公司和旅游经营者将极大地受限制进行跨国销售的法规的影响。

欧盟对旅行和旅游业的影响

欧盟是由27个成员国构成的政治和经济共同体，自1993年《马斯特里赫特条约》签订而成立。在其成员国中创建同一市场是欧盟最伟大的成就之一。创建单一市场过程中的标志包括减少成员国之间的各种壁垒和建立了一个共同的货币——欧元，以促进贸易。欧元的纸币和硬币于 2002 年 1 月首次发行；现在欧元已与美元一起成为主要的国际支付和储备的货币。

欧盟国家之间在贸易和自由竞争方面的限制已逐渐消除。随着物质和其他贸易壁垒逐渐减少，欧盟内部对货物的边境控制已被废除，与之一起取消的还有欧盟内人口流动的海关管控。通过减少大多数产品的技术壁垒，欧盟国家已经采用了相互承认国家规定的原则，使得在一个成员国合法制造和销售的任何产品必须允许在所有其他欧盟国家投放市场。通过相互承认国家规定或通过协调某些行业（如法律、医药、银行和保险等）的可进入性，欧盟成员国内的服务产业有可能变得更自由化。然而，人员流动的自由度还远不够完善。各种障碍仍然阻碍着人们搬到另一个欧盟国家居住或在那里从事某些类型的工作。通过部分调整国家 VAT（增值税）税率，减少了税收方面的障碍。投资收入税是 2005 年 7 月生效的成员国和一些其他国家（包括瑞士）之间协议的主题。

旅游业是欧洲经济中非常重要的一个部分。欧盟所建立的这一个没有内部边界的社区将促进旅游（行为），从而对欧洲的旅游业产生积极影响。主要由中小型企业主导的欧洲旅游业占欧盟各国国内生产总值之和的 4%，其 200 万企业雇用了约占欧盟总劳动力 4% 的人员。

欧盟旅游政策

2006 年，欧洲委员会（欧盟的主要决策单元）在名为《欧盟新旅游政策：欧洲旅游业更有力的伙伴关系》的文件中概括了欧洲的旅游政策。这一政策主要有两大战略任务：实现更有力的可持续发展；创造更多更好的工作机会。这一政策的主要目标是提高欧洲旅游业的竞争力。

委员会指出欧洲的人口老龄化和人口富裕程度的提高将影响游客对旅游服务的需求。强调健康、自然、文化和传统的全新的生活方式将重塑欧洲对旅游产品的需求，而且亚洲新兴国家的竞争也威胁着欧洲旅游业的发展。政策制定者也意识到了关注旅游目的地可持续发展的必要性，欧洲旅游业面临的这些机遇和威胁使得政策制定者将注意力投放到提高欧盟旅游业的竞争力上。

世界经济论坛的旅游竞争力指数在各种竞争力测量的基础上对 124 个国家进行排名，14 个欧盟国家的竞争力名列前 30 强。为保持这一优势并取得进一步发展，欧盟未来的政策重点将放在以下领域：

• 完善法规，简化（信息）获取过程；

- 促进政策与各欧盟旅游业利益相关者在影响旅游业的问题和行动上的协调；
- 改善欧洲金融工具的使用以支持旅游业商务、服务和基础设施的发展；
- 通过由产业协会、目的地代表和工会的专家组成的旅游可持续发展集团宣传可持续旅游；
- 通过及时准确地获得旅游数据改进欧洲旅游业的可见性和可理解性；向中国、俄罗斯和印度的新兴地区营销欧洲的旅游目的地，同时也面向世界其他地区销售。

就欧洲内部旅行而言，各个产业的并购活动风起云涌。许多国内公司期望把业务扩展到欧盟其他地区，它创造了更多的旅行机会、更多的会议，从而需要更多的商务饭店和会议设施。欧洲内的休闲旅行将随着旅行壁垒的消除和人民生活水平的提高而增加。

欧洲内部的休闲旅行也同时得到促进。如果能够使用一种货币，支付统一的旅行税，而不必在每一边境都接受海关和移民局的检查，毫无疑问，这将极大地方便国际旅游者。其中一些壁垒已经减轻，而另一些尚待解决。来自欧盟之外的商务旅行将随着跨国公司为了适应新环境不断调整战略而增长。

交通

欧盟在解除对公路、铁路、航空和海运服务的管制方面取得了长足进步。取消跨境交易和旅游壁垒后市场准入得以提高，从而大大增加了长途货运和客运总量。

出于同美国取消对民航业的管制同样的目的，在欧盟内实行民航自由化是为了提高竞争力、提供更好的服务和更多的消费者选择。提出的建议主要是为了做到以下几点：利用更灵活的定价政策制定更具竞争力的价格；合作双方对运量进行更自由的控制；市场准入更加自由，允许航空公司在主要航线上进行直接竞争。

欧盟在航空领域的发展包括欧洲航空一体化——一项雄心勃勃的计划，通过改革欧洲空中交通管制的体系结构以满足未来的载量和安全要求。SESAR 是行业性质的和单一空域的技术部门，旨在开发一种新的空中交通管理体制。接下来几年，欧盟和美国就实现欧洲与美国之间航空服务自由化进行了几次对话，并于 2005 年 11 月就开放航空或"开放领空"达成协议。然而，在决定是否在该项协议基础上继续深入时，欧盟需要考虑美国交通部发起的规则制定活动的结果，这一活动仍在进行中，目的在于扩大非美国公民投资和参与美国航空管理的机会。开放航空协议给予欧盟和美国航空公司选择服务两地对应机场的充分自由权。在满足维持航空飞行安全的需要之余，这一协议也会催生一个更具竞争力的市场，产生更大的服务选择权，旅行者也可以因此支付更低的费用。

实施自由化措施后，许多航空公司采取兼并和接管的方式作为其主要的生存战略。不同国家在国内外也越来越普遍采取合作协议、合作伙伴及其他的联盟形式。如斯堪的纳维亚航空公司、瑞士航空公司、奥地利航空公司和芬兰航空公司，已成立了一个"质量联盟"，负责制定更有效的运行时刻表、开发共同服务设施以及统一的旅客用品标准。

机票价格含增值税及禁止机场出售免税品的做法将对空中运输造成影响。就前者而言，迄今为止，大多数成员国的机票价格不包括增值税，即使是很少的增值税也会使机票价格上涨。长距离旅行的一项好处是，去欧盟之外的国家旅行，机票价格不含增值税。取消在成员国之间旅行的旅游者的过境免税特许权的结果是，在需要进行新的资本密集型投资时，却减少了机场和航空公司的一个主要收入来源。机场将通过增加对使用该机场的航空公司的收费来重新获得这笔收入，而航空公司则将这笔费用转嫁到乘客身上。在机场管理方面，值得肯定的一点是原先出于关税和移民目的被视为国际旅行的欧盟内部旅行，现在将被认为是国内旅行，从而会降低管理费用和文书工作的开支。

另外，机场拥挤和实行航空交通管制等问题表明，欧盟取消管制而实行的"开放领空"的政策在近期内不会对欧洲乘客降低机票价格和为他们提供更多可供选择的航班。欧洲委员会指出，到 2020 年，60 个主要的机场将会严重拥挤，如果航空公司不能在业已繁忙的主要机场得到更多的起降位置的话，竞争将成为争论未决的话题。在欧洲主要机场，为满足预期的交通增长的需求，必须进行大规模投资。除非改善必要的空中交通管制系统，否则大型机场将无法从旅客数量的增加中获得任何收益。

旅游批发商

欧洲市场的统一将使得旅游批发商进入本土市场之外的邻近国家更具可行性和吸引力。规模经济将为这些基于欧洲最大度假市场的旅游批发商带来优势禀赋。那些强烈依赖旅游市场的饭店可以从旅游批发商的所作所为中得到启发。尽管大多数旅游批发商试图把他们的业务扩展到境外去，但其中只有个别人取得了成功。与邻近的欧洲度假市场之间存有巨大的差别，为以当地市场为基础的批发商提供了一种外国竞争对手所不具备的优势。

由欧盟提出的一些法规将限制欧盟的旅游批发商，包括限制旅游批发商的下列能力：收取附加费或涨价；在离港日期、航班或住宿上耍花招以及征收已取消的预订费。这些措施虽然是为了保护消费者的利益，但其直接影响是会造成度假旅行初始报价的普遍上涨，因为批发商会千方百计保证其利润率。欧盟实行的包价度假方针要求旅游批发商对他们推出的度假内容负全部责任。因此，如果一名顾客能够证明产品与承诺不符，批发商将必须对所造成的损失负责，不管错在哪一方。这一方针很可能会增加包价度假的价格，结果会限制消费者做出选择，尤其是在危险性较高的探险和滑雪度假领域。如果要求批发商对饭店内发生的事故负完全责任，为了他们的利益，将尽可能寻求最高标准的各种类型的住宿设施。

旅游代理商

欧洲一体化将直接或间接地对该地区的零售旅游代理商产生最深远的影响。代理商已经受到了由直销旅游批发商和多种零售连锁集团数量的稳定增长以及批发商和代理商间划分模糊造成的威胁，他们害怕欧盟会制定法规要求他们对包价度假的瑕疵负责任，虽然他们认为这应属于旅游批发商的责任。无论如何，由旅游批发商负担的一部分额外费用将转嫁给旅游代理商。

欧洲一体化可能带来的另一种结果是使资金不足、人手有限的小型独立旅行代理商难以生存，这有利于那些更有能力应付不断增长的复杂市场的竞争者。旅游批发商之所以从市场上消失，往往都是由于在线自主安排旅行的游客数量不断增加。网络的出现不仅使消费者更倾向于自己直接完成旅游产品的预订，而且传统的旅游批发商也能够避开旅游代理商直接面对消费者。其中一项有利于旅行零售商的标志是欧盟制定了一套采用计算机预订系统的法规，它将统一不同国家的做法。

饭店业

欧盟的许多活动和提议都将有益于饭店业。有些将带来巨大变化，而另外一些则不会带来明显变化。例如，资本和劳动力可以在欧盟成员国之间自由流动的提议，使得欧盟内跨国饭店经营者很容易把所得收入汇回国内，同时可以自由地将专门人才派往欧盟各成员国。这些变化意义重大，并且会提高跨国集团的扩展以及欧洲内部连锁集团的集中度。随着规模经济以及有效利用资本与劳动力资源的实现，因拥有计算机预订系统而具有特别优势地位的大型连锁集团的主导地位也将增强。

相关服务业的结构变化也将有益于饭店经营者。例如，如果金融服务部门取消管制，就会降低银行服务成本从而使资本费用率更具竞争力。又比如，保险部门正在降低企业和消费者的保险费。欧盟内外的饭店经营应该从全球性保险项目的较低保险费以及管理费用中获利。

欧盟内部的增值税尚未统一，饭店经营者一直对此表示不满。饭店增值税率从卢森堡的3%到丹麦的25%不等。欧盟中拥有低增值税率（5%～7%）的国家包括比利时、塞浦路斯、捷克共和国、爱沙尼亚、法国、拉脱维亚、立陶宛、马耳他、荷兰、波兰、罗马尼亚、斯洛文尼亚和西班牙。增值税率高（超过15%）的国家有包括保加利亚、丹麦、德国、匈牙利、斯洛伐克和英国。[3]从竞争性的角度看，住宿业增值税率均为15%将有助于那些此前税率较高的国家，但却不利于另外一些实行低税率的国家。毋庸置疑，标准化的税率，将受到饭店主管人员和顾客双方面的欢迎。

欧盟很可能最终采用某种全欧范围的饭店分类或定级系统。目前，不同的国家使用不同的定级系统，它导致了消费者的迷惑和市场分销的混乱。然而大多数饭店协会反对采用统一的饭店定级系统，它们更愿意采用仅仅向购买者提供必要的住宿信息，而不必划分等级或排定名次的系统。

随着建筑标准的引入，在一国获得建筑许可的开发商也能够使用同样的标准在其他任何成员国中进行建设。随着竞争的加剧，在建筑业中放松管制、建筑标准的统一化及欧洲规则的采用在一定程度上会降低建筑成本费用。在饭店建设中，资本需求的任何减少对饭店投资者都将成为有吸引力的刺激因素。那些阻止开发商从国外获得融资的限制也将被取消，在一些国家如希腊等实行的放松外币管制政策将使得资金汇回母国更为容易。

标准化的货币

如前所述，2002年欧洲开始发行欧元纸币和硬币，欧洲单一标准化货币的努力方便了欧洲旅游的发展，主要是因为旅游者在欧洲国家之间旅游时不必再兑换货币，而且也方便了旅游者对比欧洲不同国家间的客房和其他旅游产品的价格。欧元的出现使得借助网络和电话购买欧洲旅游产品和服务变得更加便捷。通过取消纷繁多样的货币以及欧洲和非欧洲旅游者过去需要支付的平价，欧元提升了欧洲作为旅游目的地的地位。与此同时，近年来欧元相对包括美元在内的世界其他货币的强势也引起了一些担忧，因为一次欧洲之行对生活在欧盟国家之外的游客而言变得越来越昂贵。

旅行成本

总体来说，欧洲一体化并不一定会降低该地区的旅行成本。假如在有些方面能够做到这一点，但事实上，交通和较高客房价格上附加的增值税、对机场和港口免税收入的限制及其他因素都可能带来旅行成本的增加。对航空运输和饭店征收高额增值税可能会导致周边那些不课征增值税的非欧盟国家旅行人数的增多。

特定的国家

欧洲的一体化使一些欧盟国家的旅游业比其他国家受益更多。在入境旅游收入方面，征收较低增值税的法国能从税收平均化中获益匪浅。但是法国、荷兰和比利时，在面对德国和英国的旅游批发商的进攻时，很容易受伤害。由于英国出境旅游市场对价格相当敏感，任何暗含在对航空旅行定期航班和包机所征收的增值税中、哪怕较低的价格增长都无疑会造成负面影响。

德国很可能比其他国家能更快地适应新秩序。德国的批发商已经在进入新领域并阻止抵御外国公司抢占德国市场的企图方面做好了充分准备。另外，意大利的旅游业很落后且管理不善，可能为德国野心勃勃的旅游批发商提供一个广阔的空间。

欧盟不断吸收更多的欧洲中部、东部和南部的国家使得欧盟内部的旅游也不断增加。随着欧盟中较不发达国家的日益富裕和可支配收入的增加，这些国家的旅游者也能参观欧洲更为发达的地区。相反地，欧盟中较发达国家的旅游者则可能是受好奇心驱使想看看他们不太发达的邻居在做什么。当然，随着欧盟中发达国家和欠发达国家间商业联系的加强，它们之间的旅游也会迎来利好局势。

主要地区的旅游业的增长

欧洲

作为最大的旅游输出与接收国，西欧许多国家今后 10 年内将面临容量限制问题。许多因素将导致欧洲旅行市场继续适度增长，其中一些因素已在前面的部分加以详细讨论：

- 欧洲一体化的转变将促进欧洲内部短期度假和商务旅行的发展；
- 东欧的政治变化有利于商务和休闲旅行；
- 消费者兴趣/生活方式的改变有利于远程目的地，特别是亚洲，美国和非洲；
- 旅游业市场细分、计算机预订系统和航空器技术将使远程旅行更便利且成本更低。

自 20 世纪 80 年代中期以来，欧洲饭店的客房数和配套设施得到稳定增长，尽管出租率有时很低。到了 2003 年，西欧前五个拥有床位数最多的国家几乎提供了 60% 的可使用客房数。按从高到低排列，它们依次为法国、德国、意大利、西班牙和英国。欧洲饭店业的国际化程度很高。在大多数国家，过夜停留的外国游客数超过总数的 50%。在主要旅游目的地如奥地利和葡萄牙，过夜停留的外国游客数竟超过 70%。欧盟统计局负责编制欧盟经济各方面的详细数据，并提供目前最权威的饭店住宿数据。2006 年，欧盟的 27 个国家已有 200838 家饭店和类似机构。[④]

东欧旅行迅速增长，部分是由于有经验的旅游者被压抑已久的想去这个"新"世界看一看的强烈渴望。许多 40 年前由于政治原因作为移民离开东欧的人们现在希望回到故土去参观并重新与之建立联系。在发展出境旅游市场方面，也潜力巨大。今天，好几千万东欧市民正往返于本国与周边国家和西欧之间。随着他们经济建设和生活水平的提高，东欧人将被锁定为未来商品和服务的消费者，其中包括旅行。

每个东欧国家都蕴藏着丰富的自然景观、名胜古迹和文化艺术，其中许多都具有独特的风格。东欧国家的政治开放也为西方商界带来了众多的机会，极大地增加了该地区商务旅行的数量。

北美洲

作为一个成熟的旅游市场，北美在未来的十年中有望获得适度旅游增长。它有高度发达的旅游产业，运用先进的市场营销和计算机技术，越来越物有所值，尤其是近年来美元相对于欧元、英镑和其他硬通货币相对疲软。美国的饭店业可以提供近 440 万间客房，从路边汽车旅馆到城市大饭店。表 14-2 所示为美国饭店业的结构概况，不难看出，美国绝大多数的饭店分布在市郊和小城镇。与其国际同行不同的是饭店顾客大部分来自国内市场。尽管国际客人正变得越来越重要，国内市场仍将占主导地位。

表 14-2　2006 年饭店／客房细目列表

位置	饭店数	房间数
郊区	15890	1577475
高速公路	6770	452228
城市	4491	690849
机场	1957	275132
度假村	3596	566642
小城镇	14431	827117

资料来源：《2007 年饭店业简介》（华盛顿：美国饭店业协会，2007 年）第 4 页

过去几年是美国饭店业发展的黄金时间。据史密斯旅游调查公司提供的数据，2006 年，美国饭店业的税前利润达到 266 亿美元，行业总收入从 2005 年的 1227 亿美元增加到 2006 年的 1334 美元。2006 年的行业平均房价为 97.78 美元。

目前，旅游业已成为美国第三大零售业，仅次于汽车和食品店。旅行和旅游业是这个国家最大的服务出口产业，也是美国最大的雇主之一，事实上，在美联邦的30 个州中，旅游业至少是第三大雇主。旅游业相关业务超过 15 项，从住宿设施、航空和饭店，到邮轮、汽车租赁公司和旅游批发商都有所涉及。⑤

旅游业在加拿大是一项重要产业。同美国一样，国内市场是主要的旅游业消费群，但海外游客的数量正稳定增长。同样，加拿大的饭店业也正经历着并购和国外投资发展的趋势。随着人口和社会的变迁，商务旅行、短期休假或迷你度假市场已经成为旅游业的重要组成部分。

亚太地区

亚太地区非常适合进行度假旅行投资，需求来自以美国、加拿大、欧洲、日本、澳大利亚和新西兰为目标的细分市场。亚太国家拥有千姿百态的旅游胜地，其中大多数正积极寻求旅游发展和促销战略，它们将得益于航空票价的持续降低。随着上述国家全球贸易的增加，商务旅行也将不断增加，一些亚洲城市已成为主要的金融中心。自 20 世纪 70 年代后期向旅游者开放国门以来，中国已成为整个亚太地区重要旅游胜地，其他许多目的地已得益于它增加海外旅游所做的努力。近年来，马来西亚、泰国和印度尼西亚接待的游客量增长很快。尽管存在许多发展障碍，据预测，印度支那国家会成为下一个从亚洲不断增长的旅游业中获益的国家。

据预测，亚太地区饭店业在 2002 年有 400 万间客房，大约 75% 在中国、日本、澳大利亚和泰国。上一个 10 年，除了一些特殊情况外，大多数饭店保持较高的出租率。

与欧洲的饭店市场不同，亚太地区倾向于吸引相对较大的饭店。品牌与大的国际连锁是重要的考虑因素，这部分反映出该地区在国际旅游界中刚刚崭露头角，其传统的小客栈和小饭店不能满足该地区依赖的大量的有组织旅行的需求。大多数国际饭店公司——包括亚洲内外——正竞相抢占这一地区由主要大城市、中等城市和旅游风景区魅力所带来的商机。前不久开发了一个大型度假胜地，包括许多饭店、自助设施、各种旅游用品、健身设备、餐厅和商店等。

尽管许多人对该地区持续增长的经济持乐观态度，饭店业领导人认识到需审慎关注未来饭店的建设与扩张趋势。在许多主要的亚太城市，中档饭店已供过于求，此外还存在土地价格上升、劳动力短缺、航空运输瓶颈以及其他基础设施等方面的问题。在亚洲市场还未饱和的国家（如越南、老挝、柬埔寨，缅甸），由于政治性风险仍然过高而很难吸引传统上用于饭店和旅游业发展的投资资本。另外，由于亚洲区内市场需求强劲，导致旅行成本上升、通货膨胀、交通运输和基础设施等，这些方面的限制可能会妨碍一些目的地的成长。

到亚太地区的旅行风头正劲，而该地区也正在成为出境旅游的一个重要输出地。该地区的人们变得日益富裕，并且还出现了重视旅行的中产阶级。许多政府制定的旅行限制和壁垒已被去除。在出境旅游方面，中国、印度、日本、韩国、马来西亚、新加坡具有广阔的增长前景。

中南美洲

近来，拉美的政治紧张局势有所缓和，经济条件有望进一步改善。民主政治制度第一次在该地区占主导地位，军事独裁大部分已被铲除。由于经济自由化，人们生活水平正在提高。流入该地区的私人资本大大增加，尤其是流入墨西哥与委内瑞拉的资本更是如此。这些资本流动反映出投资者对该地区信心的增强，部分应归功于大型国有企业的私有化、外部债务的日益减少以及认为主要货币不可能贬值的想法。另外，中南美洲有巨大的潜力提供自然与文化景观。作为接待目的地，拉美可能多少受到预测的北美海外旅行趋缓的影响，但其他国家市场将情形乐观。

随着饭店房地产需求的持续升温，投资者将拉丁美洲作为一个备择选项。2006 ~ 2010 年，GDP 年均增长超过 4%，预计到 2018 年，旅行和旅游业的年均增长将达到 4.2%，拉丁美洲日益成为全球饭店公司的重要市场。阿根廷、巴西和墨西哥的经济规模决定了其举足轻重的市场地位。哥斯达黎加逐步成为中美主要的休闲旅游胜地，吸引着顶级而具有环保意识的旅游度假村。⑥

非洲

由于年轻人口占多数且人均收入相对较低，非洲至今还没有形成一个强劲的国内旅游市场，但在作为国际游客接待目的地方面该地区有望表现不俗。第一，许多非洲政府正开展声势浩大的旅游规划和市场营销活动。第二，非洲国家的景观适于零散或团体旅游者的休闲需求。同拉美国家一样，这一地区存在巨大的未开发的潜能。

目前，非洲饭店业的补缺市场营利性与特殊挑战性并存，挑战包括部族差异、货币兑换管制、环境问题以及频繁冲突形象。一些饭店公司在非洲取得了成功。如果饭店公司在特殊情况特殊对待的基础上考虑对非洲的投资，而不是对"统一的"非洲实行单一政策，它们往往会做得更为出色。

在政治上，一些非洲国家正处在用自由选举的政府来代替独裁政权的阶段。在南非，种族隔离政策最终被取消。摩洛哥、肯尼亚和南非创造了过去几年旅游业发展的新高。

中东

尽管小规模的动乱、暴力和政治不确定性影响中东地区旅游业的蓬勃发展，该地区很多景区的旅游仍然呈现强劲增长态势。2000 ~ 2006 年，该地区的入境游客从2000 万上升至 4100 万，翻了一番。据世界旅游组织统计，1995 ~ 2006 年，世界旅游业的复合年增长率为 3.7%，而中东地区的入境游客人数增加了 10.1%。中东地区发展最好的旅游目的地是阿布扎比、巴林岛、迪拜、埃及、约旦、阿曼和阿联酋。中东地区旅游业的增长主要是地区间的访问推动的，除了迪拜，中东国家的游客中阿拉伯人占绝大多数。高可支配收入和高油价带来的资金流动是中东旅游业发展的主要动力，地区与国际投资也刺激着这一地区饭店业的发展。为了推动旅游业的增长，很多中东国家制订计划，决心加大旅游基础设施建设。三大地区航空公司——阿提哈德航空已经将其服务拓展到世界很多旅游目的地。

国际饭店咨询公司 HVS 的一项报告指出，2007 ~ 2008 年中东地区的新建客房数量将超过 8 万间（图 14-1 所示为这些房间可能的分布情况）。主要的国际饭店公司都已在这个地区站稳了脚跟，并计划在此大展身手。

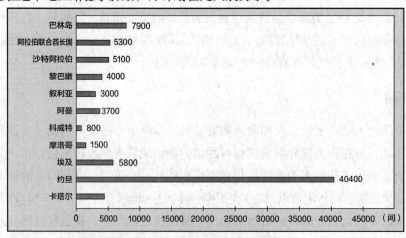

图 14-1　中东饭店客房供给更新数据（2007 ～ 2008 年）

私有化

私有化，即将制造或服务性企业的公共所有权转移给私人企业，是一种世界各国正积极寻求的政策选择。政府越来越认识到，与私有公司相比，国有企业在制造产品和提供服务中在使用资本与劳动力方面效率通常较低。国有企业在市场上通常不利于竞争，因为它们通常以各种方式受到政府的保护并在经营亏损时得到资助。国有企业给政府预算不断增加财政负担，而私人销售在增加国家收入方面的贡献也是私有化不断增长的因素。

在苏联，私有化并不单单是把一些国有公司的资产转给私人投资商，它是在整个政治和经济体制上进行基础性转型。东欧的私有化是指整个经济从公共部门转移到私有部分，一些国家的转型比其他国家相对容易，这要视各自经济改革的历史经验而定。

私有化也开始席卷亚洲。在印度，国有旅游企业印度旅游开发总公司已经撤销了对大多数饭店的投资，因为这些饭店业绩不佳。现在，很多中国的国有饭店正通过资产出售的方式进行私有化。

私有化速度必须在反映政治前景需求与避免国有资产仅以部分价值出售的实际需求之间保持平衡。在某些情况下，新政府想要私有化的所谓"国有"资产产权并不明晰。此外，削减这些企业规模以提高效率的必要性经常遭到来自政治上的反对。

在世界其他国家，重要的私有化发展也在发生。拉美、墨西哥、巴西和阿根廷政府正采取严厉措施进行经济私有化。其他债务累累的国家如委内瑞拉、哥伦比亚和巴拉圭的政府似乎也把私有化看成是它们经济改革的一个关键部分。亚太地区的许多国家也制订全面计划把它们的一些国有产业，尤其是国家航空公司引入到市场规则的轨道之中[①]。

虽然数字能够给人以深刻印象，但私有化项目的结果往往是混杂的。一些国家与其他国家相比取得了更加显著的成功。还必须认识到，私有化本身并不是目的，更确切地说，其宗旨是发展充满活力的经济、富有竞争力的私有市场以及使消费者更加满意。

航空公司的私有化

一些国家把不营利的国有航空公司作为私有化的目标，以减少国家补助，并迫使航空公司参与全球市场竞争。一旦被私有化，航空公司将从被高度保护和管制的垄断企业变成更自由的自由贸易者。放松管制也是更易进入世界最大市场——美国市场的前提。英国航空公司的经验验证了私有化的积极影响，目前该航空公司在规模、市场进入与竞争能力方面成为最强的跨国航空公司之一。随着其他欧盟国家在私有化方面的进步，世界航空业的变化指日可待，且旅游者能从中获得很大益处。

交通运输的发展

交通运输对于国际饭店业至关重要。更为便宜和便利的旅行对旅行需求的增长产生了重要影响，进而影响饭店住宿需求。在过去的 30 年内，技术进步提高了飞行效率并且降低了航空旅行的实际成本。交通技术的持续进步，包括高速列车、英吉利海峡隧道和其他地面交通，很可能带来更多的旅行需求，同时也将改变旅行构成。本章前面已经讨论过欧洲航空运输的增加，这一现象是全球性的，从而造成了世界很多大型机场的延误和拥堵。

飞行器技术

预计新飞行器技术在重量和燃料效率方面会有进一步发展，进而将提高飞行器种类和有效载重。例如，波音 777 和空客 300 机身更宽，并且可以飞行更长距离，一次可达 13000 公里，这一里程使它们有能力越过许多一度被作为加油和飞机维修的中途站。航空中枢如斐济、塔希提岛和夏威夷的发展，部分是由早期飞行器技术的局限性造成的结果，它们需要重新评估在应对利用远距离飞机方面的战略，它们应将其定位为多目的地包价旅游的起始点，率先发展比过去更广泛的区域性合作。

新一代商用飞机已经将关注点转向乘客工效学、乘客总体体验和环境保护。已于 2009 年投入使用的波音新型 787 系列即很好地佐证了这一趋势，下列是波音 787 的几点创新特征：

- 更大的座位和行李舱；
- "冷静照明"，通过飞机跨越不同时区时灯光的渐变过渡支持全天的飞行；
- 改善机舱空气质量的经过特殊设计的空气过滤器和加湿器；
- 使用更轻质的复合材料以降低座舱高度，减轻乘客的疲惫感；
- 安装提高水质的水净化系统；
- 面积更大，视野更好的窗户；
- 每个座位都有一个完整的多媒体通信中心，乘客可以开展业务工作或进行娱乐。

更为轻质的复合材料、创新的航空动力，以及高效的发动机技术可以使飞机噪声更小，燃油更加充分，污染排放更少，从而更加环保。

太空旅行

未来的旅行不再局限于地球，而是进入一个新的领域：太空旅行。威震集团喜欢冒险的主席理查德·布兰森爵士与集飞机设计师、投资人、企业家于一身的伯特·鲁坦是太空旅行时代的先驱。布兰森创建的新公司维珍银河将伯特·鲁坦创造的太空冒险技术商业化。维珍银河的目的是开设世界上第一条商业"太空航线"，使私人个体也能进行太空旅行。维珍旗下经营的太空船是在具有里程碑意义的"太空船一号"基础上由私人改造的，目前尚未完工。这些太空船将成就史上第一次亚轨道太空旅行，富人（一次太空旅行的票价为 20 万美元）有机会成为第一批私人航天员。

维珍银河打算在世界上第一处商业宇航中心——新墨西哥州的"美国航天港"建立自己的总部，管理太空飞行。"美国航天港"是由新墨西哥州资助建立的，虽然现在仍处于设计施工阶段，但已经迫不及待地发掘其他有潜力的航空港地点，目的是扩大企业，使太空飞行的奇迹走进越来越多的人家。尽管太空飞船首次航行没有显示出降温的趋势，早在 2009 年维珍银河的在线预订网站就开始宣传可能的飞行日期。公司已经在 15 个国家培训专门的旅游代理，称作"太空代理"，时刻准备着回答消费者的问题，并帮助他们预订太空之行。

列车技术

在列车旅行方面，日本率先使用磁悬浮列车，其速度可以达到每小时 420 公里，今天最快的列车每小时运行 275 公里。全欧洲都制订了高速铁路线规划，伦敦、巴黎和布鲁塞尔将通过与其他城市之间的铁路支线向旅客提供更快、更频繁、高质量的服务。随着航空旅行中机场拥挤、航班晚点以及混乱等问题日益严重，高速列车很可能成为一种颇受欢迎的旅行方式，尤其是在欧洲，这种交通方式能向商务及休闲旅行顾客提供一种与航空服务一样方便快捷的服务。

一些铁路新项目颇为引人关注，中国近期计划斥资 42 亿美元将北京、拉萨和西藏连接起来。尽管这个项目主要是为了加强政治控制，但也不可避免地对旅游业产生积极影响。中国台湾省投资 150 亿美元搭建台北与高雄南港之间的高铁线路，火车乘车时间从 4 小时缩减到 90 分钟。韩国有一列新的高速火车由首尔通往各大主要城市。法国巴黎至里昂间高速火车 TGV 能够把旅客运送到欧洲的各个旅游景点，这些景区呈中心散射状分布。2007 年，伦敦与巴黎之间的水底高速列车通行，历时约 2 小时。

对比而言，美国铁路局客运铁路系统的低效与差强人意的表现使美国在这方面落后于欧洲和亚洲。高速铁路服务有助于减轻波士顿、纽约、华盛顿、圣地亚哥、洛杉矶、迈阿密和其他主要交通运输枢纽城市公路和航空日益拥堵的问题。

放松管制

美国在 1978 年放松对航空业的管制后，导致票价降低、成本削减、破产以及少数大型航空公司的出现。自那时起，加拿大、澳大利亚、新西兰、日本和欧盟也大幅放松对其航空服务的管制。欧洲放松对航空运输管制以及放宽包机管理规制，使大量旅游者在未预订住宿的情况下到达某目的地成为可能。这要求饭店业不断加强地方旅游饭店业和航空运输供给者之间的协调。欧洲放松管制也意味着向更多的承运者开辟通路以服务于更多目的地。

世界其他地方，特别是发展中国家，也在不断施加对放松航空管制方面的压力，相应地，在这些国家中出现了很多低成本的空运商。这些国家围绕放松管制所面临的困境是其国内运输业者难以负担购买最新式飞机，而这是在旅行输出市场取得吸引顾客声誉所必需的。采取"开放领空"的政策可能会带来更多的来访者，但同时也意味着顾客可能被能提供更好的服务的外国承运者抢走而使目的地国收入减少。实行这一战略的最终目标应能达到保护国内承运者与实现从旅游部门获得最大经济收益之间的平衡。

交通运输基础设施

机场是游客进入一个国家形成第一印象的重要环节，机场设施的载量、质量和布置会对游客的旅游体验产生促进或相反的影响。消费者在机场通常会接触到：移民和海关检查，行李托运，公共卫生间，休息放松与恢复精力的区域，以及当地的交通运输连通性。

在推进机场在内的交通基础设施现代化方面，美国落后于亚洲和欧洲的很多国家。尽管美国开始了机场现代化和扩建的努力，但是不成系统，因此难以解决困扰美国机场多年的载量等问题。美国国会最近预估需投资 140 亿美元用于机场的整修和扩建。要想扩大跑道容量、修建更多的终点站和其他设施，需要重新进行巨大投资，及取得政府的大力支持以应对强烈的反对意见。这些改进将如何获得融资也成为一个重要问题，许多情况下，很可能由政府和私人企业共同担负。对该问题的其他解决方案包括促进淡季旅游和将包机服务限定在特定的机场。

技术与自动化

面对提高生产力和效率的要求，饭店业正迈向自动化。计算机在其他服务产业如银行、通信、超市、汽车服务站、零售等领域的发展与广泛使用极大地促进了这一进程。许多计算机系统被设计成专门用于满足饭店业的特殊要求，与此同时，设备和软件的成本在大幅度下降。在与饭店技术相互联系的六大领域，即信息处理、通信、节能、消防、安全和视听系统，问题不再是是否需要采用自动化，而是自动化程度多高合适、选择什么以及如何有效地加以使用。例如，一些饭店尝试使用自助入住登记机。目前的一揽子饭店管理系统（PMSs）将不断升级为根据功能与饭店规模为用户提供更多的选择。

后台办公系统、登记、客人信息、智能卡、录音留言等方面的技术改进都有可能提高生产力与工作效率，从而降低劳动力及其他运营成本。饭店管理系统在库存管理、菜单计划和分析等方面效用显著。目前已开发出了用于监督生产力和控制劳动成本、饭店运营及维护的选择性系统。在支付领域，直接转账支付系统、电子银行和互联网意味着今天的消费者能够在他们的办公室或家里舒适地选择一个目的地或饭店，并通过电子系统进行支付。

技术改变了国内国际旅游者在旅行途中处理事务的方式。室内计算机终端和传真机正成为商务客人的必备之物。拥有最新通信技术的商务中心将继续得到发展。

然而，对饭店业来讲，计算机预订系统仍将是最重要的技术发展方向，这一内容将在本章后半部分加以讨论。

尽管技术在进步，高科技只有与饭店业高情感紧密结合才能发挥作用（这一点在亚洲饭店业得到了证明）。技术应被用来提高服务水平，而不是替代服务。在纯粹旅游的情况下，即为愉快而旅行，高情感和服务是构成旅行经历和促成人们旅游动机不可或缺的因素。因此值得注意的是技术必须对那些服务者与被服务者怀有强烈的人文关怀，饭店业存在的真正危险之一不是计算机开始像人类那样思考，而是人类开始像计算机那样行动。

全球预订系统

如今面向消费者的营销和分销渠道趋向多元化，饭店客房分配的任务也越来越复杂。全球很多饭店的预订部正在经历重组，并入销售营销部或与收益管理团队并肩作战。由于预订和分销环境的剧烈变化，预订部开始发挥新的战略营销和分销管理的重要功能。

时刻关注预订将成为所有饭店不变的真理。饭店现在可以通过多元分销渠道生成预订，这些渠道包括中央预订免费电话、饭店或连锁集团自己的网站、第三方网站（艾派迪，Travelocity 等）、全球分销系统、旅游经销商和地方销售机构。饭店业今天和未来一段时间面临的最大挑战是分销管理，具体而言，是理解、管理和在线营销的能力。

为制定饭店或连锁集团的分销策略，饭店经营者应考虑以下 6 种因素：

第一，度量。饭店需要精确度量各种分销渠道的成本。收益管理决策应该考虑商业智能信息，饭店网站应测量预订量等方面的表现，还应通过 TravelCLICK 和 PhoCusWright 等特殊化的跟踪服务了解第三方网站的工作效率相关数据。

第二，风险评估。在线分销渠道的发展变化突飞猛进，饭店管理者如果做不到与时俱进就会面临风险。饭店应该明白哪种分销渠道将被后来者取代，或被现存在线提供商的技术进步赶上，这一点非常重要。并购可以使在线分销系统比竞争者更加强大。通过文章、会议和行业报告紧跟当前在线分销渠道的最新发展同样重要。

第三，品牌战略。对饭店品牌而言，第三方网站使它们提供给特许经营人的价值组成，即为特许饭店带去预订的能力受到严重威胁。饭店留住客人与品牌吸引度息息相关。

第四，渠道分析。明白分销渠道对带动饭店预订的价值非常重要。最有效的分销策略可以优化组合分销渠道，从而以尽可能最高的价格销售饭店产品。

第五，网站策略——自有网站。饭店自身网站的管理包括网站设计（"外观"和"感觉"），短期和长期目标以及预订量。

第六，网站策略——分销准备工作。基于对饭店市场组合和考察时段（季、月、周甚至工作日）的分析，饭店经营者需要确定可以优化饭店业务的全球分销系统和第三方网站。

发展问题

作为一个产业，旅游业越来越被认为是一种现代经济发展工具。许多政府的目标是在考虑本国经济、社会、文化和环境需要的同时，为发展一种最理想规模和平衡方式的旅游业创造条件，这一战略需要对旅游和饭店业的发展做出全面统一的规划。因此，未来的饭店开发商更可能不得不根据已建立的规划参数从事活动，这将影响到他们能够在何地、建设何种及怎样建立饭店的决策。

饭店设计。在主要市区之外，未来的饭店更可能与其社区环境相协调一致。所建成的饭店将与它们的环境背景浑然一体，当地文化将为建筑的外观设计、主题、家具、装修和手工制品提供灵感。充满人情味的建筑以及使用当地材料和工艺手段将更加普遍，这一做法不但能使所在社区从饭店发展中获得最大经济效益，而且可以为旅游者提供在他们寻求远离家园的体验时越来越期望的东西。

关于饭店可以采用的设施类型方面的明确指导取决于各级政府与私营企业之间的协商。这些指导不仅鼓励使用传统设计和建筑材料，而且规定饭店设施的高度、规模、位置、后退缩进、密度及外观。

然而，时间和成本因素也将影响饭店建设项目。这种建筑方法可能在一些地区更加普遍。饭店的未来可能是一种被视为"整合环境设计"的形式，它依赖先进的建筑技术和新型计算机系统来实现。

客房。未来的饭店客房可能拥有更好的设计和更齐全的功能。在适宜的地点，房间可以按照工作站和适用的商务设备等形式配备全套办公设施，并且将更加注重空气净化、通风系统和照明的改善。

能源系统。在未来饭店设计中，将更加重视能源管理和减少废弃物。高效照明系统是一个强调的重点。太阳能可能被广泛用于游泳池加热、内部热水供应和有限空间加热。对各种空调、烹调和照明系统的热力进行回收将大大降低对热能的需求。所有这些对建筑物在外观设计方面的改进将大大缩减基本能源系统，降低这方面的成本。节省下来的部分金额可用于购买较复杂的传感器和控制器而使客人的舒适度保持在需要的程度，这样在区域未投入使用时，就不至于浪费能源。未来的饭店可能通过卫星同一个中央计算机相连，这一中央计算机可以为饭店提供用于支持饭店的全套系统和运营方面的基础编程、逻辑和监控服务。

安全系统。有关客人安全、诉讼和消费者保护方面的趋势将影响饭店的设计与标准，特别是女性商务旅游者数量的增加，将使个人安全受到高度重视。新型安全设备（闭路电视、无匙门锁系统等）防止了饭店犯罪。装配这类设备的饭店，显示出对保护客人安全的高度重视，将比没有配置这类设备的饭店更具有竞争优势。

土地使用。土地缺乏越来越受到饭店开发商的关注，特别是在伦敦、纽约、东京和巴黎等人口密集的城市。整体而言，城市中心的土地短缺问题将迫使饭店业更加灵活，寻求非传统扩展途径进行有利可图的投资。美国的二级地点，包括那些较小的非门户城市及其郊区越来越被作为补缺市场饭店的候选目标。在亚太地区，随着土地资源在主要城市越来越稀缺，那里的饭店投资模式将步美国的后尘。

混合使用开发。一种越来越占主流的发展途径是把饭店开发和其他不动产项目结合起来，通常被称为混合使用不动产开发或 MXD。这些多种设施的开发，尤其在新加坡十分普遍，并已开始向欧洲、美国及其他地方扩展。例如，改造后的新开发项目集零售空间、娱乐、写字楼、饭店和住宅功能于一体，正变得越来越普遍。

某些市场的土地价格上涨促进了高效益项目的发展，并使土地得到充分利用。MXD 由于在高密度和作为回报所提供公众利益的舒适环境和空地之间保持均衡，因此对开发商具有很强的吸引力。在整个 MXD 概念中，对环境问题和历史保护的日益关注，往往可以得到解决。长期以来，北美和欧洲一直将保护历史性建筑置于优先地位，这种意识现正得到广泛传播。例如，新加坡在过去的 30 年里一直致力于现代化，那里的许多老城被毁掉，虽然已为时过晚，但当局仍然寻求保护老城遗址及重建原建筑物，对莱佛士饭店的修复与重建就是一个例证。

饭店业的资金来源与可得性　饭店开发商和投资者对资金的需求服从于不同的目的。行业资金的数量、时机、来源和可得性将影响自身的结构、规模和范围。在过去 30 年的不同阶段，资金的"水龙头"由于各种不同的原因被开开合合。这些原因包括金融业取消管制（以及随后的再次管制）；税法变化导致基金流向商业（包括）房地产；新的股票来源的出现，如房地产信托投资基金（REITs）和私募股权；世界经济自由化带来的国际投资流的增加；金融指导下的资产负债工具，如商业抵押担保证券（CMBSs）；抵押贷款利率的升降；面向饭店投资的（政府赞助的）主权投资基金的引入。

在美国，2001 年 9 月恐怖袭击之后的经济状况对饭店业经营业绩的不利影响很快显现出来，并在短时间内减少了饭店的融资。然而，从 2003 年至今，饭店业绩好转以及从金融机构以极具竞争力的价格获得的大量资金带来了饭店业的发展和产品多元化。

未来，建筑费用增加，适宜饭店发展的地点越来越少，近来住宅房地产市场的大范围违约造成的资金限制和资金成本增加都将成为美国和世界其他成熟经济体饭店发展的瓶颈。

旅游业与环境

近年来，人们对全球环境的关注程度显著提高。国际社会越来越意识到，人类为了其自身及后代的利益必须明智地管理自然资源。有关政府、组织和个人似乎对有害的及良好的、有益的经济和环境平衡有了更深刻的理解，这有助于减轻人们对环境保护必须以增长与发展为代价的担忧。可持续发展概念寻求在实施发展计划时必须以环境问题为中心。

自从工业化时代开始以来，人类感知的挑战是对自然界的支配与控制，这导致了对环境的开发、污染和破坏。面对接踵而来的诸如全球气候变暖、土地污染、热带雨林减少、物种灭绝等严重问题，有关人士才认识到，可持续发展需要人类与环境建立一种彼此相互照顾的关系以及与自然界和谐共存而不是与之争夺的能力，但为时已晚。

全球旅游业已与其他部门共同努力，把环境问题作为 21 世纪的关键问题之一。

饭店及其环境

环境工程的更高标准无疑将影响未来 10 年内的饭店建设。显而易见，人们将无法容忍那些任意而无节制地开发。将来，饭店业将被强制在维持环境标准方面发挥积极作用。饭店开发商和经理们都必须及时掌握新出现的环境问题、发展趋势和相关法规。

那些率先自愿面对环境挑战的饭店在竞争中会处于有利地位。近年来，一些主要的国际连锁饭店已经增加了运营的环境敏感性。下列例子为一些饭店在环境方面的努力。

- 雷迪森——关灯： 雷迪森集团的环保努力包括节能照明系统，例如在员工的浴室安装动作传感器，这样，当没人使用浴室时灯就会自动关掉。
- 希尔顿——没有过剩：希尔顿的很多饭店通过严密的堆肥项目使厨房的垃圾得到利用。
- 马德里——节约用水：马德里的孔德杜克大饭店在浴室中安装节水装置。
- 答案在风中：宾夕法尼亚州的驻桥套房通过购买能源积分实现 100% 风力发电。

- 雅高——利用太阳能：雅高打算将 200 家饭店转变成太阳能发电。
- 马里奥特——争取顾客支持：与马里奥特旅馆和会议中心高低水压系统相适应，马里兰大学学院为客人提供一个节约用水的选项。
- 通过口口相传获得领先地位：世界一流饭店组织作为豪华饭店会员协会决定单纯通过口口相传的方式宣传它的绿色活动，从而避免纸或其他资源的使用。
- 希尔顿——高科技和低科技相结合：希尔顿的各饭店已经采用了高科技与低科技相结合的"绿色"制度。高科技体现在节能加热、通风和空调系统方面的投资；而低科技则体现在教育员工减少浪费的培训项目上。
- 马里奥特——SERVE：马里奥特的总体企业社会责任项目 SERVE 现增加了名为 ECHO 的环保成分，即具有环保意识的饭店运营。
- 悦榕庄——三重底线：世界一流度假温泉饭店悦榕庄奉行三重底线哲学，包括环保、社会因素和财政业绩。
- 提出一个生态友好型品牌：2008 年，喜达屋饭店集团推出首个"原生态系列"的元素饭店。这一品牌将体现很多"绿色"特征，如大含量包装的肥皂盒洗发露，并优先停放混合动力汽车。
- 费尔蒙饭店——绿色能源伙伴：费尔蒙饭店及度假村已经与其供应商、员工、顾客和周边社区就环保实践建立了合作关系；第三版的《费尔蒙绿色合作指南》中对连锁饭店中环保的"最佳做法"进行了论述。⑧

许多组织现正在开发各种用以评估饭店运营环境业绩的项目、指南和认证，包括能源和水的使用、遵守法律情况、废弃物管理与回收、碳排放、员工培训、社区参与以及供应商是否受到环境政策的制约。例如，世界旅行和旅游理事会，已开发出了一套指导饭店进行环境保护的准则（表 14-3）。

表 14-3 世界旅行和旅游理事会环境指南

> 　　旅游业是世界上最大的产业。清洁、健康和安全的环境对于其进一步发展至关重要。世界旅行和旅游业理事会建议公司和政府在制定政策时考虑这些准则：
>
> ――――――――――――――――
>
> 旅游企业应承诺其发展应与环境协调一致。
>
> ――――――――――――――――
>
> 建立并监控改进的目标。
>
> ――――――――――――――――
>
> 对环境的承诺应是全公司范围的。
>
> ――――――――――――――――

（续）

应鼓励为改进环境项目而进行的教育与研究。

旅游企业应寻求通过自我管理执行合理的环境准则，认识到国内与国际规制是不可避免的，关键在于做好准备。

环境改进项目应该系统和全面，它们的目标应该为：

1. 发现产品和运作中的环境问题并使之达到最小化，对新建项目予以特别关注。
2. 在设计、规划、建设和执行方面充分考虑到环境因素。
3. 对保存环境保护区或环境受到威胁的地区、稀有物种以及风景名胜地区环境十分敏感，在可能的地方进行风景美化。
4. 开展节能。
5. 减少和回收利用废弃物。
6. 实行淡水管理和控制污水处置。
7. 控制和减少空气排放物和污染物。
8. 监督、控制和减少噪声水平；
9. 控制、减少和消除对不利于环境的产品，如石棉、CFCS、杀虫剂以及有毒性、腐蚀性、传染性、易爆性或可燃性的物质。
10. 尊重和支持历史性或宗教性物体和景点。
11. 充分考虑当地人民的利益，包括他们的历史、传统、文化和未来的发展。
12. 把环境问题作为整个旅游目的地发展的一个关键因素。

这些准则由世界旅行和旅游业理事提供，充分考虑了国际商会（ICC）的《可持续发展产业宪章》。

资料来源：WTTC(世界旅行和旅游业理事会)

环境对旅游业的重要性

人们在仔细审查旅游业对环境的影响的同时，也日益认识到环境对旅游业的重要性。旅游业在很大程度上依赖于自然资源，无论是进行被动活动（如观光旅游等）或者参与性活动（比如远足和滑雪）。环境问题导致许多目的地丧失业务，西班牙的巴利阿里群岛和泰国的芭堤雅就是对环境或社会问题不加控制而过度发展的典型。结果，两个地方的受欢迎程度都大大降低。西班牙的一些海滨度假景点，由于没有足够的排污管道已产生了水污染问题，妨碍了回头客的到来。处理环境问题对上述及其他类似目的地的长期活力起着决定作用。

生态旅游 环境条件对生态旅游细分市场非常重要。生态旅游被定义为与传统旅游业相比，对目的地的自然和文化资源损害较少，且理论上可以增加经济、社会和环境收益的旅行。其特点是使旅游者通过简单观察或系统学习与大自然发生相互作用。

生态旅游具有以下特点：重点集中于对自然或本土文化有特别兴趣的旅游者；旅游者在创造旅游体验中发挥积极作用；强调东道主与旅游者之间的双向沟通；未

被过量旅游者到达的偏远、难以进入的旅游景点。与生态旅游有关的饭店通常受到环境当局的严格控制，以保存风景区的真实面目及原始性。

对生态旅游的需求量将不断增长。然而，增长的同时也会带来许多长期挑战。主要问题包括：不论需求量如何增加，为了避免对环境造成损害，必须使生态旅游企业保持小规模；市场需求量有限且回头客业务量小；当地价值观体系与生活方式的长期可持续发展；即使控制进入和使用仍会对环境造成破坏；旅游者通常不支付维护景点的全部费用；生态旅游目的地缺乏强有力的市场营销支持。[9]

全球范围内，人们对保护环境及与自然友好相处的兴趣不断增加表明在世界的许多地方，尤其是吸引大量生态旅游者的发展中国家，生态旅游业发展前景广阔。尽管生态旅游有许多优势，但也必须重视上面所讨论到的挑战。

旅游业可持续发展　在实施旅游业可持续发展策略时，必须认识到这样一个事实，即如果一个目的地的发展超出了它的环境容量，它就不再是可再生性资源，并将因此遭受经济繁荣与萧条交替变化的危害。旅游业可持续开发包括对所有资源的管理。满足经济、社会和审美需求必须同保持文化的完整性、必不可少的生态过程以及生物多样性同时进行。

旅游业可持续发展要求对目的地和饭店开发地点进行容量研究，然后通过有效规划与控制系统来一丝不苟地加以实施。但旅游业可持续发展不能仅仅依靠政府部门强制实行，它还需要饭店开发商和经营商以及其他私人集团对这一概念有效性的认同，并在执行时予以配合。在加拿大旅游业协会的年会上，首先制定了一套鼓励发展可持续旅游的规则。包括来自旅游业各部门以及环境、文化、本土和遗产组织的政府官员和代表参加了关于制定规则和产业指南的讨论（表14-4和表14-5）。显然，规则和指南能否成功很大程度上取决于加拿大6万多家与旅游相关企业的执行情况，以及成千上万旅游者的支持。

表 14-4　加拿大的可持续旅游：产业规则

> 　　加拿大的旅游部门认识到加拿大旅游业的长期可持续性发展取决于我们的雇员以及所在社区提供一种高质量的产品和持续好客的精神，同时也取决于我们对自然资源的合理利用与保护，对环境的保护与改善，对文化、历史和审美资源的保护。相应地，在我们的政策、计划、决策和行动中，我们将：
> 1. 保证使员工积极主动、充满爱心，为客户提供优质旅游和接待体验。
> 2. 鼓励客户、员工、利益相关者及社区内居民欣赏与尊重我们的自然、文化和审美遗产。
> 3. 尊重所在社区的价值与愿望，努力以一种有利于社区识别、自豪感、审美和居住者生活质量方式提供服务与设施。

（续）

4. 努力以一种能使经济目标与保护和加强自然、文化和审美遗产协调一致的方式发展旅游业。

5. 有效利用所有自然资源，本着对环境负责的态度管理废弃物，努力消除或最大限度地减少各种形式的污染。

6. 与旅游业内及其他产业的同行共同努力，实现可持续发展和改善全体加拿大人生活质量的目标。

7. 支持旅游者为了获得对自然以及地球上其他邻国的进一步了解与正确评价而进行的询问。与国内和国际组织共同努力，通过旅游来建设一个更美好的世界。

资料来源：Louis J.D'Amore, "Promoting Sustainable Tourism——the Canadian Approach," Tourism Management, September 1992

表 14-5　加拿大可持续旅游：旅游业指南

1. 在制定愿景说明、任务说明、政策、计划和决策的过程中，把经济目标与保护资源与环境、社会、文化和审美价值和谐统一起来。

2. 为旅游者提供一种高质量的经历，这种经历将有助于提高他们对文化与自然遗产的欣赏水平。尽可能促进当地居民与客人之间有意义的接触，尽量满足不同群体，包括青年、成年人和残疾人，提出的特殊旅行需求。

3. 提供与社区价值和周边环境协调一致的旅游产品和服务。加强和促进景观特征、地方感受、社区特点以及旅游为社区带来的利益。

4. 采取能保持经济目标与保护和加强生态系统、文化资源和审美资源协调发展的方式进行旅游产品、设施与基础设施的设计、开发和营销活动。在整体计划框架下实现旅游开发和市场营销目标。

5. 保护与加强我们的自然、历史、文化与审美资源，把它们作为当代与后代的遗产。鼓励修建公园、野生保护区和保护区。

6. 实行并鼓励对自然资源（包括能源和水）的保护和有效利用。

7. 实行并鼓励有利于环境的废弃物和材料管理，包括减少、再利用和回收利用。尽量减少并努力消除污染物的排放，它们会对空气、水、土地、植被和野生动物带来环境危害。

8. 通过营销活动，强化环境和文化意识。

9. 鼓励那些强调伦理、遗产保护、当地社区以及确保旅游业的经济、社会、文化和环境的可持续发展所需要的基本知识的旅游研究和教育。

10. 进一步培养公众对旅游业的经济、社会、文化和环境意义的意识。

11. 本着与产业内和相关部门合作的精神，采取行动保护和增进环境，保护资源，获得均衡发展，提高所在社区人民生活质量。

12. 信奉"一个世界"的概念，在发展有责任的社会、环境和经济旅游业方面与国家和国际机构加强合作。

资料来源：Louis J.D'Amore, "Promoting Sustainable Tourism——the Canadian Approach," Tourism Management, September 1992

选择性旅游

选择性旅游可以作为一个广义的术语加以使用，包含诸如"适当的旅游""软旅游""有责任的旅游""人对人旅游""受控旅游""小规模旅游""农舍旅游""绿色旅游"等形式，基本上是针对大众旅游的人数多、发展规模大、环境和社会异化及同质化等特点而提出的又一选择。选择性旅游业可以采取一系列开发战略，旨在：对所在社区及整个居住地更加敏感；对旅游者及其经历有更多的认识；对旅游业运营机构内部人士给予更多奖励。人们基于这种假设，即可选择性旅游形式对目的地区域及人口的负面作用较少或不严重，尽管规模较小，但仍能促进经济的积极效应。

虽然原则上很难反对选择性旅游，但毫无疑问还有其他观点。一种反对意见认为从平衡角度考虑，大众旅游在收入和就业率方面的经济价值超过了其环境成本。另一种是许多旅游者都偏好大众旅游的现实。他们喜欢制订旅行计划、入住价格适中、舒适的饭店、不用学习外语就能得到产品和服务，能够品尝到熟悉的食物。

在大多数已建立的目的地，从经济和现实角度看，在从大众旅游转向小规模旅游的过程中，不可避免地会损害旅游业活力、增加失业率以及降低人民生活水平。哥斯达黎加就是典型的例子。这一国家的旅游业的目标是力争在满足传统旅游需求和保护国家的海岸、雨林和野生动物保护区之间建立一种平衡。如果这一国家只寻求小规模选择性旅游，对环境、社会和文化的损坏可能是最低限度的，但是其代价是每年数以百万美元的收入和数千份工作的丧失。

有人会认为大众旅游也不一定失控、无计划、短期或不稳定，小规模或选择性旅游也不总是考虑周全、最优、得到控制、有计划或在地方控制之下。另外，选择性旅游倾向于更进一步渗透进居民的私人空间，使他们涉入的程度更深，并且常常使脆弱的资源应付更多的来访。因此，虽然选择性旅游的数量相对较少，但对社会、文化和环境的影响可能非常巨大。

"选择性旅游"这一概念本身或许提供了一种解决大家普遍认为大众旅游过度开发问题的良方，选择性旅游思想有助于确保旅游者及目的地所在社区之间保持适当比例，这一概念主张旅游者和居民对环境负责，提倡利用地方和本土资源，包括食物和工艺品，主张保存或节制，而非过度消耗。当必须为旅游者建设新的饭店时，必须与当地结构相一致。

选择性旅游也可以通过满足那些对自然或文化的真实体验感兴趣的特殊旅游者的需求和愿望，来弥补大众旅游的不足。特别是当选择性旅游在欧洲被采用时，通过诸如农场旅游、向导、登山爱好者之旅、工艺品展示、语言学习假日以及在床位加早餐等方式，它帮助边缘地区的乡村居民提高了收入。最后，选择性旅游使一些地区得以发展小规模旅游，这些地区由于自身环境和／或社会容量的限制不能承受大的变化。

人力资源问题

在今后的几年内，劳动力与管理问题在国际饭店业中将变得更加重要。国际饭店协会明确了三个主要问题领域，它们是：劳动力的可获得性；控制和激励劳动者；以及提供培训。各个层面技能员工的短缺也开始成为全球性的长期问题。

在历史上，饭店业往往依赖于充足的劳动力供给。的确，廉价劳动力代表着在发展中国家建立和经营饭店具有较大优势。作为补充，发展中国家的政府把饭店业和度假地的就业潜力看成是从旅游业中获得的主要经济利益之一。然而，随着发展中国家经济的发展，劳动力不再是充足或廉价的资源。因提供优质服务而获得的营销优势逐步削弱，饭店经营者正不断面对招聘、培训和留住优秀劳动力等问题。

在发展中国家，真正的问题往往不是劳动力数量的短缺，更重要的是缺乏能胜任专业和高技术性工作的技术工人、培训人员以及在边远风景区缺乏可被雇用的潜在劳动力。另外，在发达国家，人口的变化导致了15～24岁年龄段人口的大幅度减少，这一年龄段人群传统上是饭店员工的主要来源。从招聘的角度来看，许多饭店工作不需要或需要很少的技能。整个饭店业在说服潜在员工它可提供好的事业发展前景方面结果不太理想。不仅如此，饭店特别低的房价严重抑制了它吸引、激励和留住好雇员的能力。

从根本上由它们的服务质量来界定的豪华饭店，从长期看可选择的机会很少，它们只能开发薪金高、技术水平高及更加机遇灵活性的员工。与此相反，中等规模和廉价饭店的解决方案可能在于组织机构重组和新管理方式，同时采用自动化来减少需求少、但劳动力需求量大的服务项目来降低对劳动力的需求，但这要受技术采用及服务项目减少在多大范围和程度上会引起客户的反对进而选择其他饭店等问题的制约。

在削减饭店服务方面，许多饭店已取消了花费较高的餐厅和酒吧，或把这些餐厅和酒吧租给专门的餐厅经营者，还有一些饭店取消了低利润会议或高费用的大堂空间。将来，预计提供较少个性化服务的有限服务饭店可能比豪华或中等饭店更易得到融资与建设。

饭店业的培训与教育将变得更加重要，无论是由政府通过公共项目、私立学校还是通过产业本身来进行。由于饭店业必须不断检查地方饭店学校的课程设置是否适用于当地情况，建议采取公私合作的教育模式。学校和饭店经营者双方都需要更好地理解并支持劳动力的文化多样性。饭店经营者在某种意义上充当着世界主人的角色，因此越来越需要掌握多种语言的员工。在有大批移民雇员或外国客人占较大比例的国家，沟通和文化敏感性问题逐步上升。

　　未来的饭店业将更深入地开发劳动力的新途径，包括年龄较大的人、残疾人和妇女。更灵活的态度是使用兼职人员、弹性工作制、工作分担、临时员工和外国劳动力。在过去的 20 年内，第三世界国家的劳动力已经扩大了 7 个亿，而这一时期工业化国家年轻工人的数量将停滞或下降，这已经导致很多工业化国家为了得到维持经济持续增长所必需的人力资源而放松移民管制。

　　劳动力问题在世界不同地区有不同的解决方案，从根本上取决于饭店业使其本身成为更具吸引力的雇主，以及在招聘、留住、培训和奖励员工方面加以改进。在公众开始认为饭店业享有与其他职业同等的地位之前，人力资源问题仍将是饭店业必须面临的严重挑战。

饭店公司多元化经营与发展

　　一个公司的发展有两个方向：扩张或多元化。当公司为调整自己的业务而向新市场投放新产品时，例如，当一个饭店想进军汽车租赁或航空业务时，就会采用多元化战略。饭店公司过去和现在采用多元化战略的例子有以下几家。

　　圣达特公司（现名为温德姆饭店集团）。从 1997 年创立到最近的分离，圣达特公司是最富有多样性的饭店公司。1990 年以纯粹的饭店特许公司——饭店特许系统起家，它在 1997 年变身圣达特，并开展饭店特许之外的多元业务，包括汽车租赁（阿维斯和巴基特）、房地产（21 世纪和科威国际不动产）、在线预订系统（优惠票务在线和旅程）以及分时度假交换服务（RCI）。在 2005 ~ 2006 年，公司决定放弃多元化战略转而采用重点专业化方法分裂为四个子公司：阿维斯巴基特集团（汽车租赁）、理洛治公司（房地产）、有方国际（在线分销）和温德姆饭店集团（饭店特许）。

　　巴斯集团（现名为洲际饭店集团）。回顾巴斯集团的历史，它最初是英国一家啤酒公司，却为世人提供了公司在生命周期的不同阶段采取的多元化、专业化和收购战略的独到见解。20 世纪 60 年代，巴斯收购了很多知名的区域啤酒公司，包括密歇 - 布特餐饮（1961 年）。1988 年，巴斯迈出了国际化的第一步进入饭店业，收购了国际假日饭店。1990 ～ 1997 年间，巴斯增加了多种饭店品牌。1997 年，巴斯卖掉自己的饭店房地产而只保留品牌。1998 年收购洲际饭店公司之后，巴斯扩大了饭店投资组合的规模，2000 年收购南太平洋饭店公司之后，巴斯扩张了它在亚洲的饭店业务。当完成对布里斯托尔饭店公司的收购之后，巴斯增加了饭店管理合同业务。2000 年更名为六洲集团之后，公司开始接触部分酒吧业务，并通过购买英国了一家饭店把公司焦点放在饭店上。2002 年，六洲宣布饭店和软饮业务（洲际饭店集团）从零售业务（密歇 - 布特餐饮）中分离出来。

雅高集团。雅高集团主要以各种品牌饭店而著称，然而它是一个非常多元化的公司。在管理饭店的同时，它也作为批发商和零售商涉足旅行代理业务，而且拥有一个的庞大的服务部门提供一系列服务，包括服务站、洗衣、礼券、保健券，以及改善餐厅和超市业绩的服务。

马里奥特国际集团。除了大型饭店管理和特许公司之外，马里奥特国际集团也通过马里奥特度假俱乐部开展分时业务。

卡尔森国际饭店集团。在拥有、管理和特许饭店的同时，公司也涉足餐饮业务，在 50 多个国家拥有 700 多家餐厅。

饭店公司根据市场时机、公司生命周期和资金可得性及税法变化等其他因素选择多元化或特殊化策略。未来，多元化将成为寻求发展的公司的重要考量。

并购

"并购"作为一种发展策略是很多饭店公司在国内发展采用的模式。当一家饭店公司获得另一家饭店的控制权时，通常意味着它的竞争减少、协同效应和效率提高、利润增加和收入的波动性减少。收购业绩不佳或管理不善的公司的另一目的是增加股东利益，并购活动的其他原因则包括通过战略收购而不是自然发展提高公司的增长能力，或希望获得技术、人力资源或无形资产，在拥有房地产后收购品牌或管理公司的饭店公司就存在这种情况。[20]

1995 ～ 2000 年，受到上市房地产投资信托基金的驱动，饭店业发生了很多并购活动。在此期间的一次大型收购是喜达屋公司以 150 亿美元收购国际电话电报公司的喜来登。这一期间以大型上市公司收购其他上市公司为标志。在经历了 2001 年 9 月恐怖袭击造成的行业衰退之后，收购活动在 2003 年重新启动。然而，这次多为私募股权基金（私人投资基金储备库）收购大型上市公司。2007 年，这种性质的最大的收购是私募股权公司黑石集团以将近 250 亿美元收购希尔顿饭店（现在是一家私人公司）。

并购活动在 2008 年有所减缓，但在未来几年，随着以战略收购的方式获得发展的机会不断出现，总会有收购者和收购目标，所以并购的循环将会继续。过去 30 年间，饭店业的发展显示出合并的总体趋势，这在未来也会继续。

对于那些反对加入大的连锁集团的小型连锁饭店和单体饭店而言，以共同体或合伙的形式进行合作和合并可能将成为主流。为了与大型连锁集团竞争，一些较小的公司将联合起来，建立营销协议和预订公司。特许经营，过去主要受到美国饭店公司的青睐，可能将随着大集团着重发展非资本密集型的小型经济等饭店而被国际社会普遍接受。主要的障碍在于很难在全球范围内使特许经营联营店采取统一标准。

像过去一样，将来成功饭店的特征是高效的产品分销、专业化市场营销和专业化员工队伍。既然合并与合作是达到这些目标最可行的途径，这一发展趋势不可能减弱。毫无疑问，超大型公司将具有最好的发展机会，吸引最优秀人才和获得最佳融资。

明天的饭店经营者将逐渐分化成两大类：少数大的全球经营者和许多规模相对较小、服务于专门市场的"补缺经营者"。小型饭店在大多数国家作为旅游业中坚，仍有机会发展特定地点和特定类型的设施与服务。然而，中等规模和非专门化小型饭店经营者在定位时可能遇到更大困难。

市场细分也将延续其进程。创造新品牌或产品被认为是继续增长或获得市场份额的途径，进而能满足投资者的需求。在世界上一些地方，令消费者感到迷惑不解的现象已经显现端倪，将来的问题是，市场在何时将因提供过多选择而达到饱和点？

结论

当我们步入 21 世纪后，饭店业唯一能够确定的是：只有那些对不确定性和变化有所计划，和那些能够并愿意快速而果断回应全球事件的人才可能获得最大回报。新技术、社会和人口的趋势，经济条件和政治发展，所有这些因素都将对未来饭店的发展趋势产生影响。

与过去一样，随着对新的差异化饭店产品的需求不断增加，新的细分市场将继续涌现。饭店企业不断革新以占据新市场的能力将成为决定性因素。与此同时，为旅游者提供更多选择、对成熟目的地形成竞争的新目的地将不断出现，他们为新的饭店发展提供机会。国内外休闲旅游者将在选择目的地和旅行产品——娱乐、消遣、观光、交通，当然还有住宿时更刻意寻求参与、学习和新的体验，同时，对服务标准与价值的要求也进一步提高。

在饭店业，获得成功的将是那些能够在实现其组织目标以及在日益全球化和复杂的社会环境中预计、决定和解决出现的各种问题的企业。面对不断变化的产业，显然，昨天使用的方式无法解决明天的问题，如何管理变化可能是饭店经理和所有者面临的最大挑战。

尾注:

① World Tourism Organization website at www.unwto.org/facts/menu.html.

② Alan Otten, "More People Hit Old Age in Developing Nations," Wall Street Journal, June 15,1993,n.p.

③ "VAT Rates Applied in the Member States of the European Community," January 2008, http:// ec.europa.eu/taxation_customs/taxation/vat/consumers/vat_rates/index_en.htm.

④ www. ec. Europa. Eu/Eurostat.

⑤ 2007 Lodging Industry Profile (Washington, D.C.: American Hotel & Lodging Association, 2007), p.1.

⑥ Hotel Investment Outlook 2007, Jones Lang Lang LaSalle Hotels.

⑦ Much of the material in this section was adapted from Cindy Estes Green, De-Mystifying Distribution: Building a Distribution Strategy One Channel at a time. A TIG Special Report published by the Hotel Sales & Marketing Association International, 2005.

⑧ Mary Scoviak, "The Year of Green," Hotels, January 2008, p.30.

⑨ Peter Williams, "Ecotourism," Journal of Travel Research, Spring 1991, p.50.

⑩ Onofre Martorell Cunhill, The Growth Strategy of Hotel Chains: Best Business Practices by Leading Companies (New York: The Haworth Hospitality Press, 2006), p. 73.

责任编辑：李冉冉
责任印制：冯冬青
版式设计：何　杰

图书在版编目（CIP）数据

国际饭店：发展与管理 /（美）查克·严·吉
（Chuck Yim Gee），（美）A·J·辛格（A·J·Singh）著；
王俞，谷慧敏译 . -- 北京：中国旅游出版社，2017.2
（2021.5 重印）

书名原文：International Hotels: Development
and Management

ISBN 978-7-5032-5778-0

Ⅰ.①国…　Ⅱ.①查…②A…③王…④谷…　Ⅲ.①
饭店 – 企业管理　Ⅳ.① F719.2

中国版本图书馆 CIP 数据核字（2017）第 033299 号

北京市版权局著作权合同登记号：图字 01-2013-5281

书　　　名：国际饭店：发展与管理

作　　　者：（美）查克·严·吉（Chuck Yim Gee）（美）A·J·辛格（A·J·Singh）著；
　　　　　　王俞，谷慧敏译
出版发行：中国旅游出版社
　　　　　　（北京静安东里 6 号　邮编：100028）
　　　　　　http://www.cttp.net.cn　E-mail:cttp@mct.gov.cn
　　　　　　营销中心电话：010-57377108，010-57377109
　　　　　　读者服务部电话：010-57377151
印　　刷：河北省三河市灵山芝兰印刷有限公司
版　　次：2017 年 2 月第 1 版　2021 年 5 月第 2 次印刷
开　　本：720 毫米 ×970 毫米　1/16
印　　张：30
印　　数：2001-3000 册
字　　数：533 千字
定　　价：128.00 元
ＩＳＢＮ　978-7-5032-5778-0